Johann Christian Sachs

Einleitung in die Geschichte der Marggravschaft

Und des marggrävlichen altfürstlichen Hauses Baden

Johann Christian Sachs

Einleitung in die Geschichte der Marggravschaft
Und des marggrävlichen altfürstlichen Hauses Baden

ISBN/EAN: 9783743317680

Hergestellt in Europa, USA, Kanada, Australien, Japan

Cover: Foto ©ninafisch / pixelio.de

Manufactured and distributed by brebook publishing software (www.brebook.com)

Johann Christian Sachs

Einleitung in die Geschichte der Marggravschaft

Johann Christian Sachs
Marggrävl. Baden-Durlachischen würklichen Kirchen-Raths
und Rectors des Gymn. Illustr.

Einleitung
in die
Geschichte
der
Marggravschaft
und des
marggrävlichen altfürstlichen Hauses
Baden.

Zweyter Theil.

Carlsruhe,
Im Lotterischen Verlag zu haben, bey Johann Friedrich
Cornelius Stern, h. t. Factor. 1767.

Vorrede.

Wider mein Vermuthen verläßt der zweyte Theil meiner Einleitung in die Geschichte der Marggravschaft und des Marggrävlichen altfürstlichen Hauses Baden, die Presse später, als ich versprochen hatte. Diejenige, welche die Umstände meines Amtes und die Beschaffenheit meiner Gesundheit kennen, sind die beste Zeugen, daß keine strafbare Nachläßigkeit mir zur Last falle. Und eben

Vorrede.

eben diese wissen auch, daß die Veränderung, welche mit dem Verleger des Buchs vorgegangen ist, in die spätere Ausgabe desselben einen nicht geringen Einfluß gehabt habe. Aus Mitleiden gegen die Seinige wollte ich den eilfertigen Abdruck eines Buchs, so ich ihme ohne einen Nutzen davon zu suchen, überlassen hatte, nicht mit Heftigkeit betreiben.

In der Ausarbeitung habe ich mich eben derjenigen Hülfsmittel bedient, welche ich in der Vorrede zum ersten Theile angezeigt habe. Ueber diese kam mir noch besonders zu statten die Geschichte Kurfürst Fridrichs des Ersten von der Pfalz, welche aus der vortreflichen Feder des berühmten Herrn Ehegerichts-Raths Kremers geflossen ist. Ich habe sonderlich in dem Leben des Marggraven Carls des Ersten so viel Gebrauch davon gemacht, als zu meinem Endzwecke, da

Vorrede.

da ich vorzüglich vor meine Mitbürger schreibe, nöthig schiene.

Ich hatte mir vorgenommen, das Leben des Marggraven Christophs, nach dessen Tode die zwey Durchleuchtigste Linien entstanden sind, noch in diesem zweyten Theile zu beschreiben. Es zeigte sich aber gegen Endigung des Abdrucks, daß das Buch stärker, als der erste Theil werden würde. Ich habe daher mit dem Leben seiner beeden älteren Herren Brüder den Beschluß gemacht, und behalte seine Lebensbeschreibung vor den dritten Theil.

Was die Einrichtung, Schreibart, Anmerkungen und hie und da eingeschlichene Druckfehler anlangt; so wiederhole ich eben das, warum ich in dem ersten Theile meine Leser geziemend ersucht habe. Nicht weniger wiederhole ich die Bitte um Mittheilung der ange-

Vorrede.

merkten Fehler und um gütigen Beytrag zur Verbesserung meiner Arbeit; gleichwie ich denen Gönnern und Freunden, von welchen ich diese Gewogenheit bereits zu rühmen habe, den verbindlichsten Dank gehorsamst und ergebenst erstatte.

Stärkt der allgenugsame GOtt meine Kräfte, so wird der dritte Theil dieser Einleitung bald nachfolgen. Ich wünsche indessen diesem zweyten die geneigte Aufnahme, welcher der erste von so vielen angesehenen Männern in und ausser meinem Vatterlande gütigst gewürdiget worden ist. Carlsruhe, den 2ten April, 1767.

Inhalt.

Inhalt
des zweyten Theils.

Rudolf I. Hermanns V. Sohn.	Blatt. 1
Hermann VII. Rudolfs I. Sohn.	30
Rudolf II. Rudolfs I. Sohn.	41
Hesso Rudolfs I. Sohn.	48
Rudolf Hesso und Hermann VIII. Hessens Söhne	59
Rudolf III. Rudolfs I. Sohn	69
Fridrich II. Hermanns VII. Sohn	86
Hermann IX. Fridrichs II. Sohn	112
Rudolf IV. Hermanns VII. Sohn.	126
Rudolf V. der Wecker, Rudolfs IV. Sohn.	139
Fridrich III. Rudolfs IV. Sohn	151
Rudolf VI. der Lange, Fridrichs III. Sohn	157
Bernhard I. Rudolfs VI. Sohn	177
Rudolf VII. Rudolfs VI. Sohn.	297
Jacob I. Bernhards I. Sohn	305

Carl

Inhalt.

Carl I. Jacobs I. Sohn	279
Bernhard II. der seelige, Jacobs I. Sohn	509
Johann Erzbischof zu Trier, Jacobs I. Sohn	533
Georg, Bischof zu Metz, Jacobs I. Sohn	589
Marx, postulirter Bischof zu Lüttich, Jacobs I. Sohn	603
Albrecht, Carls I. Sohn	621
Fridrich Bischof zu Utrecht Carls I. Sohn	627

Stammtafeln.

1) Von Marggrav Rudolf I. bis Marggrav Bernhard I. — 1

2) Von Marggrav Bernhard I. bis zu Marggrav Christoph. — 117

is M. Bernhard I.

Rudolf I. erkauft den vierten
Ilbers. † A. 1288. 19. Nov.
von Eberstein.

	Rudolf III.	Irmingard
Klingen.	kauft Stollho-	Gem. Eber-
Herr zu Ba-	fen, Selingen	hard VI. der
m. Johan-	Hügelsheim,	Durchleuch-
von Möm-	führt Kriege	tige von Wir-
Ulrichs III.	mit Straßb.	temberg.
	† Anno 1332.	
	Gem. Gutta,	
m. Rudolf	oder Gertraud,	
er, Marg.	Gr. v. Straß-	
n.	berg, † 1327.	
Speyer; bekommt in der		Hermann
daselbst, K. Ludwig IV.		† in jungen
8. 24. May. 1) G. Luit-		Jahren ums
Wittwe, † A. 1323. 2)		J. 1300.
Werners von Hohenberg		
III. Herr zu	Rudolf V. der Wecker,	
A. 1353. 2.	Herr zu Pforzheim, †	
m. Margare-	1361. Gem. Adelheid	
Rudolfs Hesso	M. Rudolfs Hesso zu	
Tochter.	Baden Tochter.	
Karl IV.	Margaretha Gem. 1) Gr.	
nsvertrag	Joffrit, oder Gottfried,	
Blinden zu	von Leiningen-Nixingen.	
ses an die	2) Heinrich Graf von Lü-	
	tzelstein.	
Mechtild Gem. Heinrich XIII. Gr. zu		
Henneberg, A. 1384. † A. 1421.		

Einleitung
in die Geschichte
des
Hochfürstlichen Hauses Baden.

Marggraven zu Baden.

Rudolf I.
Von 1243. bis 1288.

§. I.

In dem ersten Theile dieser Einleitung in die Geschichte der Marggravschaft und des altfürstlichen Hauses Baden habe ich bereits eine kurze Lebensbeschreibung der sechs ersten Herren Marggraven zu

Zusammenhang.

zu Baden von dem Jahre 1052. bis 1250. gegeben. Sie führen alle den Namen Hermann. In diesem andern Theile lieset man die Fortsezung der Geschichte bis auf die Theilung dieses Durchl. Hauses in zwey Linien. Ich habe also zuvorderst von den sechs Rudolfen und deren Kindern zu handeln, unter welchen der erste und lezte Rudolf die gesamte Marggrafschaft besessen hat. Auf die Rudolfen folgt der vortrefliche Marggrav Bernhard mit seinen Kindern und Nachkömmlingen. Alsdenn macht Marggrav Christoph den Beschluß. Nach dessen Absterben entstunden durch die Landestheilung die bis jezt florirende Linien Baden-Baden und Baden-Durlach.

Rudolf I. §. II. Marggrav Rudolf I. ist der jüngere Prinz M. Hermanns V. und seiner Gemahlin Irmengard. Durch ihn wird der badische Stamm fortgepflanzt. Er führt anfänglich die Regierung der vätterlichen Lande in Gemeinschaft mit seinem ältern Bruder M. Hermann VI. Also geben sie A. 1248. dem Herrn von Usenberg Hesso das Lehen zu Eichstetten. Nachdem aber M. Hermann den Regimentsstab in Oesterreich übernehmen mußte, und seine Linie in seinem unglücklichen Prinzen Fridrich erlöschet; so blieben dem Marggraven Rudolf die Badische Lande zur völligen Besitzung. Beede Brüder regierten unter vielen Unruhen. Hermann wegen der Feindseligkeit seiner Nachbarn und

und Unterthanen; Rudolf wegen den Zwistigkeiten, die bey der damaligen zimlich unregelmäßigen Besetzung des Kaiserlichen Throns in Teutschland obwalteten. Bekannt ists, daß Teutschland in dem so genannten großen Interregno von A. 1250. bis 1273. bald keinen, bald zwey oder mehrere Kaiser gehabt hat. Unser M. Rudolf hielte es mit der Gegenparthie des Hohenstaufischen Hauses.

§. III. Er führt den Beynamen der ältere in Ansehung seines Sohns, der ihm gefolgt. Seine Residenz hatte er theils zu Baden, theils zu Pforzheim, auch war er in den lezten Jahren seines Lebens gar viel zu Eberstein. Falsch ists, wann man behaupten will, er habe sich oft zu Durmersheim aufgehalten, und werde daher Marggrav zu Durmersheim genennet (a). Daß er sich aber annoch des Titul M. von Verona bedient, und solchen auch in seinen Sigillen geführt habe, ist ohne Wiederspruch (b).

Beyname und Residenz.

§. IV.

(a) Man will hieher die Nachricht ziehen in SCHANNAT. *Vindem Lit.* T. I. p. 165. RUDOLFUS MARCHIO DE DURMERSHEIM *& Mater & soror ejus Jrmengardis.* Die Stelle selbst aber wiederspricht diesem Vorgeben. Sie schickt sich auch überhaupt auf keinen badischen Rudolf. Wenigstens läst sie sich mit andern Nachrichten nicht vereinigen.

(b) Unter andern beweißt solches die Lichtenthalische Urkunde vom Jahr 1277.

§. IV. In seiner Regierung erwiese er sich, nach dem Beyspiel seiner Durchleuchtigsten Vorfahren, als einen großen Wohlthäter gegen die Kirchen und Klöster. Das Frauenkloster Lichtenthal Cistercienserordens hat hier die erste Stelle.

A. 1245. überlassen beede Herren Brüder ihrer verwittibten Frau Mutter Irmengard, zum Heil ihrer Seelen, die Rechte des Kirchensatzes in Ettlingen und Baden, wie auch den dritten Theil des Zehenden zu Iffitzheim, die Dörfer Winden und Büeren mit allen Zugehörungen, desgleichen zwey Höfe in dem Dorfe Osse, und einen zu Eberstein, nebst 12. lb. Straßburger Münz von ihren Zinsen zu Selß. Die Marggrävin bestimmt alles dieses mit ihrer Prinzen Genehmigung vor das von ihr erbauete Frauenkloster Lichtenthal (c). Marggrav Rudolf bestätigt nachher A. 1257. da sein Bruder M. Hermann bereits in die Ewigkeit übergegangen war, diesem Kloster alle Freiheiten; und schenkt ihm darauf A. 1260. seinen Hof in dem obern Theil des Dorfs Sinsheim, oder, wie er damals auch genennt wurde, Sunnersheim bey Baden und Lichtenthal. Berthold genannt Ryserich bewohnte ihn damals. Der Aebtißin wird dabey zur Schuldigkeit gemacht, des Jahrs dreymal, nämlich an dem Gedächtnistage seiner Eltern und seines Bruders dem Convent

Freygebigkeit gegen die Kirche u Klöster.

Lichtenthal.

(c) *Cod. Dip. B.id.* ad a. 1245.

vent etwas zu gute zu thun. Ueberdis begnadigt er dieses Stift mit 14. ℔. Strasburger Münz von den Einkünften zu Freimersberg in der Pfarrey Baden. Es soll aber verbunden seyn, eine Tag und Nacht immer brennende Lampe bey dem Grabmahle seiner Eltern zu erhalten (*d*). Ferner schenkt er A. 1277. mit Einstimmung seiner Prinzen Hermanns, Rudolfs II. Hessen, und Rudolfs III. eben demselben Kloster den halben Theil des Zehenden zu Ettlingen (*e*). Und in seinem Sterbjahre A. 1288. an Simonis und Judä-Abend vermacht er ihm seinen Zehenden zu Steinbach zu dem Ende, daß daselbst eine Capelle mit drey Altären errichtet, und täglich von drey geistlichen Priestern, denen der Unterhalt von solchem Zehenden bestimmt ist, drey Messen gesungen oder gesprochen werden sollen. Weiter gibt er ihm zu dieser Zeit seinen Hof zu Sinzheim, der Kellershof genannt, mit allen Rechten, Leuten und Gütern. Er befiehlt, daß man von den Einkünften dieses Hofes drey Lichter vor den drey Altären bey Tag und Nacht brennend erhalten, und von dem, was von den hiezu nöthigen Geldern übrig bleiben wür-

---

(*d*) Cod. Dipl. Bad. num. 138.
(*e*) Diese Stadt heißt in der Urkunde Ettheningen. Cod. Dipl. Bad. num. 158. Hier schreibt er sich Marggrav von Verona, und Herr von Baden. Man findet daran das Sigill seines Schwiegervatters Herrn Otto des ältern zu Eberstein.

be, Kerzen auf die Altäre sollen gemacht werden. Und endlich beschenkt er die Aebtißin und das Convent daselbst mit dem Dorfe Geroldsau und dessen Zugehörungen (*f*)

Gottes-
au.

§. V. Gleiche Gutthätigkeit hat das Benedictinerkloster Gottesau genossen.

Zuvorderst vergleicht sich der Marggrav A. 1260. mit dem Abt und Convent wegen des neuen Dorfs, so an der Markung des zu dem Kloster gehörigen Orts Eckenstein angelegt worden ist, und den Namen Neureuth bekommen hat (*g*). Hernach vermacht er A. 1272. auf seinem Schlosse Grezingen demselben zwey Pfund Häller jährlich an eben diesem neuen Orte zu erheben, um vor dem Altar der heil. Gottesgebährerin zum Heil seiner und seiner Vorfahren Seelen eine Lampe beständig brennend zu erhalten. Er beschenkt es zugleich mit dem kleinen Zehenden zu Linkenheim (*h*). Er bestätigt ferner A. 1274. nebst seiner Gemahlin die Schenkung zweyer Höfe in seinem Dorfe Beurthen, welche Grav Wezel und Ritter Heinrich demselben gethan hatten (*i*).

§. VI.

(*f*) *Cod. Dipl. Bad.* num. 175.

(*g*) *Cod. Dipl. Bad.* num. 139. Es hängt daran Sigillum R. . . . . . nis De. Verona.

(*h*) *Cod. Dipl. Bad.* num. 152.

(*i*) GAMANSIUS.

§. VI. Diese milde Hand des Marggra- *Schwar-* ven hat auch das Gotteshaus Schwarzach *zach.* zu rühmen. A. 1288. gibt er ihme zu Eberstein seinen Weinberg, in der Hårenbach genannt, in dem Alsweiler Bann zum Eigenthum (*k*).

Ich gehe weiter zu dem Kloster Her- *Herren-* renclb (*l*). Er bestätigt demselben A. 1251 *alb.* die Schenkungen und Freyheiten, die seine Vorfahren ihm verliehen hatten. Seiner wird auch in dem Tauschbrief, der im Jahr 1256. zwischen diesem Kloster und dem Schultheissen des Dorfs Malsch gemacht worden ist, gedacht. Sein Schirmvogt zu Malsch Gottfried, genannt Simelar, ertheilt zu diesem Tausch die Genehmigung (*m*). In diesem Jahr findet sich ein *Pforzheim* denkwürdiger Brief von dem damaligen Schultheiß Erlewin zu Pforzheim wegen des Theils vom Zehenden zu Dietenhausen, den die Mönchen zu Herrenalb an sich gekauft haben. An demselben sieht man das Sigill der Stadt Pforzheim. Es enthält das Wappen des fürstlichen Hauses Baden; und ist also ein deutlicher Beweiß, daß dasselbe schon um diese Zeit diese Stadt besessen habe. Welches auch aus der schriftlichen Erlaubnis erhellet, die

A 4 M.

(*k*) *Cod. Dipl. Bad.* num. 174.

(*l*) Von dessen Stiftung s. den ersten Theil dieser Einl. S. 293.

(*m*) *Cod. Dipl. Bad.* num. 130.

M. Rudolf nebst seiner Gemahlin Kunigundis, deren Sigill an dem Brief angehängt ist, besagtem Erlewin von Liebeneck A. 1257. ertheilt, seine Güter in der Alten Stadt Pforzheim den Nonnen zu Pforzheim vermachen zu dörfen (*n*). Folglich wird hiedurch unter andern des berühmten Johann Heinrich Maji (*o*) Vorgeben widerlegt, daß M. Hermann, den er den sechsten nennt, diese Stadt durch seine Gemahlin an das fürstliche Haus gebracht, und Kaiser Fridrich II. dazu die Bestätigung verliehen habe.

Steinheim. §. VII. Zu der Freygebigkeit des Marggraven ist auch zu zählen, daß er A. 1255. dem in selbigem Jahr von Berthold von Blankenstein und dessen Ehefrau Elisabeth gestifteten Frauenkloster Steinheim (*p*) seinen Hof zu Steinheim um 100. Pfund Häller und 40. Mark Silber, die Mark zu 3. Pfund gerechnet, auf Wiederlosung, verkauft (*q*). Desgleichen daß er A. 1260. dem

---

(*n*) *Cod. Dipl. Bad.* num. 132. Marggrav Rudolf schreibt sich in demselben, wie in vielen andern: Von GOttes Gnaden.

(*o*) *In vita Reuchlini* p. 6. & 119. S. den erstehen Theil dieser Einleit. woselbst ein Druckfehler, Hermann :V. statt VI. gefunden wird.

(*p*) Es heißt sonst auch Marienthal; und liegt nebst dem Marktflecken Steinheim ohnweit der Stadt Marpach in dem Herzogthum Würtemberg. S. Herrn Archiv. Sattlers Beschreibung desselben. Th. I. S. 146.

(*q*) *Cod. Dipl. Bad.* num. 129. BESOLD. *docum. rediv. monast. Wirtemb.* PETRI Suev. Sacra. p. 756.

dem Benedictinerkloster Schönau, Wormser Diöces, die Erlaubniß ertheilt, diejenige Güter zu Opphowen, welche dem Abt und Convent von seinem Urgroßvatter geschenkt worden, zu verkaufen (r). Schönau.

§. VIII. Daß das Kloster Backnang von M. Rudolf I. und seinem Herrn Bruder M. Hermann nach ihres Herrn Vatters Tode aufs neue erbaut worden sey, ist in des leztern Lebensbeschreibung angezeigt worden (s). Hier ist noch zu bemerken, daß dieses Kloster um das Jahr 1263. aufs neue Gewalt und Schaden gelitten habe. Eine Bulle Pabsts Urbans von diesem Jahr macht auffer den Herren von Oettingen, von Würtenberg und von Asperg noch mehrere, sonderlich aus der Speirischen, Costanzer und Würzburger Diöces nahmhaft, welche dasselbe geplündert haben (t). Baknang.

§. IX. A. 1282. übergibt Marggrav Rudolf den Mönchen zu Hirsau den Hof zu Pforzheim, der seinem Vatter ehmals versezt gewesen. Seine Söhne Hermann, Hirsau.

---

p. 756. seqq. In eben diesem Jahr verkauft der Marggrav an Berthold Freyherrn von Blankenstein ein Stuck Gut, welches dieser ebenfalls dem Kloster Steinheim verehrt.

(r) GVDENI *Sylloge Dipl.* num. 121. Hier wird das Dorf Oppau zwischen Manheim und Frankenthal verstanden.

(s) Th. I. S. 366.

(t) GAMANS.

Heſſo und Rudolf ſiglen dieſen Brief mit ihrem Vatter (*u*).

Bickes-
heim.

X. Ich komme nun auf die Kirche zu Bickesheim (*v*). Sie liegt etwas erhöhet in einer fruchtbaren Gegend auf dem ſogenannten groſſen Haardfeld neben der Federbach, zwey Stunden von Ettlingen. Die alten Urkunden und einige Ueberbleibſel laſſen vermuthen, daß in dieſer Gegend ein Dorf mit dem Namen, den die Kirche nun führt, geſtanden ſey. Ueber den Erbauer der Kirche ſind verſchiedene Meynungen. Einige machen dazu K. Heinrich den Finkler und ſeine Gemahlin Mechtildis. Ich will ihre Gründe anzeigen. Sie melden, K. Heinrich habe bey Errichtung der Marggravſchaften in den von ihm eroberten Landen Kapellen und Klöſter angelegt, mithin ſey vermuthlich, daß er ſolches auch hier, wo die gemeine Landſtraſſe zu den berühmten Reichs- und Han-

---

(*u*) GABELKOFERI *Collectanea* vom Haus Baden haben dieſe Worte: Tradimus nos RUDOLFUS
„ Marchio de Baden Senior curiam in Pforz-
„ heim monachis in Hirſau, quæ illuſtri dro
„ & patri noſtro recordationis beatæ HER-
„ MANNO Marchioni oppignorata fuerunt.
„ Sigillum appendent cum Patre RUDOLFO
„ Seniore Dominus HERMANNUS, HESSO
„ & RUDOLFUS, RUDOLFI Senioris filii. „

(*v*) Eine ausführliche Beſchreibung derſelben iſt A. 1747. zu Maynz unter dem Titel: Uhr-alte und andächtige Verehrung der wunderthätigen Mutter des ewigen GOttes zu Bickesheim, herausgekommen.

Handelstädten Basel und Frankfurt vorbey geht, gethan habe; welcher Gedanke durch die auf dem Glöcklein befindliche Jahrzahl 9. 1. 8. in longobardischer Schreibart bestärkt würde. Hiezu käme das Jus asyli oder die Freyheitsgerechtigkeit, welche sich weit über die Kapelle hinaus erstreckt, da doch sonst nach den geistlichen Rechten dergleichen Freyheiten nicht über 30. Schuhe von den Gotteshäusern können gerechnet werden, mithin als etwas, so zu den Kaiserlichen Regalien gehöre, von K. Heinrich weiter ausgedehnt worden seyn müsse.

Andere halten dafür, daß diese Marianische Andacht ums Jahr 1170. unter M. Hermann IV. zu Baden ihren Anfang genommen habe. Ich kan zur Bestätigung dieser Gedanken keine Gründe anführen. So viel aber ist ohne Streit, daß diese Kirche ihre Vergrösserung, wo nicht ihren Ursprung der Mildthätigkeit unsers M. Rudolphs I. zu danken habe. Und glaubt man, daß die Erbauung derselben um das Jahr 1250. geschehen sey.

Von M. Rudolph und seiner Gemahlin Kunigunda zeugen wenigstens die in derselben befindliche Wappen (*w*). An der ersten Säule sieht man den Badischen Schild mit den Steinbockshörnern; wie auch die Ebersteinische Rose, die auf dem Helm von 2. Büffelshörnern eingeschlossen ist, welche

---

(*w*) Die Abzeichnung hievon s. in Perill. SCHOEPFLIN. *Hist. Zaringo-Bad.* T. II. p. 5.

che mit einigen grünen Zweiglein besteckt sind. Eben diese fünfblätterige Rose sieht man auch in den Fenstern hinter dem Altar bald von rother, bald von gelber Farbe. Die Fenster selbst zeugen von einem Alter von fünfhundert Jahren. Unter die mancherley Merkwürdigkeiten dieser Kirche gehört die alte Münze, welche dem Bildnis der Mutter GOttes angehängt ist. Auf derselben sind zwey Fürstl. Braut-Personen geprägt mit der alten Gothischen Umschrift: Virginis optatas sub amico foedere dextras! Auch kan ich nicht übergehen, daß man noch zu unsern Zeiten einige Nummos bracteatos oder silberne Blechmünzen allda gefunden habe, auf deren einer Seite der Badische Balken, auf der andern aber eine Lilie gesehen wird.

Maulbronn. Endlich gedenke ich der Wohlthat, die das Kloster Maulbronn unserm M. Rudolf zu danken hat. Er ertheilt demselben A. 1258. auf seinem Schloß Mühlberg die Freyheit, daß es weder Zoll noch Umgeld geben solle zu Pforzheim (x).

§. XI.

(x) Als Zeugen an diesen Freyheitsbriefe werden genennet: VLRICUS nobilis de Steine, CONRADUS de Enzeberc, GERLACUS de Nievern, dictus KIMO, WERNHERUS advocatus de Durlach. Neben dem Marggraven siegelt seine Frau Mutter Irmengard. Ihr Sigill stellt unsern theuersten Erlöser vor, wie er siegreich aus dem Grabe aufsteht; neben ihm sieht man zwey

§. XI. Ich komme nun auf das übrige, was von M. Rudolfs Regierung merkwürdig ist.

Als Kaiser Fridrich II. vom Pabst feyerlich in den Bann gethan wird, und diese Strahlen hernach auch seinen Prinzen König Konrad treffen, so wendet sich M. Rudolf aus Hochachtung vor den Päpstlichen Stuhl auf die Seite Hermanns aus Thüringen, welcher A. 1246. durch Vorschub des Papsts erwählt, und daher insgemein der Pfaffen König, sonst aber von seinem Schloß Raspenberg, Raspo genennet wird. Nach Kaiser Fridrichs II. Tode hält sich der Marggrav an den von einigen Ständen erwählten Grav Richard von Cornwall. Dieser ertheilt hierauf Anno 1258. als Römischer König dem Badischen Stättlein Steinbach das Recht einen Jahrmarkt

A. 1258.

Hüter, unter welchen der eine zur rechten Hand schlaft, der andere aber eben aufzuwachen scheint, und mit seiner Hand den Helm hinter sich hält. Diese Nachricht ist aus den geschriebenen Sammlungen des ehmaligen Würtembergischen Leib-Medici und Historiographi Gabelkofers. Dieser emsige Mann, welcher vor 160. Jahren gelebt, reisete fast ganz Schwaben durch. Er suchte überall Urkunden und andere Documenta auf. Er war der fabelhaften Nachrichten müde, und bemühete sich, aus den reinesten Quellen zu schöpffen. Aus seinen mühsamen Sammlungen verfertigte er eine Würtembergisch- und Helfensteinische Chronick.

markt zu halten auf die Weise wie die Stadt Freyburg im Breißgau (*y*).

Auch ist anzumerken, daß M. Rudolf in dem grossen Interregno seine Rechte auf die Marggravschaft Verona erneuert. Er bedient sich deswegen, wie schon gedacht, in einer Urkunde vom Jahr 1260. im Sigill des Tituls: Marchio de Verona, ob er sich gleich in der Urkunde selbst nur Marggraven von Baden nennt. In einer andern vom Jahr 1277. nach dem Interregno schreibt er sich: RUDOLPHUS Dei gratia Marchio Veronensis Dominus de Baden.

A. 1263. den 29. August geben die Lehenleute Bertold und Belrem Gebrüdere von Wizenstein (*z*) ihre Burg Liebeneck und das Dorf Wirm (*a*) samt allen Zugehörungen unserm M. Rudolf. Sie behalten sich hiebey das Dorf Houchenveldt (*b*) vor, und überlassen solches unter der Lehensverbindlichkeit Konraden genannt Kolb, einem Sohn Albrecht Kolbs, Ritters, der in der Burg Würsteneck seinen Sitz hatte, Bertold genannt Widener von

A. 1263.

(*y*) GAMANSIUS.

(*z*) Weissenstein, bey der Stadt Pforzheim.

(*a*) Das Dorf Wirm wie auch die Burg Liebeneck besitzen nun unter Badischer Landeshoheit die Herren Leutrum von Ertingen seit dem Jahr 1499. als Vasallen des Hochfürstlichen Hauses, unter welcher Bedingung sie ihnen von M. Christoph von Baden sind verliehen worden.

(*b*) Huchenfeld.

Ingersheim, Leutwein von Glattbach, Siboten von Hule, Albrecht von Helfenberg, und den Gebrüdern Konrad und Sibotten von Schonau. Jedoch gestatten sie auch diesen ihren Lehenleuten die Freyheit, dieses Dorf, so sie von ihnen zu Lehen tragen, in die Hände M. Rudolfs zu übergeben (c). Daß sich auch der Marggrav in ermeldeter Burg aufgehalten habe, bezeugt unter andern ein Schreiben, welches er daselbst an den Burgenmeister und die Stadt Straßburg unterzeichnet, darinnen er sich ernstlich beschwehrt, daß sie ihme seine Stadt Selß geplündert und in Brand gesteckt haben (d).

§. XII. An. 1267. soll sich eine Begebenheit zugetragen haben, davon viele in meinem Vatterlande zu reden pflegen. Ich will sie erzählen, wie ich sie habe. Daß solche nach Gewohnheit der damaligen Zeiten mit einigen Nebenumständen verschönert worden seye, daran ist nicht zu zweifeln, sonderlich was das angebliche Wunderwerk betrift. Die Hauptsache, nämlich die Mordthat mag richtig seyn. Hier ist die Erzählung: Ein altes Weib verkauft zu Pforzheim ein siebenjähriges Mägd-

A. 1267.

(c) *Cod. Dipl. Bad.* num. 143.
(d) Das Jahr ist ungewiß. Einige rechnen das J. 1268. andere 1269. Der Tag ist feria sexta post Octavam Purificationis b. Virginis. WENCKERI *appar. & instr. arch.* p. 179. LAGUILLE *histoire d'Alsace*, Preuves p. 45.

Mägdlein mit Namen Margaretha, an die Juden. Diese verstopfen ihm den Mund, öfnen ihm die Adern, und umwinden es, um sein Blut aufzufangen, mit Tüchern. Es stirbt unter der Marter; es wird von den Juden ins fliessende Wasser geworffen und mit einer Menge Steine beschwehrt. Nach wenigen Tagen reckt es die Hand in die Höhe. Die Fischer eilen herzu. Diese voll Schrecken zeigen es in der Stadt an. Der Marggrav ist in der Nähe. Er kommt. Man nimmt es aus dem Wasser. Der Körper richtet sich auf, bietet dem Fürsten die Hände und ermahnt ihn dadurch zur Strafe, legt sich aber bald wieder nieder. Man wirft einen Argwohn auf die Juden. Man läßt sie kommen, und sogleich rinnt das Blut häufig aus den geöfneten Wunden. Die Juden gestehen die That; das alte Weib gleichfalls. Sie werden zum Theil nebst dieser gerädert, zum Theil gehenkt (e). Dieser zarten Märtyrin wird hierauf in der S. Michaels- oder Schloßkirche zu Pforzheim ein steinerner Sarg verfertigt etliche Schuhe hoch, worinn man sie beysezt. Die Aufschrift ist diese: MARGARETHA à Judæis occisa ob. feliciter Anno Domini MCCLXVII. Cal. Jul. fer. VI. Die Dominicaner-Klosterfrauen zu Pforzheim be-

---

(d) Die Erzählung gibt THOM. CANTIPRATANUS *miraculorum &c.* L. II. Er sagt, er habe sie aus dem Munde seiner Ordens-Brüder, Reyners und Ægidius.

berichten in ihrem Heiligen-Buch, daß das Grab A. 1507. in Beyseyn des Cardinals Bernhardinus sey geöffnet, und der Leichnam noch unverwesen gefunden worden. Gewiß ist, daß er A. 1647. in einem andern Zustand, nämlich ganz dürr, doch daß man die Nägel wahrgenommen hat, und mit abgesondertem Haupte gesehen und nach Baden gebracht worden ist (f).

§. XIII. A. 1264. bekommt M. Rudolf von Pfalzgrav Ulrich zu Tübingen seine Güte zu Forch und Niederbiel nebst 200. Mark Silbers. Was hiezu Anlaß gegeben habe, ist mir so wenig, als dem Gamans, der dieses schreibt, bekannt.

A. 1277. verkaufen seine Söhne, denen er einiges Land abgetretten hatte, das Schloß Lindenfelß mit allen dazu gehörigen Leuten an die Pfalz (g).

§. XIV. Ich wende mich nun zu den Feindseligkeiten, welche unsern Marggraven beschäftiget haben. *Kriegsbegebenheiten.*

A. 1266. hat er und der Pfalzgrav bey Rhein Verdrüßlichkeiten mit dem Bischof Heinrich von Speyer, gebornen Graven von Leiningen, und dem Stift Speyer. *Mit Speyer.*

Nach-

(f) GAMANS. Man sehe auch davon MAJI *vit. Reuchlini* p. 109. *seq.*

(g) S. Vorlegung der anwachsenden Reichs-Ritterschaftlichen Irrungen ꝛc. Stuttgart 1749.

Bad. Gesch. II.Th. B

Nachricht hiervon gibt uns Lehmann (*b*), er meldet aber nicht, worinnen sie eigentlich bestanden haben.

Mit K. Rudolf I. Merkwürdiger sind seine Strittigkeiten mit Kaiser Rudolf I. Gelegenheit gibt dazu der gewaltsame Tod Fridrichs von Oesterreich, welcher mit dem letzten Schwäbischen Herzog Konradin A. 1268. zu Neapel enthauptet worden war (*i*). Fridrich war Marggrav Rudolfs Bruders Sohn. Das Ende dieser beeden Fürsten soll unserm M. Rudolf Anlaß gegeben haben, einige Stücke von Konradins Schwäbischer Verlassenschaft an sich zu ziehen. Die Geschichtschreiber bestimmen nicht eigentlich, worinnen solche bestanden haben (*k*). Einiges

---

(*h*) Speyrische Chron. B. 5. Cap. 101.

(*i*) S. den ersten Theil dieser Einleit. S. 384. Ich hole hier eine Urkunde nach, in welcher beede Durchleuchtigste Prinzen mit ihren denkwürdigen Titeln vorkommen. Es ist der Bestätigungs-Brief Herzog Heinrichs von Bayern über den Zehenden zu Rosenheim. Man liest ihn in den MONUMENT. BOICIS Vol. I. inter Monumenta Rotensia N. 45. p. 40. Ich führe nur den Beschluß desselben an: „ Datum „ & actum a[p] Rot A. MCCLXVII. „ II. Jd. Augusti. Testes: illustris Rex CHUN-„ RADUS II. Dux Suevie, Jerusalem & „ Sicilie Rex. Illustris FRIDERICUS „ *Dux Austrie & Stirie*, Marchio de Ba-„ den. „

(*k*) Einige muthmaßen, der Marggrav habe nach Konradins Enthauptung sein altes Recht auf das Herzogthum Schwaben hervorgesucht. Sie schreiben ihm diese Gründe zu. Sein Anherr Herzog Bertold I.

niges ist auch offenbahr wider die Wahrheit. Ich zähle dahin, was sie von Pforzheim melden; daß nämlich diese uralte Stadt auf diese Weise an das Haus Baden gekommen seye (*l*). Allein aus dem vorhergehenden erscheinet deutlich, daß dieser Ort schon A. 1258. den Herren Marggraven zugehört habe (*m*). Jrenicus und Crusius sind in den Gedanken, daß von dem Marggraven auch Liebenzell im Herzogthum Würtemberg damals eingenommen worden sey. Es läßt sich jedoch nichts gewisses angeben. Die Erzählung ist insgemein diese: Liebenzell habe einem Herrn, Namens Erckinger, gehört, den man nur den großen Tyrannen von Mercklingen, als dem Ort seines Aufenthalts, geheissen; diesem habe der Marggrav, weil er ihme

---

von Zähringen habe die Anwardtschaft auf dasselbe von K. Heinrich III. bekommen. Dessen Sohn Bertold III. habe zwar einen Verglich mit Fridrich von Hohenstaufen eingegangen, und sich der Ansprache begeben; dieses aber habe M. Rudolfen von Baden nichts von seinem Recht benehmen können, weil M. Hermann von Baden nicht in das Verfahren seines Bruders Bertolds II. gewilliget habe, und dieser M. Rudolf I. nicht von Bertold II. Herzog von Zäringen, sondern von erstgemeldtem M. Hermann in gerader Linie abstamme.

(*l*) Historia Australis ad A. 1276. Jrenicus *Exeg. Germ.* Lib. VI. c. 108. Hedio in *Paralip.* ad *Chron. Vrsp.* Crusius *Annal. Suev.* P. III. L. III. c. 20.

(*m*) cf. Thom. Cantipratan. *de Miraculis* Lib. II.

vielen Schaden zugefügt, mit Hülfe des Pfalzgraven bey Rhein das Schloß Mercklingen abgenommen, worauf sich der Tyrann von seinem hohen Thurn heruntergestürzt habe (*n*).

Dem sey wie ihm wolle, so ist gewiß, daß K. Rudolf I. sogleich nach seiner Erhebung auf den Kaiserlichen Thron sich bemühet, da viele Landesstände in Franken und Schwaben sich in eine unmittelbare Reichsfreyheit zu setzen gesucht, wenigstens die Herzoglichen Domainen-Stücke wieder ans Reich zu bringen. Dieses ist Holz zu einem grossen Brande. Der Kaiser findet Widerstand in Teutschland (*o*), und

---

(*n*) S. Herrn Sattlers Histor. Beschreibung des Herzogthum Wirtemberg. Th. 2. S. 228. Das Jahr dieser Geschichte läßt sich nicht bestimmen. Einige schreiben die Zerstöhrung des Schlosses M. Rudolf Hesso zu. Man will zu Hirschau des Tyrannen Meß gesehen haben. Man macht ihn 14. Schuh hoch.

(*o*) Fugger im Spiegel der Ehren des Erz-Hauses Oesterreich S. 92. hat diese Worte: „Damit Ottocarus (in Böhmen) seinen Trotz wi„der Rudolphen behaupten möchte, befliße er sich „die Stände des Reichs von ihm abwendig zu machen. „Unter diesen war Grav Eberhard zu Würtem„berg, ein tapferer Herr, auch wegen seines hohen „Ruhms der Durchleuchte zunahmet; aber dabey „so trotzig, daß er sich selber Gottes Freund und aller „Welt Feind soll genennet haben. Dieser verband „sich mit seinem Schwager Rudolfen zu Baden, wel„chen man, weilen er 12. Schuh lang gewesen, den „Grossen benahmet, (hier begehet Fugger einen Feh„ler. Dieser Rudolf war nicht Rudolf der Grosse)
„wie

und sucht sein Vorhaben mit Gewalt durchzutreiben. Der Marggrav empfindet solches. Der Kaiser hat auf seiner Seite unter andern den Pfalzgraven Ludwig (*p*), die Graven von Leiningen, die Graven von Zweybrücken, die Herren von Fleckenstein, und die Stadt Straßburg. Diese verbinden sich, die Stadt Selse zu zerstören (*q*). Sie belagern auch würklich auf Befehl des Kaisers des Marggraven Vestungen Selß und Seldenowe (*r*). Währender Belagerung macht der Marggrav auf Vermittelung Grav Emichs von Leiningen einen Stillstand

„ wie auch mit 16. andern Schwäbischen Graven und
„ Herren, als denen von Freyburg, von Montfort,
„ von Helfenstein, von Teckenburg, von Regensberg,
„ von Griepsberg, von Klingen u. a. mehr wider Kai-
„ ser Rudolphum — weil sie ein und anderes
„ dem Reiche entzogenes wieder abzutretten nicht
„ gesonnen. ——— Diese feindselige Bündniß war so
„ stark und groß, daß auch etliche Reichsstädte im El-
„ saß, Breißgow und Helvetien, so doch sonst Ru-
„ dolpho treu gewesen, auch hohe Wohlthaten von
„ ihm empfangen hatten, sich mit darein knüpfen und
„ aufwiegeln lassen. „ cf. TRITHEM. *Chron.*
Hirsaug. ad a. 1274.

(*p*) *Histor. Austr. plenior* ab initio ap. FREHER.
scriptor. rer. Germ. T. I. p. 470. *Chron.*
Citiz. LANGII ap. PISTOR. T. I.
p. 1186. Mithin irrt MUTIUS in *Chron.* L. 21.
wenn er den Pfalzgraven zu einem Gehilfen unsers
Marggraven angibt.

(*q*) WENCKER. *appar. archiv.* p. 178.

(*r*) Daß dem Marggraven solches verpfändet gewesen
sey, meldet unter andern Herzog in der Elsaß
Chron. B. 3. S. 63.

ſtand (Treugas) mit denen von Straßburg. Dem ohngeachtet fahren ſie fort, die Stadt zu plündern und anzuzünden. Der Marggrav verläßt ſich auf ſeinen Stillſtand, und begehrt daher eine Entſchädigung von ihnen (s). Der Grav von Leiningen nimmt die Stadt Selß im Namen des von Banacki, dem der Marggrav etwas Geld ſchuldig war, in Schutz, und erläßt deswegen ein Schreiben an den Biſchof zu Straßburg (t). Der Marggrav vergleicht ſich mit einigen ſeiner Widerſacher A. 1274 (u) und A. 1281. tragen die Herren Marggraven Hermann und Rudolf, noch bey ihres Herrn Vatters Lebzeiten, die Stadt Selß dem Biſchof zu Straßburg Konrad und der Kirche zu Straßburg zu einem Weiber-Lehn auf (v).

In

(s) Des Marggraven Troſtung gegen der Stadt Seltz ſ. in WENCKERI *Appar. Archiv.* p. 179. Sie iſt gegeben in caſtro Liebenecke feria ſexta poſt Octavam Purificationis btæ Virginis.

(t) WENCKER. l. c. p. 178. III.

(u) *Cod. Dipl. Bad.* num. 153. WENCKER. *Appar. Archivor.* p. 180. Der Marggrav verbindet ſich damals des Schadens halben an Seltz und Seldenow, ſo ihme zugefügt worden, nichts dann mit Recht, und zwar vor dem Kaiſer vorzunehmen. In eben dieſem Jahr hängt er auch ſein Sigill an die Süne Doements von Bretheim gegen den von Straßburg und ihren Burgern. WENCKER. *Collect. Archiv. & Cancellar. jur.* p. 143. ſeq.

(v) Perill. SCHOEPFLIN. *Alſat. Illuſtr.* T. II. p. 181.

In dieſem Kriege ſollen auch die Städte Durlach und Mühlberg eingenommen, und das Schloß Gretzingen zerſtört worden ſeyn (w).

Die Feindſeligkeiten nehmen ein Ende (x). Der Kaiſer verbindet ſich mit dem Marggraven aufs freundſchaftlichſte. Dieſer begleitet ihn A. 1276. nach Hagenau; woſelſt der Kaiſer ihn mit den Burgern der Stadt Straßburg ausſöhnt. Der Marggrav verſpricht ihnen 180. Mark Silbers (luters und lotiges dez gewiges von Strazburg) davon auf die nächſte Meß zu Sanct Walpurgis ſechzig Mark, eben ſo viel 12.

(w) Fugger l. c. S. 82. „Alſo überzoge er (Kaiſer „Rudolf) erſtlich mit Beyſtand Pfalzgrav Ludwigs den Marggraven, dem er nicht allein die „dem Reich entzogene Schlöſſer und Plätze mit Ge„walt wieder abdrunge, ſondern auch ſeine eigene „Städte, als Durlach und Mühlberg einnahme, und „das Schloß Gretzingen zerbrach, davon noch auf „dem Berg bey Durlach ein alter Thurn zu ſehen iſt.„ Und Königshoven in der Elſaß. Chron. S. 118 „Er gewon Mühlenberg, Gretzingen, Durlach, und „alles Swobenlant gynefit Rines, das des Marggro„fen von Baden war.„ conf Hertzog Chron. Alſat. L. II. c. 30. MAJI vit. Reuchlini p. 121. CUSPINIAN. in Rudolph. p. 352.

(x) Paralipom. Chro.t. Vrſp. p. 258. RUDOLPHUS occupabat Baden, Mülberg, Græzingen, Durlach & quicquid erat Marchionis Badenſis ſibi ſubjiciebat, pacemque firmabat. Dieſer Schriftſteller iſt darinnen von andern unterſchieden: Er ſetzt den Anfang des Kriegs zwiſchen K. Rudolf und M. Rudolf ins Jahr 1273. andere etwas ſpäter.

Tag nach Weyhenachten, und der Rest ein Jahr hernach solle bezahlt werden. Er gibt deswegen zu Bürgen Grav Heinrich von Fürstenberg, Heinrich M. von Hochberg, Grav Sigmund den jungen von Zweybrücken, und seinen Sohn M. Hermann von Baden (y).

Nach dieser Zeit herrscht eine grosse Vertraulichkeit einige Jahrhunderte hindurch zwischen beeden Durchleuchtigsten Häusern Oesterreich und Baden; und wird jenem von diesem ansehnliche Hülfe geleistet.

Mit dem Bischof zu Strasburg. §. XV. A. 1279. bekommt der Marggrav einen neuen Krieg mit dem Bischof zu Strasburg Konrad von Lichtenberg. Er dauert bis ins Jahr 1281. Der Bischof erhält eine Verstärkung von fünfzig Mann von dem Bischof zu Basel. Sie fallen dem Marggraven ins Land, stecken das Schloß Durlach in Brand, und plündern selbiges aus. Der Marggrav wehrt sich männlich und macht einen grossen Theil dieser Feinde zu Gefangenen (z). Es kommt hierauf zum Frieden.

§. XV.

(y) Die Urkunde hievon, gegeben an dem Zinsdag nach Sant Johannes Meß, liest man in WENCKER. Collect. Archiv. & Cancell. jur. p. 58. sq.

(z) ANNALES COLMAR. ad a. 1219. „CON-
„RADUS de Lichtenberck, Episcopus Argen-
„tinensis castellum Turlac per ignem destru-
„xit, & quæ in eo reperit, deportavit. Ferner
„ad a. 1281. Episcopus Argent. congregata
„militum multitudine Domino de Baden quod-
dam

§. XVI. Ferner hat er Verdrießlichkeit wegen Altensteig, im Herzogthum Würtemberg, mit Grav Burckhard von Hohenberg. Kaiser Rudolf I. läßt sie A. 1288. durch einige Schiedsrichter beylegen. (a)

Verdrießlichkeit wegen Altensteig.

" dam oppidum noscitur obsedisse. Episco-
" pus vero Basiliensis sibi quinquaginta mi-
" lites in auxilium transmittebat. Plures
" autem ex eis a Marggravio capiuntur,
" propter quod pax eorum pristina refor-
" matur. "

(a) Die Urkunde hievon lautet also: Wir Rudolf von Gots gnaden der Romische Kunig vnd allewege merer des Riches tun kunt allen den die disen Brief gesehent oder gehorent lesen, daß wir alle die missehelli vnd die aßungen die der alte Marcgraue Rudolf von Baden vnd sine helfer heten vnd hant gehaben mit dem grauen Burcarden von Hohenberg vnd mit snen helfern geschlichtet vnd gesunet han also, das der alte Marcgraue sich verziehet alles des rechten vnd denen Ansprache, die er an altensteige hett bisher vnd swas die von Waldecke vnd die Hennlinge vnd andere des alten Marcgrauen helfer vnd diener mit dem grauen Burcard oder mit seinen helfern oder dienern zn schaffen hant, swas das ist, da sulnt sie jetwetert halp zwene Rither oder Knechte nemen one geuerbe vnd sulent sie die vier slichten nach nimmen oder nach Rehte ob sie mugen, mugent sie aber nit verslichtet werden also so geben wir in den Herzogen Conraden von Tecke ze einem obmanne vnd swas der denne nah ir bsider rede sprechhet vf snen eit jetweden zu gewinne oder zu verluste das sol sie begnugen beident halp vnd sulnt och stete haben was och beidenhalpen in Vride beschehen ist, das man kuntlich mac machen das sulnt och die viere slichten ob sie mugen

Tod.

§. XVII. Marggrav Rudolf verwechselt das Zeitliche mit dem Ewigen A. 1288. den 19. November. Er vermacht noch vor seinem Absterben dem Kloster Lichtenthal, dem er schon so viele Wohlthaten zugewendet hatte, hundert Mark Silber. Seine Söhne Hermann, Hesso und Rudolf bestätigen diese Stiftung in selbigem Jahre Freytags vor S. Lucia (*b*).

Begräbnis.

Er bekommt eben in diesem Kloster seine Ruhestätte. Sein Grabstein in dem Chor daselbst hat diese Aufschrift: „ Anno „ Domini MCCXIIC obiit RUDOLPHUS „ Marchio Senior de Baden in die S. Elisabeth.

Gemahlin.

§. XVIII. Er hatte sich glücklich vermählt. Seine Gemahlin war Kunigunda, Otto des ältern, Herrn zu Eberstein, Tochter. Durch diese bekam er das erste Recht auf diese Grafschaft. Nach dem Tode seines Schwiegervaters Otto des ältern, Herrn von Eberstein, geht er am 8ten Tage nach Walburgis mit seinem Schwager, Otto dem Jüngern einen Vergleich ein wegen der Erbschaft. Er bekommt

das

---

gen, mugent sie aber des nit flichten so sol es och an dem vorgenanten Herzogen stan, vnd swas der denne dar vß dut, das sulnt sie stete haben, das aber dis war sie vnde stete bliebe, darumbe hencken wir Rudolf der Kunig vnser Jngesigel an diesen Brief ze eine Urkunde alles des davor geschriben stat, dis beschach an sante georgen abende da von Gots Geburte waren tusent iar zweihundert iar vnd aht vnd ahzig iar.

(*b*) GAMANSIUS.

dadurch den Theil der Burg des alten Eberſteins, den Simon von Zweybrücken vorher beſeſſen hatte (c). Er erkauft nachher den vierten Theil dieſes Schloſſes noch dazu um 375. Mark Silbers (d).

Seine Gemahlin Kunigunda bringt nach ſeinem Abſterben ihre Wittwentage im Kloſter Lichtenthal zu, bis an ihr Ende, von welchem der Tag, aber nicht das Jahr aufgezeichnet iſt (e).

Sie hatte ihrem Gemahl 4. Söhne und zwey Töchter gebohren.

Die Söhne ſind Hermann VII., Rudolf II. Heſſo und Rudolf III. Ihrer wird unter andern in der Urkunde vom Jahr

---

(c) Von den Graven von Eberſtein überhaupt, und dieſem Umſtand inſonderheit iſt die vortrefliche Abhandlung des Herrn Geheimenhofrath Preuſchens in in den Carlsruher nüzlichen Sammlungen S. 337. zu leſen. Den Vergleich ſelbſt u. ſ. f. im Cod. Dipl. Bad. num. 167. Otto nahm in denſelben nichts aus, als „ alle die Mannlehen, die zu „ dem Theile, das Symon von Zweybrücken was, „ hörten alſo daß Wir die ſollen leyhen. Were aber, ſchreibt er, „ daß Wir ohne Kinder abgiengen, ſo ſollent ſie wieder fallen an den Marggraven von Baden." Dieſer Fall hat ſich auch würklich begeben, mithin ſind dieſe Mannlehen an das Marggräfliche Haus Baden gediehen.

(d) Cod. Dipl. Bad. num. 168.

(e) SCHANNAT. Vindem. Lit. Col. I. p. 166. X. Kal. Maji Kunigundis Marchioniſſa, Rudolphus Marchio. Vielleicht verſtehen einige von ihr, wann eben daſelbſt ſteht, „ Kal. April. Kunigundis Marchioniſſa.

Jahr 1277. darinnen sich Rudolf Marggraven von Verona nennt, namentlich gedacht. In dieser stehet auch Otto der ältere, Herr von Eberstein, als Schwiegervatter unsers Marggraven.

Die Prinzeßinnen sind

Adelheid. Sie wurde eine Klosterfrau zu Lichtenthal, und stunde diesem Gotteshause 32. Jahr als Aebtißin vor. Ihr Todestag ist der 16te Tag des Monats August A. 1295 (*f*).

Irmingard. Sie wurde die zweyte Gemahlin Grav Eberhards VI. des Durchleuchtigen (*g*).

Den

(*f*) Samans hat uns nachstehendes von ihr aufbehalten:

Sexta ADELHEIDIS adest, oriunda ex stemmate celso
Heroum, Bada quos suscipit alma Duces,
Triginta cum casta duos præsedit in annos
Sacris virginibus, mens pia juncta Deo est.
Rexit ab A. 1263. ad A. 1295.

(*g*) Sattler l. c. Th. 1. S. 135. In Pregizers Wirtembergischen Cedernbaum S. 7. stehet, Irmengard sey Anno 1297. vermählt worden. conf. Perill. DE SENKENBERG Sel. jur. & hist. Tom. II. p. 243. Allein die Urkunde vom Jahr 1296., den 5ten Tag vor dem Fest Johannis des Täufers gibt zu erkennen, daß sie schon damals an der Seite Grav Eberhards gelegen sey. Er entsagt in
der

der Urkunde seinem Recht auf die Dörfer Langensteinbach, Uttelsbur, u. Wolmarsbur, zum Besten des Kloß. Herrenalb, und sagt ausdrücklich, er thue solches vor sein rechtmäßige Gemahlin und ihre Kinder, pro se, collaterali sua, Irmingarde, uxore legitima suisque liberis. Ihrer und ihres Gemahls wird nebst ihrem Sohne Grav Ulrich gedacht in nachstehendem Briefe eines capituli ruralis von Reutlingen A. 1336.: „Wür der
„ Dechan von Rutlingen, der Camerer, und gemein-
„ lich alle Pfaffen in derselben Dechen verjehen für
„ vnß vnd alle vnsere Nachkommen, daß Wür umb die
„ Gnad, die vnß vnser gnediger Herr der Edel Graff
„ Ulrich von Würtemberg gethan hat, durch Seines
„ lieben Vatters vnd Herrn des Edlen Graffen Eber-
„ hards von Würtemberg seele vnd seiner lieben
„ Mutter und Frauen der Edlen Irmengard Graf-
„ sen von Würtemberg Seele, vnd auch durch Sÿe
„ vnd der Edlen Sophien, seiner Haußfrauen vnd
„ seiner Kinder Seele vnd heille willen, daß er, noch
„ kein sein Amtmann, kein vnser Gült nach vnserm
„ Todt nehmen sollen, noch vnß daran irren, wens
„ daß es dahin fallen soll, dan es jeglichem Pfaffen
„ hingeschaffet, oder seinen Freunden, geloben für
„ Unß und alle vnsere Nachkommen, daß Wür an dem
„ Donnerstag nach Lätare in Mittfasten sollen kommen
„ gegen Stuttgart vnd sollen die Messe haben, vnd vor
„ der Messe sollen wir Vigili da singen mit andern Chor-
„ herren, der da find vnd mit vnseren Korrokhlin ꝛc.„
Noch ist zu bemerken die Verschreibung Grav Eberhards vom Jahr 1301. gegen Marggrav Rudolf, über das Dorf Oweßheim, welches Grav Eberhards Schwager, M. Rudolf, ein Sohn M. Rudolf I. seiner Schwester Irmengard zu einem Zugeldt übergeben, daß er es mit 500. Pfund wieder lösen möge.

Hermann VII.
Von 1288. bis 1291.

§. I.

Titel. Marggrav Hermann VII. ist der älteste Sohn M. Rudolfs I. Er regiert kurz, und pflanzt den badischen Stam̃ fort. Einige nennen ihn Hermann den Wecker. Er schreibt sich, wie sein Herr Vatter, Marggrav von Verona, Herr zu Baden. Weil sein Herr Vatter Eberstein in Besitz bekommen, so nimmt er auch dieses in seinen Titel; residirt auch meistens daselbst.

§. II. In der Urkunde, nach welcher der lezte Schwäbische Herzog Konradin dem Herzog von Bayern A. 1266 die Stadt Donauwerth vermacht, kommt unser Marggrav als Zeuge vor. (a) Und schon Anno 1246. da er noch ein junger Herr war, hat er das schiedsrichterliche Urtheil zu Speyer also unterschrieben: HERMANNUS FILIUS MARCHIONIS. (b)

Lindenfels. §. III. A. 1277. überlassen die drey Herren Brüder, Hermann, Rudolf und Hesso, Marggraven zu Baden, das Schloß Lin-

---

(a) Bayerische Deduction gegen Oesterreich.

(b) S. den ersten Theil dieser Geschichte S. 368.

Lindenfelß mit den dazu gehörigen Leuten an den Pfalzgraven bey Rhein. (c) Sie hatten es von ihrem Herrn Vatter noch bey seinen Lebzeiten bekommen. Der Preiß, um welchen sie es weggegeben, ist nicht angezeigt. Insgemein wird eine Summe von 2300. Mark Silber angegeben. (d) Dieses aber steht ausdrücklich dabey, es sey geschehen noch Landesrecht und Gewohnheit.

§. IV. Auſſer den angeführten Urkunden lesen wir ihn in einer vom Jahr 1278. darinnen Grav Friderich von Truhendingen dem deutschen Haus zu Oettingen einige Güter zu Pfeffingen schenkt. (e) Desgleichen in dem Inveſtiturbriefe K. Rudolfs I. A. 1282. worinnen er seine Söhne Albrecht und Rudolf mit dem Herzogthum Oesterreich belehnt. (f) A. 1280. bekennt M. Hermann von Gottes Gnaden M. zu Baden in einem Schreiben, gegeben bey

---

(c) Reichsſtändische Archival-Urkunden *in causa equestri* Tom. I. Sect. III. c. 4. membr. 2. num. I. p. 449.

(d) *Excerpta Actorum Compromiſſi Aurelianensis*, und TOLNER in *Hiſtor. Palat.* p. 42.

(e) MEICHSNERI *Decis. Camer.* Tom. II, decis. 6. p. 272.

(f) Oeſterr. vorläufige Beantwortung der Churbayerische Deduction puncto succeſſ. Auſtr. pag.

bey seinem Schloß Mülnberg, daß, so lange er das Dorf Ellmendingen besitze, er die Mönchen zu Herrenalb und ihre Einwohner in ihrem Dorf Dietenhausen mit einigen Auflagen beschwehrt und ihnen die Allmenden zu Ellmendingen unrechtmäßiger Weise vorbehalten habe, nun aber wieder einraumen wolle. (g)

Kriege. §. V. Marggrav Hermann lebt nicht ohne Unruhen. A. 1281. hat er eine Fehde noch beym Leben seines Herrn Vatters, mit den Graven von Zweybrücken, wegen der in seiner Marggravschaft am Rhein liegenden Dörfer Lidolsheim und Rußheim. (h) Er schlägt die Graven in die Flucht. Die Fehde wird unter Vermittlung Grav Walrams von Zweybrücken, noch in selbigem Jahr am St. Urbans-Tag beygelegt.

---

p. 52. Der Kayser sagt: Testes inter alios intercesserunt PRINCIPES NOSTRI Conradus Dux de Tecke. *Hermannus Marchio de Baden*, Heinricus de Burgau, & *Heinricus Marchio de Hochberg*.

(g) An der Urkunde ist des Marggraven Sigill.

(h) In der Urkunde steht Liutolsheim & Ruchesheim. Man sehe von dieser Fehde des berühmten Herrn Prof. Crollius zu Zweybrücken gelehrte Abhandlung von den Graven von Zweybrücken.

legt (*i*). In dem Frieden wurde bedungen: 1.) Daß der Marggrav das Gut zu Lidolsheim und Rusheim mit 190. ℔. Haller von Walraf von Zweigenbrügge (Zweybrücken) und seines Bruders Symons des Graven von Eberstein Kindern lösen möge. 2.) Daß die Gefangenen und ihre Bürgen ledig seyn; und 3.) die Graven dem Marggraven vom nächsten S. Michaelstag über drey Jahren wider männiglich, nur das Reich, und ihre nächste Mage ausgenommen, helfen sollen. 4.) Verpfänden die Graven dem Marggraven um 1500. Mark weisses Silbers, Eberstein die Burg mit allen dazu gehörigen Leuten und Gütern zwischen der Ose und Albe gelegen, auch was obwendig der Ose und nidwendig der Albe darzu gedienet hat, ohne Edelleute und Mannlehen. Sonderheitlich auch das Dorf Spielberg und Dürrenwetterspach (*k*). 5.) Soll Grav Simons Sohn Heinrich des Marggraven älteste Tochter, so bald sie zwölf Jahr alt und wegen Verwandtschaft keine Hindernis sey, heurathen, und in diesem Fall soll Grav Heinrich auf Eberstein 900. Mark

---

(i) S. Herrn Geheimen Hof-Rath Preuschen. l. c. S. 366.

(k) Der Durchleuchtigste Marggrav Carl Wilhelm hat diesem Ort den Namen Hohenwetterspach beygelegt. Die Freyherren Schilling von Canstatt besitzen ihn als ein Lehen von dem Hochfürstlichen Hause.

Bad. Gesch. II. Th.   C

Mark Silbers zu rechtem Zugelt haben; und wann sie ihm darzu geben 600. Mark, so soll man ihnen das Gut ledig lassen; wollen sie aber Eberstein verkauffen, so soll der Marggrav das Recht haben, solches mit 1000. Mark Silbers in Jahrs Frist an sich zu ziehen. Es scheint aber, die Prinzeßin sey früh mit Tod abgegangen, da ihrer in dem Geschlechtregister nicht einmal mit Namen gedacht wird.

Krieg. A. 1287. hat er einen blutigen Krieg mit Grav Burkhard von Hohenberg, dem damaligen Besitzer der im Herzogthum Würtemberg gelegenen Stadt und Burg Altensteig. Der Marggrav zieht nebst seinem Prinzen in eigener Person mit 6000. Mann wider ihn zu Felde. Die Stadt leydet grosse Noth, und die Burg wird zerstört. Endlich kommt es den 7ten Julii zu einem heftigen Treffen, worinnen beede Theile viele Leute verlieren (*l*).

§. VI.

(1) Sattler l. c. S. 226. woselbst zugleich angemerkt wird, daß das Chronicon von Sindelfingen und aus demselben CRUSIUS *P. III. Annal.* lib. 3. c. 8. ohne Grund melden, dieser Krieg sey zwischen Marggrav Hermann und Pfalzgrav Burkhard geführt worden, weil niemals ein solcher Pfalzgrav zu Tübingen gewesen, hingegen gewiß seye, daß dazumal ein Grav Burkhard gelebt, dem Altensteig gehört habe. Auf gleiche Weise ist dieser Fehler zu verbessern in GABELKOVERI *Collectaneis* vom Hause Baden, darinnen die Worte also

§. VI. Noch ist anzuführen, daß Marggrav Hermann der Junge A. 1282. seine Einkünfte in den Dörfern Knielingen und Neureuth oder Neret (m) dem Herrn Peter von der Sconenegge von Straßburg um 26. Mark Silber versetzt habe. Man vermuthet hieraus, daß das Amt Mühlberg, in welches diese Dörfer gehören, Marggrav Hermann bereits bey seines Herrn Vatters Lebzeiten besessen habe.

§. VII. Marggrav Hermann stirbt A. 1291. den 15ten Julii und wird in der Fürstlichen Todten-Capelle im Kloster Lichtenthal beygesetzt. Dieses bezeugt sowohl das Todten-Register der dasigen Nonnen: „Id. Julii ob. Marchio HERMANNUS „in der Capellen neben St. Johannes-Altar,„ als seine Grabschrift daselbst: „Anno Domini MCCXCI obiit HER-

Tod und Begrdbn.

MAN-

also lauten: „A. 1287. Marchio HERMANNUS „antiquus de Baden & filii sui cum amicis „eorum habentes plus quam sex millia arma-„torum tam equitantium, quam peditum „cum BURCARDO, comite Palatino pug-„nantes prope Castrum Altinstage & multi „ibi capti & interfecti sunt in vigilia Chilia-„ni martyris.„

(m) *Cod. Dipl. Bad.* num. 170. In der Urkunde heißen sie Knodelingen und Nuwerute. Sie gehören beede zum Oberamt Carlsruhe.

„ MANNUS Marchio de Baden in divisio-
„ ne Apostolorum (*n*). „

Gemahlinnen.

§. XIII. Wegen seiner Gemahlin, oder vielmehr Gemahlinnen, äussern sich einige Schwierigkeiten. Einige nennen seine Gemahlin Geutsa, und suchen sie in dem altfürstlichen Hause Anhalt. Rittershusius (*o*), Hübner (*p*), Gamans und andere legen ihr den Namen Agnes bey, und machen sie zu einer gebohrenen Gräfin von Vaihingen in Schwaben. Diese Meynung ist in Ansehung des Namens gegründet. Sie kommt mit diesem Namen in der Urkunde vom Jahr 1296. vor, in welcher sie, ihrem Prinzen Friderich ihre Einwilligung ertheilt, das Dorf Langensteinbach zu verkauffen. In eben diesem Briefe geschieht auch noch zweyer andern Prinzen Marggrav Hermanns Meldung. Sie heissen Hermann und Rudolf; und werden darinnen minderjährig genennet (*q*). Gewiß ist

---

(*n*) SCHANNAT *Vind. Lit.* Coll. 1. p. 168.

(*o*) *Genealog.* Tab. 127.

(*p*) Genealog. Tab. Th. I. Tab. 230.

(*q*) Die Urkunde stehet im *Cod. Dipl. Bad.* num. 187. und fangt also an: Nos *Agnes* Dei gratia *Marchionissa Senior de Baden* Das Sigill an derselben stellt das Lamm GOttes mit dem Fähnlein vor; auf der vordern Schulter des Lamms ist der Badische Schild angemacht. Das Sigill selbst hat diese Umschrift: S. *Agnes* D. jungen. Margrevine. Von Bade.

ist also, daß Marggrav Hermann eine Gemahlin mit Namen Agnes gehabt habe. Nur ist die Frage, aus welchem Hause sie gewesen sey? Es ist schon angezeigt worden, daß viele sie vor eine Grävin von Vaihingen halten. Allein die oben aus Meichsnern (r) angezogene Urkunde vom Jahr 1278. macht mich glauben, daß sie eine gebohrene von Truhendingen gewesen sey, angesehen Grav Friderich von Truhendingen unsern Marggrav Hermann in solcher, seinen Schwäger nennet. Eben dieses scheinet auch eine weitere Urkunde vom Jahre 1294. auffer allem Zweifel zu setzen. Wann es darinnen heißt: „ Wir Agnes von Truchendin„ gen, des Marggraven Hermanns seel. „ eheliche Wirtin mit unsers Suns Fri„ derich des Marggraven von Baden gu„ ten Willen geben Adelhaiden Dietrich „ Sinen Tochter unsers Dieners von Byl„ stain 40. Mark Silbers zur Aussteur „ zu ihrem Mann Heinrich von Niefern.„ In dem Sigill ist, wie in dem vorher angeführten, ein Agnus Dei, womit sie vielleicht auf ihrem Namen gezielet, mit der Umschrift S. ANGN. .... MARGRAEVIN VON BADEN.

Auffer dieser Agnes von Truhendingen finde ich auch eine Mechtildis von Vaihingen als Gemahlin unsers Marg-

---

(r) Tom. II. dec. 6. p. 272.

graven. Nemlich in einer Urkunde vom Jahr 1287. darinnen Grav Konrad von Vaihingen mit seinem Bruder Heinrich und seiner Schwester Mechtildis Mann, Marggrav Hermann zu Baden den Kloster-Frauen zu Pforzheim erlaubt, ein Haus zu Vaihingen zu kauffen (s). Will man einwenden, man habe vielleicht Marggrav Hermann VII. mit Marggrav Hermann IX. dem auch eine Mechtild von Vaihingen als Gemahlin zugeschrieben wird, verwechselt: so habe ich die Urkunde vor mich, wider welche nichts eingewendet werden kan. Nimmt man diese Nachrichten zusammen: so hat es den höchsten Grad der Wahrscheinlichkeit, daß sich Marggrav Hermann zweymal vermählt habe, und Mechtild von Vaihingen seine erste, Agnes von Truhendingen aber seine zweyte Gemahlin gewesen sey.

Söhne. Aus dem vorhergehenden liegt auch klar am Tag, daß er drey Prinzen, Friderich, Rudolf und Hermann gehabt habe (t). In Ansehung deren aber entstehet die Frage: von welcher Gemahlin sind dieselbe erzeugt worden? Einen Zweifel kan

---

(s) Sattlers Historische Beschreibung des Herzogth. Würtemberg Th. 1. S. 203.

(s) Der Name seiner Töchter ist unbekannt. Er hatte, wie Gamans berichtet, wenigstens zwey. Eine davon war, wie oben gemeldet worden, einem Graven von Zweybrücken zugedacht.

kan hierbey abgeben, daß der Grav von Vaihingen den Marggraven A. 1287. seinen Schwester=Mann nennet, und gleichwohl Grav Friderich von Truhendingen ihn auch schon im J. 1278. als seinen Schwager anzeiget; desselben Schwester, die Grävin Agnes aber annoch im Jahre 1294., lebte, da sie sich in obgedachter Urkunde der Einwilligung ihres Sohns zu verschiedenen Handlungen bedienet, (§. VIII.) welches seine damalige schon erlangte Volljährigkeit voraus zu setzen scheinet. Indessen wird dieser Zweifel nicht schwehr aufzulösen, somit die aufgestellte Frage leicht zu beantworten seyn.

Die Marggrävin Agnes lebte vom Jahr 1278. bis 1294. Marggrav Hermann konnte also im Jahr 1287. nicht mehr mit der Mechtild vermählet, und diese mußte schon vor solcher Zeit, mithin wenigstens vor dem Jahre 1278. gestorben seyn. Wann also Marggrav Hermann im Jahr 1278. ein Schwager, oder Schwester=Mann des Graven von Vaihingen genennt wurde, so zeigt sich mehr als zu deutlich, daß hiermit nichts anderst, als der verstorbenen Schwester Ehe=Mann habe gesagt werden wollen. In Absicht auf die Marggrävin Agnes konnte also Marggrav Friderich schon im Jahr 1294. in einem vollkommenen Alter stehen, wenn man zumalen bemerket, daß man damals noch die teutsche Majorennität von 18. Jahren zu beobachten pflegte, ohne zu erwähnen, daß die zu selbiger Zeit in allen Handlungen der Eltern gewöhnliche Einwilligung auch nicht selten von Kindern, die der Majorennität nahe waren, ertheilt wurde. Es streitet also weder mit der Zeit-Ordnung, noch den Geschichten, daß Marggrav Friderich und seine Brüder leibliche Söhne der Marggräfin Agnes gewesen sind. Und da diese in mehrgedachter Urkunde solche dafür erkennt, so wird wohl ein weiterer Zweifel desfalls nicht Statt finden, indem das Gegentheil in dieser Sache, wo ihr Zeugniß einen vollständigen Beweiß ausmacht, nicht erwiesen werden kan.

Rudolf II.

Rudolf II.

† A. 1295.

§. I.

Der andere Sohn Marggrav Rudolfs I. ist Rudolf II. Er ist Marggrav Hermanns VII. jüngerer Bruder. Er lebt nach seines Herrn Vatters Tode nur noch sieben Jahre, und wird in Ansehung desselben Rudolf der Jüngere; nach seinem Tode aber, Rudolf der Aeltere genennt, in Betracht Marggrav Rudolfs III.

Rudolf II.

§. II. Wir finden wenige Nachricht von ihm. Das Vornehmste ist der Beweiß seiner Mildthätigkeit gegen die Gotteshäuser.

Merkwürdigkeiten.

A. 1288. bestätigen Hermann, Hesso und Rudolf, Marggraven von Baden, ihres Vatters Marggrav Rudolfen Schenkung an das Kloster zu Büre, Freytags vor St. Lucia.

A. 1289. den 30. April bestätiget er *Rudolphus Dei gratia Marchio Senior de Baden* dem Gotteshause Schwarzach den althergebrachten Schutz und sicheres Geleit durch sein ganzes Land, mit denen ge‑

1289.

wöhn‑

wöhnlichen Todtfällen von deſſen in ſeinen
Landen geſeſſen Leibeigenen (*a*).

1289. In eben dieſem Jahr vermacht er dem
Benedictiner-Kloſter Gottesau, zu Ehren
der heiligen Catharina, von ſeinem Zehenden zu Beurten (Burten) jährlich ſechs
Simri (modios) Roggen.

A. 1291. werden Marggrav Rudolf
der Alte und ſein Bruder M. Friderich zu
Schirmvogten des Kloſters Herrenalb erwählt. Sie beſtätigen demſelben ſeine
bisherige Rechte, und begnadigen es mit
noch mehrern (*b*). Die Marggraven über-
neh-

(*a*) Die hieher gehörige Worte in der Urkunde
ſind dieſe: „ Cum anteceſſores noſtri felicis
„ recordationis magna & ſpeciali dilectione
„ eccleſiam beati Petri in Schwarzach ſem-
„ per fuerint complexi nos ipſorum veſtigia
„ in hoc imitari volentes ... eccleſiam beati
„ Petri in Schwarzach antedictam & nuntios
„ ejusdem per totam terram noſtram ſub no-
„ ſtra recipimus protectione & conductu, vo-
„ lentes ipſos ſub alis noſtræ protectionis &
„ defenſionis exiſtere, ipſisque omnia jura
„ ſua capitalia, quæ vulgariter dicuntur *Fälle*
„ & cenſus ſuos ab omnibus hominibus *terræ*
„ *noſtræ incolis* dari & perſolvi præcipimus. „

(*b*) Cod. Dipl. Bad. num. 180. Hierauf deutet
ohne Zweifel Gabelkofer in den Worten:
„ A. 1291. freyen RUDOLFUS Marchio de
„ Baden & FRIDERICUS Marchio de
„ Baden Junior coenobio Herrenalb etli-
„ che Güter ... Beede Marggraven nennen in dem
Inſtrument die Herren von Eberſtein ihre Progenitores.

nehmen diese Schirmvogtey, weil sie durch ihre Mutter und Groß-Frau-Mutter Kunigunda von den Stiftern dieses Klosters, den Graven von Eberstein abstammen.

A. 1292. beschenkt Marggrav Rudolf eben dieses Kloster mit jährlichen 15. Malter Roggen von seinen Einkünften zu Malsch. Die Mönchen sollen dafür alle Jahr am Abend vor Mariä Verkündigung im Convent ihren Dienst verrichten mit weiß Brod und einer grössern Portion Wein, wozu er ihnen auch, so lange er leben würde, Fisch zu geben verspricht. Nach seinem Tode aber sollen sie so wohl die Fische als das andere mit denen gewöhnlichen Gebeten im Convent reichen (c).

A. 1293. vermacht Rudolf der Aeltere von GOttes Gnaden Marggrav zu Baden eben diesem Kloster Herrenalb die Dörfer Utelsbach (d) und Wolmarsberg (e) um einen Jahrgang mit allem Recht zu besitzen. Die Mönchen sollen davor am Altar der Heil. Catharina in ihrem Kloster ein

---

(c) *Cod. Dipl. Bad.* num. 183.

(d) d.i. Jttersbach, in dem von dem Fürstlichen Hause an das Kloster, und hernach wieder an dieses gekommene Amt Langensteinbach.

(e) d.i. Völkersbach, nahe bey Jttersbach, welches in der Folge der Zeit an das in gleichmäßigem Ebersteinischen Schutz gestandene Gotteshaus Frauenalb gekommen ist.

ein ewig Licht und täglich Messe halten, und am Ostertag dem Convent 10. Schilling geben, Eyer anzuschaffen (*f*).

Tod. §. III. Marggrav Rudolf II. verwechselt das Zeitliche mit dem Ewigen A. 1295. und wird in der Fürstlichen Todten-Capelle im Kloster Lichtenthal bey seinem Herrn Vatter und Bruder beerdiget. Seine Grabschrift daselbst gibt folgende Nachricht: „ † Anno Domini MCCXCV obiit „ Margraue RUDOLF der alte an Sant Va-„ lentins-Tag ist sin Jar cit.

Gemahlin. §. IV. Er hatte sich vermählt mit bereits angeführte Adelheid von Ochsenstein. Diese Ehe war, wie man insgemein davor hält, kinderlos (*g*). Ihr erster Gemahl war ein Grav von Straßberg gewesen. Sie hatte ihm zwey Töchter geboren, unter denen die eine Marggrav Rudolfs III., die andere aber Grav Walthers von Horburg Gemahlin worden ist. Die Marggrävin Adelheid bekommt von ihrem Gemahl

---

(*f*) MEICHSNER Dec. Cam. Tom. IV. Dec. 35. p. m. 567. Mit ihm siegelt HESSO frater noster. Das confirmirt auch RUDOLFUS D. gra. Senior Marchio de Baden una cum collaterali sua ADELHAIDE nata de Ochsenstein.

(*g*) Ich werde hievon zu Ende dieser Lebens-Beschreibung eine Anmerkung aus dem Gamans anfügen; vielleicht stimmen einige meiner Leser demselben bey.

mahl zur Morgengabe ein Geschenk von 1000. Mark Silbers (b). Auch gibt K. Rudolf I. A. 1283. zu Heilbronn eine schriftliche Erlaubnis, daß das Schloß Mühlberg, als ein Reichslehen dieser Adelheid vor die erstgemeldete 1000. Mark Silbers verpfändet werden dörfe (i).

Das Jahr ihres Todes ist nicht aufgezeichnet, sondern es meldet das Todtenbuch zu Lichtenthal nur, daß sie den 16. Jenner gestorben und daselbst begraben sey. Die Worte heissen: „XVII. Calend. Junii ob. „Domina de Ochsenstein Marchionissa de „Ba-

---

(b) „RUDOLPHUS Marchio de Baden *ju-*
„*nior* nobili femine ADELHEYDI, ſue
„uxori legitime, dedit & donavit mille
„marcas argenti in dotem ſive donacio-
„nem propter nuptias.

(i) Es ist also ein Irrthum, wann im Chron. Alberti Argent. p. 111. steht, der Röm. König Albrecht habe diese Adelheid Marggrav Rudolf von Baden zur Gemahlin gegeben; indem die Vermählung bereits unter der Regierung seines Herrn Vatters K. Rudolfs I. vor sich gegangen ist. Herr Prof. Schöpflin bemerkt in *Hist. Zar. Bad.* Tom. II. p. 17. (*n*) daß das Autographum Bongarsianum dieser Chronick, welches zu Bern sich befindet, diesen Fehler also verbessert habe: Relictam Comitis „de Strasberg, sororem OTTONIS de „Ochsenstein, consobrinam Regis (AL-„BERTI) ipse Rex (RUDOLPHUS) Mar-„chioni de Baden . . . . copulavit.

"Baden, in Capella ante altare S. Catharinæ." Daß sie aber A. 1311. noch gelebt habe, erweißt das milde Vermächtniß, womit sie in ihrem Wittwenstand dieses Gotteshaus erfreuet hat. Sie übergibt ihm in demselben Jahr ihren Hof zu Willre, welchen einer Namens Fugelin bewohnt; es soll davon die jährlich fallende 15. Malter Roggen genießen, mit dem Beding, daß sie ihres verstorbenen Gemahls, und dereinsten, nach ihrem Tode, auch ihren Jahrstag begehen solle. Die Klosterfrauen sollen über das alle Jahr an diesem Gedächtnißtag den armen ein reiches Allmosen an Wein, Brod, und Muß oder Brey bey Verlust dieser Stiftung reichen (k).

Noch

(k) In der Urkunde, S. *Cod. Dipl. Bad.* num. 209. stehen die Worte: "Nos ADELHEIDIS, dicta de Ochsenstein, Dei gratia *Marchionissa Senior de Baden . . . profitemur, quod nos accedente . . consensu Rudolphi Senioris de Baden, filiastri nostri* &c. Gamans, welcher diese Urkunde auch hat, macht hierbey die bedenkliche Anmerkung; man erkenne aus derselben, daß es ein Irrthum sey, wenn man Marggrav Rudolf II. und seiner Gemahlin Adelheid kein Kind zuschreibe; da hier ausdrücklich ihres Tochtermanns (*filiastri*) gedacht werde; und dieser zu Ende der Urkunde die Adelheit ausdrücklich seine Schwieger nenne, in den Worten: "Nos quoque RUDOLPHUS . . . profitemur . . . ad petitionem nobilis Dominæ ADELHAIDIS *socrus nostra* &c. Will man aus Herrn Hofrath

Rudolf II. † 1295.

Noch ist zu bemerken, daß diese Adelheid eine sehr nahe Verwandtin von den Kaisern Rudolf I. und Albrecht I. gewesen sey. Solches erhellet aus dieser Stammtafel:

Albrecht der Weise, Grav von Habspurg.

Rudolf I. Kaiser. † 1291.	Kunigunda Gem. Ottens Herrn zu Ochsenstein,
Albrecht I. Kaiser. † 1308.	Adelheid, Gemahl. 1) Graven von Straßberg. 2) Rudolfs II. Marggravs zu Baden.

rath Samuel Lenz Abhandlung von den mannigfachen Bedeutungen der lateinischen Verwandtschafts-Namen bey den Scribenten mittler Zeiten, Köthen und Dessau 1756. und der Berlinischen Bibliothek II. Band V. Stück, eine andere Erklärung der Wörter socrus und filiastri machen, so bleibt den Lesern immerdar das Urtheil frey.

Marg-

Marggrav Heſſo.

† A. 1297.

I.

Heſſo. Marggrav Heſſo iſt der dritte Sohn Marggrav Rudolfs I. Wir finden ihn, noch bey ſeines Herrn Vatters Leben, bey dem K. Rudolf I. zu Germersheim. Er unterzeichnet daſelbſt A. 1284. einen Freyheits-Brief, den die Stadt Worms vom Kaiſer erhalten, gleich nach dem Herzog von Oeſterreich, vor Marggrav Heinrich von Hochberg und Herzog Konrad von Teck (a). Auch kommt er in der Erlaubniß vor, welche dieſer Kaiſer ſeinem Bruder M. Rudolf II. über die Verſchreibung des Schloſſes Mühlberg ertheilt hat (b). Desgleichen iſt eine Urkunde vom Jahr 1295. darinnen Marggrav Heſſo von Gottes Gnaden, dem Abt und Convent zu Herrenalb vor 20. ℔. Häller verkauft alle Aecker in Eltrichesdorf, die ihm, oder dem Schloß in Gretzingen gehörten, und von welchen bis dahin die Landacht bezahlt wur-

---

(a) *Heſſo Marchio de Baden.* MORITZ von Urſprung der Reichsſtädte, im Anhang S. 179. LUDEWIG *Rel. MSS. Dipl.* T. II. p. 240.

(b) §. II.

wurde, und alle Zinse von Hällern, jungen Hünern, und Kappaunen in Gretzingen, die ihm und den Mönchen gemeinschaftlich gehörten, wie auch alle Zinse an Hällern und jungen Hünern samt den Todtenfällen in Dürrenwetterspach (c). In eben diesem Jahr errichtet der Abt Gebzon zu Lorch und Heinrich von Vietigheim einen Vergleich über einige Güter zu Vietigheim, Haßlach und auf dem Berge Brachberg. Unter andern wird selbige von Marggrav Rudolf von Baden genannt Hesse gesigelt (d).

§. II. Seine redliche Ergebenheit und beständige Treue gegen einen Freund, den das Unglück verfolgt, macht das Angedenken unsers Marggraven auch bey der Nachwelt beliebt. Grav Eberhard der Durchleuchtige, jener kriegerische Herr, der wider K. Rudolf I. und Albrecht I. ansehnliche Heere angeführt hatte, gerathet auch mit K. Heinrich VII. von Lützelburg in harte Verdrüßlichkeit, und empfindet seinen Zorn bis an dessen Tod. Einige geben zur Ursache dieser Mißhelligkeiten an, daß der

Verhalten gegen Eberhard Grav v. Würtemberg.

(c) Man sieht daran sehr wohl behalten S. *Hessonis. Marchionis. De. Baden. S. Rudolfi. Dei. G. Marchionis. juven. De. Baden.* Beede sind Ritter-Sigille.

(d) C R U S. *Annal. Suev.* Part. 3. L. 3. C. 12. p. 869. Ed. M O S E R.

der vortrefliche Eberhard von einigen Reichsständen zur Kaiserlichen Würde vorgeschlagen worden seye, und, nachdem Henrich den Thron bestiegen, ihme den Gehorsam zu leisten sich geweigert habe. Andere schreiben die Verfolgung des Graven der Beunruhigung zu, welche er den Schwäbischen Ländern verursacht habe (*e*). Dem sey wie ihm wolle, so ist gewiß, daß der Grav in die Reichs-Acht verfallen ist. Der Kaiser übertragt die Execution Konraden Herrn von Weinsberg, den er zum Landvogt in Schwaben verordnet. Der Kaiser ermahnt hiezu durch ein Mandat die benachbarte Fürsten, Graven und Reichs-Städte. Der Grav wird fast seines ganzen Lands beraubt, und die von K. Adolf noch übriggelassene Würtembergische Alterthümer werden bis auf einen alten Grabstein zu Beutelsbach ausgerottet. Er kan von 80. Schlössern und Städten kaum noch 4. behaupten, nemlich Urach, Neuffen, Wittlingen und Seeburg (*f*). Endlich wird er zu Asperg belagert. Er erfahrt hieben, daß ein treuer Freund in der Noth erkannt werde. Er nimmt in diesen Aengsten seine Zuflucht zu seinem Schwager Marggrav Hesso, und dessen Schloß

(*e*) ANONYMI LEOBIENS. *Chron.* Lib. IV. p. 896.

(*f*) *Gesta* BALDUINI L. II. C. VII. MUTIUS L. XIII. p. 214. TRITHEMIUS ad a. 1309.

Schloß Beßigheim (g). Dieser nimmt ihn auf, und theilt Leyd und Freud mit ihm, bis K. Heinrich in eine andere Welt übergeht, und sein Nachfolger K. Ludwig aus Bayern, den Graven wieder in seine Lande einsetzt (b). Ich will hiebey nicht behaupten, daß die Herren Marggraven von Baden schon damals das Privilegium gehabt haben, diejenige, welche in die Reichs-Acht verfallen, aufzunehmen. Schriftlich ist es vom K. Fridrich III. im Jahr 1475. gegeben, und die Bestätigung von K. Karl V. im Jahr 1521. mithin so gar nach aufgerichtetem Landfrieden, ertheilt worden, davon an seinem Orte zu handeln ist.

(g) Pregizers Würtemb. Cedern-Baum S. 7. Der Anonymus in *Chron. Wurtemb.* ap. SCHANNAT. *Vindem. Lit.* Coll. I. p. 24. nennt den Marggraven, der den Graven von Würtemb. aufgenommen, Rudolf. Es ist aber ein Irrthum.

(b) ALBERT. ARGENT. p. 45. Edit. Vrstis. Ich führe die Worte aus dem *Chron. Contr.* HERMANNI MINORITAE hier an: „HENRI-„CUS VII. Comes de Lüzelberg „Anno Domini MCCCVIII. regna-„vit quatuor annis. Hic fuit magnus ju-„sticiarius. Comitem CONRADUM de Oe-„tingen dictum Schrimpf proscripsit & in „tantum depopulavit, ut quasi mendicans „peditando veniret in monasterium Keuss-„heim ordinis Cisterciensis, & ibi pane „tribulationis & angustiæ usque ad mor-„tem vesceretur. Item EBERHARDUM

Grav Eberhard überlebt seinen Feind. Er überlebt aber auch seinen Freund und Wohlthäter, Marggrav Heſſen. Dankbarkeit iſt eine Tugend, die ſo ſehr zu rühmen iſt, als das Gegentheil von wahrhaftig vernünftigen äuſſerſt verabſcheuet wird. Grav Eberhard vergißt anfänglich der empfangenen Wohlthat nicht. Er übernimmt Marggrav Heſſens Schulden zu bezahlen mit 310. Mark Silber. Marggrav Heſſens Sohn muß ihm aber deßwegen die Burg Reichenberg mit ihren Zugehörungen zum Unterpfand einräumen. Der Vertrag wird alſo gemacht: Marggrav Heſſen Erben ſollen dieſe Burg innerhalb 10. Jahren wieder einzulöſen die Freyheit haben, doch mit ihrem eigenen

„ Comitem de Würtemberg avunculum prædicti Comitis ſibi obtemperare nolentem per Principes, Barones, & Comites & per Civitates Imperiales opidis & caſtris ſuis fere omnibus aut deſtructis omnino aut Imperio ſubjectis depauperavit in tantum, quod a Marchione de Baden receptus fuit in opido Beſikein. Omnia tamen poſt mortem Cæſaris recuperavit, & prædicta & opida, omnibus ditior & potentior factus eſt, quam prius fuerat. Sed beneficiorum, quæ per Marchionem receperat, oblitus caſtrum illorum Reichenberg obſedit. De quo per Marchiones & per eorum coadjutores ignominioſe depulſus, præ dolore & confuſione in Stuckgarten lecto decumbens impenitens obiit, ſepultus ibidem. „

nen, nicht mit gelehntem Gelde. Würde solches nicht geschehen, so solle sie nicht mehr eine Würtembergische Pfandschaft, sondern ein Eigenthum seyn. Die 10. Jahre verflossen; Marggrav Hessens Erben löseten die Burg nicht ein. Sie fiel also an das Haus Würtemberg (*i*). Man will vermuthen, daß mit der Burg Reichenberg auch die Städte Backnang und Beilstein seyen übergeben worden. Man gründet diese Vermuthung darauf, weil K. Albrecht k. A. 1304. Grav Eberharden versprochen, ihn an den Gütern, die er von dem Marggraven von Baden besitze, nicht zu irren, nemlich Burg und Stadt Beilstein, die Burg Reichenberg, Stadt Backnang und was dazu gehöret, und andern solchen Gütern (*k*). Man muthmasset weiter, daß unter solchen Gütern auch Marpach begriffen gewesen sey (*l*). Zu die-

D 3

(*i*) Sattler l. c. Th. 1. S. 136. HERMANNUS MINORITA sieht dieses als einen grossen Undank an gegen seinen Wohlthäter. Man vergleiche damit die vorhergehende Anmerkung.

(*k*) Perill. DE SENCKENBERG *Sel. Jur. & hist.* P. III. p. 200.

(*l*) Sattler c l. Dieser gelehrte Geschichtforscher bedient sich dabey dieser Worte: "Dann es hatte K. "Albrecht Elisabetham eine Tochter Her-"zogs Mainhardt III. von Kärnthen und A-"genetis Marggrav Hermanns V. Tochter zur "Gemahlin. Dieses Hermanns Bruder war "Rudolf, Grav Eberhards Schwehr, so daß "dessen

dieſer Muthmaſſung habe ich jedoch bisher
keinen recht wahrſcheinlichen Grund finden
können.

§. III. Von ſeinem Sterbe-Jahr ſind
verſchiedene Nachrichten. Gamans nimmt
das Jahr 1317. an; weil nach dieſer Zeit
ſeiner nicht mehr Meldung geſchehen. Andere wollen ſeinen Tod weiter hinaus ſetzen.
Sie beruffen ſich auf eine Urkunde Kaiſer
Ludwigs aus Bayern vom Jahr 1322.
darinnen eines RUDOLPHI und HEZZONIS
patruorum (Vatters-Brüder) Marggrav
Fridrichs II. als zu ſelbiger Zeit noch le-
bender Perſonen gedacht wird (*m*). Allein
es iſt hier ohne allen Zweifel ein Fehler
bey der Ausfertigung dieſes Inſtruments
von dem Sekretär des Kaiſers begangen
worden, als welcher den einen Marggraven hätte patruum, den andern patruelem
FRIDERICI nennen ſollen; indem nicht unſer M. Heſſe, ſondern Rudolf Heſſo daſelbſt
zu verſtehen iſt. Man erwäge folgendes:
Eine wichtige Urkunde vom Jahr 1318.

Sam-

„ deſſen Gemahlin Irmengard und die erſtge-
„ dachte Agnes nur Geſchwiſtrigt-Kinder waren
„ und zu beſorgen ſtunde, K. Albrecht möchte
„ wider die Veräuſſerung dieſer Güter etwas im
„ Namen ſeiner Gemahlin einwenden, und mit der
„ Zeit Anſprach daran machen, worauf er aber ge-
„ dachter maſſen renuncirte. „

(*m*) *Cod. Dipl. Bad.* num. 228.

Samsttags nach dem Himmelfahrts-Feste (*n*) liefert die Namen und Sigille der Agnaten Marggrav Fridrichs II. welche damals noch auf der Welt gewesen waren. Hier steht Heinrich von Eberstein, seiner Mutter Bruder; hier steht Rudolf der Alte M. zu Baden, seines Vatters Bruder; hier steht sein Bruder Marggrav Rudolf, und endlich Rudolf Hesso von Baden. Würde nicht auch Marggrav Hesso einen Platz hier gehabt haben, wann er nicht bereits zu seinen Vättern wäre versammlet gewesen? Eine andere Urkunde, die A. 1319. am St. Thomas-Tage gegeben ist, setzt dieses ausser Zweifel mit den Worten: „Wir „Marggrave Rudolf, Marggrave Hez-„zen seligen Son von Baden." Mit welcher eine vom Jahr 1321. an der Wittwoche vor Sante Walpurgetag gänzlich übereinkommt: „Wir Rudolf von Got „Gnaden ein Marcgrave von Baden, „Marcgrave Hessen seligen Son." (*o*).

§. IV. Aus diesem ist klar, daß Marggrav Hesso wenigstens vor dem Jahr 1318. aufgehört habe, ein Burger in dieser Welt zu seyn. Ich gehe aber noch weiter zurück. Eine Urkunde vom Jahre 1297. belehret mich, daß Marggrav Hesso noch

vor

(*n*) *Cod. Dipl. Bad.* num. 223.
(*o*) *Idem* num. 226. & 227.

vor Ausgang des dreyzehenden Jahrhunderts verschieden ist. Es ist diese Urkunde der schon vorhin angezogene Verglich, welcher zwischen Grav Eberhard von Würtemberg nebst seiner Gemahlin Irmengard und den Marggraven von Baden, darinnen Eberhard seinen Aufenthalt vergelten wollen, wegen dem vorgeschossenen Geld und Marggrav Hessen Verlassenschaft getroffen worden. An demselben ist Sigillum illustris Matronæ.... RELICTAE QUONDAM insignis viri Hessonis Marchionis de Baden (*p*).

Gemahlin.

§ V. Dieser Verglich hebet zugleich den Irrthum, wann einige behauptet haben, als ob Marggrav Hesso niemalen eine Gemahlin gehabt habe. So gewiß aber nun dieses ist, so wenig gewiß ist ihr eigentlicher Name. Insgemein gibt man ihm Grav Eberhards V. von Würtemberg Tochter, Irmengard zur Gemahlin (*q*). Allein ein Grabmahl in dem Kloster Klingenthal, so in der min-

in

(*p*) Herr Geheimer Archivarius Sattler verspricht diesen Verglich in der Fortsetzung seiner Würtembergischen Geschichte aus dem Original vorzulegen. Er versichert mich indessen von der ohnfehlbaren Richtigkeit desselben.

(*q*) RITTERSHUSIUS in *Genealog*. Tab. 127. Hübners Geneal. Tab. Th. I. Tab. 230. und Pregizers Würtembergischer Cedernbaum S. 5. wo zugleich ihr Tod ins Jahr 1287. gesetzt wird.

dern Stadt Basel gelegen ist, gibt Anlaß
zu vermuthen, daß Marggrav Hesso mit
einer gebohrnen von Klingen, Namens
Clara vermählt gewesen sey (r). Und
obwohlen das Jahr ihres Todes nicht
mehr auf dem Stein zu lesen ist, so be-
stärken doch andere Nachrichten die Vermählung sehr merklich. Im Jahr 1295.
starb der Edle Walther Herr von Klingen.
Derselbe hatte A. 1270. einige Güter in
Schadbirdorff und Birdorff an Mangold
Burger und Schuster zu Laufenberg verkauft. In dem hierüber gefertigten Briefe
geschieht sowohl seiner Gemahlin Sophia
als seiner Töchter Meldung. Sie heissen
Verena Grävin von Veringen, Herzlan-
da und Catharina Frauen von Lichtenberg, und Clara; zugleich wird auch gemeldet, daß die Gemahle derosselben ihre
Einwilligung hiezu gegeben hätten (s).
Zu wünschen wäre, daß sie mit Namen wä-
ren genennt worden. Indessen ist es der
Zeitrechnung ganz gemäß, wann man mit
Herrn Prof. Schöpflin (t) davor hält,

D 5 daß

(r) TONJOLA *Basilea Sepulta* p. 325.
    Von. Badin. Marggrävinne.
    Vrowa. Clara. romit. hinne.
    von. Klingen. ist. jr. Vater. ginaut.
    Nu. breche. Gott. jr. selin. bant.
    Obiit XII. Kal. Aprilis Anno . . . . . .

(s) HERRGOTT *God. Pyboat. Geneakog. Habs-*
   burg. num. 519.

(t) *Hister. Zaringo-Baden.* Tom. II. p. 22.

daß Marggrav Hesso der Gemahl dieser im Kloster Klingenthal ruhenden Claren von Klingen, vermählten Marggrävin von Baden gewesen sey (u).

Söhne. Er hinterließ zwey Söhne:

Hermann VIII. und Rudolf Hesso, von welchen nun zu handeln ist.

(u) Solches bestätigt Wursteisens Basler Chron. S. 136. „Clara Marggrävin von Baden, Wal-
„ thers Freyherrn von Klingen und Frau Sophia
„ Dochter, liegt nebst Vatter und Mutter, und
„ zwo Schwestern Catharina Gräfin zu Pfirten
„ und Verona Gräfin zu Veringen, begraben im
„ Klingenthale zu Basel. Ihr Vater ist A. 1295.
„ gestorben."

Rudolf

Rudolf Heſſo.

† A. 1335.

§. I.

Es ist bereits angemerkt worden, daß Marggrav Heſſo zwey Söhne hinterlaſſen habe; Hermann VIII. und Rudolf Heſſo. Jener widmete ſich dem geiſtlichen Stande.

M. Heſſo Söhne.

Seiner geſchiehet Meldung, jedoch ohne Benennung ſeines Namens in einer Urkunde vom Jahr 1311. Kaiſer Heinrich VII. genehmigt in derſelben die Verpfändung der dem Reich zuſtändigen Stadt Heydesheim, welche an Konrad Graven von Vehingen um 800. ℔. und an den Marggrav von Baden den Geiſtlichen (Clericum) um 1000. Hälliſche ℔. von dem Advocato provinciali Konrad von Weinſperg geſchehen iſt (*a*).

Marggr. Hermann.

Mehrere Nachrichten finden wir nicht von ihm, als daß er Rector der Kirche zu Grüningen, Salzburger Diöces, geweſen ſey (*b*).

§. II.

(*a*) *Cud. Diplom. Bad.* num. 208.
(*b*) Gamansius l. c.

Rudolf Heſſo.

§. II. Daß Rudolf Heſſo die Stadt Baden beſeſſen habe, werden die vorkommende Nachrichten beweiſen. Bey den meiſten Schriftſtellern heißt er insgemein Rudolf IV. Ich richte mich nach der Ordnung des Herrn Prof. Schöpflins, und nenne ihn, mit dem bereits angezeigten Unterſcheidungs-Namen Rudolf Heſſo. Mit demſelben finden wir ihn in unterſchiedenen Nachrichten. Er ſelbſt nennt ſich auch Marggrav Rudolf Marggrav Heſſen Sohn.

1318.

A. 1318. verkauft Marggrav Fridrich von Baden, ſeines Vatters Bruders Marggrav Hermanns VII. Sohn, mit Einwilligung ſeiner Agnaten das Dorf Malſch und die Burg Waldenfels an die Abtey Herrenalb um 300. Halliſche Pfund. Marggrav Rudolf Heſſo beſtätigt dieſen Verkauf mit ſeinem Inſigel (*c*).

A. 1319. ſtellte er an ſante Thomans-Tag vor Wihanach eine Schuldverſchreibung aus an den Burger zu Straßburg Bertold von Selingen über 32. ℔. Straßburger Pfenninge weniger 9. Schilling, und nennt ſich in derſelben ausdrücklich Marcgraue Rudolf Marcgraue Hezzen ſeli-

---

(*s*) Die Urkunde ſteht in MEICHSNERI *Decis. Cameral.* T. IV. *Decis.* 35. Sie iſt aber nicht ächt daſelbſt. Im *Codic. Dipl. Bad.* num. 223. lieſt man ſie nach dem Original.

seligen Sohn von Baden (*d*). Mit gleichem Beysaße finde ich ihn in einem andern Schuldbriefe, gegeben zu Straßburg an der Mittewochen vor Sante Walpurges Tag, nach welchem erstgemeldter Burger ihme hundert Pfund Haller guter und gifftiger, vorgeliehen hat (*e*).

A. 1321. an S. Simons und Judas Abend verbinden sich Gerhard von Enßberg Ritter und dessen Söhne Gerhart, Abrecht, Conrad und Gerolt eidlich, daß sie niemals seyn wollen wider ihre Herren Marggrav Fridrich und Rudolf Gebrüder, noch wider ihren Herrn Marggrav Rudolf von Baden, noch wider Marggrav Hessen von Baden noch wider alle ihre Erben (*f*). 〚1321.〛

§. III. Marggrav Rudolf Hesso verbindet sich durch ein Gelübde, eine Reise oder Wallfahrt zu dem heil. Grabe ins gelobte Land vorzunehmen. Er ändert aber seine 〚1326.〛

(*d*) *Cod. Dipl. Bad.* num. 226.

(*e*) *Idem* num. 227. Er verspricht sie ihm an Sante Gangolfes-Tag zurück zu zahlen; oder, wo solches nicht geschehe, sich persönlich in Bertolds Hause auf diese Zeit einzufinden, und nimmer zu weichen, bis er befriediget worden.

(*f*) Hier ist unter Marggrav Hessen ohne Zweifel zu verstehen Marggrav Rudolf Hesso. Dann Marggrav Hesso wird schon in einer Urkunde vom Jahr 1319. am S. Thomas-Tage von seinem Sohne Rudolf Hesso unter die Todte gezählt.

seine Gedanken, und Papst Johannes XXII. ertheilt A. 1326. dem Bischof zu Speyer Gewalt, ihn von seinem Gelübde loß zu sprechen, wann gegründete Ursachen hiezu vorhanden wären; und solches in andere Werke der Gottseligkeit zu verwandeln (g). Man muß sich wundern, daß dieser Papst so viele Freundschaft vor unsern Marggraven gehabt hat. Papst Johannes war der erste von den drey geistlichen Regenten zu Avignon in Frankreich, welche tödtliche Blitze auf das Haupt und die Krone K. Ludwigs aus Bayern geschossen haben (h). Marggrav Rudolf aber gehört unter die treue Freunde, welche dem Kaiser in Schwaben und in den Rheinischen Landen ergeben waren (i). Es zeuget davon eine Urkunde, welche im J. 1333. zu Stutgart an dem Sampßtag vor Galli

---

(g) Die Päpstliche Bulle hat Gamansius in seinem Mst. aufbehalten.

(h) Man sehe davon die vortrefliche Staatsgeschichte des Herrn Johann Dan. von Olenschlagers in der 1sten Helfte des 14ten Säculi.

(i) Daß er dabey seine Hochachtung vor das Erzhaus Oesterreich nicht abgelegt hat, bezeugt unter andern die Nachricht in Gabelkofers Collectaneis: „Anno 1328. werden Marggrav Rudolf von Baa-„den, des Pforzheim ist, und Marggrav Rudolf „von Baden, dem man spricht Hesso, Bürgen für „Herzog Leupolden von Oesterreich. Es ist eben derjenige Leopold, dem K. Ludwig hernach seine Prinzeßin Agnes vermählte; er starb aber vor dem Beylager. Fuggers Ehren-Spiegel S. 320.

Und

Galli gegeben ist. Der Kaiser verpfändet in derselben dem Edlen Mann Rudolf Margarafen von Baden dem Hessen vor 3100. Pfund Häller seine Geldgefälle von des Reichs-Forst zu Hagenau, wie auch die Beten (k) und Steuren zu Colmar, Slettstatt, Ehenheim, Mülhausen und Roßheim; dagegen verspricht ihm der Marggrav eydlich seinen Beystand wieder allermänniglich, ausgenommen seinen Vettern Marggrav Rudolf von Pforzheim genant von Baden und Marggrav Hermann desselben Bruders Sohn, Grav Ulrich

Und schon vorher A. 1325. war dieser Marggrav Bürge vor K. Fridrich. NIC. BURGUND. *hist. Lud. Bav.*. Um sich von der Gabelkoferischen Glaubwürdigkeit zu überzeugen, sehe man die Anmerkungen nach, die der weltberühmte Tübingische Staats-Rechts-Lehrer Herr Gottfr. Dan. Hoffmann in den vermischten Beobachtungen aus den deutschen Staats-Geschichten und Rechten Th. I. s. p. 88. und 99. gemacht hat.

(k) Bete oder Bette bedeutet gemeiniglich so viel als Bitte. Deswegen liest man so oft, die Erlaubniß sey ertheilt worden durch Bette willen des ꝛc. Von diesem kommt ohne Zweifel das Wort Beter her, das eine gewisse Auflage bedeutet und vielmal mit dem Wort Steuer verbunden wird. Z. E. in Schilters Anhang zu Königshoven Elsaser Chron. p. 1156. XXII. *Bete* vel *Sture* pro advocatia Ecclesie S. Michaelis &c. Im Lateinischen wird es auch durch *precaria* und *precatio* ausgedruckt. DU FRESNE *Glossar.* voce *precaria*. BESOLD. voce Bett. WEHNER. *observ. pract.*

Ulrich von Würtemberg und Ludwig und Fridrich Graven zu Oetingen (*l*).

Verdrüßlichkeiten mit Freybnrg §. IV. A. 1333. hat Marggrav Rudolf genannt Hesse, Herr zu Baden und seine Gemahlin Johanna von Mümpelgart Verdrüßlichkeiten mit der Stadt Freyburg wegen einiger Burger von da, denen etwas von ihrem Vermögen abgenommen worden war. Man erwählt von beeden Seiten Schiedsmänner. Die von Freyburg bestimmen zu diesem Geschäfte den Johannes Snewelin den Greffer, ihren Meister, und Johannes von Muntzingen, den Romer, Ritter (*m*). Der Marggrav ernennt dazu seine Räthe Johannes von Eptingen, genannt Spengelin, und Hartmann von Waßmünster (*n*). Durch dieselbe wird die Sache in Güte beygelegt; wie aus der von dem Burgemeister und Rath zu Freyburg an die Superarbitros zu Straßburg Rulmann Swaber, Meister, Burkardt Twinger, Ammeister, und Judenbreter erlassenen Schreiben erhellet (*o*).

Anno

(*l*) *Codex Diplom. Badens.* num. 248.

(*m*) *Idem* num. 224.

(*n*) *Idem* num. 226.

(*o*) *Idem.* num. 224.

Rudolf Hesso † 1335.

A. 1335. überläßt Hannemann von Heidweiler die Vogtey Traubach (*p*) im Sundgau, unserm Marggraven und seiner Gemahlin (*q*).

§. V. Marggrav Rudolf Hesso bezahlt die Schuld der Natur A. 1335. Er liegt in der Fürstlichen Todten-Capelle im Kloster Lichtenthal begraben. Seine Grabschrift daselbst lautet also: „ Anno Domini „ MCCCXXXV. obiit illustris RUDOLFUS „ HESSO Marchio de Baden in octava Sti „ Laurentii Mart. „ (*r*)

§. VI. Seine Gemahlin war, wie bereits gemeldet worden ist, Janeta oder Johanna Grav Reginalds von Mömpelgardt Tochter. Er vermählte sich mit ihr als Wittwe. Ihr erster Gemahl (*s*), der ihr A. 1324. durch den Tod, zu Basel, entris-

---

(*p*) S. hievon Perillustr. SCHOEPFLINI *Alsat. Illustr.* Tom. II. p. 43.

(*q*) Ejusdem *Histor. Zar. Bad.* Tom. II. p. 25.

(*r*) Es ist also ein Fehler in SCHANNAT. *Vindem. Lit.* Coll. I. p. 165. allwo bey dem Februario die Worte stehen: „ Illustris RU-„ DOLFUS Marchio de Baden dictus HESSE „ sepultus ante altare S. Catharinæ Anno „ MCCCXXXIII. „

(*s*) Beede Vermählungen führt in einer Urkunde vom Jahr 1333. an STEYERER in *Hist. Alb.* II. p. 236.

riſſen worden, war **Ulrich III.** Grav von Pfirt, welcher keine männliche Leibeserben hinterlaſſen, da Johanna ihm nur zwo Töchter gebohren hatte, mit Namen Johanna und Urſula. Grav Ulrich war beſorgt, daß ſeine Lande denſelben bereinſt nach ſeinem Ableben zufallen möchten, und erlangte hiezu bereits A. 1318. die Genehmigung von dem Biſchof Gerhard zu Baſel (*t*). Die ältere Tochter Johanna vermählte ſich bald nach ihres Herrn Vatters Tod, mit Herzog Albrecht II. (*u*) Kaiſers Albrechts I. Prinzen. Die jüngere wurde Grav Hugons v. Hohenberg Gemahlin (*v*). Jene bringt ihrem Gemahl die Gravſchaft Pfirt

---

p. 236. darinnen die hieher gehörige Worte dieſe ſind „ Wir Johann von Mümpelgart Marggrevinne „ zu Baden ——— und das sch der Edtel Herre Grav Ul„ rich ſelige von Pfirt ——— wilenet unſer ehlicher „ Herre ꝛc. ꝛc. Von ihr ſelbſt zeugt eine groſſe Anzahl Urkunden in HERRGOTT. *Geneal. Dipl. Auſtr.* T. I. p. 60. (*l*)

(*t*) Doch muſte der Papſt die Beſtätigung dazu ertheilen. Dieſe einzuholen, ſchreibt Fugger l. c. S. 294. reiſete er ſelber zum Papſt nach Avignon, und erhielt ſein Begehren leichtlich, vermittelſt der Anmuth und Redſeeligkeit dieſer ſeiner älteſten Tochter, welche mit ihm gereiſet, und beym Papſt mit einer zierlich-lateiniſchen Rede ſelbſt hierum angeſuchet.

(*u*) In der Oeſterreichiſchen Geſchichte hat er den Beynamen Sapiens und Contractus. Seine Gemahlin nennt ihn in einigen Urkunden ihren lieben Bruderlin u. Herrn, HERRGOTT. *Cod. Prob.* num. 792.

(*v*) SCHOEPFL. *Alſat. Illuſtr.* Tom. II. p. 610.

Pfirt zu (w), muß jedoch ihrer Schwester vor ihren Antheil an derselben 8000. Mark Silber bezahlen (x). In der andern Ehe mit Marggrav Rudolf Heſſo gebiert die Gräfin Johanna ebenfalls zwey Töchter, Margaretha und Adelheid. Margaretha wird an Marggrav Fridrich III. von Baden, Adelheid aber an Marggrav von Baden Rudolf den Wecker vermählt (y). Es hat alſo ſowohl Guillimann als Herrgott ſich verſtoſſen (z), daß ſie geglaubt, beede letztere Töchter ſeyen Kinder aus der erſten Ehe, nämlich von Ulrich, Graven von Pfirt, da ſie doch Töchter Marggrav Rudolfs Heſſo geweſen ſind. Die vier Schweſtern

---

(w) Daher nennt er ſich auch in einer Urkunde vom Jahr 1320. mithin bereits vor ſeiner Vermählung einen Graven von Pfirt. HERRGOTT. *Geneal. Dipl.* Tom. I. p. 60. Herzog Rudolf IV. von Oeſterreich hielte dieſen Titel ſo hoch, daß er ihn ſeinen Benennungen von Kyburg, Burgau und Elſaß vorſetzte. HERRGOTT l. c. p. 61.

(x) Fugger l. c.

(y) HERRGOTT. l. l. Tom. III. num. 792.

(z) Dieſer gibt der eben angeführten Urkunde die Ueberſchrift: *Joanna, Vrſula, Margaretha, Adelheidis, filia Vlrici* ultimi *Comitis Pherretarum* inter ſe dividunt hæreditatem maternam.

ſtern nahmen noch bey ihrer Frau Mutter (*a*) Leben, mit derſelben Einwilligung zu Altkirchen A. 1347. die Theilung ihrer mütterlichen Länder vor. In derſelben bekam Margaretha die Herrſchaft Hercourt, und Adelheid einen Theil von Bedfort (*b*).

(*a*) Sie hatte ſich zum drittenmale vermählt mit Grav Wilhelm von Katzenellenbogen. HERRG. d. l. p. 674.

(*b*) HERRGOTT l. c. STEYERER in *Vita Alberti II. Duc. Auſtr.* col. 242.

Rudolf III.

Rudolf III.

✝ A. 1332.

§. I.

Marggrav Rudolf III. ist der jüngste Sohn Marggrav Rudolfs I. Nach dem Ableben seines Herrn Vatters und Bruders Rudolfs II. nannte man ihn Rudolf den Alten oder den Aeltern (*a*). Man wollte ihn durch diesen Beynamen von seines Bruders Hermanns Sohn Rudolf Hessen unterscheiden.

Rudolfs III. Beynahmen.

§. II. Unter ihme kommen verschiedene Merkwürdigkeiten vor. Schon A. 1296. gibt er durch einen besondern Brief seine Einwilligung dazu, da seines Bruders M. Hermanns Sohn Marggrav Fridrich II. das Dorf Langensteinbach den Mönchen zu Herrenalb verkauft (*b*).

A. 1296.

(*a*) Mit diesem Beysatz finde ich ihn in Gabelkovers Collect. vom Hause Baden: „Anno 1302. versetzt „Marggrav Rudolph der alt an Grav Eberhar„den von Würtemberg unsern Schwestermann und „Irmengard unser Schwester seine eheliche Wir„thin Oewensheim das Dorf mit aller Zugehörd um „500. Pfund Häller. Datum zu Ramse am Montag „vor dem Palmetag."

(*b*) Cod. Dipl. Bad. num. 185.

A. 1306. Anno 1306. im Merzmonat begnadigt er das Kloster Herrenalb mit seinen Einkünften aus dem Dorfe Malsch, die in fünf und fünfzig Malter Roggen und fünf und dreyßig Malter Habern bestehen. Er setzt dazu die Verbindung, daß die Mönche nach seinem Tode sein und seiner Frauen Guta, und seiner Schwieger, Adelheid von Ochsenstein Jahrzeit begehen sollen an einem Tage mit weissem Brode, mit Wein, mit Fischen und mit dem Gebete nach ihres Ordens Gewohnheit, und allen armen Leuten, die an demselben Tage dahin kommen würden, mit Brey (Muß) Brod und Wein eine (Spende) Verehrung thun sollen. Ueber das sollen sie alle Tage eine Messe sprechen bey dem Altar Johannis des Täufers. Marggrav Rudolf meldet zugleich, daß die Mönche ihme und seiner Gemahlin ihren Hof zu Rastatt auf ihr Lebenlang verliehen haben; und versichert dabey, daß solcher nach ihrem Tode mit allem Vieh, und allen Früchten wieder an besagtes Kloster zurückfallen solle (c).

§. III.

(c) *Cod. Dipl. Bad.* num. 201. In dieser Urkunde nennt er sich Rudolf von Gottes Gnaden der Alte, Marggrav zu Baden. Er führt mit Namen an seinen Vatter seligen, den Alten Marggraf Rudolf, seinen Bruder seligen, Rudolf, und seines Bruders Söhne Friderich und Rudolf; als welche den Brief auch gesiegelt haben.

§. III. In eben diesem Jahre, am Graben Dienstag vor dem Palmtag, hat Swicker ein Edelknecht von Ubstatt sich eidlich verbunden, daß er seinen Theil an dem Dorfe Graben niemand versetzen noch verkauffen wolle, er biete es dann einen Monat vorher seinen Herrn Marggraven Rudolfen dem alten, und seiner Vrowen, Vron Gutten seiner ehelichen Wirtinn oder ihren Erben von Baden an (d). Und nachher A. 1310. am Donnerstage nach S. Catharinen-Tage verkauft Dieterich ein Ritter von Vbstatt alles das Gut zu Graben an Walde, Felde, Waide, Wasser, Dorfe, Leuten, Gütern, Vogtey, Schultheissen= amte, mit allem Rechte, wie er solches von seinem Vatter seel. Herrn Gerhart von Vbstatt ererbet, um 700. ℔. Haller, seinem Herrn Marggraven Rudolfen von GOttes Gnaden dem Alten von Baden, von dem er es zu Lehen hatte. Den Brief haben neben dem Verkaufer besiegelt: Friderich und Rudolf Marggraven zu Baden, Trigellin und Rafen von Menzingen zween Ritter, und Swiger von Vbe-

---

(d) An dem Instrument ist
    S. Swiggeri. De. Vbstat.
    S. Dythe.... Mil. De. Vbstat.
Das Wappen stellt einen zugespizten Schild vor mit drey Sparren, auf die Art, wie die Herzoge von Sachsen wegen der Gravschaft Ravensberg drey rothe Sparren im silbernen Felde führen. Die Farben in dem Ubstättischen kan ich nicht beschreiben.

statt, Edelknecht. Die übrige Zeugen sind: der von Duttenstein und der von Selbach, Craft der Nettinger von Bruchsel (e). Endlich genehmigen auch A. 1312. Dieterich von Ybstatt, Ritter, Dieterich sein Sohn, Edelknecht, Gerhusa, Engela, Diterich ein Geistlicher, und Irmengard, die Kinder besagten Ritters Dieterichs den Verkauf der Stadt (f), und Dorf Grabens, Leute, Zinse, Einkommen, welche von gemeldetem Ritter an Marggrav Rudolf den Aeltern von Baden geschehen war, und versichern, daß sie mit dem Marggraven wegen aller Strittigkeiten, sie mögen Namen haben, wie sie wollen, ausgesöhnt seyen. Zeugen hiebey sind: Crafto Schultheiß von Bruchsal, Berthold weiland Schwiggers Sohn, Eberhard von Bumenkein, Heinrich Roth, (Henricus Rufus) und sein Bruder, Hertertus, Metzelinus der ältere und Gerold von Durlach. Und am Mittewochen nach Unserer Frauen Tag der Erren haben sich die obgenannten vor dem Bischoff Sigebote von Speyer aller Ansprache an der verkauften Burg und Dorfe Graben begeben.

§. IV.

(e) An den zwey Sigillen steht:
S. *Marchionis Friderici.*
S. *Rudolfi. Marchionis.* De. Baden. Can. Ecc. . . . .

(f) In dem lateinischen Instrument Feria tertia ante Laurentii wird ausdrucklich das Wort *Vrbs* gebraucht

§. IV. A. 1300. am Donnerſtag vor der Lichtmeß gibt ihm Eberlin von Windeck um 1350. Mark luteres ſilbers und gebes des geweges von Strazburgck zu kaufen die Statt Stollhoven und die Dörfer Selingen und Hügelsheim (g). *Stollhoven, Selingen u. Hügelsheim.*

A. 1309. beſtätigt er mit ſeinem Sigill den Wiederloſungs-Revers, welchen Gertraud von Veckingen gegen Marggrav Fridrich von Baden über die Güter und Leute zu Darmſpach und Seldingen ausgeſtellt.

Vom Jahr 1312. findet ſich eine beſondere Verſchreibung Marggrav Rudolfs. Sie heißt alſo: „ Wir Marcgraue Ru„dolf von Gottes Gnaden der eltere von „Baden tuont kunt allen den die dieſen „Brief ſehent oder horent leſen, daz wir „verſetzet hant für vns Bertholden von „Selingen einen Burger von Straßburg „gegen Enſeline eime Juden von Straß„burg vmbe hundert marg vnd vier „unde viertzig marge Silbers ꝛc. ꝛc. Ge„ben

---

braucht, in dem teutſchen aber, welches von eben dieſer Zeit iſt, ſteht das Wort Burg.

(g) Unter andern Perſonen wird in dem Briefe gedacht des Graven Heinrichs von Eberſtein und der Marggraven Friderichs und Rudolfs Gebrüdern. *Codex Dipl. Bad.* num. 104.

„ben zu Baden an Sante Laurencien-
„Abende (*b*). „

Enzberg. §. V. A. 1314. (*i*) verschreiben sich Fridrich von Enzeberg, genannt von Hohenriet, Albrecht und Albrecht Gebrüder von Enzeberg, genannt die Gemminger, eidlich, daß sie wider ihre Herren Marggraven Rudolf den Alten von Baden, Marggrav Fridrich und Rudolf von Baden seine Bulen (*k*) auch wieder ihre Diener und Leute mit ihren Personen und Vesten zu Enzeberg (*l*) nicht seyn oder handeln wollen. Thäte einer darwider, so solle er seines Theils an der Vesten verlustig seyn, und den Marggraven den Schaden vergüten, nach schiedrichterlichem Ermessen. Zu Schieds-

---

(*h*) Das Ritter-Sigill an dieser Verschreibung ist sehr zierlich, und hat die Umschrift: S. Rudolfi. Dei. Gratia. Marchionis. Senioris. de Baden.

(*i*) An S. Georien Tag.

(*k*) Das Wort Bul kommt in Briefen des 13ten und 14ten Jahrhundert mehrmalen vor. Es bedeutet hier so viel als Neveu; oder Bruders-Sohn. So wird auch Marggrav Hermann N. 1335. von Engelhard Freyherr von Weinsperg lieber Bul genennet; ohne Zweifel, weil seine Mutter Marggrav Friderichs II. Gemahlin eine Freyin von Weinsperg gewesen. Bul, bedeutet sonsten einen Liebhaber oder Geliebten, und mag von dieser gemeinen Bedeutung absonderlich auf einen Vettern oder nahen Anverwandten gezogen worden seyn.

(*l*) Das Würtembergische Dorf Enzberg ist noch heute

zu

Schiedsrichtern wurden erkieſet: Herr Heinrich von Hevingen von Maſſenbach genannt; Marggrävlichen Theils, Herr Bertold von Strubenhart; Enzbergiſchen Theils und zum Obmanne: Herr Johannes von Smalenſtein. Fridrich von Enzberg ſetzte zu Bürgen auf acht Jahre: Herrn Hermann von Sachſenheim, Herrn Fridrich von Stoufenecke, Ritter, Eberhart von Stoufenecke, Conrad von Nieſern, Conrad von Smalenſtein, Conrad von Hohenriet den jungen. Von beyden Albrechten von Gemmingern wurden zu Bürgen gegeben: Herr Conrad und Herr Reinbot von Niperg, Ritter (m). Eine gleiche Verſchreibung geben auf eben dieſen Tag von ſich: Conrad, Heinrich, Friederich und Gerhard, die Rümmeler genannt, Gebrüder von Enzeberg. Sie ſetzen zu Bürgen Herrn Remboten von Sachſenheim, Herrn Götzen von Enſelingen, Ritter, Hartmann von Rugſingen, und Friederichen von Sachſenheim, Herrn Friederichs ſel. Sohn.

---

zu Tage ein Filial von dem Durlachiſchen Flecken Nieſern, und haben unſer gnädigſter Herr daſelbſt Zehnden und Gefälle.

(m) An dem Briefe befindet ſich
    † S. FRIDERICI. DE ENCEBRIG.
    † S. ALBERTI. GEMMINGII. DE ENCEBIRG.
    † . . . . . . GEMMINGII DE ENCEBERG.

A. 1314. In eben dieſem Jahre beſigelt unſer Marggrav den Kaufbrief Reinharts von der Nüwenburg eines Ritters gegen M. Friderich und M. Rudolf Gebrüder von Baden über die Burg zu Oberwöſingen.

§. VI. A. 1324. an des H. Creuzestag als es funden wart, verſchreibt ſich Adelheit des erbern Ritters Herrn Johannes von Smalenſtein Wittwe gegen den erbern ihren gnedigen Herrn Marggrav Rudolfen den Aeltern und Marggrav Rudolf Heſſen von Baden einer Wiederloſung über dreyßig Malter Roggen Gelds auf der Vete zu Varcuſe (Berghauſen) die ſie von ihm gekauft hatte um 50. ℔. Häller.

1327. A. 1327. empfangt der Marggrav ein Dankſagungs- und Antworts-Schreiben aus Avignon vom Papſt Johannes XXII. Er hatte dieſem und der Kirche die gehorſamen Dienſte Friderich von Zollern anerboten (*n*). In eben dieſem Jahr ſchenkt der Marggrav ſeinen Theil des Dorfs Möglingen im Amte Gröningen dem Graven Ulrich von Würtemberg (*o*).

Anno

(*n*) *Cod. Dipl. Bad.* num. 238. Der Marggrav wird darinnen Rudolf der Aeltere, Fridrich von Zollern aber *Nepos Marchionis* genennet.

(*o*) Sattler Th. I. S. 199.

A. 1328. erkauft er von seinem Vettern Marggrav Friderich II. die Burg Jberg (*p*) nebst dem Städtlein Steinbach und dem Dorf Sinzheim um 3140. lb. Häller.

§. VII. Ich habe nun die Kriege kürzlich zu erzählen, welche Marggrav Rudolf mit der Stadt Straßburg führen muste. Der Anlaß zu den Verdrüßlichkeiten und daher entstandenen Plünderungen und vielen Beschwerden gaben mehrmalen die freye Fahrt auf dem Rhein, ohne einen Zoll ablegen zu dörffen.

In dem ersten Kriege vereinigten wieder den Marggraven ihre Kräfte mit denen von Straßburg, der Bischof daselbst Johannes, Landgrav Ulrich, Josfried Grav von Leiningen und Otto Herr von Ochsenstein, nebst andern. Der Marggrav verträgt sich mit ihnen A. 1310. auf Jacobi. Er gestattet ihnen und allen ihren Bürgern und Unterthanen auf sein ganzes Leben, eine vollkommene Freyheit von allen seinen Zöllen, wie auch von dem ihme zustehenden Strand- oder Grundruhr-Rechte (*q*). Und da seines Bruder Sohn, Marg-

1328.

Kriege mit Straßburg.

Erster.

(*p*) Sie lag in der Marggravschaft Baden oberhalb Steinbach, und ist nunmehr zerstört.

(*q*) Die Stadt Straßburg hatte vorher von verschiedenen Kaisern besondere Privilegien wegen dieses fast unmenschlichen Gesetzes bekommen, z. E. A. 1275. von

Kai-

Marggrav Friderich den Krieg fortsezte, so tritt er so gar von ihm ab.

Zweyter. §. VIII. Der Friede ist von keiner langen Dauer. Dem Marggraven wird viel Schaden zugefügt. Er schätzt ihn auf 1000. Mark Silbers. Man erwählt Schiedsleute. Auf Seiten des Fürsten wird bestellt Bruno von Windecke und Heinrich von Selbach, Ritter; auf Seiten der Stadt Straßburg, Nicolaus von Kageneck und Rudolf Hüffel, Rittere. Die Zusammenkunft ward beliebt zu Lichtenau A. 1315. Montags vor S. Bonifaciustag anzustellen in Gegenwart Johannis Herrn von Lichtenberg. Es scheint aber dieselbe habe sich zerschlagen, wenigstens finde ich nicht, daß etwas daselbst beschlossen worden sey. Es war damals die grosse Mißhelligkeit in Teutschland wegen der Wahl eines neuen Oberhaupts, da ein Theil der Fürsten und Stände auf die Seite Herzog Friderichs des Schönen von Oesterreich traten, andere aber Herzog Ludwig aus Bayern zum Regenten verlangten. Die Marggraven von Baden wa-

---

von Kaiser Rudolf I. A. 1293. von K. Adolf. A. 1298. von K. Albrecht I. und A. 1310. von Kaiser Heinrich II. Eine schöne Abhandlung von dieser Materie hat Herr Georg Fridrich Engelhardt A. 1762. zu Straßburg herausgegeben, unter dem Titul: Diff. Inaug. de *Jure occupandi bona naufragorum*.

waren anfänglich unter der Zahl der ersteren (r). Kaiser Friderich bemühete sich deßwegen auch die Strittigkeiten dieses Fürstlichen Hauses mit seinen Nachbarn beyzulegen. Johannes Bischof von Straßburg hegt gleiche Gesinnungen. Man vergleicht sich zu Offenburg A. 1317. auf Donnerstag vor S Gregorientag. Der Vertrag wird zwischen dem Marggraven Rudolf dem Aeltern und Friderich, sobenn zwischen den Herren des Landfriedens im Elsaß, des Zolls und Geleits halben, errichtet. Die Marggraven versprechen bis auf die nächstkommende Weynachten sicher Geleit und Schutz auch Freyheit von allem Zoll sowohl auf dem Rhein als durch ihr Land; sie entsagen zugleich dem Grundruhr-Recht; ihnen hingegen soll jeder der auf dem Rhein auf und abfährt, von jedem Fuder Weins oder anderm Kaufmannsgute dieses Gewichtes einen Schilling Pfenning, die Burger von Straßburg aber jedem der beeden Marggraven sechs Pfenninge zu bezahlen verbunden seyn ꝛc. ꝛc. (s).

§. IX.

(r) Dieß bezeugt unter andern der Lehenbrief vom Jahr 1316. III. Id. Aug. nach welchem *Rudolfus Marchio de Baden* bey Kaiser Friderich von Oesterreich Zeuge ist, wie er den Erzbischof von Maynz mit der Graffschaft Dortmund belehnt in castris ad Ezzelingen. L u n i g. *corp. jur. feud.* Tom. I. p. 389.

(s) W e n c k e r i *apparat. & instruct. Archiv.* p. 197. Hier steht der Vertrag sey auf 10. Jahre gemacht wordē. Ich finde aber in demselbē diese Zeit nicht bestimt.

Dritter. §. IX. Die bestimmte Zeit war nicht lange zu Ende gegangen, so giengen die Händel zum drittenmale wieder an. Marggrav Rudolf verwüstet denen Burgern von Straßburg ihre Güter zu Willstetten und an andern Orten. Diese wehren sich herzhaft, und bekommen einige ihrer Feinde zu Stauffenberg gefangen. Man versöhnt sich abermal. Sie heben den Schaden, den ein Theil dem andern zugefügt hatte, gegeneinander auf; sie gewähren einander ihre Rechte, und also machen sie Anno 1318. Freytags vor St. Urban einen ewigen Frieden. In dem Jahr 1322. gehen Marggrafe Rudolf der elter und Marggrave Friderich sins Bruders sun, Herren von Baden mit denen von Straßburg einen neuen Vertag ein, wegen des Geleits und Zolls, und was deßwegen sowohl auf dem Rhein, als zu Land in ihren Landen solle bezahlt werden (*t*).

Vierter. §. X. Auch dieser Friede endigte sich A. 1329. durch einen neuen Krieg. Anlaß zu diesem gab vorberührtes Schloß Stauffenberg. Es liegt zwischen Oberkirch und Offenburg in der Ortenau. Von demselben führte ehemals eine adeliche Familie den Namen. Dieses Staufen-

---

(*t*) SCHOEPFLINI *Hist. Zar. Bad.* Tom. II. p. 30.

fenberg war ein Ganerben-Schloß (u). Folglich besaßen es mehrere von Adel gemeinschaftlich. Unter solchen war Reinbold Ritter von Stauffenberg. Dieser will den Ritter Albrecht von Owe, des Bischofs von Straßburg Dienstmann (ministerialem) von diesem Schlosse gänzlich ausschliessen. Hieraus entsteht ein den Marggraven von Baden beschwehrlicher Krieg. Bischof Bertold von Straßburg und die Burger daselbst gehen mit vereinigten Kräften auf dieses Schloß loß, sie bestürmen und erobern es, und machen es dem Erdboden gleich. Marggrav

---

(u) Daß sich ein Theil des Rheinischen und Fränkischen Adels in solche Ganerbschaften eingelassen, hat man ohnstreitig von den Zeiten des Faustrechts, vor Vestsetzung und Vereinigung des Landfriedens herzuleiten. Einige adeliche Familien thaten sich zusammen, und wähleten eine Burg, setzten sich in Verfassung, theils sich selbst gegen alle Gewaltthätigkeit zu schützen, theils auch wohl wiederum andere zu drücken: Sie fügten nachgehends gewisse Erbfolgs- und andere Verträge bey, welche man Burgfrieden genennet. Die meiste dieser Ganerbschaften stehen unter den Landes-Herren, doch sind einige unmittelbar, die meistentheils der Reichs-Ritterschaft einverleibt sind; wie dann auch einige nicht begehret zu der eigentlichen Reichsstandschaft zu gelangen, und ihnen von weniger Erheblichkeit zu seyn dünkt, nur Reichssassen und keine Reichsstände zu seyn. Speners Staats-Rechts-Lehre Th. III. S. 16. (c) Das Wort Ganerbe heißt eigentlich so viel, als condominus vid. SCHILTER Gloss. h. voc.

Rudolf IV. unsers Marggraven Bruders, Hermanns VII. Sohn, genannt von Pforzheim, verbindet sich mit Grav Ulrich von Würtemberg diese Gewaltthätigkeit zu rächen, und dem Reinbold beyzustehen. Sie führen ihre Kriegsvölker durch die Lande unsers Marggraven. Der Bischof geriethe desto mehr in Harnisch; denn er vermuthete, unser Marggrav würde seinem Vettern den Durchzug durch seine Lande nicht gestatten. Worauf aber Marggrav Rudolf versetzte, er könne dem Bischof sein Land nicht hüten (*v*). Der Bischof fiel ihm daher ins Land mit seinen Bundsgenossen, und verwüstete alle offene Oerter. Baden (*w*) und Stollhofen waren mit Mauern umgeben, und verwahreten sich dadurch vor den Verheerungen des Feindes. Herzog Otto von Oesterreich schlug sich endlich ins Mittel, gab Reinbold das nöthige Geld zu Wiedererbauung des Schlosses Stauffenberg, und stellete also den Frieden wieder her (*x*).

§. XI.

(*v*) Se non esse EPISCOPI janitorem.

(*w*) Daß diese Stadt belagert worden, meldet Königshoven in der Elsass. Chron. S. 387.: „Baden des Marcgraven stettelin wart belegen M.C.C.C.X.X.

(*x*) ALBERT. ARGENT. ap. VRSTIS. p. 168. Matthias de Buchecke A. episcopus Moguntinus RUDOLPHUM Marchionem de Baden affinem suum ab obsidione Vlrici Comitis

§. XI. Gleichwie Marggrav Rudolf anfänglich Fridrichs von Oesterreich Parthie gehalten hat: also wendete er sich nachher bey denen vorgegangenen Veränderungen auf die Seite Ludwigs aus Bayern, und erwiese sich gegen ihn als einen wahren Freund und Beystand. Dieser versprach ihm wegen seiner treuen Dienste 700. Mark Silber, und verschrieb ihm indessen zu Hagenau A. 1330. am Samstag nach S. Jacobstag die Reichs-Städte Selß und Hagenbach (y).

§. XII. Marggrav Rudolf verläßt das Fürstenthum und die Welt A. 1332. Seine Ruhestätte bekommt er in dem Kloster Lichtenthal, welchem er hundert Mark vermacht hatte. Sein Grabmahl in der Fürstlichen Todten-Capelle enthält folgende Worte: „Anno Domini MCCCXXXII. O. „RUDOLF Senior Marchio de Baden in „die purificationis Btæ V.gis Mariæ (z).

_____

de Würtemberg viriliter liberavit. In cujus Marchionis favorem, captum CONRADUM Risen militem strenuum Marchionis inimicum tandem nolente Marchione dimisit, qui miles in ipsius Archiepiscopi servitio in Rustberg fideliter magna peregit. Add. ALBERT. CHRON. ARGENT. p. 123.

(y) *Cod. Dipl. Bad.* num. 242.

(z) Hieraus ist das Todtenbuch bey SCHANNAT in *Vind. Lit.* T. I. p. 165. zu verbessern, wo das Jahr 1331. angesetzt worden ist.

Gemahlin. §. XIII. Seine Gemahlin war **Gutta** oder **Gertraud**, eine gebohrene Grävin von Straßberg; eine Tochter der Adelheid, die sich zum zweytenmale mit Rudolf II. Marggrav zu Baden vermählt hatte; (davon oben gehandelt worden) (*a*) mithin war unser Marggrav Rudolf dieser Adelheid Schwager und Tochtermann. In dem oben (*b*) angeführten Schenkungsbrief gedenkt sie ihres Tochtermanns (filiastrii sui) Marggrav Rudolfs des Aeltern, und er nennt sie in seiner Bestätigung ausdrücklich seine Schwiegermutter (socrum.)

Gertraud hatte einen Bruder, Namens Bertold, Grav von Straßberg. Er starb A. 1316. (*c*) ohne Kinder. Gertraud zieht den dritten Theil seiner Verlassenschaft an sich. Hierunter gehört das Schloß oder die Burg Straßberg, nebst dem Städtlein Buren in der Schweitz. Diesen Antheil verkauft Marggrav Rudolf und seine Gemahlin Gertraud A. 1319.

der

───────────────

(*a*) S. 44.

(*b*) S. 46.

(*c*) Sein Grabmahl ist in der Todtencapelle zu Lichtenthal, wo er begraben liegt. Man sieht auf dem Stein sein Wappen, mit der Umschrift: *Anno Domini Millesimo CCCXVI. in Vigilia Sti. Johannis Baptistæ obiit Bertoldus Comes de Strasberg.*

Rudolfus III. † A. 1332.

der Kirche zu Basel und Grav Ulrich III. von Pfirt um 200. Mark Silbers (d).

Die Marggrävin geht ihrem Gemahl in die Ewigkeit voran A. 1327. Solches bezeugen die Worte unter ihres Herrn Bruders Bertolds Grabstein: „ Anno MCCCXXVII. O. Gutta „ Marchionissa VI. Kal. Aprilis. „ Diese Fürstliche Ehe war mit keinen Kindern gesegnet, wenigstens hat Marggrav Rudolf keine hinterlassen.

(d) HERRGOTT. *Cod. Prob.* num. 726. In den *Collectaneis Urstis.* steht: „ Comiti Phirre„ tarum, & Gerhardo Episcopo vendit RU„ DOLPHUS Senior Marchio de Baden, GU„ TA ejus uxor Castrum Strasberg & oppidum „ Beuren pro 200. marcis argenti. „

Fridrich II.

Fridrich II.

von 1291-1333.

§. I.

Marggr. Hermañs VII.Söhne.

Ich habe im vorhergehenden gezeigt, daß Marggrav Hermann VII. drey Prinzen gehabt habe, von denen der jüngste gleiches Namens seinem Herrn Vatter A. 1300. in die Ewigkeit nachgefolgt ist. Die beyde ältere Brüder M. Fridrich II. und Marg. Rudolf IV. regieren anfänglich in Gemeinschaft, wie aus verschiedenen Handlungen, so sie miteinander vorgenommen, sich darlegt. Hernach theilen sie sich in die vätterliche Lande. Marggrav Fridrich bekommt Baden und Eberstein; sein Bruder Rudolf IV. Pforzheim. Beyde bedienen sich des Titels von Verona nicht mehr; sondern schreiben sich Marggraven von Baden, und bisweilen nach dem Ort, den sie zu ihrem Wohnplatz erwählt. Marggrav Fridrich heißt daher in einigen Nachrichten: Herr zu Eberstein (*a*).

1291.

§. II. Gleich nach seines Herrn Vatters Absterben übernimmt er A. 1291. mit desselben Bruder Marggrav Rudolf II. die Schutz-

---

(*a*) GAMANSII *Msct.*

Schutz- und Schirm-Gerechtigkeit über das Kloster Herrenalb (b). A. 1295. siegelt Marggraf Fridrich den Brief, in welchem Rudolf von Rossewag (liberæ condicionis homo) seine Einwilligug zum Verkauf der Höfe Muschelnbach (Mutschelbach) und Bitzenbach gibt, welcher von seinem Vasallen Konrad von Lomersheim an das Kloster Alb geschehen.

A. 1296. verkauft er an eben dieses Gotteshaus das Dorf Langensteinbach mit allen Zugehörungen und Rechten um 550. Pfund Häller (c). Seine Frau Mutter Agnes gibt ihre Einwilligung dazu (d), und Grav Eberhard von Würtemberg nebst seiner Gemahlin Irmengard, einer gebohrnen Prinzessin von Baden, überlassen in eben diesem Jahr besagtem Kloster ebenfalls alle ihre Ansprache, die sie an gemeldtes Dorf, wie auch an Uttelsbur und Wolmarsbur haben. Den Verkauf selbst genehmigt unsers Marggraven Bruder, Marggrav Rudolf IV. im Jahr 1300 (e).

Langensteinbach.

F 4 Anno

(b) In der hierüber ausgefertigten Urkunde nennt er sich Fridrich von Gottes Gnaden Marggrav der Jüngere von Baden.

(c) *Cod. Dipl. Baden.* num. 184.

(d) *Idem* num. 187.

(e) *Cod. Dipl. Bad.* num. 196.

A. 1302. genehmigt Marggrav Fridrich von GOttes Gnaden Margarav von Baden, daß zwey Theile an der Mühle in Pforzheim, genannt der Voglerin Mühlin, ferner ein Theil vom grossen und kleinen Zehenden zu Brezingen und Birkenfeld, wie auch verschiedene Zinse in Bretzingen, Ellmendigen, Niedelingen (*f*), und Geberchingen (Göbrichen) an den Abt und Convent Herrenalb durch Kauf vor Gotebold genannt Weise und seine Frau Adelheid kommen dörfen.

In der Urkunde wird gemeldet, daß des Marggraven Bruders Genehmigung, wenn er von seiner Reise zurückkommen würde, auch solle eingeholt werden.

In einem Brief, den Ort Ellmendigen betreffend, A. 1302. im April ließt man: „Nos FRIDERICUS Dei gratia Marchio „de Baden." Er ist mit des Marggraven und seiner Stadt Pforzheim Sigill bestätiget. Eine andere Urkunde von eben diesem Jahr erweißt, daß den Ordensleuten unter diesem Marggraven nicht erlaubt gewesen, Güter ohne seine besondere Erlaubnis zu erkauffen.

A. 1303. Montag nach Jacobi bestätigt er denen von Mutschelbach und Urbach (Auer-

---

(*f*) Ein Dorf ohnfern Bauschlott, so heut zu Tag nicht mehr vorhanden ist, wovon der Neiblinger Berg daselbst seinen Namen hat.

(Auerbach) die Zufahrt zu denen von Nöttingen und Wilffertingen im Felde und Walde.

§. III. A. 1304. Dienstag nach S. Urbanstag kauft Marggrav Fridrich II. samt seinem Bruder Marggrav Rudolf IV. von Albrecht, Herrn von Remchingen, was er an der Burg und am Graben zu Remchingen (g) hat, um 90. Pfund Häller. Hernach A. 1310. geben die Gebrüdere Dieterich und Lutze oder Ludwig von Remchingen, Dieterichs sel. Söhne von Remchingen ebenfalls vor 90. ℔. Häller ihm zu kauffen alles das Gut, und alles das Recht, das sie in dem Graben der Burg hatten. Den Brief besiegelt mit andern Rudolf von GOttes Gnaden, Marggrav Fridrichs Bruder (*h*).

(*g*) Das Geschlecht derer von Remchingen gehört unter den alten teutschen Adel. Wolfardt von Remchingen wohnt schon A. 1165. dem ansehnlichen Turnier zu Zürch bey. S. hievon Gluntschli Merkwürdigkeiten der Stadt Zürch ꝛc. Münsters Cosmographie c. 449. Die Burg, davon hier die Rede ist, stund zwischen Durlach und Pforzheim. Sie liegt jetzo in den Ruinen, wie eine andere gleiches Namens, die vormals in dem Amt Neuenbürg zwischen Glutenbach und Dittlingen gestanden war. Sattlers Beschreibung des Herzogthum Würtembergs Th. I. S. 173. Welche unter beyden [Remchingen] das Stammhaus dieses Geschlechts gewesen sey, getraue ich mir nicht zu entscheiden.

(*h*) Man sieht daran ein sehr zierliches Siegel: *Hainricus de Hewigen.*

Der Besitz dieser Burg veranlaßt ihn, den Mönchen des Klosters Maulbronn ihren Theil von dem Zehenden zu Remchingen eine Zeitlang vorzubehalten. Es reuet ihn solches A. 1324. Er setzt sie wieder in den ruhigen Besitz desselben ein (i).

1308. A. 1308. belehnen beyde Herren Brüder, Marggrav Fridrich II. und Marggrav Rudolf IV. durch einen Brief, gegeben Eberstein octavo S. Stephani, Machtolfen von Mensheim, den Edelknecht und dessen Erben, mit dem Kirchensatze in dem Dorfe dieses Namens (k).

1309. A. 1309. am Montage nach S. Laurentien reversirt sich Gerrud von Beckingen des Vogets sel. Tochter von Baden einer Wiederlosung an den Guten und an den Leuten zu Darmspach und zu Seldingen um

---

(i) Die Urkunde hievon ist gegeben an dem Abend der heiligen Ostern, ohne Anzeige des Orts. Der Marggrav bezeugt darinnen ausdrücklich, daß er ihnen den Zehenden, der ihnen von den Alten von Remchingen zu einem Allmosen gegeben worden sey, mit Gewalt ohne alles Recht genommen habe.

(k) Das Dorf Mensheim liegt in dem Amt Leonberg des Herzogthums Würtemberg. Es war bis A. 1339. ein Lehen des Fürstlichen Hauses Baden. In selbigem Jahr verglich sich Grav Ulrich von Würtemberg mit Marggrav Rudolf von Baden, als welcher seinem Lehenmann Konrad von Mensheim erlaubte, die in dem Dorf gehabte Nutzbarkeiten an Grav Ulrich zu übergeben. Sattler l. c. S. 101.

um 120. Mark löthiges Silbers Speyerer Gewäges.

A. 1311. an der Mittewochen nach dem zwelften Tage (*l*) versetzen Gerhart von Enzber (*m*) ein Ritter und Gerhart, Engelhart, Albrecht, Heinrich und Conrad, dessen Söhne, ihr Theil der Burg und der Stadt, zu Enzeberc und alles ihr Gut, inwendig der Mauren, ohne einen Hof in der Stadt, ihren Edeln Herren Marggraven Fridrich und Rudolfen, Gebrüdern, um 200. ℔. Haller und jährlich auf S. Martinstag 20. ℔. Gelts mit dem Bedinge, daß sie diese Pfandschaft in den nächsten 10. Jahren nicht lösen wollen. Dieser Verkauf wird nach verflossener Zeit Anno 1321. an unserer Frauen Tage, den man nennet den Clibertag (*n*) erneuert, ohne gewisse Jahre zur Wiederlösung zu bestim

1311.

(*l*) Von diesem zwölften Tage S. den ersten Theil dieser Einleitung S. 202. (*k*)

(*m*) Dieses Enzberg ist ein Würtembergisches Ort; jedoch ein Filial von dem Flecken Niefern, und liegt an dem Enzfluß, davon das Enzgow seinen Namen hat. *Chron.* GOTVICENSE T. I. Lib. IV. p. 589.

(*n*) Daß unter diesem Tag, welcher sonst auch das Feß der Bodeschupp, das ist, Bottschaft; unser Frauen Tag zu der Kindlinge; Unser Frawen Cleyben oder Cleybeltag u. s. w. genannt wird, das Feß der Verkündigung Mariä verstanden werde, zeigt deutlich eine Nachricht beym LUXIa im R. Ar-

ſtimmen. Doch wird die Summe des Kauf-
ſchillings auf 460. ℔. Haller erhöhet. Eine andere Verſchreibung von dieſem Jahr
iſt nachſtehende:

A. 1321. an S. Simons-und Judas-
Abend verſchreiben ſich Gerhart von Enzeberc, der Ritter, Gerhart, Abrecht, Conrad und Gerolt, deſſen Söhne, wann ſie
ihre Güter zu Enzeberg, Niedern, Han-
genſtein und auf der Hart mit allen Zugehörten, wieder kauffen würden von Conrad Retmanteln von Pforzheim oder ſeinen Erben, um 165. ℔. Haller, daß ſie
dieſelben Güter alle haben ſollten zu einem rechten Lehen von ihren gnedigen Herren Marggraven Fridrich und Rudolfen
Gebrüderen von Baden und von allen ihren Erben; wie ſie dann ſolche von ihnen
zu Lehen empfangen hätten; und verbinden

Archiv Part. Spec. Cont. II. Abtheil. VI. p. 73.
Darinnen ſteht: „ in der Mittewochen vor unſer Fra-
„wen Eſibeltag, den man nennet A n n u n c i a t i o
„in der Faſten. Die Urſache dieſer Benennung zeigt
„Beckmann in der Anhalt. Chron. T. I.
P. III. L. IV. c. 5. p. 474. mit dieſen Worten:
„ vermuthlich kommts her von kleiben, ankleiben, be-
„kleiben, ehtweder weil umb die Zeit des Jahres alles zu
„bekleiben und in ſein Wachsthum zu tretten und zu-
„ zunehmen anfängt, oder auch, wie andere wollen,
„weil die menſchliche Natur des Herrn Chriſti zu der Zeit
„in dem Leibe der heil. Jungfrau Marien zu beklei-
„ ben angefangen. conf. HALTAUS *Calend.*
med. ævi p. 77.

den sich eidlich, daß sie nimmer seyn wollen weder wider gedachte Markgrafen, noch wider ihren alten Herrn, den Marggraven Rudolf von Baden, noch wider Marggrav Hezzen (o): Wenn sie aber diesen Herren, oder ihren armen Leuten einigen Schaden zufügen würden, so sollten sie solchen in einem Monate, nach Geheiß Herrn Conrads von Hornberg, Herrn Ubrechts Röffeli, und Herrn Crafts von Becingen, Ritter, oder des mehrern Teils, ersetzen, oder widrigen Falls ihrer Lehen verlustig seyn. Kauften sie ihre Güter nicht wieder, oder richteten den etwa gethanen Schaden nicht aus, so wollen sie für meineidig gehalten und behandelt seyn (p).

A. 1312. ist auf Verlangen Engelhards von Winsberg, (Weinsperg) bey Gelegenheit einer dem unter seinem Schirm begriffenen, von seinen Vorfahren gestifteten Frauenkloster Lichtenstern geschehenen Schenkung, dessen Bule

1312.

(o) Unter Marggrav Rudolf dem Alten muß Marggrav Rudolf III. und unter dem Marggrav Hetzen der Marggrav Rudolf Hesse verstanden werden.
(p) An dem Briefe ist:
✝ S. GERHARDI. D. ENZG. MILITIS.
✝ S. GERHARDI. DE. ENZBERG.
✝ S. ALBE......IGERI. DE. ENZBERG.
✝ S. ......ADI DE. ENZBERG.
✝ S. GEROL. I. DE. ENZBERG.

le, (Vetter) Marggrav Fridrich, der Ding Gezeuge, und dazu durch seiner seelen Willen derselben Frauen und des Klosters gnädiger Schirmer mit ihm **Engelhardt** von Winsberg worden (*q*).

1313. A. 1313. bestätigt Marggrav Fridrich den Brief seines Herrn Vaters (*r*) Hermanns sel. Gedächtnisses, in welchem dieser die Freyheiten der Güter des Klosters Herrenalb zu Dietenhausen, und die Gemeinschaften der Allmenden im Dorf Ellmendingen anerkannt hatte. Der Marggrav thut solches vornämlich deswegen, weil besagtes Dorf Ellmendingen samt der ganzen Marktum ihm zugehörten, ob es gleich damals den Klosterfrauen zu Pforzheim verpfändet war.

1314. A. 1314. an S. Michels Tage gibt Reinhart ein Ritter, genannt von der Nüwenburg, seinen gnädigen Herren Marggraven Friderichen und Rudolfe von Baden Gebrüdern zu kauffen alles das Gut, das er hat zu Oberwesingen der Burge mit allem dem Gute, das er gekauft hat von seinem Bruder dem Waldvogt, mit allem
zur

(*q*) PETRI *Suevia Eccl.* p. 516. sequ. BE-
SOLDI *monast. virg.* Tit. Lichtenstern. n.
VII. p. 47.

(*r*) In diesem Brief, welcher gegeben ist crastino Nativ. virginis gloriosæ heißt HER-
MANNUS illustris pater bonæ memoriæ.

zur Burg gehörigen Gut, ohne den Hof, der des Waldvogts war, bey Herrn Ullrichs Zeiten von Wesingen seines Bruders, und ohne das Gut zu Niederwesingen, das da war Dyemen von Utingen, und deß Hof zu Rincglingen, der sein und seiner Erben eigen war, um 140. lb. in zweyen Zielern, und dann jährlich 40. lb. Haller, und das Haus zum Waldenfelse zu Leibgedinge.

A. 1315. in der Mittewochen nach S. Urbanstag helfen Friderich und Rudolf, Gebrüdere, Marggraven zu Baden die Fehde der Brüder, genannt die Enker, wider die Stadt Speyer nebst Grav Eberhard zu Würtemberg und Ulrich von Metzstein vermitteln (s).

§. IV. In den Strittigkeiten der beyden Kaiser, Fridrichs des Schönen von Oesterreich, und Ludwigs aus Bayern, ist er

1315.

Sune beim.

(s) Die Urkunde davon fangt also an: „Wir Eberhart der Greve von Würtenberg, Fridrich unde Rudolff Gebrüdere, Marggraven von Baden, und Ulrich von Metzsteine verjehen an diesem gegenwärtigen Briefe, daß Ulrich der Enker, den die Burgere von Spire viengend, unde Sine Brüdere, Bentze und Heintze gesworen hant uf den Heiligen &c. Lehmanns Speierische Chron. B. 7. Cap. 22. S. 667. Der Umstand, daß die Marggraven von Baden hier dem Graven von Würtemberg nachstehen, ist schon erläutert worden im ersten Theil dieser Einleitung S. 325. (c)

er nebst seinem Bruder Marggrav Rudolf anfänglich auf der Seite des erstern. Der Kaiser sucht den Marggraven die ihme geleistete Dienste dankbar zu belohnen, und verschreibt ihnen A. 1315. am 12ten Tag nach Weynachten zu Selz seine und des Reichs Stadt Sunsheim samt dem dabey gelegenen Kloster, unter der Bedingung, sie gegen Erstattung der empfangenen 1000. Mark Costanzer Gewichts wieder zu lösen (*t*).

Die Mißhelligkeiten des Marggraven mit der Stadt Strasburg wegen der Rheinfahrt will ich hier nicht wiederholen (*u*).

Malsch. §. V. A. 1318. verkauft Marggrav Fridrich II. das Dorf Malsch und die Burg Waldenfelß samt allem, was dazu gehört, auf Wiederkauf, um 3000. Pfund Häller weniger zehen Pfund, an das Cistercienser-Kloster Herrenalb. Sowohl der Kaufbrief des Marggraven, als der Revers des Abts und Convents sind gesiegelt von Heinrich von Eberstein, und Rudolf dem ältern, Fridrichs Marggrav Vaters Bruder. An dem Kaufbrief aber finden sich über diß die Sigille Rudolf seines Bruders, und Rudolf Hessen, Marggraven zu Baden

---

(*t*) *Cod. Dipl. Bad. num.* 215.

(*u*) S. oben S. 77.

den (*v*). Weil aber das Dorf Malſch ein Lehen von der Abtey zu Weiſſenburg iſt, ſo ſahe ſich der Marggrav genöthiget, gegen das verkaufte Dorf Malſch demſelben einen andern Ort zu Lehen aufzutragen. Er erwählt hiezu ſeine Stadt Kuppenheim (*w*).

§. VI. A. 1321. am Montage nach S. Gallen kauft Marggrav Fridrich von Zeiſolf von Magenheim (*x*) um 2200. Pfund Häl-

Ochſenberg.

(*v*) *Cod. Dipl. Bad.* num. 223. & 224. Der Revers ſteht auch in der Badiſchen Deduction gegen Würtemberg: In der Wahrheit gegründete Vorſtellung ꝛc. Num. I. p. 52. In MEICHSNERI *Decis. Cameral.* T. IV. Dec. 35. iſt die erſtere Urkunde nicht völlig mit der Urſchrift gleichlautend.

(*w*) *Cod. Dipl. Bad.* num. 222. MEICHSNER. l. c. Herr Profeſſor Schöpflin ſchreibt davon in *Alſat.* III. T. II. p. 117. „FRIDERICUS Marchio Bad. & AGNES uxor ejus Ecclesiæ „Weiſſenburg. Cuppenheim, oppidum, & „Oberdorff A. 1318. in feudum obtulerunt, „accepta viciſſim proprietate vici *Malſch*; „quem hactenus feudali conditione tenuerant. Von Oberdorf ſteht nichts in der angezogenen Urkunde.

(*x*) Die Freyherren von Magenheim heiſſen alſo von dem Schlöſſlein Magenheim im Herzogthum Würtemberg. Jetzt nennt man es insgemein Monheim. Die Worte Magen, Mond und Man werden für eins genommen. Wie denn dieſes alte Geſchlecht auch in ſeinem Wappen zwey rothe Monde im weiſſen Felde geführet hat. Sattler l. c. Th. I. S. 178.

Bad. Geſch. II. Th. G

Haller das Schloß Ochzenberg oder Ochsenberg, mit allen Zugehörungen nebst den Dörfern Lembrunn, Michelbach, Zabernfeld, Ober-Ramspach und Damp, wie auch den Hof zu Flehingen. Den Kaufbrief, welcher gegeben ist an dem Montag nach sant Gallentage, bekräftigen mit ihren Sigillen unter vielen andern Marggrav Rudolf von Baden, M. Fridrichs Bruder, und Konrad Herzog von Urselbingen (y).

Im folgenden Jahr 1322. am Zinstage nach U. F. der Elibertage verspricht vorgemeldter Zeisolf von Magenheim Marggrav Fridrichen die Gewährschaft, im Fall die verkaufte Güter an der Burg Ochsenberg und Zugehörden von jemand angesprochen würden. Marggrav Fridrich und sein Prinz Hermann raumen hernach A. 1326. am Mitwoch nach Petri und Pauli, aus Erkenntlichkeit vor die nachbarliche Freundschaft, die der Rath und Burgerschaft zu Speyer ihnen und ihren Vorfahren erwiesen hatten, diese Burg denselben zu einem freyen offenen Haus ein: sie gestatten ihnen, jedermann auf demselben zu bekriegen und zu verfolgen, ausgenommen, so sie Feindschaft hätten wider Marggrav Rudolf den Aeltern und Jüngern, wie auch Marggrav Hessen. Gedachte Marggraven versprechen zugleich

─────────────────────────

(y) Cod. Diplom. Bad. num. 236.

gleich eydlich, vor sich und ihre Erben, die Vestung, so bald sie selbige wieder eingelößt haben würden, nicht zu verkauffen, zu versetzen, oder sonst zu verändern, es sey dann mit völliger Genehmigung der Stadt Speyer. Die hierüber ausgefertigte Urkunde (z) zeigt, daß die Herren Marggraven in besagtem Jahr 1326. die Burg würklich an Albrecht von Gemmingen, genannt von Enzeberg, einem Edelknecht, verpfändet hatten. Es kan aber dieses Versprechen nicht erfüllt worden seyn, weil es scheint, daß die Wiedereinlösung niemalen vor sich gegangen sey. Dann man findet, daß Albrecht der Aeltere von Enzberg A. 1391. den halben Theil der Burg Ochsenberg, so viel er daran Recht hatte, an den Graven von Würtemberg überlassen habe, von welchem Wolf von Urbach damit belehnt wurde (a). Man liest ferner, daß Albrecht (von Güglingen) des Meßners Sohn seinen

G 2 nen

(z) Sie ist gegeben da man zalt von Cristes Geburt druzehenhundert Jar und darnach in dem echt (sechs) und zweinzigisten Jare, an dem nechsten Samestage nach dem Montage, als Got zu Hymel fure. *Cod. Dipl. Bad.* num. 235. Lehmanns Speierische Chron. B. 7. C. 28. S. 676. nach Fuchsens Ausgabe. Lünigs Reichs-Archiv Part. Spec. Cont. IV. T. II. p. 483.

(a) Reichsständische Archival-Urkunden *in caussa Equestri* Sect. I. cap. I. num. 12. p. 12.

nen Theil des Dorfs Zaberfeld, und den Kirchensatz daselbst um diese Zeit von dem Graven von Würtemberg zu Lehen empfangen habe. Die Urkunden aber legen deutlich zu Tag, daß von diesem Albrecht, der aus der Enzbergischen Familie war, selbiger Theil des Dorfs Zaberfeld Anno 1390. an Henlin von Sternenfelß gekommen, und dieser in eben diesem Jahr von Grav Eberhard von Würtemberg zu Tübingen an dem nächsten Zinstag nach dem heil. Owiche Tag in den Wihenachten (*b*) belehnt worden sey. An diesen Henlin von Sternenfelß kam Ochsenberg nicht lange hernach. Grav Eberhard von Würtemberg belehnte ihn, anstatt Wolfs von Urbach A. 1392. zu Göppingen an dem nechsten Donderstag vor Sant Margrethen Tage mit dem Stättlein und Schloß Ochsenberg, wie auch mit den Dörfern Zaberfeld, Michelbach, Ramsbach und Lehenbrunn. Diß sind eben die, welche von dem Marggraven an die von Enzberg verpfändet waren. Die Herren von Sternenfelß erhielten auch in den folgenden Jahren, 1399.

(*b*) Owiche Tag ist vermuthlich so viel, als Ebenweichtag, wodurch der Neujahrs-Tag angezeiget wird. So kommt vor: am Tag des ingenden Jars, den man nennet den Ewenwigtag. LUNIG *R. Archiv.* P. Spec. Cont. IV. p. 503. Er heißt also, weil er eben so feyerlich begangen wurde als das Weynachtsfest. Conf. HALTAUS. *Calend. Med. Aevi* p. 32. Add. J. J. RABE *Calend. festor.* &c. Onolzb. 1735.

1399. 1418. 1419. 1428. 1443. 1452. 1455. 1465. 1475. 1479. 1503. 1551. 1559. und so weiter bis auf unsere Zeiten die Belehnung. Endlich A. 1749. gaben sie diese Lehen ihrem Lehensherrn wieder zurück; welcher sie in Besitz nahm. Daher ist der annoch fortdaurende Streit mit der Ritterschaft entstanden.

§. VII. Das Jahr 1322. ist der unglückliche Zeitpunct vor K. Fridrich den Schönen von Oesterreich. Der Obriste Feldherr Kaiser Ludwigs aus Bayern, Siegfried Schweppermann ersicht den 28ten Sept. über ihn bey Mühldorf oder Guntersdorf einen blutigen Sieg (c). Kaiser Fridrich wird

Hälts mit Kaiser Ludwig.

(c) Nach dem Treffen befahl Kaiser Ludwig, die müden Soldaten, welche den ganzen Tag mit Fechten zugebracht hatten, sollten sich mit Speise und Trank erquicken. Es fand sich aber nichts von Proviant als Eyer. Der Kaiser befahl hierauf: Gebt jedem ein Ey, dem frommen Schweppermann Zwey. Dem streitbaren Helden war dieses Angedenken so wichtig, daß er sich ungemein darüber ergötzt, und nach seinem Tode setzte man die Worte auf sein Grabmal in dem Kloster Cassel in der Oberpfalz. Ich will die ganze Grabschrift zum Vergnügen aus BRUSCHII *Chronol. monast.* hier anführen:

 Hie leit begraben Herr Seyfried Schweppermann
 Als Thuns und Wandels an.
  Ein Ritter keck und vest
 Der zu Guntersdorf im Streit that das best.
  Er ist nun todt
 Dem Gott genad. obiit. 1337.
  Jedem ein Ey
 Dem frommen Schweppermann zwey.

wird selbst gefangen und in das Schloß Trausnitz in Verwahrung gebracht (d). Ohnerachtet sich der Papst alle ersinnliche Mühe gibt, dem unglücklichen Kaiser Friedrich sowohl seine alte Freunde zu erhalten, als neue zu erwerben: so lenkt dennoch dieser Sieg die Gemüther sehr vieler Stände auf die Seite des Ueberwinders (e). Dieser macht nach einigen Jahren unter andern auch unsern Marggrav Fridrich sich zum Freunde (f). Er gibt ihm

---

(d) CONTINVATOR STERONIS hat davon nachstehende Verse:

Annis ter denis, minus octo, mille trecentis.
Actis, LUDWICUS vincit, capitur FRIDERICUS
Ante diem festi Michaëlis, quod scio gestum,
Anno milleno ter CCC bis Xque secundo
Quando Wenczlai Clerus canit ac Adonai,
Tunc Rex LUDWICUS conflixit cum FRIDERICO,
Quem captivavit, Australes & superavit,
Atque ducem dictum, grandi certamine victum
In Trausnit duxit, ubi longo tempore luxit,
Sed locus hæc acta prope quem sunt omnia facta,
Müldorf est dictus, ubi flumen circuit Enus.

Mehrers von diesem Treffen siehe in Herrn von Olenschlagers erläuterter Staats-Geschichte des Römischen Kaiserthums in der ersten Helfte des vierzehenden Jahrhunderts.

(e) Man sehe davon die Anmerkungen im ersten Theil dieses Buchs S. 211.

(f) Daß Marggrav Fridrich das Unglück seines Freundes sich nicht so gleich bewegen lassen, von ihm abzutret

ihm als ein Lehen die Freyheit und das Recht, daß er von jedem Fuder Weins dreyzehen Pfenninge (denarios) Strasburger Geprägs, wie auch 4. Pfenninge von jedem Schiffe, darinnen der Wein auf dem Rhein durch seine Lande geführt würde, an gewöhnlichen Orten, und wo er es hergebracht, Zoll zu nehmen, erheben solle. Der Kaiser verspricht, die Bestätigung dieses Lehens ihm von den Reichsständen zu verschaffen, und bedingt sich dabey aus, daß der Marggrav nach seiner Hoheit und Grösse (juxta nobilitatem & magnitudinem suam) dem Kaiser wieder männiglich am Rhein, in Schwaben, Franken und Bayern, ausgenommen seinen Bruder Rudolf, seine Vettern Rudolf und Hessen, Beystand leisten solle. Die Urkunde hievon ist gegeben Monaci XIV. Kal. Jan. A. 1322.

§. VIII.

tretten, und vermuthlich durch die anhaltend siegende Waffen Kaiser Ludwigs erst dazu erst genöthigt worden sey, beweisen die Worte Fuggers im Spiegel der Ehren des Erzhauses Oesterreich B. III. S. 292.
„ Man pflegt im Sprüchwort zu sagen: Freunds und
„ Fliegen kommen im Sommer und fliegen davon im
„ Winter; und nach dem Glücke richtet sich die Gunst
„ der Menschen. Nachdem Kaiser Friderich den
„ Kürzern gezogen, da fielen alle Städte am Rhein
„ von ihme zu Kaiser Ludwigen, ungeacht er izund
„ am meisten Hülfe bedürfte ―――― Gleichwohl blie-
„ ben noch beständig die Marggraven von Baden und
„ Hohberg, (Hochberg) die Graven von Würtem-
„ berg u. m. a. „

§. VIII. A. 1325. errichten die Städte am Rheinstrom, Maynz, Straßburg, Worms, Speyer und Oppenheim zur Sicherheit der Strassen zu Wasser und zu Land, wie auch zur Handhabung der Gewerbschaft einen Landfrieden (g). Grav Johann von Sponheim wird zum Obristen darüber angenommen (h). Marggrav Fridrich tritt demselben bey, und verspricht seinen Beystand wider alle, die den Frieden stöhren würden, seine nächste Anverwandte ausgenommen (i).

Mümesheim. A. 1326. belehnt Marggrav Fridrich den Edelknecht Albrecht Hofwarth, einen Ritter aus dem Kirchheimer Thale, mit dem

---

(g) Erfahrene Staatsrechts-Lehrer halten davor, daß von dem unglücklichen Zeitpunct an, da die Gregorianische oder Hildebrandinische Tyranney gewütet, eine allgemeine Verwirrung und das sogenannte Faust- und Kolbenrecht in Teutschland entstanden sey. Kaiser Friderich I. suchte deßwegen schon A. 1157. in comitiis Roncalicnsibus friedliche Anstalten zu machen. Viele der folgenden Kaiser fuhren darinnen fort. Andere Stände bemüheten sich gleichfalls. Es hatten aber ihre Bemühungen nicht den gewünschten Fortgang. Kaiser Maximilian brachte es zu Stande A. 1495. da er den Königlichen Landfrieden zu Worms glücklich errichtet hat. conf. PFEFFINGER ad *Vitriar.* T. I. p. 281. sqq. HerrnEtats-Raths Mosers teutsches Staatsrecht Th. I. S. 106. folgg.

(h) Lehmann l. c. S. 674.

(i) *Cod. Dipl. Argent.* de A. 1370. wo die Urkunde anfängt: Wir Marggrave Fridrich, Herre von Baaden.

dem Dorfe Münzesheim, und zwar als mit einem ledigen Mannlehen (k). Es gehörte solches im 13ten Jahrhundert zu der Grafschaft Eberstein, und war ein Reichs-Allodium. Es kam nachher an Zweybrücken. Von da gelangte es A. 1283. an das Fürstliche Haus Baden (l). Und von diesem wurde es als eine Mannschaft der Marggravschaft einverleibt. Die Hofwarthe besassen dieses Lehen bis aufs Jahr 1675. da der letzte Lehenmann Johann Philipp Hofwarth verstarb, und mit ihm sein Geschlecht ausgieng (m). Mithin fiel es dem Fürstlichen Hause Baden-Durlach heim, und zwar in solchen Umständen, wie es A. 1326. gewesen, ehe die Hofwarthen damit belehnt worden. Das Fürstliche Haus hatte also damals wiederum die Erhebung aller Einkünfte und Nutzungen,

wie

(k) Cod. Dipl. Bad. num. 237.

(l) S. des hiesigen Hochfürstl. Herrn Geheimen Hof-Rath Preuschens Abhandlung in den Carlsruher nützlichen Sammlungen S. 348.

(m) Diese Hofwarthe gehörten zu dem Marggräflichen Mediat-Adel; wie dann überhaupt die Vasallen zu Münzesheim schon vor dem Jahr 1326. ledig manne, das ist landsäßig waren. Zu den Zeiten derer Hofwarthe heissen die Herren Marggraven zu Baden ausdrücklich Landesherren in Münzesheim. Sie hatten allda ihre Beamte, und das Recht Gesetze daselbst zu geben.

wie es allezeit die Landeshoheit und das Obereigenthum über daſſelbe beſeſſen hatte (n).

A. 1330. A. 1330. verkauffen Engelhard von Weinsperg und seine Gemahlin Anna ihre Burg Beringsweiler mit aller Zugehör um 700. Pfund Häller an Grav Kraft von Hohenlohe. Marggrav Fridrich und sein Prinz Hermann unterzeichnen den Kaufbrief als Zeugen (o).

In eben dieſem Jahr am S. Andreastag thut Anna, Hermanns von Sachsenheim Ehefrau, Verzicht gegen Marggrav Fridrich und seine Erben auf alles ihr angeerbtes Gut zu Weſingen, welches ihr mit 100. ℔. Hällern wiederlegt worden.

In dieſem Jahr hat Marggrav Fridrich II. nebſt ſeinem Sohn mit den Städten Baſel, Zürch, Feldkirch und Freyburg Streit. Er läßt ihnen Güter-Waaren wegnehmen. Es kommt aber bald wiederum

---

(n) Von den Strittigkeiten, welche von der Reichs-Ritterſchaft in Schwaben wegen dieſes dem Fürſtlichen Hauſe eigenthümlich zuſtehenden Fleckens Münzesheim erregt worden ſind, wird in der Folge der Geſchichte zu handeln ſeyn.

[o] S. Herrn Hofrath Hanſelmanns Abhandlung von dem Urſprung des Hauſes Hohenlohe, bey deſſen Landeshoheit des Hauſes Hohenlohe vor dem Interregno S. 440.

zu einem Vergleich, nachdem besagte Städte eine Versicherung ausgestellt, weder ihme noch seinen Helfern deßwegen einigen Schaden zuzufügen.

A. 1332. am Mittwoch vor S. Jacobstag errichtet K. Ludwig aus Bayern einen Landfrieden auf 2. Jahr, zu dessen Beobachtung die Städte Maynz, Straßburg, Worms, Speyer und Oppenheim sich verbinden. Der Kaiser setzt darinnen unter andern: „ und sullent auch alle unrechte „ Zöll abe sin uff dem Lande und uff den „ Wassern, ane die Geleite, die der Bi„ schoff von Spire, die Marggrafen von „ Baden, und der Grafe von Nassaw ne„ ment auf dem Lande, als es bisher ge„ wonlich ist gewesen. Und sollen auch die „ alten Zölle verbliben uff dem Ryne, als „ es von Alters herkommen ist ane alle „ Gefehrde (p). „

1332.

Anno

---

[p] Lehmann l. c. S. 680. der Kaiser besthlt, „ man .. sol nemen von iedem Fuder Wines Elsassers, und .. der owendig Landaw gewassen ist, 32. Schilling Hel- .. ler, und von dem Fuder Wines, der im Spirgow .. einwendig Landaw gewassen ist, 10. Schilling Hel- .. ler, und von dem Fuder Wines, der im Wormis- .. sergow, Menzergow und in Oppenheimergaw ge- .. wassen ist, 8. Schill. Heller, und von dem Hun- .. dert Kornes und Weissen 2. lb. Heller. Von den Kar- .. ren soll man nehmen von jedem Pferd drie Schill. .. Heller, und was Vardeln obin herabe kommet in .. Schiffen, da soll man je von den last Karren neh- „ men zehen Schill. Heller. –

1333. A. 1333. an U. F. Abend der Kerzwihe gibt Marggrav Fridrich, Herr zu Eberstein, seinem Diener Heinrich von Selbach, einem Ritter, und seiner Tochter Junten und ihren Erben, zu einem rechten Zugelt 8. ℔. ₰. Geltes Straßburger vf dem Vngelte zu Steinbach, mit gutem Willen und Gehelle seines Sohns Hermanns und seines Bruders Marggrav Rudolfes von Pforzheim, wiederkäuffig mit 50. Mark guten Silbers oder 150. ℔. guter und geber Häller.

Tod. §. IX. Marggrav Fridrich beschließt sein ruhmvolles Leben A. 1333. den 22ten Jun. (*q*). Er wird in der grossen Kirche des Klosters Lichtenthal beygesetzt. Die Grabschrift daselbst ist diese: „Anno Domini M. CCCXXXIII. X. Kalend. Jul. ob. Dnus FRIDERICVS Marchio de Baden.„ Auf dem Stein sieht man zugleich das Badische Wappen, nämlich den rothen rechten Schrägbalken im goldenen Felde, und oben den Helm mit den Steinbockshörnern.

Gemahlin. Seine Gemahlin wird von einigen Agnes, eine Gräfin von Weinsperg genannt (*r*). Gamans (*s*) heißt sie Adelheid,

---

[*q*] In der bey SCHANNAT in *Vindem. Lit.* T. I. befindlichen Abschrift ist ein Fehler.

[*r*] Walz vom Würtembergischen Stamm- und Namens-Ursprung S. 172. It. Leben der Durchleuchtigsten Fürsten und Marggraven von Baden, S. 149.

[*s*] In Mscr. wo zugleich nachstehende Verse zu lesen sind: Hinc

heid, eine Gräfin von Beuchlingen. Man will glauben, die Schriftsteller beeder Meynungen haben recht; Marggrav Fridrich II. sey zweymahl vermählt gewesen. Daß seine Gemahlin ein Beuchlingische Gräfin gewesen sey, kan wegen der Grabschrift nicht geläugnet werden. Daß er aber auch, und zwar vor dieser, eine Gemahlin aus dem Weinspergischen Hause (t) gehabt habe, will man aus einer Urkunde vom Jahr 1341.

Hinc ADELHEIDIS adit decimum præluſtris honorem
E Beuchling Comitum fœmina ſtirpe ſata.
Ante Badenſis erat FRIDERICI Principis uxor.
Annos bis ſenos rexit & aſtra ſubit.

AGNES officium viduæ poſt funera matris
Suſcipit haud tali filia matre minor,
Provida, larga fuit, mitis, placida atque benigna,
Poſt annos tredecim ſcandit ad aſtra Poli.

Der Fürstlichen Wittwe Wappen ist dabey in Stein gehauen Der Schild ist in die Länge herab getheilt. Zur rechten Seite sieht man den Badischen rothen Schrägbalken im goldenen Felde; zur linken ist viermal von roth und Silber quer gestreift.

(t) Dieses wäre dann eben die Agnes, deren auch Herr Prof. Schöpflin l. c. gedenkt.

1341. vermuthen, welche hernach bey seinem Sohne Hermann IX. vorkommen wird. In derselben nennt dieser Marggrav Hermann von Baden, Engelhard von Weinsperg seinen lieben Bulen zweymal. Man nimmt einen andern Brief von Marggrav Rudolf dem Alten von Baden dazu, in welchem Marggrav Fridrichs und Rudolfs, seiner Bulen gedacht wird. Nun, sagt man, ist bekannt, daß diese beede jenes Bruders Söhne gewesen sind. Ohngeachtet nun das Wort Bul, oder, wie es sonst auch geschrieben wird, Budlen oft so viel als Vetter, oder überhaupt nahe Anverwandte bedeutet (u); so will man sich doch in angezeigter Muthmassung dadurch stärken, daß Marggr. Fridrich selbst in der hernach vorkomenden Urkunde vom Jahr 1329. denjenigen Engelhardt von Weinsperg, der seinem Sohn Marggrav Hermann alle Güter vermacht, seinen Schwager nennt. Man hat jedoch zu bedenken, daß das Wort Schwager (v) im weitläuftigen Verstande auch andere Bedeutungen habe.

Daß

―――――――――――――――――

[u] Ja Marggrav Rudolf Herr zu Pforzheim nennt so gar seinen Bruder Marggrav Fridrich, desgleichen Grav Ulrich von Würtemberg in zweyen Briefen seinen lieben Bulen collect. Würtemb. Dipl. ap. SENCKENBERG *sel. Jur. & hist.* T. II. p. 243.

[v] S. davon des Herrn Hofrath Sam. Lentz Abhandlung

Daß der Marggrav sich A. 1324. mit Margaretha, Grav Konrads des Aeltern von Behingen Tochter vermählen wollen, ist gewiß. Ob aber die Vermählung würklich vor sich gegangen sey, ist mir unbekannt (w).

Marggrav Fridrichs Gemahlin, gebohrne von Beuchlingen, widmet ihre Wittwentage der Einsamkeit in erstgemeldetem Kloster, dem sie auch 12. Jahr als Aebtißin rühmlich vorsteht. Die mit ihrem Gemahl erzeugte drey Prinzeßinnen Agnes, Irmengard und Maria folgen ihrer Frauen Mutter ins Kloster, und die älteste, Namens Agnes erlangt nach dem Absterben derselben A. 1348. die Auffsicht über dieses Kloster, welche sie bis an ihr Ende A. 1361. fortführt (x).

Der einzige Prinz M. Fridrichs, den er vermuthlich mit der ersten Gemahlin erzeugt hat, ist sein Nachfolger Marggrav Hermann IX. Herr von Eberstein.

---

lung von den mannichfachen Bedeutungen der lateinischen Verwandtschaftsnamen bey den Scribenten mittler Zeit. Cöthen und Deßau 1756.

[W] Der Bischof Beringerus Euringerus zu Speyer hat zu dieser Verbindung von Papst Johannes XXII. eine besondere Dispensations-Bulle erhalten. Sie ist gegeben zu Avignon den 26ten Oct. im neunten Jahr seiner Päpstlichen Regierung.

[x] S. vorhergehende not. (r)

Hermann IX.

Marggrav Hermann IX.
Herr zu Eberstein,
Marggrav Fridrichs II. Sohn.
von 1333-1353.

§. I.

Hermañ IX. Marggrav Hermann folgt seinem Herrn Vätter A. 1333. Er besitzt dessen Lande allein, und wird bald Marggrav zu Baden, bald Herr zu Eberstein genannt.

A. 1318. verkauft sein Herr Vatter das Dorf Malsch und die Burg Waldenfelß. Marggrav Hermann bestätigt diese Handlung A. 1322. durch eine besondere Urkunde, da er volljährig ist (*a*).

Weinsperg. §. II. A. 1329. wird Marggrav Hermann von Engelhard von Weinsperg dem Aeltern, im Fall er ohne eheliche Leibes-Erben sterben sollte, zum Erben seiner Güter eingesetzt. Sein Herr Vatter Marggrav Fri-

---

[*a*] In der Urkunde steht der Beweiß, daß er Marggrav Fridrichs Prinz ist. Nos *Hermanus Dei gratia Marchio de Baden &c.* Dnus *Fridericus pater noster,* Marchio de Baden. Es befindet sich auch sein Sigill daran.

Fridrich und dessen Bruder Marggrav Rudolf hängen als Zeugen ihr Sigill an den Vertragsbrief (b). Marggrav Hermann erlangt aber nach der Zeit nicht die ganze Verlassenschaft seines Vettern, sondern nur den halben Theil seiner Güter, Rechte und Leute zu Eberstatt, zu Gelmerspach und zu dem Stein, nebst dem halben Theil an der Burg zu Stein. Der andere halbe Theil fällt den Gebrüdern Engelhardt und Engelhardt Konrad von Weinsperg zu. Die Richtigung hierüber wird A. 1331. selbst von Marggrav Hermanns Vatter Marggrav Fridrich, und Engelhard dem Aeltern von Ebertsperg schriftlich gemacht (c).

A. 1332. verkauft Marggrav Fridrich an Albrecht Bruzzen oder Brussen das Stättlein Klein-Gartach, nebst den Dörfern Niederhofen und Stetten am Heuchelberg. Auf diesem Berge lag das Schloß, zu welchem das Stättlein ehemals gehörte. Er wurde der Luneberg oder Leinenberg genennt. Die Herren Marggraven hielten sich vor diesem oft daselbst auf. Auch dieses Schloß gelangte durch diesen Kauf an den Bruzzen, kam

Klein-Gartach.

(b) LUDWIG in *Reliq. Msct.* gedenkt desselben Tom. II. pag. 593. Man liest ihn nun aus dem Weinspergischen Archiv im *Cod. Dipl. Bad.* num. 240.

(c) LUDWIG l. c. *Cod. Dipl. Bad.* num. 241.

kam aber hernach A. 1335. an die Grafen von Würtemberg (*d*).

Rheinzoll. §. III. Kaiser Ludwig aus Bayern hatte sich, um Marggrav Friderichs II. Freundschaft bemühet. Nach dessen Tode wünscht er auch dessen Sohn, unsern Marggraven Hermann auf seiner Seite zu behalten (*e*). Der Kaiser überläßt ihm A. 1333. zu Stuttgart den Reichszoll auf dem Rhein zu Morfeld, daß er, ausser dem gewöhnlichen Zoll, von jedem Fuder Weins einen Schilling Häller (*f*) so lange beziehen solle, bis er die Summe von 2100. Pfund Häller (*g*) davon würde gezogen haben (*h*). Kaiser Karl IV. hat diese Freyheit dem Fürstlichen Hause A. 1350. erneuert.

Anno

(*d*) Sattler l. c. Th. I. S. 101. 181. Von dem Schloß sieht man nur noch wenige Ueberbleibsel.

(*e*) Vermöge Kaiserlichen Briefs d. d. Frankfurt am S. Mathiä Abend wurde er schon A. 1322. von Kaiser Ludwigen aus Bayern in des Reichs Huld und Gnade wieder aufgenommen.

(*f*) Ein Schilling Häller macht nach Marggrävlicher Währung sechs Pfenning oder zwey Kreutzer vier Siebendel Pfenning Reichswährung. Mithin machen 28. Schilling Häller einen Reichs-Gulden in dem äusseren Wehrte. Den inneren Wehrt der Geldsorten wissen aber Kenner nach dem Unterschied der Zeiten wohl zu bemessen.

(*g*) Ein Pfund Häller macht 20. Schilling Häller oder 10. Schilling Pfenning folglich ein Schilling Pfenning 17. und ein Siebendel Pfenning.

(*h*) Cod. Dipl. Bad. num. 247.

A. 1335. am zweyten Tag vor Marien Geburt wird Marggrav Hermann von dem Abt Johann zu Weisenburg belehnt. Die Lehenstücke werden in der Nachricht über diese Handlung nicht nahmhaft gemacht. In einer andern finde ich eine Belehnung vom Jahr 1339. Damals ertheilt Abt Eberhard zu Weissenburg dem Marggraven die von dem Stifte Weissenburg von altem rührende Lehen, mit Namen Gretzingen, Burg und Dorf, den Zehenden zu Durlach, Kuppenheim die Stadt, Elchisheim und den dazu gehörigen Damm, das Dorf Mörsch, das Dorf Seldingen und den Kirchensatz, Unter- und Ober-Mentzheim den Kirchensatz und das Dorf, und die Mannlehen zu dem alten Rossewag, Klingenberg die Burg, das Dorf und den Kirchensatz.

In eben diesem Jahr am Montage nach S. Laurentientag gibt Ernst der Vogt von Grunbach genannt Hiltelingen seinem gnädigen Herrn Marggrav Hermann von Baden einen Wiederlosungs-Brief über 20. ℔. Häller Gelts, jährlich zu U. F. Tag der jüngern als sie gebohren waren fällig, von allen Gütern des Marggraven zu Gretzingen, es sey Bete, Mühlen ꝛc. welche er von ihm gekauft hatte um 200. ℔. Häller. Der Brief ist besigelt von Ulrich von Würtemberg Probst zu St. Widen (i)

(i) St. Widen ist so viel als St. Guido.

zu Speyer. Und im folgenden Jahr am Dienstage nach S. Agnestage gibt Johanns ein Edelknecht von Giltelingen dem Marggraven gleichfalls einen Wiederlosungs-Brief über 20. ℔. Häller, die er von ihm gekauft hatte um 200. ℔. von allen seinen Gütern zu Grecingen.

Kries. §. IV. Marggrav **Hermann** gerathet in Verdrüßlichkeiten mit einigen Klöstern. Seine Ruhe wird dadurch sehr gestöhrt. Er verliert so gar seinen bisherigen Freund, Kaiser Ludwig. Die vornehmsten Umstände davon sind diese: Das Stift S. Guido zu Speyer beklagt sich über den Marggraven bey dem Kaiser zu Frankfurt. Die Mönchen zu Herrenalb thun ein gleiches. Sie beschweren sich, „daß sie von dem „Edlenn manne Marggraff **Hermann** „von Baden in sollche armut und gebre„sten gefallen seind, daß sie inn dem Clow„ster nicht wol belyben, noch Ir notturfft „darinne gehaben mögen (k).„ Der Kaiser, als oberster Schirmer der Gotteshäuser in Teutschland, nimmt sich ihrer mit Ernst an. Er empfiehlt durch einen besondern Brief geben zu Franckfort am Sampstag in der Osterwochen nach Christus

---

(k) BESOLD. *Docum. rediv. Monast. Wirt.* p. 153. seq. Der Marggrav gründete sein Recht, die Schirm-Vogtey und Pflege über die Mönchen zu führen, auf seinen Besitz der halben Grafschaft Eberstein.

zu M. Christoph.

Kriegen verwickelt; bekommt
em. 1) Margaretha,
wird von ihr ge-
Oettingen T.

Ursula	Brigitta	Rudolf
geb. A. 1409. Gem. 1) Gottfried Gr. v. Ziegenhayn A. 1422 2) Ulrich Herz. von Teck.	geb. A. 1416.	geb. A. 1417. † A. 1424.

Marcus	Margaretha
Domherr zu Straßburg u. Cöln, hernach postulirter Bischof zu Utrecht, † A. 1478.	Gem. Albrecht Margr. zu Brandenburg, der teutsche Achilles, A. 1445. †. A. 1457.

Albrecht	Friedrich
geb. A. 1455. den 25. Jen. † A. 1488.	Bischof zu Utrecht, geb. A. 1458. † A. 1517.

stus gepurt drwyzehenhundert darnach in dem achten vnd dreyssigsten Jar, das Kloster Herrenalb dem Graven Ulrich von Würtemberg dem Jüngern, den er schon A. 1330. zum Landvogt über Schwaben und Elsaß bestellt hatte (*l*), in seinen besondern Schutz wieder den Marggraven von Baden. Er besiehlt auch im folgenden Jahr 1339. den Stätten „Rottwyl, „Eßlingen, Reuttlingen und andern Iren „aydgenossen vnd gesellschaften„ dem Graven hilfreiche Hand zu bieten (*m*). Also wird Marggrav Hermann vor einen Reichsfeind erklärt. Er rüstet sich zum Krieg. Er führt ihn auch acht Jahre mit unbewegter Standhaftigkeit. Der Aufwand in diesem Kriege nöthigt ihn einige Schulden zu machen (*n*). Unter andern verpfändet er A. 1341. dem Engelhard von Weinsperg seinen Theil an der Veste Weinsperg um 2025. ℔. Häller (*o*). Der Kaiser überträgt währendem Kriege, nach dem Tode Grav Ulrichs, die Beschirmung des Klosters den Graven Eberhard und Ulrich von Würtemberg. Der Marggrav legt endlich A. 1346. die Waffen nieder. Er begibt sich zu Heidelberg in Beyseyn beeder

---

(*l*) SCHOEPFLINI *Alsat. Illustr.* Tom. I. p. 564.

(*m*) BESOLD. l. c. p. 157.

(*n*) GUDENI *Cod. Dipl. Mog.* T. III. p. 312.

(*o*) *Codex Diplom. Badens.* num. 258.

der Pfalzgraven bey Rhein und Herzogen in Bayern, Ruprechts des Aeltern und Jüngern, Gerlachs Graven zu Naſſau, Eberhards Graven zu Würtemberg, Grav Eberhards von Würtemberg, zweyer von Reichperg, der Schylher und Johann Heinrich von Struwingen, Kaiſerl. Landvogts im obern Schwaben und anderer, ſeines Schirms und Vogtey über beſagtes Kloſter. Er ſtellt darüber eine beſondere Urkunde aus, die der Kaiſer durch eine andere beſtätiget (p). Und in einer andern bezeugt der Kaiſer, daß er mit dem Marggraven wieder völlig ausgeſöhnt ſey (q). Kaiſer Karl IV. ſetzt ihn nachher wieder in den Beſitz ſeiner Rechte ein. Dann A. 1350. an dem Heil. Dreyfaltigkeits-Tag verleiht und übergibt er zu Nürnberg dem Edelen Hörmann Marggrav zu Baden, ſeinem lieben getreuen die Vogtey und Schirmung des Kloſters Herrenalb.

§. V.

(p) BESOLD. l. c. p. 160. 162. PETRI Suev. Eccl. p. 25.

(q) Ich will ſie, wie ich ſie in GAMANSII Mſct. habe, hieher ſetzen: „Wir Ludwig von Gottes gnaden „Romiſcher Kaiſer, bekennen öffentlich mit dieſem „Brieff, daß ſich der Edle Man Marggraff Hermann „von Baden unſer lieber getreuer von der Vogtey „und des Schirms wegen des Gotshauß zu „Albe, deß er ſich angenommen und unternun„ben hat, lieblich und freundlich mit unß bericht „und vereint hat, und geben ihne um alle ver„gangene Sach, die er wider uns, das Reich und
„daß

§. V. Ich gehe nun zu den übrigen Vorfallenheiten in der Regierung unsers Fürsten.

A. 1339. kauft er um 25. ℔. Straßburger Pfenninge von den Gebrüdern Andreas, Nicolaus und Wolf, und deren Schwestern Elisabet und Wilburgis, des verstorbenen Nicolaus des Röders Kindern, ihren Theil an der Burg Hohenrod mit allem, was dazu gehört (r). A. 1339.

A. 1342. steht er mit der Stadt Speyer aus mir unbekannten Ursachen in Feindschaft. Er nimmt den dasigen Bürgern den Wein auf dem Rhein weg. Es kommt aber bald wieder zum Vergleich.

„ daſſelb Gottshuß gethan hat, Unser und des Reichs
„ Huld und Gnad, mit Urkund diß Brieffs, der ge‑
„ ben ist zu Frankfurt an S. Matthiä Abend nach Chri‑
„ stus geburt dreyzehenhundert Jahr darnach in dem
„ sechs und vierzigsten Jahr. „

(r) Der Kaufbrief ist gegeben an Sant Johanstage ze Sunigihten. Letzteres Wort heißt sonst auch Sunstede und Sonnbenden, in den Urkunden, und zeigt das Solſtitium aeſtivum an. Es ist zusammen gesetzt von der Sonne und ihrem Gange oder Sicht. Die Alten machten aus Gehen Sicht, das ist, Gang. Weil man nun glaubte, daß an diesem Tage die Sonne einen grossen Gang oder Sprung thue, so entstunde die Gewohnheit, daß der Pöbel ein groß Feuer machte und darüber sprang; welches das Sunwent-Feuer genennet wird. Mehrers hievon s. in HALTAUS *Calend. Med. aevi* p. 108. sq.

1344. A. 1344. an S. Marxentag verschreibt sich das Frauenkloster Prediger Ordens zu Pforzheim über das gekaufte Dorf Ellmendingen einer Wiederlosung gegen ihren Herrn Marggrav Hermann.

1346. A. 1346. verkauft Marggrav Hermann mit Genehmigung seiner Agnaten die Burg und Stadt Lauffen an Albrecht Hofwarten den Jungen, um 3000. ℔. Haller (s). So überläßt er auch in diesem Jahr seine Helfte an dem Dorfe Unteröwißheim und den Kirchensatz daselbst käuflich dem Kloster Maulbronn (t). Den Kaufschilling kan ich nicht bestimmen. Dieses Dorf ist ein Lehen des Bißthums Basel, daher findet sich folgende Nachricht:

A. 1346. Dienstags vor der Kreuzwoche macht Marggrav Hermann von Baden, Herr zu dem alten Eberstein, sein eigen Dorf Ose dem Bischof Johann und dem Stift zu Basel an statt des verkauften Niedern Owesheim zu Lehen, und empfängt solches wiederum nebst allen Lehen, die der Marggrav Hesse von demselben getragen hatte.

1348. A. 1348. Montag vor S. Gallen Tag errichten die Gebrüdere Grav Heinrich, Otto

---

(s) S. den ersten Theil dieser Einleit. S. 353.
(t) Sattler l. c. Th. 1. S. 189.

Hermann IX. 1333-1353.

Otto, Wilhelm und Berthold, Herren zu dem neuen Eberstein ein Verkomnis mit den Marggraven Hermann, Friderich und Rudolf genannt Wecker, Gebrüdern, an gewissen Orten in 10. Jahren nicht zu jagen (u).

In diesem Jahr ist er Zeuge und Bürge, als Konrad Grav von Vaihingen eigene Güter, Kirchen und Kirchensatz auch Zehenden zu Vaihingen, Enzweihingen und Wetterspach um 2600. kleiner (v) Gulden verkauft (w).

A. 1350. wohnt Marggrav Hermann dem Reichstag zu Nürnberg bey, und empfangt daselbst am Georgen Tage von Kaiser Karl IV. zu Lehen Ybers die Burg und all sein Gut, Gravschaft, Lande und Leute. Der Kaiser bestätigt ihm alle Handfesten und Briefe, die seine Eltern von Römischen Kaisern und Königen hergebracht

---

(u) S. Herrn Geheimen-Hof-Raths Preuschens Abhandlung in den Carlsruher nutzlichen Sammlungen Th. I. S. 400.

(v) Von dem Werth eines kleinen Gülden um selbige Zeit gibt eine Lehens-Urkunde Nachricht, da Philipp von Isenberg von Ruprecht dem Aeltern Pfalzgraven sagt: „Han ufgegeben und gebin uf an diesem Briefe XX. Pfunt heller gelts, je einen kleinen gulden für ein pfunt heller. SCHILTER, Annot. ad. jus alem. feud. p. 182.

(w) Waltz vom Würtembergischen Stamm und Namens-Ursprung.

bracht haben. Auch gibt er an eben diesem Tag ihm und seinen Erben, die Burg und Stadt Weinsperg, das Schultheissen-Amt, das Geleit und den Wildbann daselbst zu Lehen. Er bestätigt ferner an diesem Tage ihm und seinen Erben den Zoll an dem Mörsfeld auf dem Rhein, daß sie denselben ewiglich inhaben und auch an andere Ende ihrer Herrschaft verlegen mögen.

Zoll Verdrüßlichkeiten. §. VI. Kaiser Karl IV. ist mit Ertheilung der Rheinzölle gegen seine Anhänger allzufreygebig. Einige, sonderlich die Stadt Straßburg beschwehren sich darüber (x). Er macht darauf A. 1351. samt Churpfalz und den Städten Maynz, Straßburg, Worms und Speyer auf zwey Jahr einen Landfrieden von oberhalb Straßburg eine halbe Meil bis Bingen, auf dem Rhein, und jedweder Seite des Rheins auf dem Lande 3. Meilen „zwischen des Landfriedens Zielen sollen alle „Zölle abe seyn vff dem Lande und uff „dem Wasser, ohne die Geleite die der Bischof zu Speyr, die Marggraven von „Baden und der Graf von Nassau nehmend uf dem Land, als bishero gewöhnlich ist gewesen. Und sollen auch „die alte Zölle bleiben vff dem Rhein, als „es

---

(x) Königshofen Chron. Cap. 4. S. 131.

„ es von Alters herkommen ist, ohne alle Gefehrde." Der Landfrieden wird kaum publicirt und das Landgericht besetzt, so kommen Klagen vor dasselbe wider M. Hermann und seine Freunde. Man beschuldigt sie, daß sie die Handlung zu Wasser und Land verhindern und aufhalten. Die Richter verdammen den Marggraven in die dem Landfrieden angehänkte Strafe, und ermahnen die interessirte Churfürsten und Städte, mit ihrer Hülfe im Feld vor Graben auf Sonntag vor Margarethen Tag mit aller Bereitschaft und nothwendigen Victualien zu erscheinen, und daselbst bis zu Austrag der Sache zu verbleiben. Man fallt auch dem Marggraven würklich bey Graben ins Land, und zwingt ihn sowohl zum Gehorsam des Landfriedens, als zu Bezahlung der angesetzten Strafe und Abtrags des Schadens und Kostens. Er muß zugleich A. 1353. Donnerstags vor dem 12ten Tag zu Weyhenachten schriftlich geloben, wegen des in diesem Krieg erlittenen Schadens sich an den Stätten Maynz, Straßburg, Worms und Speyer und dero Helfer und Burger nicht zu rächen (y).

§. VII. Vom Jahr 1352. findet sich ein Wiederlosungs-Revers Heinrichs von Gertringen Eberhards v. Gertringen Bruders, wie

1352.

(y) Lehmanns Speyrische Chron. B. 7. Cap. 47. S. 706. folgg.

wie auch der Gebrüder Cunrats und Reinharts von Gemmingen, seiner Schwäger, gegen Marggrav Hermann über 24. Malter Roggengelds auf dem Hofe zu Wesingen um 60. ℔. Häller.

Daß er auch noch bey seinem Leben eine Strittigkeit zwischen den Edeln von Giltlingen und denen von Remchingen wegen der Gerechtigkeit zum Thurn und Thoren an der Burg zu Remchingen, dem Kuntzen von Remchingen, Burkarten von Durmetze und Utzen dem Drescher zum Endscheide empfohlen habe, bezeugt der Endscheid vom Jahr 1357.

Tod. §. VIII. Marggrav Hermann IX. stirbt A. 1353. den 13ten April. Er liegt zu Lichtenthal begraben. Das Todtenbuch dieses Klosters gibt davon Zeugniß, und meldet zugleich den Platz seiner Ruhe, wie auch, daß der Marggrav dem Kloster 700. ℔. Häller vermacht habe (z).

Sei-

(z) Die Worte lauten also: *Anno Domini*
„ *MCCLIII. ob.* HERMANNUS *Mar-*
„ *chio de Baden, qui legavit* DCC. *Libras Hal.*
„ *In der Kirchen bey dem Weywasser an der*
„ *Thür.* „ Conf. SCHANNAT. *Vindem. Lit.*
Coll. I. p. 166. allwo dabey steht: *in Introitu*
Ecclesiæ.

Hermann XI. 1333-1353.

Seine Gemahlin ist Mechtild, Grav Konrads von Vaihingen Tochter (a). Sie gebiert ihm zwey Prinzen, Fridrich und Rudolf. Beede gelangen vor ihrem Herrn Vatter zur wahren Vollkommenheit (b). Es fallen mithin seine Lande, seines Herrn Vatters Bruder Marggrav Rudolf dem Wecker zu.

(a) Sattler l. c. Th. I. S. 203. Ihrer wird in dem oben bey dem Jahr 1346. bemerkten Verkauf gedacht. In dem Gabelkoverischen Mſct. finden ſich die Worte: „A. 1346. übergehen Marggrav Hermann und „ frow Mechthild von Vayhingen seine eheliche Ge- „ mächt dem Closter Maulbronn die Pfarr zu Oewiß- „ heim. „

(b) Samans l. c. Er nennt den einen Fridrich IV. und den andern Rudolf VI.

Rudolf IV.

Rudolf IV.

Marggrav Rudolfs III. Sohn.
† A. 1348.

§. I.

Stands-Verändederung.

Marggrav Rudolf widmet sich in seinen jüngern Jahren dem geistlichen Stande. Wir finden ihn würklich als Canonicum zu Speyer. A. 1307. legt er nebst seinem Herrn Bruder die zwischen dem Kloster Herrenalb und ihren eigenen Unterthanen zu Malsch entstandenen Zwistigkeiten bey. Er bestätigt den Brief mit seinem Sigill. Er heißt auf demselben: RUDOLPHUS Marchio de Baden, Canonicus Ecclesiæ Spirensis. Er wird aber anders Sinnes, und legt das geistliche Kleid ab. In der Theilung, nach seines Herrn Vatters Tod A. 1291. bekommt er unter andern die Stadt Pforzheim. Er erwählt sie, bey seiner Volljährigkeit A. 1300. zu seiner Residenz, und heißt daher in vielen Nachrichten, Herr von Pforzheim. Sonsten wird er auch zum Unterscheid von seinem Herrn Vatter, Rudolf

der

des Junge von Baden, bisweilen auch der Wecker genennet (a).

§. II. Von demjenigen, was schon bey seinem Herrn Bruder Marggrav Fridrich II. vorgekommen ist, will ich hier nichts wiederholen. Ich zeige nur noch einige andere Vorfallenheiten an.

A. 1322. verpfändet Marggrav Rudolf seinen halben Theil des Dorfs Bürckenfeld (b) seinem lieben Bulen Grav Eberhard von Würtemberg um 100. ℔. Häller, daß er solchen in zwey Jahren wieder lösen solle. Wofern er aber es in der bestimmten Zeit nicht lösen wollte, sollte es Grav Eberharden von Würtemberg und seinen Erben hinfüro ewiglich eigen verbleiben ohne alle Ansprache, doch daß er dem Marggraven vollends bezahlen müßte, wie solchen halben Theil Crafft von Böttingen, Albrecht von Frauenberg, Berthold von Strubenhart und Burkard Schilling anschlagen wurden (c).

§. III.

(a) S. die oben S. angezeigte Urkunde, darinnen er den Verkauf des Dorfs Langensteinbach genehmigt. Hingegen in dem Todten-Verzeichnis des Klosters Gottsau wird er Rudolf der Aeltere genannt; weil er damals einen Sohn gleiches Namens hatte, S. unten §. 10.

(b) Zu dem Amt Neuenbürg dermalen gehörig.

(c) Sattler I. §. S. 172.

§. III. In den Kriegen welche wegen der zu gleicher Zeit durch die Mißhelligkeit der Deutschen Stände erwählten beeden Kaiser Ludwigs aus Baiern und Fridrichs von Oesterreich entstunden ist unser Marggrav anfänglich, wie sein Herr Bruder M. Fridrich, auf des letztern Seite. Die Stadt Speyer huldigt dem erstern. Sie wird deßwegen von dem Gegentheil etlichemal belagert. Das Commando führt Herzog Leopold von Oesterreich, des Kaisers Bruder. A. 1320. leistet ihm M. Rudolf seine Hilfe. Unter andern Städten und Ortschaften, welche das ihre dazu beygetragen, werden auch Porzheim, Durlach, Stollhofen und Benicken (d) nahmhaft gemacht. Er söhnt sich A. 1323. mit der Stadt aus, und ersetzt ihr den Schaden, welchen er ihr zugefügt hatte, durch Erlegung einer gewissen Summe Geldes (e).

Spital zu Pforzheim.

§. IV. A. 1323. stiftet er und seine Gemahlin Luitgard das Closter des Heil. Geists-Ordens, oder den Spital in der Vorstatt Pforzheim (f).

In

(d) Soll vielleicht Besicken heissen.

(e) Lehmann Speyerische Chron. B. VII. Cap. 23. 26. S. 668. 673. Schiedsleute werden unter andern genennt: Emich Bischof von Speier und Grav Eberhard von Würtemberg. Den Brief siegelt ausser unserm Marggraven Grav Ulrich von Würtemberg, Grav Eberhards Sohn.

(f) Die Urkunde redet davon also: „Wir Marggrav „Rudolf von Gottes Gnaden, Marggrav zu Ba- „den

Rudolf IV. †. A. 1348.

In eben diesem Jahr übergibt ihm, mit Genehmigung des Bischofs zu Speyer, der Abt Konrad und das Benedictiner-Closter Speyerer Bißthums zu Sunnensheim, mit vollkommenem Recht den Kirchensatz zu Nyffern. Sie bezeugen dadurch ihre Dankbarkeit vor die ihnen bisher geleistete Hülfe und Schutz.

§. V. Anno 1326. an St. Barnabas besiegelt M. Rudolf der Junge mit seinem Siegel den Versöhnungs-Brief und Vergleich, welchen Abrecht und Conrad, Gebrüder von Enzberg, Gerharts, Ritters Söhne, mit ihren Vettern Heinrich und Con-

A. 1326.

„ den der Jüngere und Frau Luitgard die Marg„ grävin unsere eheliche Frau kunden allen den die die„ sen Brief immer gesehen oder lesen hören, daß wir
„ mit guter Betrachtung angesehen haben die grosse
„ Würde und sonder Gnade, die der göttliche Orden
„ des heiligen Geistes in dem Spital zu Rom erwer„ ben hat, vom heil. Vatter der Christenheit und
„ Gabsten des Stuhls von Rom, und darum so haben
„ wir mit gutem Willen und Andacht dem Meister und
„ Brudern desselben Ordens aufgeben zu rechter Gab,
„ die man nennt unter lebenden, den Spital, den wir
„ gestiftet haben in der Vorstatt unserer Statt zu
„ Pforzheim u. s. w. Diesen Anfang des Stiftungs-Briefs hat uns Samans aufbehalten. Andere Merkwürdigkeiten von diesem Spital hat der in der Kirchen-Geschichte unsers Vatterlands arbeitende gelehrte Pfarrer zu Thiengen in der Herrschaft Badenweiler, Herr Johann Gottlieb Eisenlohr in seinen Sammlungen umständlich vorgetragen.

Bad. Gesch. II. Th. J

Conrad, den Rumelern von Enzberg eingegangen, und wodurch sie sich unter andern verbunden haben, ihren Theil an Enzberg, niemand als ihnen zu verkaufen, es sey dann, daß der Marggrav solchen kauffen wollte, als der das Vorrecht haben sollte (g).

1329. A. 1329. an der Mitwochen nach des H. Crucestag als es funden ward, bestätigt Grav Nicolaus von Lewenstain den an M. Rudolfen und die Marggrävin Lugart in seiner Minderjährigkeit gethanen Verkauf der Stadt Bünnenkain und der Burg Obern-Magenhain. Er ersucht Donnerstags darauf den Bischofen von Maynz als Lehenherrn, daß er seinen lieben Herrn Marggrav Rudolfen von Baden den Jungen, Herrn zu Pforzheim, damit belehnen möchte.

1330. §. VI. A. 1330. schließen Johann K. von Böhmen und Albrecht II. Herzog von Oesterreich, einen besondern Freundschafts-Tractat zu Landau. Unter den Zeugen stehen nach den Bischoffen: Die Edelen Leut und Manne Marggraf Rudolf von

---

(g) Es ist an diesem Brief S. RUDOLFI. MARCHIONIS. DE BADEN. FILII. DTL WIGGER. Als Schiedsleute sind gesetzt: Herr Hermann von Sachsenheim, Herr Burcart von Durmenje, Ritter, und Conrad von Riwern, Edelknecht.

von Pforzheim, Grav Ulrich von Würtemberg u. a. m. (*b*).

In eben diesem Jahr bemüht sich unser Marggrav die Brüder des Geschlechts der Stemfer mit der Stadt Speyer, mit welcher sie in Streit gerathen waren, auszusöhnen. Er gibt sich so gar nebst einigen andern zu Bürgen an (*i*).

Um diese Zeit gerathet Marggrav Rudolf und sein Vetter Marggrav Rudolf Hesso mit Hermann von Lichtenberg, Kaiserlichen Canzler und Domherrn zu Speyer, wie auch mit der Stadt Speyer, wegen gebrochenen Landfriedens, in Verdrüßlichkeit. Ihre Diener fügen dem Flecken Udenheim (*k*) und einigen Burgern zu Speyer Schaden zu. A. 1333. am Dienstag

Verdrüßlichkeiten zwischen dem Marggraven u. der Stadt Speyer.

(*b*) STEYERER *Commentar. pro Histor. Alberti II. Duc. Austr. in addit. ad Cap. I. p.* 26. *sq.*

(*i*) Lünigs Reichs-Archiv. P. Spec. Cont. IV. T. II. p. 485. Lehmanns Speyer. Chron. L. 7. Cap. 28. S. 678. Marggrav Rudolf wird in der Urkunde genannt der Jüngere, und die Stempfer, Edelknechte.

(*k*) Udenheim war ein Flecken, und dienete den Bischöffen zu Speyer zur Residenz. Philipp Christoph von Soteren, Bischof zu Speyer und Erzbischof zu Trier fieng an den Ort A. 1615. zu befestigen, und nannte diese neue Vestung nach seinem Namen Philippsburg.

tag nach Barnabastage machen sie sich durch eine besondere Verschreibung zur Ersetzung desselben anheischig, und compromittiren auf ihren Oheim Bertold Herrn zu Eberstein nebst sechs andern Schiedsrichtern. Im folgenden Jahr verbürgt sich Bischof Hermann von Würzburg vor sie am Dienstag nach St. Ulrichstag (*l*).

A. 1332. Nach einer schriftlichen Nachricht vom Jahr 1332. soll Biberstein und Rynove M. Rudolfen wieder eingeantwortet werden von Lutolt von Krenckingen und Bertholt von Heücgart, wann Grav Johannes von Habsburg dem Marggraven nicht 100. Mark Züricher und 100. ℔. Basler den 8ten Tag vor S. Galli bezahlen wurde.

Privileg. K. Ludwigs IV. §. VII. Die Ursachen, welche des Marggraven nächste Anverwandten bewogen hatten, von der Parthie Kaiser Fridrichs abzutretten, veranlassen auch ihn, dem Kaiser Ludwig aus Bayern beyzustehen. Dieser erzeigt sich dafür dankbar. Er verpfändet ihm A. 1334. an St. Gallsabent nach Christi Geburth (15. Octobr.) vor neunhundert Mark Silbers Straßburger Gewichts ungebrandts, und vier taussend Pfund Heller, Ortenberg die Burg, Offenburg, Gengenbach und Zelle die Stätte,
wie

(*l*) Lehmann l. c. C. 30. S. 685.

wie auch alles, das der Kaiser oder das Reich in der Ortenau hat, mit allen Zugehörungen (*m*).

In dem Jahr 1335. an dem Sonnetag vor Bartholomäi belehnt ihn eben dieser Kaiser zu Nürnberg mit der Burg Mühlberg und was dazu gehört, nebst allen andern Lehen, die durch den Tod M. Rudolf Hessen dem Kaiser und Reich als erledigt heimgefallen waren (*n*). *Kaiserliche Belehnung*

In eben diesem Jahr ertheilt ihm auch der Kaiser zu Nürnberg an unserer Frauentag, da sie gebohren wart, das Privilegium, daß keine Stadt seine eigene Leute aufnehmen solle, so lang bis der Kaiser es mit seinen Briefen wiederrufe (*o*). *und Privilegium.*

J 3 §. VIII.

(*m*) SCHOEPFLIN. *Cod. Dipl. Bad.* T. I. p. 417. sqq. Der Kaiser nahm sich damals der Freyheit der Teutschen Kirchen mit größtem Nachdruck an, da man in einem allgemeinen Concilo den 90. jährigen Papst Johannes XXII. als einen Erz-Ketzer vom Stuhle zu werffen vorhatte, weil er unter andern lehrete, daß die Seelen der vom Leibe abgeschiedenen Gläubigen nicht eher, als vom Tage des Gerichts an das würkliche Anschauen GOttes genießen könnten; als wozu auch die Jungfrau Maria, die Apostel und alle Heilige nicht früher gelangten. S. Herrn J. D. von Olenschlagers Staats-Gesch. des 14. Jahrhunderts S. 151. folg. & ib. alleg.

(*n*) *Idem* p. 420.

(*o*) *Idem* p. 421. sq.

§. VIII. A. 1336. bestätigt Marggrav Rudolf einen um einen jährlichen Zins errichteten Bestand Rudolf Renners mit dem Kloster Herrenalb über eine Hofstätte unten am Markte zu Pforzheim und das Steinhaus dahinter.

A. 1339. überläßt er den ihm zuständigen halben Theil des Dorfs Mensheim an Grav Ulrich von Würtemberg (*p*).

In eben diesem Jahr bekommt er von den Graven zu Eberstein die Stadt Bretten mit der Bedingung, daß sie selbige wieder an sich ziehen können. Der Marggrav versetzt hierauf bald die Burg und Stadt, mit Einwilligung der Graven, an die Pfalzgraven bey Rhein Rudolf und Rupert um 4400. ℔. Häller (*q*). Diese bringen den Ort durch Kauf völlig an sich (*r*). Sie zahlen noch 805. ℔. Häller. Hier-

---

(*p*) Sattler l. c. Th. I. S. 101.

(*q*) Tolner *addit. ad Histor. Palat. p.* 76. *Acta Compromissi Aurelian. p.* 157.

(*r*) *Acta cit. p.* 68. 148. 159. *eorumque excerpta ap.* Tolner *l. c. p.* 45. 75. 79. Chytraeus *de Greichgea in Perill.* J. J. Reinhardi *Script. rer. Pal.* Vol. I. p. 497. „Oppida Brett-
„heim, Heidelsheim & Eppingam, Marchio-
„nes Badenses olim tenuerant; inde ad Pa-
„latinos Rheni partim emptionibus, partim
„aliis titulis, translata sunt.„

Hierauf huldigen die Unterthanen. Anno 1349. geben sie den Graven von Eberstein Ottmar und Berthold 7900. Pfund Häller; und werde also völlige Besitzer. Hingegen ist das Städtlein Heidolsheim, welches unser Marggrav als ein Reichspfand besaß (s), A. 1340. aber um 2500. lb. Häller, die er sogleich erlegt, und 150. lb. die er nachher an Kaiser Ludwig zu geben versprochen, und A. 1346. um 5500. lb. Häller an Rudolf II. von der Pfalz versetzt hatte, beedesmal wieder eingelöst worden (t).

A. 1347. kommt der Zoll auf der Turg an Marggrav Rudolf.

§. IX. Marggrav Rudolf beschließt sein Leben im Jahr 1348. den 24. May. Er wird beygesetzt in der Todten-Capelle des Klosters Lichtenthal; woselbst diese Grabschrift gelesen wird: „*In anno MCCCXLVIII. VII. Kal. Jun. ob. illustris Dnus RUDOLF Marchio de Baden* (u).„

§. X. Marggrav Rudolf vermählt sich zweymal (v). Mit seiner ersten Gemah-

---

(s) SCHOEPFLINI *Hister. Zaringo-Badens.* Tom. II. p. 46.
(t) *Acta cit.* p. 157. TOLNER l. c. p. 48. 97.
(u) SCHANNAT. *Vind. Lit.* Coll. I. p. 168.
(v) SCHOEPFLIN l. c. p. 47. Gamans gibt

lin Lutgard, Luitgard oder Lucard, Albrechts Graven von Löwenstein Wittwe (w) hält er Beylager, wie einige wollen, Anno 1323. So viel ist gewiß, daß der Marggrav mit dieser seiner Gemahlin in besagtem Jahr das Kloster des Heil. Geist-Ordens, wie schon angezeigt ist, gestiftet hat (x).

Zweyte Gemahlin.

Seine zweyte Gemahlin ist Maria, die Schwester der beeden Landgraven im Niedern Elsaß Ludwigs und Fridrichs, gebohrner Graven von Oetingen (y). Grav Wer-

ihm drey Gemahlinnen. Er nennt die erste, Adelheid, von der er aber nichts gewisses zu bestimmen weiß.

(w) Walz in der Würtembergischen Stamm- und Namens-Tafel pag. 163. meldet: Diese Luitgart habe aus der ersten Ehe einen Sohn Nicolaus gehabt; derselbe habe sich wider seinen Stiefvatter gesetzt, weil dieser ihm etliche Stücke der Gravschaft abgenommen habe; ja er habe ihn mit Hülfe seiner Mutter gefänglich auf das Schloß Löwenstein gebracht, und so lange gefangen gehalten, bis nach getroffenem Vergleich, Marggrav Rudolf seinem Stiefsohn alle abgedrungene Oerter, die Stadt Löwenstein, Murhard, Beckingen, wieder ohne Entgeld zu Handen gestellt, welchen Vergleich die Graven von Würtemberg, von Wertheim, Hohenlohe und Eberstein als Zeugen unterschrieben hätten.

(x) Bernhard Herzog in der Elsaß. Chron. B. 3. C. 13. Bl. 35. berichtet, daß dieser Spital mit treflichen Gestiften versehen gewesen sey.

(y) Conf. SCHOEPFLINI *Alsat. Illustr*, Tom. II. p. 529. sqq.

Werners von Hohemberg. Wittwe. Herzog Leopold von Oesterreich hatte ihm selbige angerathen (z). Ihrer wird Anno 1336. gedacht in dem Wohlthats-Brief, darinnen dem Spital zu Pforzheim ein jährlich Einkommen von 25. ℔. Häller vermacht wird (a). Sie überlebet ihren Herrn Gemahl, und begnadigt A. 1363. das Kloster Gottsau mit einer Stiftung von jährlichen 15. ℔. Häller und 6. Malter Habern (b). Sie stirbt A. 1369. den 10. Jun. und ist zu Gottesau begraben. In dem Todten-Buch dieses Benedictiner-

J 5   Klo-

(z) Solches erhellet aus der Dispensations-Urkunde, die Papst Johannes XXII. im Jahr 1325., in welchem die Verlobung geschehen zu seyn scheint, ertheilt hat.

(a) Ich theile ihn aus dem Samans mit, wie ich ihn habe: „Wür Marggrav Rudolf von Baden Herr
„zu Pforzheim und Wür Frau Maria die Marggrä-
„vin sein ehliche Haußfrau vergehen gemeiniglich an
„disem Briefe, deß Wür mit gutem vereinten willen,
„mit wohlbedachtem Muth, mit gesamter Hand red-
„lich und recht haben gegeben und gemacht in recht
„Eigenschaft den Meister der Brüder und den siechen
„gemeiniglich des Spitals zu Pforzheimb des Orden
„des Heil. Geistes fünf und zwanzig Pfund jährliches
„und ewiges Heller Geldt, Freytag nach S. Wald-
„burg tag, 1336.

(b) Samans hat auch hievon nachstehende Urkunde aufbehalten: „Wür Maria Marggrave Rudolph
„seel. Haußfrau von Baaden verjähen, daß Wür mit
„verdachtem Muth und mit gutem Willen und Gun-
„sten und Verhencknüsse unser lieben Sohns Rudolfs
„Marggraven von Baaden geben und machen Johann
„un-

Klosters stunden die Worte bey dem Jahr 1369.: „ *X. Jun. ob. nobilis & honesta Dna MARIA de Oetingen uxor quondam Dni RUDOLPHI M. de Baden senioris, quæ legavit ad hoc claustrum singulis annis XV. ℔. Hllr. Vlm. cum VI. malderis avenæ, pro remedio animæ suæ & omnium Marchionum.*„

Kinder. §. XI. Marggrav Rudolf hinterläßt zwey Söhne; Marggrav Fridrich III. und Rudolf V. genannt Wecker. Letzterer stirbt ohne Kinder. Wir wollen also zuerst von ihm handeln.

„ unsern Schreiber und Diener luterlich durch Gott
„ und durch Nutz und Heil unserer Seele, und aller
„ Herrschaft von Baaden Seelen willen, und auch
„ um den getreuen Dienst, den er uns und der Herr-
„ schaft von Baden gethan hat und noch thun soll, in
„ das Kloster zu Gozova als der ehrwürdig Herr
„ Herr Berthold von Gottes Gnaden Abt zu Gozova
„ und der Convent, gemeiniglich desselben Klosters
„ den vorgenannten unsern Schreiber und Diener ein
„ Herrn Pfründe lauterlich durch Gott und durch un-
„ ser und der Herrschaft von Baaden willen geben
„ haben, fünfzehen Pfund Heller jehrlichen Gelts,
„ auch sechs Malter Habern. Datum 1363.

Rudolf V.

Marggrav Rudolf V. der Wecker.
M. Rudolfs IV. jüngster Prinz.
† U. 1361.

§. I.

Der jüngste Prinz Marggrav Rudolfs IV. ist, wie ich bereits gemeldet habe, Marggrav Rudolf V. (a). Er führt den Beynamen der Wecker (b). Sonst heißt er auch Herr zu Pforzheim (c), weil er vermuthlich daselbst residirt hat.

§. II. Auf welche Art die Lande seines Herrn Vatters zwischen ihm und seinem Herrn Bruder M. Friderich III. getheilt worden seyn, kan ich nicht genau bestimmen.

Landes Theilung.

Kaiser Karl IV. belehnt ihn U. 1349. Dienstags vor Palmtag mit den Reichslehen (d). Dieser Kaiser bestätigt ihm zu-

1349

(a) Da ich der Ordnung des Herrn Prof. Schöpflins folge, so nenne ich diesen Marggrav Rudolf den Fünften. Insgemein heißt er der Sechste.

(b) Sehr viele Urkunden legen ihm denselben bey S. Cod. Dipl. Bad. num. 276. 277.

(c) S. Die Urkunden l. c. num. 262. 263.

(d) Es muß also ein Druckfehler seyn, wenn in SOMMERSBERGII Scriptor. rer. Siles. Tom.

zugleich in diesem Jahr die unter Marggrav Rudolf IV. geschehene Verpfändung der Ortenau um 900. Mark Silbers und 4000. ℔. Häller, zu welcher Summe der Kaiser aus besondern Gnaden (wie der Kaiser selbst sagt) fünftausend kleine Gulden (e) schlägt. Die Stadt Offenburg erkennt in einem Schreiben vom Jahr 1349. am Tag Simonis und Judä dieses Recht über die Ortenau und über sich. Zwey Jahr hernach ändert der Kaiser seine Gedanken. Er übergibt, vermög einer schriftlichen

---

Tom. III. p. 70. gelesen wird: RUDOLPHUS *Marggrav in Baden Dominus in Pforzheim, nominatus* WETZKER *fatetur se sua feoda accepisse a* CAROLO Romanorum & Bohemiæ Rege. Dat. Speyer A. 1348. Dinstag vor dem Palmtage.

(e) *Cod. Dipl. Bad.* Tom. I. p. 434. Diese kleine Gulden waren von Gold, und heissen, von der Stadt Florenz, wo sie zuerst geprägt worden sind, Gulden von Florentien. Daher entstund das gewöhnliche Zeichen fl. und der Lateinische Name Florenus. Ein solcher kleiner Gulden wurde um selbige Zeit in der Pfalz und in unserer Gegend einem Pfund Heller gleich geschätzt. SCHILTER *Commentar. ad jus feud. Alem.* p. 182. Im Brißgau wurde vor das Mark Silbers A. 1440. bezahlt 6. fl. hernach um das Jahr 1480. 7. fl. In den neuern Briefen des 15. und 16ten Jahrhunderts kommen die Florentier nicht mehr so häuffig vor. Die Rheinische Gulden sind alsdann gewöhnlicher. Um die Helfte des 16ten Jahrhunderts wurde ein Goldgulden zu fünf Orts Gulden angeschlagen; z. E. in einem Schuldbrief von 1560. steht: Sechzehen hundert Rheinische Goldgulden machen 2000. Gulden an Münz.

Rudolf V. der Wecker, † A. 1361.

lichen Ausfertigung, (*f*) die Ortenau an den Bischof zu Straßburg Bertold von Bucheck. Dieser soll den Herren Marggraven die vorgeschossene Summe (*g*) auszahlen, und also die Schirm- und Schutzgerechtigkeit einlösen (*h*). Dem Bischof mangelt es an baarem Geld. Er versetzt den Marggraven seinen Zoll zu Straßburg. Die Städte Offenburg, Gengenbach und Zell huldigen darauf dem Bischof und dem Dom-Capitul. Die Churfürsten, Rudolf aus Sachsen, Ludwig von Brandenburg, Ruprecht von der Pfalz genehmigen in selbigem Jahr diese Auslösung. Und der Erzbischof Gerlach zu Maynz, wie auch K. Karl IV. als Churfürst von Böhmen geben A. 1353. gleichwie die Erzbischöffe zu Cöln und Trier A. 1356. zu der neu

---

[*f*] Sie ist gegeben Marobaudi A. 1351. post festum Paschatis. Aus diesem Ort machen einige die Stadt Budweiß in Böhmen, andere die Hauptstadt Prag.

[*g*] Wimpheling und Bruschius de *Episcopis Germ.* p. 73. setzen sie fälschlich auf 44000. fl. S. Herzogs Elsäß. Chron. B. 4. S. 95. Die Verhandlung ist am Frohnleichnamstag A. 1351. zu Offenburg geschehen.

[*h*] Königshoven schreibt von Bisch. Berthold S. 258. „ Er löste auch Offenburg, Ortenberg, Gengenbach und das darzu gehöret an das Bistum von dem marggrauen von Baden dem es phandes stunt von dem Riche.„ Und ALBERTUS ARGENTIN. „ Bertoldus —— redemit a Marchionibus de Baden consensu Regis oppida Offenburg,

neu angeſetzten Summe der Verpfändung
ihre Einwilligung (i).

A. 1347. Vorher A. 1347. wohnt er der zwiſchen
ſeiner Gemahlin und ihren Schweſtern zu
Altkirchen getroffenen Vergleich über die
Erbſchaft ihrer Frau Mutter bey (k).

1347. In dem Jahr 1349. ſpricht Kaiſer
Karl IV. unſern Marggraven und alle
ſeine Unterthanen vollkommen frey von
allem, was ſie den Juden überhaupt,
ſonderlich aber denen von Straßburg vor
empfangenes oder wegen geleiſteter Bürg-
ſchaft ſchuldig ſind (l). Hingegen bekennt
der Marggrav bey ſeiner Belehnung, daß
er, wann der Kaiſer zu Felde ziehen würde,

„ burg, Gengenbach, Zelle cum attinentiis,
„ obligans pro his telonium Argentinenſe. „
URSTISII Script. rer. Germ. T. II. p. 179.
Electa Juris Publ. Palat.

[i] SCHOEPFLINI Hiſt. Zar. Bad. T. III.
p. 337. ſq.

[k] HERRGOTT. Cod Prob. num. 792.
STEYERER. addit. ad Hiſt. Albert. II.
p. 244. ſqq.

[l] Cod. Dipl. Bad. num. 263. Die Juden wurden beſchuldiget, ſie hätten die Brunnen veraiſtet,
und dadurch die in ſelbigem Jahr wütende Seuche,
wodurch eine unbeſchreibliche Menge Menſchen hinge-
riſſen worden, verurſacht. Man verfolgte ſie deßwegen an vielen Orten erſchröcklich. S. Königshoven
S. 293. folg. Lehmann Speyer. Chron. B. 7.
c. 48.

Rudolf V. der Wecker † A. 1361.

be, er ihm funfzig gerüstete Mann zu geben verbunden sey (*m*).

A. 1353. im Herbst errichtet Kaiser Karl IV. zu Hagenau, zur Erhaltung des Landfriedens am Rhein, ein Bündniß unter den Fürsten und Städten (*n*). Marggrav Rudolf der Wecker hat keine Neigung zu demselben. Sein Bruder Marggrav Friderich und seines Vatters Bruders Sohn M. Hermann IX. gehen in eben diesem Jahr aus der Welt (*o*).

_{1353.}

A. 1354. wird Johann Goeler von Ravensperg von Marggrav Rudolf dem Wecker mit dem Dorfe Otelzhofen und andern Gütern; und A. 1356. Eberhard und Heinrich von Gertringen mit dem vierten Theile des Dorfs Seldingen belehnt.

_{A. 1354.}

§. III. Marggrav Rudolf genannt Wecker, Herr zu Baden versichert Anno 1355. dem Grav Bertolden zu Eberstein

_{1355.}

150.

[*m*] SOMMERBERG l. c.

[*n*] Von diesem Bündnis f. DATT. de *pace publ.* p. 77. a.

[*o*] ALBERTUS in *Chron.* p. 160. schreibt: „Recessit WECKERUS Marchio de Baden, „nolens esse in Liga, cujus frater FRIDE-„RICUS ET HERMANNUS patruus „(patruelis) in brevi sunt ante defuncti.

150. fl. auf die Dörfer Darmstatt und Ottenhausen (*p*).

A. 1355. In eben diesem Jahr verschreiben sich an St. Jacobstag in der Crude der Abt und das Kloster zu Alb gegen den hochgebohrnen M. Rudolfen von Baden, genannt den Wecker, welcher das Kloster für sein Lebtag in Schirm genommen hatte, daß im Falle er mit der Herrschaft Würtemberg in einen Krieg verwickelt werden sollte, ihm aus des Klosters Gütern, Höfen oder Kirchhöfen kein Schaden zugefügt werden solle.

A. 1356. A. 1356. am Freytag nach St. Michelstag geben Rauen von Furhenvelt und Rauen sein Sohn, Edelknechte, zu kauffen den Ersamen Edeln Knechten Eberharten und Heintzen Gebrüderen von Gettringen das Vierteil des Dorfes zu Seldingen ꝛc. um sechshundert und sechszig guter und gerechter Guldin Florentiner, mit ihres gnedigen Hochgebornen Herren Hand Marggraue Rudolfs genannt Weckers Herren zu Baden, der das vorgeschrieben von ihnen ufgenummen hat, wan es Lehen von ihm ist, und es mit der Hand den
vor-

(*p*) Perilluſtr. P**reuschen** in *hiſtor. Com. Eberſtein*, in den Carlsruher N. Saml. S. 401 Darmſtatt iſt das Dorf Darmsbach.

vorgeschribnen Gebrüderen und ihren erben zu Lehen gelichen hat (q).

In eben diesem Jahr wird ein Frieden zwischen dem Abt und den Burgern zu Selse errichtet, vermög welches die Burger, wofern sie die Rechte der Abtey schmälern würden, um 30. Mark sollen gestraft werden. Diese Summe solle im bestimmtem Fall zwischen dem Abt, dem Marggraven zu Baden oder, wer der Stadt Herr seyn würde, und zwischen dem Landvogt im Elsaß gleich getheilt werden. Kaiser Wenzel bestätigt dieses nachher A. 1382.

§. IV. Kaiser Karls IV. Gesinnungen gegen diesen Marggraven erhellen aus folgendem:

K. Karls Gesinnungen.

A. 1357. auf Judica ertheilt ihm der Kaiser zu Carlstein ein Privilegium, einen halben grossen Tornus (r) Zoll auf-

Ertheiltes Zoll-Privilegium.

(q) An diesem Brief ist *Secretum Rudolphi Marchionis de Baden*. Dieses ist ein kleines Insigel, dergleichen man sich, wie in den alten Briefen ausdrücklich gemeldet wird, aus Mangel seines gewöhnlichen Sigills bedient hat. Sie hatten zuweilen nichts als den Helm mit dem Kleinod, ohne das Geschlechts-Wappen; wie auch hier allein der Helm mit den zwey Hörnern zu sehen ist.

(r) Von dem Werth dieser Münze s. Th. 1. S. 460. (q) Sie hat den Namen von der Stadt Tours in Frankreich.

aufzuheben auf dem Rhein oberhalb Maynz und niederhalb Baden.

Grosse Verdrüßlichkeiten. In diesem Jahr geben die an Baden verpfändete Städte im Elsaß, Hagenbach (s) und Selz (t), Gelegenheit zu grossen Verdrüßlichkeiten. Der Landfriede wird von einigen in diesen Orten gestöhrt. Sie fallen die vorbey reisende Kaufleute an, und plündern sie. Der Kaiser läßt zu Sulzbach an die Stadt Straßburg und andere Reichsstädte im Elsaß, am Rhein, und in Schwaben, den Befehl ergehen, die Vestungswerker der Städte Selz und Hagenbach zu zerstören, und seinem Landvogt im Elsaß hierinnen hülf-

---

reich, wo sie geschlagen wurde. Sie kommt in dem 14ten Jahrhundert und zwar vornehmlich in den Zoll-Privilegiis gar viel vor. Mehrers s. in DU FRESNE *Glossar.* voce *moneta.* & Perill. Jo. JAC. REINHARD. de jure forest. Germ. p. 214.

(s) Hagenbach war in alten Zeiten eine Burg und Dorf. Kaiser Rudolf I. gab ihm Stadtgerechtigkeit. Es gehörete sodann unter die 14. Reichsstädte im Niedern Elsaß. SCHOEPFLIN. *Alsat. Illustr.* T. II. p. 179. 277.

(t) Selz war unter den Römern eine Statio militaris, unter den Franken ein Castrum oder Burg, unter den Teutschen wurde es von Kaiser Otto des Grossen Gemahlin Adelheid im zehenden Jahrhundert in eine Stadt verwandelt. Sie heißt in den Urkunden und Nachrichten Selsa, Selse, Salisa, Saletis. Mehrers siehe ap. SCHOEPFLIN. l. c. p. 181. sqq.

Hülfreiche Hand zu bieten (*u*). Der Befehl des Kaisers wird vollzogen. Doch ändert er seine Gedanken bald. Er erläßt ein anderes Schreiben zu Coblenz in eben diesem Jahr an den Pfalzgrafen Ruprecht den ältern, und an Johannem Bischof zu Straßburg, dem Marggraven keinen weitern Schaden zuzufügen (*v*).

A. 1360. an St. Kilianstag ertheilt der Kaiser zu Nürnberg Rudolphen dem ältern, den man den Wecker nennt, und Rudolphen dem jungen, (*w*) Herrn zu Pforzheim, Marggraven zu Baden, einen besondern Schutzbrief (*x*). Er gibt ihnen auch die Conceßion 1000. Mark an dem Zoll zu Selse zu erheben *y*). Dergleichen Privilegium ertheilt er dem Marggrav Rudolf dem Wecker allein vor den zu Selse und Hambuch oder Hagenbach erlittenen Schaden (*z*).

Schutz-Brief des Kaisers.

K 2

(*u*) WENCKER in *Collect. Archivi & Cancell. Jur.* p. 377. sq.

(*v*) *Idem* p. 379. Daß die Stadt Selse auf Kaiserlichen Befehl A. 1359. wieder gebaut worden sey, lernen wir aus Königshoven Elsaß. Chron. S. 314.

(*w*) Dieser ist Marggrav Rudolf der Lange oder Große.

(*x*) GLAFEY *Anecdot.* p. 247.

(*y*) *Ibid.* p. 246. & 301.]

(*z*) *Ibid.* p. 249.

1360. In eben diesem Jahr errichtet Churfürst Ruprecht von der Pfalz mit beeden Herren Marggraven einen Bund, einander gemeinschaftliche Hülfe wider jedermann, (das Teutsche Reich ausgenommen) zu leisten.

Lehen und Zehenden. §. V. Anno 1361. am Freytag vor St. Johannstag Süngihten empfangt Konrad von Enzberg Ritter von dem hochgebohrnen edeln Herrn Marggrav Rudolf von Baden dem ältern, genannt Wecker, den Zehenden zu Westheim, Trabstatt und Buchstatt, zu Lehen für seiner Basen sel. Tochter Irmendrut von Sachsenheim. Er bekennt, daß er solche Zehenden auch zu Lehen empfangen habe von M. Rudolfen sel. dem alten, des vorgenannten Marggraven Vatter, und darnach von Marggrav Friderichen, des vorgenannten Marggrav Weckers Bruder.

Gottsau. §. VI. Das Kloster Gottsau empfindet an ihm einen gütigen Versorger. Ein Mönch selbiger Zeit beschreibt die armselige Umstände dieses Klosters artig, in diesen Worten: „Im Jahr 1354. war un„ter dem 21sten Abt Berthold IV. die „Armuth unsers Klosters unglaublich. Es „war schuldig 24. ℔. Häller weniger 23. „und hatte weder Wein noch Frucht, es un„terhielte nur zehen Ochsen, acht Schweine, „drey Pferde, zwey Schafe; es hatte nur
„ drey

"drey Betten ohne Decke, sechs Häfen, sechs kleine Schüsselein in der Küche (a)." Der Margrav, gerührt von diesem Elend, übergibt die Aufsicht einem Bruder Johann Abschlag von Durlach, welcher zum Abt gemacht wird, und der Armseligkeit des Hauses abhilft.

§. VII. Marggrav Rudolf beschließt sein Leben A. 1361. den 28. August. Sein Begräbnis ist zu Lichtenthal vor dem Altar der Heil. Catharina (*b*). *Tod.*

Seine Gemahlin heißt Adelheit. Gamans nennt sie eine Tochter Ulrichs Graven von Helfenstein, und Wiliburgis Grävin von Dillingen. Es sind aber bereits oben in dem Leben M. Rudolfs Hessen die Gründe angezeigt worden, warum diese Adelheid Marggrav Rudolfs des *Gemahlin.*

We-

(*a*) Sub regimine abbatis Bertoldi IV. coenobii in *Gozoue* tanta paupertas hujus monasterii, quæ incredibilis esse videtur, videlicet debebat XXIIII. libras Hall. minus XXIII. libr. & habebat nec vinum, nec frumentum, nutriebat tantum decem boves, VIII. sues, III. equos, II. oves, tria lecta sine operimento, sex ollas, sex patellas in caldaria. GAMANS. *Hist. Msct.*

(*b*) In dem Todtenbuch daselbst stehen die Worte: Anno Domini MCCCLXI. V. Cal. Sept. ob. Marchio RUDOLPHUS WECKER ante altare S. Catharinæ.

Weckers, wie auch deſſen Bruders Marggrav Fridrichs III. Gemahlin Margaretha vor des M. Rudolfs des Heſſen Tochter zu halten ſey (*c*). Ihre Mutter war Johanna Grävin von Mömpelgardt, von welcher ihr ein Theil der Herrſchaft zufiel (*d*).

Marggrav Rudolf hinterläßt keine Kinder. Sein Lands-Antheil fällt ſeines vor ihm A. 1353. verſtorbenen Bruders M. Fridrichs III. Sohne, Marggrav Rudolf dem Langen zu.

(*c*) HERRGOTT. *Hiſt. Dipl.* num. 792. STEYERER *addit. ad Hiſt. Alberti ſap.* p. 244. ſq. Dieſe Wahrheit wird beſtätigt durch die Bulle Papſt Clemens VI. darinnen er über Rudolf des Weckers Marggrav zu Baden Vermählung mit Alhardis (Adelheidis) Marggrav Rudolfs Heſſens von Baden Tochter Anno 1345. diſpenſirt, ihnen aber gleiche Buſſe wie Marggrav Fridrich III. aufgelegt hat. S. deſſen Leben hernach §. 5.

(*d*) Sie heißt daher in einer Urkunde vom Jahr 1362. woraus zugleich erhellet, daß ſie ihren Gemahl überlebt habe: *Noble & puiſſante Dame Alix, Marquiſe de Bade & Dame de Belfort.* Vid. SCHOEPFLINI *Hiſt. Zar. Bad.* Tom. II. p. 52. (*c*)

Fridrich III.

Marggrav Fridrich III.
von 1348-1353.

§. I.

Marggrav Friderich III. ist der ältere Prinz Marggrav Rudolfs IV. Er hat das Geschlecht fortgepflanzt. Ich handle daher jetzt von ihm, da ich seines jüngern Herrn Bruders M. Rudolfs V. Leben bereits beschrieben habe.

Regierung M. Friderich III.

Er hat seine Residenz zu Baden, gleichwie sein Herr Bruder zu Pforzheim. Er führt deswegen den Namen: Herr von Baden. Sonst wird er *Pacificus* oder der Friedfertige genennt (*a*).

Residenz.

§. II. Beeden Herren Brüdern huldigt A. 1348. am Zinstag nach St. Nicolaustag die Burgerschaft zu Pforzheim, und schwört den hochgeedelten Marggrav Friderichen und Marggrav Rudolfen genant dem Wecker, Gebrüdern von Baden und Herrn zu Pforzheim sich mit Leibe und Gute von ihnen und ihren Erben nicht zu entfremden (*b*).

Huldigung der Unterthanen.

§. III.

(*a*) GAMANSII *Hist. Mſct.*
(*b*) Gleiche Verschreibungen finden sich auch im Würtembergischen um diese Zeit; z. E. die Einwohner zu Kürn-

Bündnis. §. III. A. 1349. Freytags nach Pfingst-tag verbinden sich Berthold Bischof zu Straßburg, Heinrich Abt zu Murbach, Grav Eberhard und Grav Ulrich von Würtenberg, Gebrüdere, Johanna Grävin von Katzenellenbogen, M. Hermann, M. Friderich und M. Rudolf dem man spricht Wecker von Baden, Grav Friderich von Freyburg, und viele andere, die Stadt Straßburg des Juden-Brands halben wieder männiglich vertheidigen zu helfen (c).

1349. In eben diesem Jahr siegeln M. Hermann, Herr zu Eberstein, und M. Rudolf Wecker, denjenigen Brief, darinnen Marggrav Friderich bezeugt, daß ihm die Krone, welche den Juden zu Straßburg von Pfalzgrav Ruprecht vor seinen Vatter Rudolf ehemals versetzt worden, wieder zu

---

Kürnbach nebst denen von Weyler Sternenfels verschrieben sich A. 1383. gegen Grav Eberhard zu Würtemberg mit ihren Leibern, Weibern, Kindern und Gütern sich von der Herrschaft Würtemberg nicht zu entfremden. Die Ursache war ohne Zweifel, das nicht lange vorher von den Reichsstädten errichtete Bündniß, so die Schwächung der Macht und des Ansehens der Fürsten zur Absicht hatte, wobey sie sich bemüheten, die Landstände an sich zu ziehen und vom Gehorsam ihrer Landsherren abzubringen. S. Würtembergische Archiv-Urkunden wider die Ritterschaft P. I. p. 19. 24. 213. Sattler l. c. Th. I. S. 190. folg.

(c) Anmerk. über Königshoven S. 1049.

zu Handen geliefert worden sey (*d*). In der Urkunde, in welcher Ruprecht den Juden den Ruck-Empfang der Krone bescheinigt, nennt er unsern Marggraven seinen lieben Schweher.

Endlich gedenkt auch Kaiser Karl IV. der Gebrüdere Friderichs und Rudolfs, Marggraven von Baden A. 1351. in dem Briefe, in welchem er dem Bischof Bertold von Straßburg die Auslösung der Vogtey Ortenau gestattet.

§. IV. Marggrav Friderich geht aus der Welt A. 1353. den 2ten Sept. Das Todtenbuch zu Lichtenthal gibt hievon den Beweiß (*e*). Daß er nebst seinem Bruder

Tob. M.

(*d*) *Codex Diplom. Argent. Membr. de* A. 1370. p. 150. Darinnen stehet: Wir Marggrave Friederich, Herre zu Baden. Und am Ende: Wir och Marggrave Hermann von Baden, Herre zu Eberstein, und Marggrave Rudolf genant Wecker, des vorgenanten Marggrafe Friederichs Bruder.

(*e*) SCHANNAT. *Vindem. Lit.* Collect. I. p. 169. GAMANS. führt die Worte aus dem Todtenbuche also an: „ Anno MCCCLIII. „ IV. Non. Sept. ob. Jllustris Marchio Fri- „ dericus. in capella ante altare S. An- „ dreæ.

M. Rudolf diesem Frauenkloster den Kirchensatze in Hauen Ebetstein A. 1348. verliehen habe, davor leistet Gamans Bürgschaft (*f*).

Gemahlin.

§. V. Marggrav Friderichs Gemahlin ist Margaretha, M. Rudolfs Hessen älteste Prinzeßin, welche dieser mit Johanna, Grav Ulrichs von Pfirt Wittwe, erzeugt hatte (*g*). Sie erbte von ihrer Mutter die Herrschaft Hericourt, und vermachte selbige A. 1366. in ihrem Testament ihrer Tochter Margaretha, die anfänglich an Grav Joffrit, oder Gottfried von Leiningen Rixingen, und hernach an Heinrich Graven von Lützelstein (*h*) verlobt wurde. Es wurde zugleich, im Fall

---

(*f*) In *Hist. Bad. Mset.*

(*g*) Ich habe davon schon oben in M. Rudolf Hessens Leben (§ 2.) gehandelt, und die Briefe beygebracht. Daß diese beede Fürstl. Eheleute, die nach dem Canonischen Recht zu nahe verwandt waren, in den Kirchenbann gethan worden, als sie bereits Kinder gezeugt hatten, aus demselben aber wieder loßgekommen seyen, erweißt die Bulle Papst Clemens VI. vom Jahr 1345. Es wurde ihnen zugleich vom Papst aufgelegt, daß jedes eine Capelle anlegen und jährlich mit 25. lb. kleiner Turnos begaben solle.

(*h*) SCHOEPFLIN. *Alsat. Illustr.* Tom. II. p. 619. Dieser aufrichtige Geschichtforscher macht hieben in *Hist. Zar. Bad.* Tom. II. p. 55. (*g*) die Anmerkung: „ Ubi corrigendus est error in nomi-

Fridrich III. 1348-1353. 155

Fall diese ohne Kinder sterben würde, ihr Sohn Rudolf Marggrav zu Baden, zum Erben bestimmt (i). Ueber diß hatten die Herzoge von Oesterreich der Margaretha 1500. fl. aus der Florimontischen Erbschaft zu bezahlen. Sie selbst führt deßwegen den Titul von Florimont (k). Marggrav Friderichs Kinder waren also

Mar-

---

mine Patris; pro Rudolpho enim Fridericus ponendus. Herzog in *Chron. Alsat.* L. 5. p. 101. meldet, Grav Heinrich habe Margaretham, M. Rudolfs (des Langen) Schwester, Graven Gottfrieds zu Leiningen Wittib zum Weibe gehabt.

(i) Das Testament ist in Französischer Sprache abgefaßt.

(k) *Je Marguerite Marquise de Baade, Dame d'Ericourt & de Florimont.* Aus dem, was bisher vorgetragen worden ist, wird folgende Urkunde desto leichter zu verstehen: „Wir Bernhardt von Gottes
„ Gnaden Marggrav zu Baaden und wir Heinrich
„ Grav zu Sarwerdten — thuen kundt — daß wir vmb
„ Anmuedunge vnd gesinnens willen deß Edlen Frie-
„ derichs Grav Joffritz seel. Sohn von Leiningen
„ und Grav zu Ruxingen vns erfahren han vmb die
„ Geburtt seines Adels vnd Freyheit vnd ist vns hier-
„ vmb kunt gethan, so wissen wir auch selver woll,
„ daß des vorgenanten Friderichs Vatter vnd sin
„ Ane Graven von Liningen waren, vnd snns Vatter
„ Mutter was eins Graven Tochter von Ruxingen,
„ vnd siner Mutter Vatter waren Marggraven von
„ Baaden, vnd siner Mutter Mutter was ain Grävin
„ von Pfird. Geben am nechsten Mittwochen vor S.
„ Urbanstag 1397.

Margaretha und Rudolf, durch welchen der Fürstliche Stamm fortgepflanzt worden ist (*l*).

---

(1) Gamans, Hübner, u. a. leiten diese beede Kinder aus der 2ten Ehe M. Fridrichs her. Sie geben ihm zur andern Gemahlin Herzog Ulrichs von Teck Tochter Ursula. Ich finde aber noch zur Zeit in der Teckischen Historie keinen Herzog Ulrich mit einer Tochter Ursula, auf die ich die Anwendung dieser Erzählung machen könnte.

Rudolf

Marggrav Rudolf VI. der Lange
oder der Große
von 1353-1372.

§. I.

Marggrav Fridrichs III. einiger Prinz ist M. Rudolf VI. (*a*) Man gibt ihm den Beynamen der Große (*b*) oder der Lange. Einige Nachrichten geben, daß er von ungemeiner Leibesgrösse gewesen sey. Neuere Schriftsteller, welche sein Maß nach Schuhen genommen haben, geben ihm eine Länge von 12. Schuhen. Sie sind vermuthlich in der Größen-Lehre nicht erfahren gewesen, oder haben einen besondern Maßstab angenommen. So lang seines Vatters Bruder M. Rudolf der

Namen.

(*a*) Der VI. ist er nach Herrn Prof. Schöpflins Tabelle. Sonst wird er vor den VII. oder VIII. Rudolf gehalten.

(*b*) Also wird er genennt in der Nachricht von dem Turnier zu Ingelheim, dem er A. 1337. beygewohnt hat. Die Personen stehen in folgender Ordnung: Rudolf Pfalzgrav bey Rhein, Herzog in Bayern; Bernhard Herzog zu Braunschweig und Lüneburg; Gerlach Herzog zum Berg; Rudolf der Groß Marggraf zu Baden, Ludwig der friedsamb Landgraf zu Hessen; Wilhelm der Jüngere, Marggraf zu Gülich, Landgraf zu Leuchtenberg: Eberhard der Greiner, Graf zu Würtemberg; Friederich Graf zu Henneberg. Münster Cosmograph. B. 5. C. 414. S. 1242.

der Wecker bey Leben war, nennen ihn die Urkunden Rudolf den Jüngeren (c).

In seinen jüngern Jahren hielte er sich gar viel an dem Hofe Kaiser Karls IV. auf; er genoße deßen vorzügliche Gnade, und setzt sich bey ihm in großes Ansehen.

Tritt die Regierung an. §. II. Marggrav Rudolf tritt die Regierung zu einer Zeit an, da die Marggravschaft nicht in den besten Umständen war. Solches hatten die öftere Landstheilungen verursacht. Dann A. 1288. nach dem Ableben M. Rudolfs I. wurde das Land in vier Theile, nach der Zahl seiner Söhne vertheilt. Diese wurden von der zahlreichen Nachkommenschaft noch mehr zerstückt und entkräftet. Daher auch geschehen seyn mag, daß von solcher Zeit an bis auf M. Rudolf den Großen die Herren Marggraven von Baden in den Geschichten nicht so oft vorkommen. Marggrav Rudolf bekommt nun durch den Tod seines Vatters A. 1353. und seines Vatters Bruders M. Rudolfs des Weckers das vorher vertheilte Land wieder ganz zusammen. **Landes-Verbesserung.** Er bringt hierdurch, sowohl als durch seine weise Anstalten alles wieder in den vorigen Flor, und zeigt die alte Fürstliche Würde und Ansehen

---

(c) Jüngler schreibt, man habe ihn auch genannt Marggrav im Oberland.

Rudolf VI. der Lange 1353-1372.

sehen seines Hauses. Er bedient sich auch wenigstens von der Zeit an, da er das ganze Land besessen, allezeit des Titels: Von GOttes Gnaden; welcher bey 30. Jahren vor ihm von seinen Vorfahren selten mehr gebraucht worden. Der Kaiser nannte ihn in den Urkunden allezeit Hochgebohren und lieber Fürst. In seinem Sigill erscheint er zu Pferde mit dem Badischen Wappen-Schilde, in der Form, wie andere Fürsten damaliger Zeit die sogenannte Majestät-Siegel zu führen pflegten (d).

Titul.

Sigill.

§. III. A. 1356. an dem nächsten Montag nach St. Michaelstag errichtet er zu Ettlingen mit M. Rudolf dem Wecker einen Erbvertrag (e). Man hat ihn als die Grundveste aller Familien-Verträge des Fürstlichen Hauses anzusehen. Sein Haupt-Inhalt ist dieser: 1.) Bey abgehenden manns-

Erbvertrag.

(d) Siehe HORN de *Sigillo Majestatis Saxonico.* Joh. Phil. Ruchenbecker, von Hessischen Majestäts-Siegel in *analect. Hass.* Coll. XI. p. 93. JO. GE. ESTOR. in *orgin. juris. publ. Hass.* Lib. III. cap. 31. §. 114. p. 194. der neuesten Ausgabe.

(e) Der Anfang lautet: Wir Rudolff der Elter Marggraff zu Baden, den Man nennet den Wecker, unnd Wür Marggraff Rudolff der Jünge Marggraffen Friderichs seeligen Sohn.

mannlichen Erben, soll einer dem andern succediren in allen Ländern und Gütern. 2.) Den Töchtern sollen vor all ihr Recht 1000. Mark Silbers zur Außsteuer gegeben werden. 3.) Land und Leute soll man nicht veräussern. 4.) Eine Versetzung oder Verpfändung soll gestattet seyn, jedoch mit Vorsichtigkeit. 5.) In wichtigen Fällen, vornämlich in Vertheidigung des Geleitsrechts sollen sie einander Beystand und Hülfe leisten. 6.) Familien oder Hausstrittigkeiten sollen durch Austräge in Freundschaft beygelegt werden.

A. 1359. §. IV. Anno 1359. an St. Johannes Baptistentag hängt der edle Hochgeborne Herre Marggrav Rudolf von Baden der Jüngere Herre zu Pforzheim sein Sigill an den Brief, mit welchem Agnes, Aebtißin, und das Convent des Frauenklosters zu Büren, grauen Ordens von Cytlers, den Schultheissen Heintz, Cuntzen seel. Sohn erlaubt haben eine Frühmeß zu stiften in der Pfarrkirche zu Pforzheim zu St. Michael, die dem Kloster gehörte.

Lehenbrief. 1362. §. V. Der Lehenbrief, welchen Kaiser Karl IV. unserm Marggrav Rudolf A. 1362. am Sonntag nach dem Oberstentag (f) zu Nürnberg ertheilt, wird vor den

---

(f) Der Oberste Tag, oder der Oberstag ist das Feß der Erscheinung Christi oder der sogenannte H. Dreykönigtag. Oft steht das Wort heilig, wie auch zu Weynacht

den erſten Lehenbrief dieſes Fürſtlichen Hauſes erhalten (g). Er verdient unſere Aufmerkſamkeit.

Der
nacht dabey; item, man lieſt: „an dem achten des „Oberſten der heiligen drey Kunig." Er hat in den Urkunden der mittlen Zeit noch andere Namen. Bekannt iſt, daß man ihn das Groſe Neue Jahr nennt; weil man ihn ehemals feyerlicher begienge als den Neu Jahrstag, oder das Feſt der Beſchneidung des HErrn. Daher eben die Benennung Oberſtertag hergekommen ſeyn mag, weil dieſer Tag gleichſam vor den erſten feyerlichen Tag des Jahrs gehalten wurde. Sonſt wird dieſer Tag auch der Prechtag, oder Prehentag genennt; von dem alten Wort Brehen oder Brechen d. i. glänzen; wovon auch das Wort Brecht und Bracht entſtanden iſt. Mehrers ſ. in SCHILTERI *Gloſſar.* p. 100. und in HALTAVS. *Calendar. medii ævi* p. 34. ſqq.

(g) Ich ſage, man halte dieſen vor den erſten Lehenbrief. Dann im vorhergehenden habe ich bereits angeführt, daß M. Rudolf mit Mühlberg als einem Reichslehen belehnt worden ſey. Gleiches habe ich bey M. Fridrich III. A. 1349. bemerkt. Bekannt iſts, daß die groſe Lehne in ältern Zeiten auf Reichstagen unter freyem Himmel mit groſen Feyerlichkeiten verliehen worden, wobey die Landſaſſen die Fahnen vorzutragen pflegten, auf welchen die Wappen derjenigen Länder gemahlt waren, worüber die Belehnung geſchahe. S. Herrn G.R. und Lehenprobſts J. J. Reinhards Abhandlung von der Blutfahne bey teutſchen Reichsbelehnungen, in den Carlsruher Nützl. Sammlungen S. 33. folg. Und auch ſelbſt die Belehnung niederer Manne geſchahe ehedeſſen in Beyſeyn ritterbürtiger Urkundsperſonen, daher die Vaſallen ſich nicht um ſchriftliche Zeugniſſe bekümmert

Der Kaiser macht darinnen die Grenzen des Lands nahmhaft. Er sagt: „Er „belehne den hochgebohrnen Rudolf „Marggraven zu Baden, seinen lieben „Fürsten und getreuen, mit dem Für„stenthum der Marggravschaft Baden, „dem Lande von Graben an biß gen Mü„lenberg an die Albe, und von der Albe „an biß an die Schwarzach, und der Hart „miteinander, der Statt Oettelingen, und „den Wildbännen, Forsten und Herr„schaften." Der Kayser setzt die Worte dazu: „Wie er und seine Eltern dieselben „vom Reiche herbracht haben" (*b*).

Bey

---

haben. S. Herrn Geheimen Hofrath G. L. E. Preuschen, von dem Gebrauch der lateinischen und teutschen Sprache in dem Lehenrechte und in den Lehenbriefen in den Carlsruher Nützlichen Sammlungen S. 152. folg. Hr. Geh. R. R. Jo. Georg. Estor *de investitura sine litteris investituræ.* Jo. Gottl. Siegel. *de litter. investit.* cap. II. §. 3. Also hat auch Holstein, welches seit Kaiser Friedrichs III. Zeiten ein Reichslehen ist, keinen ältern Lehenbrief als vom K. Karl V. S. von Seckendorfs Fürstenstaat addit. p. 78. Jtter *de feud. imper.* c. IX. §. 8, p. 596. Lunig *corp. jur. feud.* Tom. II. p. 1790.

(*h*) Der Lehenbrief ist zu lesen aus dem Original in *Cod. Dipl. Bad.* num. 276. Ferner stehet ein Abdruck

Bey dieser Belehnung ist ein denkwürdiger Umstand. Der Marggrav hatte in seiner Minderjährigkeit, und da er mit seinem Vettern M. Rudolf dem Wecker in Gemeinschaft gesessen, ohne dessen Willen, seine Lehen auf den Fall, da er keine männliche eheliche Leibes-Erben hinterlassen würde, Grav Ludwigen zu Oettingen vermacht (i). Er wiederruft solches nunmehr. Er nimmt jetzt als einiger Erb und Herr derselben den Pfalzgraven Ruprecht, den ältern, Churfürsten, als einen Gemeinen, und auf obigen Fall zu seinem Erben an. Der Kaiser bestätigt dieses Vermächtnis (k).

§. VI. *Kaiser Karl IV. ertheilt unserm Marggraven einige Privilegien.*

Privileg. Kaiser Karl IV.

A. 1361. am Dienstag nach Oculi gibt ihm der Kaiser zu Nürnberg die Freyheit, für

A. 1361.

---

druck hievon in TOLNER. *Cod. Dipl. Palat.* p. III. Lünigs Reichs-Archiv Part. Spec. Cont. 2. S. 2. conf. SCHILTERI *Cod. Feud. Alem.* p. 338. vid. ejusd. Tract. *de Investit. simult.* p. 520.

(i) Der Margarav schaltete hier mit dem Reichslehen, ohne des Kaisers Einwilligung einzuholen nach der Art, wie es nach dem teutschen Lehen-Recht erlaubt war. S. Fränkisches und Reichslehenrecht c. 28. in Perill. L. B. DE SENCKENBERG. *corp. jur. feud.* p. 16.

(k) TOLNER. l. c. *Sel. Jur. publ. noviss.* S. XXVII. p. 410.

für ihn und seine Erben, in seiner Stadt Pforzheim ein Umgelt auf Wein und Korn aller Früchte zu setzen und zu nehmen in der Maſſe, wie der Kaiſer und andere Fürſten dergleichen auch zu nehmen pflegen (*l*).

1363. A. 1363. am Freytag nach Látare verweißt dieſer Kaiſer ebenfalls zu Nürnberg wegen des groſſen Tornos, den er auf ſeinem Zolle zu Selſe M. Rudolfen dem Wecker, und deſſen Bruders Sohne, Marggrav Rudolfen für eine Summe Gelts verſchaft hatte, letztgedachten M. Rudolfen und deſſen Erben auf ſondere Bitte Pfalzgrav Ruprechts, des Heil. Röm. Reichs Oberſten Truchſeſſes, ſolchen Tornos einzunehmen und aufzuheben von allen zollbaren Kaufmannswaaren, zu den Stulen an ihren Zöllen, bis daß ihre Forderung an den Kaiſer gänzlich bezahlt ſey (*m*).

1364. A. 1364. Montag nach St. Peter und Paulstag berechtigt der Kaiſer zu den Kutten unſern Marggraven, daß er zu Stülen bey Mülenberg auf dem Rhein, zu dem Zolle, den er zuvor daſelbſt von dem Kaiſer zu Lehen gehabt hat, von jedem Fuder Weins und von andern Kaufmanſchaft, nach der Marzal (*n*), die den Rhein auf oder niedergehe, zween alte groſſe Turnos

zu

(*l*) Cod. Dipl. Bad. num. 274.
(*m*) *Idem* num. 277.
(*n*) d. i. pro rata; nach Proportion.

zu Zoll nehmen möge, so lang als der Kaiser und seine Nachfolger am Reich ihm solches gönnen und nicht wiederrufen (o).

A. 1365. an St. Laurentii Abend gibt der Kaiser zu Speyer die durch Absterben Grav Albrechts an ihn und das Reich gefallene Gravschaft Löwenstein, die Veste Löwenstein, Murhart, Gleichen, Heynhenriet mit allen Städten, Märkten, Dörfern ꝛc. Marggrav Rudolfen und seinen rechten Lehenserben (p).

§. VII. Ehe ich weiter gehe, muß ich noch einige Verrichtungen des Marggraven vom Jahr 1362. und 1363. anzeigen. $\left.\right\}$ A. 1362.

A. 1362. am Montage vor U. F. Kerzwihe thut er allen in seiner Herrschaft Gebiete gesessenen Priestern die Gnade, daß keiner vor oder nach seinem Tode an Leib und Gütern solle geschädigt werden, auch, daß sie über ihr Vermögen frey testiren oder sonst disponiren mögen, damit sie jährlich sein und seiner Altvorderen Jahr-

zeit

(o) *Cod. Dipl. Bad.* num. 278. Der Kaiser nennt den Marggraven, Unser und des Reichs Fürst, Hofegesind, und getreuer.

(p) *Codex Diplom. Badens.* num. 283. Daß der erste Grav von Löwenstein Albrecht ein natürlicher Sohn K. Rudolfs I. gewesen sey, erweisen die Urkunden in *Cod. Dipl. Bad.* ad. a. 1283. u. 1298. Das Fürstl Hauß Baden kam niemalen zum Besitz dieser Gravschaft. Die Ursache ist nicht bekannt.

zeit auf den Donnerſtag der vier Frohnfaſten deſto williger begehen möchten (*q*).

Feria ſexta ante Lætare quittirt Reinhart Rumder von Enzberg ſeinen gnädigen Herrn M. Rudolfen über 30. fl. guter und ſchwärer, die er ihm an ſchuldigen 50. fl. hatte bezahlen laſſen.

An St. Johans Baptiſten Tag als er enthoybet wart, belehnt Rudolf von Gottes Gnaden M. zu Baden mit Wiſſen und Rath Ruprechts des ältern, Pfalzgraven bey Rhein, des H. R. R. oberſten Druchſez und Herzogen in Bayern, Arnold Pfauen von Rietpur und Heintzen ſeinen Bruder und ihres Bruders Söhne Hanſen, Heinzen und Renzen mit 60. fl. von der Herbſtbete und Steuer halb zu Durlach und halb zu Ettlingen, gegen Begebung und Verzicht ihrer Anſprache auf das Geleite zu Ettlingen, ablöſig mit 600. fl. Nachher A. 1365. am Dienſtage nach St. Bartholomäi begeben ſich Reinhard Rumler, Cunz und Fridrich Rumler von Enzberg, Gebrüder, aller Anſprache und Gelobde, welche

---

(*q*) In dem Vidimus des Briefs wird er genennt: *Spectabilis Vir Dominus Rudolfus Marchio de Baden*. In eben dieſem Jahr verwechſeln auch M. Rudolf und Frau Mechtild von Spanheim etliche Güter gegen dem Kloſter Maulbrunn. Ich finde dieſes bey Gabelkofern. Er hat aber nicht angezeigt, worinnen dieſer Tauſch beſtanden habe.

Marggrav Rudolf ihnen von Enzberg wegen gethan hatte.

A. 1363. belehnt er Dietrichen von Gemmingen mit dem Dorf Damm; und den von Duvensheim mit zwey Höfen in dem Dorf Bolach (r).

§. VIII. Ich komme nun auf die Verträge mit der Pfalz. *Successions-Vertrag mit Pfalz.* Was bey der Belehnung unsers Marggraven in Ansehung des Churfürsten von der Pfalz vorgegangen ist, habe ich bereits gemeldet. Hier ist nun sonderlich zu sagen, daß A. 1362. an dem Montag nechsten nach Lichtmeß zwischen dem Churfürst Ruprecht dem Aelteren und M. Rudolfen der feyerliche Successions-Vertrag errichtet worden sey. Der Marggrav, als des Churfürsten Schwager, setzt ihn, wie oben gedacht, in Ermanglung männlicher Abkömmlinge zu seinem Erben ein. Er sorgt dabey vor seine Töchter, die ihm möchten gebohren werden. Der Churfürst verspricht ihm, im Fall er ohne männliche Leibes-Erben versterben würde, die Städte Heidelsheim und Wildberg, verzeiht sich auch seiner gehabten Pfandtschaft auf Liebenzell (s). Der Churfürst geht A. 1390. mit Tod ab. Die besagte Städte sollen nun Marggrav Rudolfs Sohn Bernhard und Rudolf zu-

fal-

(r) SCHOEPFLINI *Hist. Zar. Bad.* Tom. II. p. 60.
(s) *Cod. Dipl. Bad.* ad a. 1362.

fallen. Die Marggrävin Mechtild überläſſet aber ſolche Pfalzgrav Ruprecht dem Jüngern, welcher ſie in Beſitz nimmt. Weil aber, allem Anſehen nach, ihre Herren Söhne hiermit übel zufrieden ſind, ſo entſteht ein Streit mit Churpfalz, welcher viele Jahre dauert. Indem das Haus Baden noch bis zur Gefangenſchaft Marggrav Carls I. Anſprach auf Heidelsheim machte, worauf es aber damals Verzicht thun muſte. Immittelſt hatte jener Erbvertrag hiermit ſein Ende.

A. 1363. verſetzt unſer Marggrav an Ruprecht I. die Ortſchaften Bellicheim und Wellheim. Sie gehören nunmehr unter das Oberamt Germersheim. Marggrav Rudolf beſaß ſie als eine Pfandſchaft vom Reich (*t*). Er hat ſie entweder ſelbſt, oder aber ſein Sohn Bernhard wieder eingelöſt. Wenigſtens ſind ſie unter dieſem A. 1383. wieder an die Pfalz gekommen.

Freyburg §. IX. Daß Marggrav Rudolf dem Grav Egeno IV. von Freyburg in ſeinen beſchwehrlichen Verdrüßlichkeiten mit der Stadt Freyburg A. 1366. beygeſtanden ſey, iſt an ſeinem Orte angeführt worden (*u*).

In

(*t*) *Acta compromiſſi Aurel.* p. 157. TOLNER. *addit. ad Hiſt. Palat.* 29. Hier iſt im Namen des Marggraven ein Irrthum vorgegangen.

(*u*) Im erſten Theil dieſer Einleitung S. 221.

Rudolf VI. der Lange, 1352-1372.

In eben diesem Jahr, Dunrestag nach St. Martinstag verkauft dieser Grav Egen dem Hochgebohrnen Fursten und Herrn, Herrn Rudolfen von Gottes Gnaden Marggraven zu Baden ꝛc. 200. fl. Geltes Jarzal vfzuschlahen, und seine Mannschaft, Lehen und Güter, die von ihm und der Herrschaft ze Freiburg ze Lehen und ze Maneschaft rüret, und bißhar von der Herrschaft zu Freiburg Lehen und Mannschaft gewesen ist, die sich anevahet nydewendig der Pleychach, als die Schneeschleiff get, biß an den Ryn in der Mortenowe, vfgenommen Burgheim den Kirchsatz gelegen bi Lare um 2000. Goldgulden. Unter diesen Vallen waren die von Staufenberg, Widergrün u. a. m. Diese wurden durch eine weitere Urkunde d. d. am nehesten Zinstage nach St. Claustage an den Marggraven angewiesen.

A. 1366. und 1368. kauft der Marggrav auch die Schlösser Rothenfels und Reichenbach an sich. Er löst auch Stollhoven, das verpfändet gewesen war, um 2200. fl. wiederum ein (*v*).

§. X. A. 1370. versöhnt sich unser Marggrav, auf Vermittelung K. Karls IV, und vieler Reichsstände mit Eberhard Grav von Würtemberg. Grav Eberhard und sein Sohn Ulrich hatten vorher A. 1367. das

Krieg mit Würtemberg.

(*v*) SCHOEPFLINI *Hist. Zar. Bad.* T. II. p. 61.

das Wildbad gebraucht. Grav Wilhelm der alte und Grav Wolf von Eberstein halfen dem Wolf von Winnenstein, der gleissende Wolf genant, welcher wegen Vorenthaltung seiner vätterlichen Erbschaft über Grav Eberhard erhitzt war. Grav Wolf von Eberstein war ohnehin schon seit mehren Jahren in Fehden mit Grav Eberhard von Würtemberg. Sie überfielen vorgenannte Badgäste. Diese entkamen aber glücklich. Doch litten bey dieser Gelegenheit die Unterthanen im Wildbad und in dasigen Gegenden grossen Schaden (w). Der Marggrav war auf des Graven von Eberstein Seite (x). Nun bey der Aussöhnung verbindet der Kaiser den Johann von Osweil, ferner Wolfgang von Steine, Bertold

---

(W) In der Nachricht, welche in Steinhofers Wirt. Chron. Th. II. S. 357. zu lesen ist, steht: In diesem
„ Jahr 1370. wurde Grav Eberhard von Würtem-
„ berg mit Pfalzgrav Ruprecht dem Aeltern, der
„ das Schloß Eberstein denen Ebersteinischen Grafen zu
„ Lieb eingenommen, und Marggrav Rudolph von
„ Baaden durch Kayser Carl dahin vortragen, daß
„ beede für sich und die ihrige Gute Freunde seyn,
„ alles begangene in Vergessenheit gestellt werden,
„ und keiner von beeden diejenigen, welche an der
„ feindlichen That in dem Wildbad schuldig, weder
„ hausen, noch haimen, noch auch, wann sie schon
„ ausgesöhnt, befordern sollten.

(x) Der Krieg, welcher aus diesem Vorfall entstunde, wurde der Schlegelkrieg, und die Gesellschaft, die Schlegeler Gesellschaft genennt. Crusius Schwäb. Chron. Th. 3. B. 5. S. 941. u. a. m.

und Hermann von Sachsenheim, Georg von Entzberg und andere von Adel, daß sie einige Güter dem Marggraven zu Lehen auftragen.

In eben diesem Jahr, am Montage nach dem zwölften Tag ze Weyhenachten nach Cristus gepurt, reversirt sich der Marggrav gegen Herzog Lupolt und Albrecht Gebrüder von Oesterreich, über die ihm übergebene Landvogtey und Hauptmannschaft im Breisgau, nemlich die Städte Neuenburg, Breisach, Freyburg, Kenzingen, und was sie zu Breisgau haben, darzu die Stadt Villingen (y). *Landvoogt. in Briss.*

§. XI. Ehe ich von des Marggraven Tode und Ehestand rede, will ich nur noch etliche kurze Nachrichten anführen.

A. 1367. Dunerstag nach Wyhenachten verpfändet er an seinen lieben getreuen Diener Hansen von Beckingen ein Viertheil des Dorfs Seldingen um 400. Guldin guter, gerechter und gnung schwärer an Golde und am Gewichte. Vier Jahr hernach A. 1371. an St. Andres Obent verpfändet Hans von Beckingen, Edelknecht, des vorigen Sohn, an Otten von Sel-

---

(y) Die Urkunden f. in Oesterreich. Beantwortung gegen Bayern. Th. 2. S. 65. folg. und im Cod. Dipl. Baden. num. 288. 289.

Selbach Ritter um 600. fl. sein Theil des halben Dorfs zu Seldingen und das halb Viertel desselben, mit Willen und Verhengnisse des Hochgebohrnen sines gnädigen Herren Marggrav. Rudolfs von Baden, von dem das halbe Dorf Lehen und das vierteil Pfand ist.

A. 1368. Freytag vor Mitfasten stellt Jüntle von Gertringen einen Wiederlosungs-Revers aus gegen den Marggraven über den Hof zu Wesingen um 338. fl.

Tod und Erdbnis.

§. XII. Das Lebens-Ende Marggrav Rudolfs erfolgt A. 1372. den 20. April. Sein Leichnam wird in der Fürstl. Todten-Capelle des Klosters Lichtenthal, welche der Heil. Anna gewidmet ist, beygesetzt. Mitten in derselben sieht man des Marggraven Grabmal, und auf demselben sein Bild liegend (z).

Gemahlin.

§. XIII. Marggrav Rudolfs Gemahlin ist Mechtildis, Grav Johannes des Blinden von Spanheim Tochter (a). Er vermählt

---

(z) In dem Todtenbuch dieses Closters bey SCHANNAT in *Vindem. Lit.* Coll. I. p. 166. ist folgendes angemerkt: „ XIII. Kal. Apr. Anno Do-
„ mini MCCCLXXII. RVDOLFVS
„ Marchio de Baden piæ Memoriæ, sepul-
„ tus ante Altare S. Andreæ."

(a) Imhof in *Notit. Procer. Germ.* L. IV. c. 8. §. 6. nennt diese Mechtildis unrecht eine Tochter Heinrichs, und Schwester Grav Johannis.

mählt sich mit ihr noch bey seines Vaters
Leben A. 1346. Ihre Ehesteuer besteht in
5000. ℔. Häller. Pfalzgrav Ruprecht
zahlt davon 2000. ℔. das übrige der
Fürstlichen Braut Herr Vatter (*b*). Auſſer dieſer Morgengabe ſollte die Marggrävin von der Verlaſſenſchaft ihres Vatters nichts erben, es ſey dann daß er ohne männliche Leibes-Erben mit Tod abgehen würde.

Daß dieſe Fürſtin auf die Hard-Dör-
fer verwidmet geweſen ſey, wollen einige
aus folgender Nachricht ſchlieſſen: „Anno
„ 1378. auf St. Catharinen Tag gibt Ger-
„ hart von Staffurt, Edelknecht der Hoch-
„ gebornen edlen Frauen Mechtildin von
„ Spanheim Marggrävin zu Baden um
„ 22¾. ℔. Straßburger Pfenning zu kaufen
„ alle ſeine armen Unterthanen oder leibei-
„ gene Leute, die ihm zu ſeinem Theile ge-
„ fallen ſind gegen ſeines Bruders des Kirch-
„ herren ſel. Theil, die hinter der obge-
„ nannten Frauen auf der obern und untern
„ Hard in den Dörfern geſeſſen ſind (*c*).
Daß

(*b*) Bürgen hiebey waren: Rudolph und Ruprecht,
Gebrüder; Gerlach von Naſſau; Simon von Salm;
Walram von Spanheim; Adolph und Johann
von Naſſau, Gebrüder; Wilhelm und Johann
von Katzenellenbogen; Fridrich und Emich, Graven von Leiningen Gebrüder, u. a. vom niedern Adel.

(*c*) Den Brief haben mitbeſigelt die erbern Knechte
Merclin Glas von Lamersheim und Fritz Hed-
bach.

Daß sie übrigens vieles weggegeben habe, ist unläugbar. A. 1390. überläßt sie, allem Ansehen nach, ohne Bewilligung ihrer Söhne, dem Churfürst Ruprecht II. von der Pfalz ihre Güter zu Heidelsheim, Wiburg (Wildberg) und Eppingen (d). Und A. 1406. bekommt Kaiser Ruprecht von ihr ihre Schlösser Moßbach und Obernheim (e). Daß dieses unter gewissen Bedingen geschehen seye, belehret uns K. Ruprechts Theilung A. 1410., darinnen dieser Mathildis (f), unter dem Namen der alten Marggrävin Meldung geschieht.

§. XIII.

(d) TOLNER in *addit. ad Histor. Palat. ex act. Compr. Aur.* p. 74. Er rechnet auch dahin das Schloß Besisheim, welches sie A. 1391. eben demselben Churfürsten soll gegeben haben.

(e) TOLNER l. c.

(f) In Herzogs Ludwigs Theil stehen die Worte:
„haben wir Brettheim und Heidelsheim in unsers Herren Herzogs Ludwigs Theil begriffen, darumb daß
„er das Closter Maulbrun testo baß befrieden und
„beschirmen möge, doch also man Obernheim und
„Moßbach, von Todeswegen der alten Marggräfinne von Baden unserm Herrn Herz. Otten ledig
„würdig, in der massen, als hernach begriffen ist,
„und daß dem Marggraven von Baden oder seinen
„Erben Brettheim und Wisseloch davor haft werden, daß dan unser Herr Herzog Ludwig Brettheim, Wissenloch und anders, was damit hafften
„würde, selber lösen und ledigen soll mit vierzehen
„Gülden Haupt-Gelds und mit dem Schaden, ob
„Scha-

§. XIII. Marggrav Rudolf erzeugt mit seiner Gemahlin drey Kinder.

1.) **Bernhard I.**, dieser pflanzt das Fürstliche Haus fort. Von ihm ist nun zu handeln.

2.) **Rudolf VII. (X.)** Seine Lebens-Umstände will ich nach den Geschichten seines Herrn Bruders kürzlich beschreiben.

3.) **Mechtildis.** Sie wird an Grav Heinrich XIII. zu Henneberg vermählt, und stirbt, wie Spangenberg (g) schreibt, A. 1421. Der MONACHUS VESSERENSIS (h) aber setzt ihren Tod ins Jahr 1425.

„Schaden darauf gehen würde." TOLNER. *Cod. Dipl. Palat.* p. 154.

(g) Henneberg. Chron. B. 5. Cap. 17. S. 106. folg. Er nennt aber aber aus einem Irrthum dieser Prinzeßin Mathildis Mutter eine geborene von Eberstein.

(h) In dem *Chronico Henneberg* p. 120. welches der berühmte Lehrer der Geschichte Herr Johann Paul Reinhard im ersten Theil der Beyträge zu zu der Historie Frankenlandes mitgetheilet hat. Die Mechtild selbst wird von einigen Martha genennt. Sonst ist noch anzumerken, daß in etlichen

1425. die Sixti; gleichwie er meldet, daß die Vermählung A. 1352. vor sich gegangen sey.

Nachrichten unserm Marggrav Rudolf dem Grossen noch ein Prinz Rudolf, der vor seinem Herrn Vatter A. 1362. gestorben; und eine Prinzeßin gegeben werde mit Namen Margaretha, die an Graf Jofried, oder wie andere schreiben, Schaffardt von Leiningen vermählt worden sey. Das letztere Vorgeben ist ungegründet, und muß Marggrav Rudolfs des Grossen Schwester verstanden werden.

Bernhard I.

Marggrav Bernhard I.
von 1372-1431.

§. I.

Marggrav Rudolf führt wegen seiner Leibes-Statur den Beynamen der Große. Sein Prinz Bernhard verdient ihn wegen seiner Gemüths-Eigenschaften und Verrichtungen. Seine Regierung ist von langer Dauer, und, unter fünf Kaysern, bey einer Menge von Unruhe, voll Merkwürdigkeiten. Seine Kriegsmacht ist ansehnlich. Er bedient sich derselben zur allgemeinen Ruhe, zu einzeler Stände und Personen Sicherheit, und zur nothwendigen Vertheidigung seiner eigenen Rechte. Seine Weisheit, Klugheit und Großmuth bewundert Teutschland. Seine Fürstliche Sparsamkeit ist ohne schändlichen Geiz. Sie wird von der Freygebigkeit und Dienstfertigkeit begleitet. Er vermehrt seine Lande durch glückliche Vorsicht. Wie ist es möglich, daß der Glanz eines so erhabenen Fürsten erlösche.

Eigenschaften.

§. II. Das Jahr, wann dieser vortreffliche Fürst der Welt geschenkt wurde, ist so wenig bekannt, als der Geburts-Ort Kaiser Karls des Großen. So viel wissen wir, daß er bey dem Absterben seines

Vormünder.

Minder-jährigkeit. Herrn Vatters noch minderjährig gewesen sey. Churfürst Ruprecht I. von der Pfalz führt über ihn und seinen Herrn Bruder M. Rudolfen die Vormundschaft. Also stellt Heinrich Landschade genannt Blicker A. 1373. am Montag vor St. Michelstag einen Revers aus, daß der Durchleuchtigst Fürst und Herr Ruprecht der älter, Pfalzgrav und Churfürst als ein Muntbar u. Fürmonder der Hochgebornen Herrn Bernharts und Rudolfen Gebrüder Marggraven zu Baden die ihm um 3000. fl. versetzte Veste Remchingen wieder lösen möge, solche auch währender Pfandsinhabung ihr offen Hauß seyn solle. Wann sie aber von des Edeln Herrn Graf Rudolfs von Hohenberg Dochter vor der Auslosung evincirt würde, ihm an deren statt die Veste Stein eingesetzt werden solle.

Wie lange Marggrav Bernhard unter der Vormundschaft gestanden sey, kan ich zur Zeit so eigentlich nicht bestimmen. A. 1377. Dienstag nach Invocavit war er noch unter derselben. Damals bestätigt der Churfürst Ruprecht als Fürmünder seiner Oheime der Marggraven dem Kloster Alb und dessen Leuten zu Dietenhausen die Freyheit auf ihren eigenen Keltern zu dühen. Und doch wird unten dargethan werden, daß er schon A. 1374. vermählt gewesen sey. Gewiß ist, daß er selbst im Jahr 1379. seines jün-

Bernhard I. 1372-1431

jüngern Herrn Bruders Vormünder gewesen sey. Der Beweiß wird gleich folgen. Diese Vormundschaft dauerte höchstens bis aufs Jahr 1380. In demselben theilen beede Herren Brüder die vätterliche Lande. Marggrav Bernhard behält vor sich Pforzheim u. Durlach nebst der Marggravschaft, welcher er eine Zeitlang in Gemeinschaft regiert. Seinem Bruder überläßt er Baden, wie deutlich aus einer unten beym Jahr 1390. anzuführenden Urkunde erhellt, mit dem obern Theile (a). Dieser fällt ihm A. 1391. auch zu. Sein Bruder stirbt in demselben im ledigen Stande.

§. III. A. 1374. wohnt M. Bernhard dem Turnier zu Eßlingen bey (b). In eben diesem Jahr geben der Abt Marquart und das Convent des Klosters zu Albe beeden Herren Marggraven alle Schuldbriefe zuruck, die sie von den Marggraven hatten.

A. 1374.

(a) Jüngler berichtet, Marggrav Rudolf sey deßwegen Marggrav im Oberland zu Baden, Bernhard aber Marggrav zu Baden in Pforzheim und Durlach genennt worden. Der Marggrav Bernhard gibt sich in einer Urkunde, die Stadt Speyer betreffend d. d. 26. October Anno 1420 diesen Titel: Nos BERNHARDVS, Dei gra. Marchio Baden & Hochbergen Comes Aprilapidis & Dns. in Pforzheim.

(b) Crusius Schwäb. Chron. Th. 3. B. 5. Cap. 10. S. 947.

A. 1377. verkauft an eben dieselbe Gerhart von Staffort, Edelknecht, um 15. lb. guter Straßburger Pfenning alle seine eigene armen Leute, die ihm zu seinem Theile worden sind in dem Bruche zu Lützolzheim in dem Dorfe, und alle die in der Herren Marggraven Lande und Gebiete sitzen, ausgenommen Forchheim, Daßlan und Specke.

A. 1378. tragt K. Karl IV. ihm und dem Churfürsten von der Pfalz den Schirm des Bißthums Speyer auf (c).

§. IV. A. 1379. an St. Ulrichstag errichtet er zu Baden vor sich und als Vormünder seines Bruders auf fünf Jahr, zu Aufrechthaltung des Landfriedens, ein Bündnis mit Ruprecht dem ältern und jüngern, mit Otto, Stephan, Fridrich, Johann und Ruprecht dem jüngsten, Pfalzgraven, wie auch mit den Stätten Ulm, Costanz, Eßlingen, Rottweile, Uberlingen, Memmingen, Bibrach, Ravenspurg, Lindau, Sant Gallen, Kempten, Kauffbüren, Lütkirch, Yßnin, Wangen, Pfullendorff, Buchorn, Buchaw, Nördlingen, Dinckelspühel, Rotenburg auf der Tauber, Gemündt, Halle, Hailbrunen, Wimpfen

_____

(c) Simonis Beschreibung aller Bischöffe von Speyer. S. 131.

pfen, Weinsperg, Bopfingen, Aulen, Giengen, Wyla in Türgow und Appenzell (d).

Dieses ist ohne Zweifel die Ursache, warum in dem großen Bunde, der A. 1381. zwischen sieben Rheinischen und 33. Schwäbischen Städten wider die Fürsten geschlossen, und der, als auch die Stadt Regenspurg im folgenden Jahre demselben beytratt, auf 9. Jahr verlängert worden ist, unter andern Fürsten, die beede Marggraven von Baden Bernhard und Rudolf namentlich ausgenommen wurden (e). Doch wurden gewisse Fälle angezeigt, in welchen den Rheinischen und Schwäbischen Städten erlaubet seyn solle, wieder vorgemeldete Fürsten und Graven, und also auch wieder

---

(d) DATT. de *pac. publ.* P. I. c. VI. p. 39. seqq. Die Bekräftigung geschahe mit diesen Worten: „Wir „ vorgenant Fürsten mit unsern guten Treü und Fürst„ lichen Ern, und wir vorgenannt Marggraf B e r n„ h a r t mit guten Trewn und geschwornen Aids."

(e) Lehmanns Speyr. Chron. B. 7. C. 66. S. 747. und 48. DATT. l. c. p. 53. Von diesem Bunde der Rheinischen und Schwäbischen Städte und den damaligen Irrungen der Geistlichkeit und Burgerschaft in Worms s. Buders Samml. ungedr. Schrift. S. 491. Diesem Bund wurden von Fürsten, Graven und Adelichen andere so genannte Gesellschaften vom Löwen, von S. Wilhelm und S. Georgen entgegen aufgerichtet. DATT. l.c. p. 42. sq. Herzogs Elsaff. Chron. B. 2. S. 70. Kölers Münzbel. Th. 7. S. 347. Th. 8. S. 76. Crusius Schwäbische Chron. Th. 3. B. 5. C. 13. S. 954. Es sind Merkmale von den damaligen grossen Unruhen in Teutschland.

der die Marggraven Bernhard und Rudolf zu Felde zu liegen (f).

§. V. Diese verständige Fürsten nahmen die schädliche Folgen, die nicht lang vor der Regierung ihres Herrn Vatters aus den vielen Landstheilungen entsprungen waren, zu Gemüthe. Sie errichten daher A. 1380. an St. Gallentage zu Heidelberg mit Rath des Pfalzgrav und Churfürsten Ruprechts des ältern, ihres Oheims, Johann Graven zu Spanheim des alten, ihres Ahnherrn, und Graven Johann von Spanheim des jungen, seines Sohns, ihres Oheims, und Wolfs und Wilhelms Graven zu Eberstein und anderer ihrer Freunde und getreuen den merkwürdigen Erbverglich und Vertrag, vermög dessen

Erb-Vergleich.

1. Die Marggrabschaft Baden in künftigen Zeiten nicht mehr als zween regierende Herren haben solle, und zwar mit Schlössern, Landen und Leuten, die sie damals gehabt, oder hernach gewinnen werde (g).

2. Die regierende Fürsten bey guten Sinnen und wolmögend ihres Leibs seyn;

3. Das

(f) DATT. l. c. p. 54.

(g) Die Marggraueschaft soll öwiglich nihe weiter dann in zwo Hennde zertheilt werden.

3. Das Recht der Erstgeburt in beeden Theilen gelten;

4. Eine Linie der andern, wann sie ohne männliche Leibes-Erben abgehet, in ihrem Landes Theile nachfolgen;

5. Ein Nachgebohrner jährlich 500. fl. oder so viel an pfäfflicher Gült haben;

6. Die Töchter, wann sie sich vermählen, mit 6000. fl. oder ins Kloster zur ziemlichen Nothdurft ausgesteuert;

7. Die Veräusserung von Landen und Leuten gänzlich verboten;

8. Deren Verpfändung dem andern Theile angeboten, oder, so er nicht wollte das Pfand um die verlangte Summe annehmen, ihm die Auslosung auch vorbehalten seyn;

9. Nichts an die Bischöffe von Strasburg und Speyer, auch nicht an Würtemberg verpfändet werden solle: damit dadurch der benachbarten Herrschaften Macht nicht vergrössert werden möchte (*b*).

§. VI.

(*b*) Dieses ganze Pactum Vnionis & Successionis ist zu lesen in Perill. SCHOEPFLINI *Cod. Dipl. Zar. Bad.* Num. 293. Es wurde aber diese so heilsame Verordnung in folgenden Zeiten nicht beobachtet; und Marggrav Bernhards eigener Sohn M. Jacob übergieng sie gleich in seinem Testament.

A. 1381. §. VI. A. 1381. am Freytag vor St. Matthäustag wird Abrecht von Enzberg, genannt Schühelin von M. Bernhard und dessen Herrn Bruder M. Rudolf, vor sich und seine Lehenserben belehnt mit ihrem Theile an der Veste zu Enzberg, als mit einem rechten Mannlehen, mit ewigem Vorbehalte des Oefnungs-Rechts, und daß des Vasallen Erb keinen Theil daran haben solle, er empfange dann in den nächsten zween Monathen, da er zu Erbe gegangen ist, solches von den Marggraven oder ihren Erben, zu Lehen, und schwöre und huldige ihnen mit diesem Theile zu warten und in Lehensweise gebunden zu seyn (*i*). In eben diesem Jahr, Sonntags nach St. Vyßtag verschreiben sich Eberhard und Ulrich, sein Sohn, Graven zu Würtemberg, gegen ihren lieben Oheimen Bernhard und Rudolfen Gebrüdern, daß sie getreulich wollen beholfen seyn, daß die Vestin Strauenhart (*k*), welche sie miteinander gebrochen haben, nicht mehr gebauet werden solle.

§. VII.

(*i*) Zeugen sind, seine lieben Vettern, Hanns Spet und Conrad Nyferer von Durmenz; die ihre Siegel mit anzehenkt haben. Das Durmenzische Wappen ist ein Ring, wie das Enzbergische.

(*k*) Man sieht von dem Burgstall Straubenhart in den Herzoglichen Waldungen Neuenburger Amts noch jetzt einige alte Mauern. Es führte eine besondere Familie, die Schöner von Straubenhart genannt, den Namen. Sattler l. c. Th. I. S. 174.

§. VII. A. 1382. wird die veste Burg 1382.
Schechtelo oder Chatelot in der Gravschaft
Mömpelgardt von den Burgern und dem Bischof zu Straßburg, den Graven von Lützelstein und einigen Reichsstätten belagert,
nach drey Wochen erobert, und gänzlich ruinirt. Aus derselben ward vorher den umliegenden Landen, besonders den vorgenannten, mit Plündern und Rauben grosser Schaden zugefügt. Der Eigenthums-Herr, Grav von Jersey in Burgund, sucht
sich zu rächen. Er fällt mit einer nicht geringen Mannschaft den Herren von Lützelstein und von Vinstingen ins Land, belagert die Stadt Scharböbel im Westerich,
und senget und brennet fürchterlich. Die
Burgerschaft und der Bischoff zu Straßburg verbinden sich mit den Marggraven
von Baden und vielen andern Herren.
Sie überziehen den Graven mit Krieg.
Der Grav erwartet ihre Ankunft nicht,
sondern macht sich auf die Flucht: und
wird von seinen Helfern verlassen. Die
wieder ihn angerückte Völker begeben sich
hierauf, nach dem sie ihre Gegenwart
spühren lassen, wieder nach Hause (*l*).

In eben diesem Jahr Mittwoch vor St.
Jacobstag verkauft Cunz von Smalnstein,
Ritter, um 900. Gulden guter und geber
den Hochgebornen Fürsten seinen gnedigen Herren Bernhard und Rudolf Ge-
M 5 brü-

────────────

(*l*) Königshoven Elsaß. Chron. S. 339.

brüdern Marggraven zu Baden seinen Theil an dem Burgstadel der Festen Strubenhart, Langenalb sein Dorf, einen Viertheil an dem Dorfe zu Tobel, seinen Hof und Reben in dem Dorfe zu Niebelspach mit Aeckern, Matten, Korngülten, und alles, was zu Strubenhart gehört, sonderlich alle seine eigene Leute, wo die gesessen sind.

Belehnung. §. VIII. Dieses Jahr (1382.) ist ferner merkwürdig wegen K. Wenzels Lehenbrief und Bestätigung gegen M. Bernhard über alle Lehen, die er vom Reich hatte, nemlich sein Landgericht, und sein Land von Graben bis an die Albe, und von der Albe bis an die Schwarzach und die Hard, darzwischen Ettlingen die Statt und die Burg zu Yberg, darzu seinen Zoll, Geleit auf Wasser und Land, Wildbanne, Münz mit allen Nutzungen und Zugehörungen (m). In der Bestätigung aller M. Bernhards und seiner Markgravschaft Gnade, Freyheit, Privilegien, Handvesten und aller anderer Briefe Schulden und Herkommen, die er und seine Vorfahren von Römischen Kaisern und Königen gehabt und hergebracht haben, wird auch der Juden gedacht, von welchen in K. Karls IV. Lehenbrief nichts gemeldet worden war.

Von

(m) Cod. Diplom. Bad. num. 294.

Von eben diesem Jahr findet sich K. Wenzels Verbotsbrief, daß kein Fürst, Herr oder Stadt, oder sonst jemand M. Bernharden keinen der seinen zu Burger abempfahen, und, wann es schon vorher geschehen wäre, solches null und nüchtig seyn soll.

Ich gedenke hieben noch zweyer anderer Privilegien. Das eine ist im Jahr 1384. an St. Niclaustag gegeben, und dieses Inhalts: „Daß, wann die Städte Straß„burg und Speyer, die auf M. Bern„hards und Rudolfs Leute gelegte neue „und ungewöhnliche Umgelte und Zölle „nicht abthun wollten, die Marggraven „dergleichen auch in ihren Landen von sol„chen Städten nehmen mögen." Das andere hat eben dieser Kaiser A. 1387. zu Nürnberg Sonntag nach U. F. Tag Assumtionis ertheilt, daß niemand M. Bernhards Diener und Leute, es seyen Grafen, Herren, Ritter, Knechte, Bürger oder Bauern für keinen Landrichter, Hofrichter oder andere Richter, als ihn oder seine Amtleute und Richter laden sollen (*n*).

§. IX. A. 1383. verpfänden beede Herren Brüder ihre Dörfer Lynckenheim und Hochstetten an Rufel Streler von Ettlingen Burger zu Speyer um 1500. fl. Dieser bekennt sich dagegen einer Wiederlosung

---

(*n*) *Cod. Dipl. Bad.* num. 197.

fung gegen ihnen bey seinem Leben um 1500. fl. und nach seinem Tode um 1000. Gulden (o). In eben diesem Jahr leistet M. Bernhard der Stadt Straßburg Hülfe wieder den Grafen von Versey (p).

A. 1384. wird M. Bernhard von Herzog Leopold in Oesterreich zum Landvogt der Oesterreichischen Lande im Brißgau bestellt.

A. 1385. versetzt Hans von Beckingen das Vierteil des Dorfs zu Seldingen und die halbe Burg daselbst, welche von der Herrschaft von Baden zu Lehen rühren, seinem Schwager Ernsten von Gitlingen und dessen Ehfrauen Adelheiden von Beckingen seiner Schwester, um 500. fl.

A. 1386. nimmt der Marggraf Oesterreichische Parthie wieder die Eydgenossen (q).

Veräusserungen. Obgleich unser vortreflicher Marggraf sich bemüht, seine angeborne Länder zu vermehren: so finden wir doch auch Beyspiele, daß damals einiges von denselben veräus-

---

(o) Nachher A. 1392. übergab dieser Pfands-Inhaber dem Marggrafen die Vogtey über besagte 2. Dörfer Schirmshalben, und empfieng sie hernach wieder, wobey er sich verbunden, solche dem Marggrafen auf jedesmaliges Erfordern wieder zuzustellen.

(p) Herzog Elsass. Chron. B. 2. S. 127.

(q) Tschudi Schweizer Chron. Th. I. S. 524.

äussert worden. Seine Frau Mutter hat A. 1390. (r) 1391. und 1394. ihre Güter in Heidelsheim, Wildberg und Eppingen, wie auch die Schlösser Besißheim, Moßbach und Obernheim abgetretten. Er verpfändet auch selbst A. 1383. die Städte Wellichheim und Bellheim, welche als Reichspfandschaften A. 1363. dem Churfürsten Ruprecht I. von seinem Vatter verpfändet, und nachher wieder eingelöset worden waren, aufs neue (s).

A. 1393. erlaubt er Churfürst Ruprecht II. von der Pfalz die Städte Wildberg und Heidelsheim einzulösen (t). Dieser bedient sich der Gelegenheit, und bringt A. 1394. das Schloß Wildberg an sich (u). A. 1424. löset Churfürst Ludwig III. den halben Theil von Heidelsheim ein (v); ja er bekommt von dem Marggraven vor eine Summe von 10000. fl. die Reichspfandschaft Eppingen. Der Marggrav behält sich jedoch die Wiederlösung vor.
Sein

(r) In diesem Jahr starb Churfürst Ruprecht I. ohne männliche Leibes-Erben, und hätte M. Bernhard vermög des mit seinem Herrn Vatter errichteten Erbvertrags Heidelsheim und Wildberg erhalten sollen. Er gelangt aber nicht zu deren Besitz, ja sein Enkel mußte endlich gar der Ansprache absagen.

(s) TOLNER. append. ad histor. palat. p. 80.

(t) TOL. l. c.

(u) Idem p. 46.

(v) Idem p. 80.

Sein Enkel M. Carl I. aber wird nachher A. 1462. genöthigt, sie aufzuheben. Davon an seinem Ort.

Krieg der Fürsten n. Städte. §. X. A. 1388. brachen die langwierigen Mißhelligkeiten zwischen den Fürsten und Städten des Schwäbischen Bunds in einen Krieg aus, worinnen auch die Badische Lande verwüstet worden (*w*. Die Herzoge von Bayern Stephan und Fridrich nahmen A. 1387. den Erzbischof von Salzburg Pilegrin um erstgemeldeter Strittigkeiten willen gefangen (*x*). Da nun die mit dem Erzbischof verbündete Städte von ersagtem Herzogen Schaden litten, so gaben die in Schwaben, Bayern und Franken vereinigte Stätte denen Rheinischen von ihrem Vorhaben Nachricht, und kündigten den beeden Herzogen und ihren Helfern den Krieg an (*y*). Der vornehmste Urheber der Verwirrungen war Kaiser Wenzel. Er war den Fürsten gehässig, weil sie mit seiner Absetzung umgegangen

---

(*w*) Dieses ist eine Übersetzung aus der prächtigen Badischen Historie des Herrn Prof. Schöpflins Th. II. S. 70.

(*x*) AVENTIN. *Hist. Boior.* L. VII. c. 11. §. 8. HUNDII *Metrop. Salisb.* T. I. p. 17. ADLZREITER *Annal.* Part. II. Lib. VI. §. 17.

(*y*) Von diesem Krieg handelt unter vielen andern TRITHEMIUS in *Chron Hirsaug.* ad A 1388. Königshoven Elsäss. Chron. S. 347. folg. AVENTIN. Lib. VIII.

gen waren (z). Er verſichert deßwegen
die Städte nicht nur ſeines Schuzes, ſon=
dern er kündigt auch ſelbſt den Herzogen
von Bayern den Krieg an, und ergreift
offentlich die Parthie der Städte (a). Der
Krieg hatte ſeinen Anfang in Bayern ge=
nommen, und ſich von da durch Franken
und Schwaben bis an den Rhein verbrei=
tet. Die Rheiniſche, Elſäßiſche und Wet=
terauiſche Städte, welche von K. Wenzel
aufgebracht worden waren, fielen dem
Churfürſten Ruprecht ins Land, um ihn
abzuhalten, daß er den Herzogen von Bay=
ern nicht möchte Hülfe leiſten. Ihre Heere
werden aber in zwey Treffen bey Speyer
und Frankfort geſchlagen. Der Krieg
wurde in Bayern in Schwaben mit groſſer
Hize geführt, und auf beeden Seiten vie=
le Dörfer (b) in Aſchenhaufen verwandelt.

Kaiſer Wenzel verließ endlich die Par=
thie der Städte und ſchlug ſich zu den Für=
ſten. Er ermahnt den Erzbiſchof von Salz=
burg, den er kurz zuvor wieder die Für=
ſten in Harniſch gebracht hatte, durch ein
beſonderes Schreiben ab (c). Es wurde
da=

(z) Lehmanns Speyer. Chron. B. 7. Cap. 69. S. 766.
Man lieſt daſelbſt K. Wenzels Schreiben, welches
die Sache deutlich vor Augen legt.

(a) Lehmann l. c.

(b) Einige rechnen über 1200. allein im Würtembergi=
ſchen.

(c) Man lieſt es in Lehmanns Speyer. Chron. S. 765

daher A. 1389. im May, da sich die Gesandte der Fürsten sowol als der Städte
bey dem Kaiser eingefunden hatte, der den
Städten so nachtheilige Friede zu Eger in
Böhmen geschlossen. Kraft desselben wurde das Bündnis der Städte und Fürsten
aufgehoben, der Landfriede am Rhein, in
Schwaben, Bayern, Franken, Thüringen, Meissen auf sechs Jahre vestgesetzt,
und geordnet, daß die Städte alsdann erst
Theil an demselben haben sollten, wann
sie entweder freundschaftlich oder von den
hierzu erwählten Schiedsrichtern sich mit
den Fürsten würden verglichen haben. Die
Städte zahleten hierauf grosse Geldsummen an die Fürsten, und tratten also nach
und nach dem Egrischen Frieden bey (d).
Marggrav Bernhard war zwar nicht eigentlich in diesen Krieg verwickelt: er
machte aber dennoch an die Stadt Speyer
zur Schadloßhaltung eine Anforderung
von 1500. fl. (e), ob sie gleich an allem
ihm zugefügten Schaden unschuldig seyn
wollte. Auch zahleten die von Straßburg
bald hernach ihren Antheil (f).

Friede zu Eger.

Die Fürsten und Städte schlossen, je
nach dem sie in verschiedenen Gegenden ihre Lande hatte, verschiedene Frieden besonders

Am Rhein.

(d) **Königshoven** l. c. S. 359. **Lehmann** l. c.
S. 767.

(e) **Lehmann** l. c.

(f) S. unten beym Jahr 1393.

ders unter sich. Also machte der Erzbischof von Maynz Conrad, die Pfalzgraven Ruprecht am Rhein, Bischof Fridrich von Straßburg, die Gebrüdere Bernhard u. Rudolf Marggraven zu Baden mit den Städten Maynz, Straßburg, Worms, Speyer, Frankfort, Fridberg, Gelnhausen, Hagenau, Selse, Weisenburg, Schlettstatte und Ehenheim, im Brachmonat A. 1389. einen besondern Frieden. Sie verglichen sich zugleich wegen der Anzahl der Gleven (g) oder Reuter, die

---

(g) Sie heissen auch Glenen oder Glauen. Diese werden in der Einnung mit Chur-Maynz vom Jahr 1456. also beschrieben: „Und Jm alsdann fünfzig „mit Glenen . . . zu Dienst schigken inn sin Stete „oder Sloß . . . zu tegelichem Kriege . . . doch al„so, das yede Glene zum nyhsten habe zwene ge„wappente Manne vnd dru Pferde." Desgleichen in der Einnung mit Würzburg A. 1458. „eine Antzale „wol erzewgten Leute Jn Harnisch vnd mit Pferden „nemlich funfzig mit Glanen . . . also das yede Gle„ne mit zum mynsten habe zwene gewappent vnd „drew Pferd." S. des berühmten Herrn Krämers vortrefliche Geschichte des Kurfürsten Fridrichs des Ersten von der Pfalz B. 6. S. 549. Nach den Auslegungen in Königshoven Chron. heissen Glefen oder Glenen so viel als Lanzen, und Lanzknechte. Die Glefener waren gemeiniglich Ritter und Edelknechte, und war ihre Rüstung noch kostbarer wegen der vielen Pferde und Knechte, so sie mit ihnen geführt. g. E. wann von wegen einer Statt 20. mit Gleven sich bey einem Zug befunden, so haben 20. oder mehr reisige Knechte oder Jungen dazu gehört. Mehrers f. hievon in Wenckers Bericht von den Gleven-Burgern.

Bad. Gesch. II.Th.   N

die ein jeder, um die Friedensstöhrer in Ordnung zu bringen, geben sollte. Den Marggraven Bernhard u. Rudolf wurden jedem zu seinem Antheil zwölfe angesetzt (b).

§. XI. In erstgemeldetem Jahr an St. Gallentag stellt der Ritter, Cunrad von Schmalenstein unserm Marggraven einen Lehenrevers aus über Graben das ober Theil, das halb Theil, Lutolsheim die zwey Theil an der Vogtey, Ruchsheim (Rußheim) die zwey Theil an der Vogtey, das Burgstabel von Clingenberg, das dem verstorbenen Beringer gehörte, die dazu gehörige Aecker, vier Morgen Wiesen nnd einen Wassergilt Jahrs 10 ß Heller und das Holz genannt des Kyfers Holz und was zu Klingenberg gehöret, welches der abgelebte Beringer inne gehabt hatte.

1390. A. 1390. am Sonntage vor dem Uffart Tage versetzt Contze von Smalenstein Ritter, mit Bewilligung M. Bernhards und M. Rudolfs dem erbern Knecht Aberlin Bocklin seine Lehenbare Dörfer Lutdolßheim und Rugsheim für 1200. fl. Er verschreibt sich dabey, daß er diese Schuld bey seinen Lebtagen ablösen wolle, ohne der Marggravschaft Schaden; geschähe es nicht, so sollen derselben verfallen seyn 800. fl. deren seine Ehfrau Else von Urbach

---

(h) Das Instrument hievon steht bey WENCKER. de Vsburgeris p. 150.

bach auf das Dorf Graben versichert sey; deßgleichen alles Gut und Erbtheil, das sie habe an der Burg zu Liebenstein und den Dörfern dabey, das ist, Westheim, Kirchein, Houwenstein, und Ilßfeldt. Geschähe den Marggraven einiger Irrsal von wegen dieser Pfandung, so soll sich der von Smalenstein in die Leistung stellen gen Baden in die Stadt, die M. Rudolfs ist (i).

Gemeldter Conrad von Smalenstein bestätigt diese Verschreibung nochmals A. 1393. am Sonntag vor Simons und Judas Tag, als ihm der Marggrav erlaubt, Ellichin Herrn Johansen von Wartenberg Tochter Wittwe, seine zweyte Ehefrau für 3000. fl. auf die halben Dörfer Lutolzheim und Ruchsheim zu verwidmen. Diese Eheleute versetzen nachher mit Einwilligung M. Bernhards die beeden vorgemeldete halbe Dörfer an die erberen vesten Knechte Hanse und Gergen von Gemmingen um 1500. fl. und geben nachher A. 1394. (k) dem Marggraven eine Verschreibung, daß er oder seine Erben das Recht haben sollen, die Losung zu thun.

§. XII. Die Herren von Fleckenstein haben, um diese Zeit Strittigkeiten mit dem Land-

---

(i) Zeugen hiebey waren: Renhart von Rieppur, Ritter; Hans Trigel von Oewensheim und Renhart vom Remchingen, Edelknechte.

(k) Am Montag nach St. Georigentag.

Landvogt und der Stadt Hagenau. Marggrav Bernhard nimmt sich A. 1391. der Herren von Fleckenstein an, und sucht ihnen zu dem ihrigen behilflich zu seyn (*l*).

<small>Krieg mit Straßburg.</small>

§. XIII. **Marggrav Bernhard führt viele Kriege.** Den mit Straßburg Anno 1392. (*m*) beschreibt Herr Prof. Schöpflin (*n*) nach seinem Ursprung (*o*) und Schicksalen also: Bruno, Herr von Rappoltstein, welchem die Straßburger das Burgerrecht verliehen hatten, setzte Anno 1388. einen Ritter aus Engelland, Johann von Harleston (*p*) in seinem Schloß Gemar ins

---

(*l*) Herzogs Elsass. Chron. S. 159.

(*m*) Der *Auctor Anon. Paraleip. Chron. Vrsperg.* p. 282. HEDION in Chron. p. 598. u. a. m. setzen diesen Krieg unrecht ins Jahr 1388.

(*n*) In *Histor. Zar. Bad.* T. II. p. 74. sqq. Man lese davon auch Königshoven Els. Chron. S. 754-765.

(*o*) Die Hauptursachen dieses Kriegs, wann wir sie kurz zusammen nehmen, sind von Seiten Marggrav Bernhards diese, daß die von Straßburg seinen Vorfahren die Statt Selz hinweggenommen und zerstöret; daß sie seine Unterthanen mit neuen Zöllen und Auflagen beschwehrt; und sonderlich, daß sie viele der seinigen zu Außburgern aufgenommen, und wieder ihn als Landsherrn selbst geschützet haben, welches zu dieser Zeit die gemeine Klage derer Herren gegen die Städte war.

(*p*) In Königshoven Chron. S. 754. heißt er Herr von Herbestein.

Bernhard I. 1372-1431.

ins Gefängnis (*q*). Der König von Engelland suchte die Befreyung desselben durch Vorschreiben an die Burger zu Straßburg zu bewürken. Bruno beruft sich auf seine Gerechtsame, und da die Stadt Straßburg ihm mit Gewalt zusetzen will, so wendet er sich an Kaiser Wenzel. Dieser erklärt die Stadt, ohne sie zu hören, in die Acht. Die Sentenz ist zu Burgliß gegeben Anno 1390. Harleston wird darauf entlassen. Die von Straßburg suchen durch Gesandte die Kaiserliche Gnade zu erlangen. Der Kaiser läßt sie nicht vor sich. Sie müssen also unverrichteter Sachen zurückreisen. Auf Vorbitte ihrer Freunde ernennt endlich K. Wenzel den Bischof Lambert von Bamberg und den Landvogt im Elsaß Worziboy von Swimar, „daß sie mit „denen Straßburgern A. 1391. zu Maynz „die Sache verhandeln, damit sie 4500. fl. „erlegen und also aus der Acht gelassen „werden sollten." Allein Marggrav Bernhard von Baden, wie auch die Marggraven von Hochberg und Sausenberg, Fridrich Bischof zu Straßburg (*r*), Grav E-
ber-

(*q*) Die Ursache hievon beschreibt Wencker in dem Bericht von den Außburgern S. 176. folg.

(*r*) Schilters 3te Anmerk. über Königsh. Chron. S. 757. belehrt uns, der Bischof und andere Herren hätten vom Kaiser Wenzel Pergamentene Briefe mit des Königs Majestät Insigel versehen, die wir Cartes blanches nennen, bekommen, und dadurch viele Fürsten bewegt.

berhard von Würtemberg (s), der Herzog von Geldern, der Herzog von Jülich, die Graven von Koburg, Leiningen, Lützelstein, Fürstenberg, Nassau, Salm, Blankenberg, Sarwerden, die Herren von Thierstein, von Bitsch, von Lichtenberg, Geroldseck, und der Urheber dieser Verdrüßlichkeiten (t) Bruno von Rapoltstein, nebst sehr vielen andern verhinderten den Frieden.

§. XIV. Die Straßburger hatten eine Brücke über den Rhein geschlagen, und übten dadurch sowohl als die dabey befindliche starke Bedeckung eine Herrschaft auf dem Rhein aus. Hiedurch vermehrte sich der Haß ihrer Nachbarn gegen sie, als welchen bedenklich war, daß die Straßburger auf diese Art nach ihrem Belieben die über dem Rhein gelegene Gegenden feindlich überfallen und beschädigen könnten. Man redet hier nicht von dem Zoll, auch nicht von der alten Klage, daß sie fremde Unterthanen zu sogenannten Ußburgern und Pfahlburgern aufgenommen hatten. Es
was

―――――――――――

(s) Die Einnung Marggrav Bernhards und Grav Eberhards von Würtemberg, die sie einander an Eydesstatt in die Hände gelobt und versprochen, liest man von Wort zu Wort in Steinhofers Neuer Würt. Chron. Th. 2. S. 497. folg.

(t) Königshoven S. 756. 758. Crusii Schwäb. Th. 3. B. 6. Chronica Msta Argent. Muegii &c.

waren auch viele Stände und Vornehme, welche von denen zu Straßburg Geld aufgenommen und ihnen Güter verſetzt hatten. Und dieſe Schulden hoften ſie durch den Krieg zu tilgen. Marggrav Bernhard wird beſonders durch das Andenken, daß die Straßburger ſeinen Vorfahren die Stadt Selß entriſſen und zerſtört hatten, aufgebracht. Hiezu kommt die Vorſtellung des Schadens, der ſeiner Marggravſchaft in dem letztern Krieg zwiſchen den Fürſten und Städten von den Burgern zu Straßburg und deren Anhängern zugefügt worden war.

§. XV. Die Fürſten vereinigen alſo ihre Trouppen mit dem Landvogt im Elſaß, und überziehen A. 1392. im Herbſtmonat die Stadt Straßburg plötzlich; ſie lageren ſich zu beeden Seiten des Rheins, und verwüſten ihr ganzes Gebiet mit Feuer und Schwerdt. Es gehen viele Scharmützel ganz nahe bey den Mauern der Stadt vor. Die Alliirte beſtürmen die neue Rheinbrücke auf beeden Seiten des Fluſſes. Sie ſuchen ſelbige durch Schiffe, die mit brennendem Schwefel und Pech gefüllt worden, in Brand zu ſtecken, oder aber durch andere ſehr groſſe Schiffe, die ſie gegen die Brücke mit Heftigkeit in Bewegung geſetzt, die Joche zu verderben. Allein die Gegenanſtalten der Stadt vereitelen alle dergleichen Bemühungen. Bey diesem thun sie häufige Ausfälle, und machen viele Feinde theils nieder, theils zu Gefangenen. Ja sie fallen zweymal in die Lande des Bischofs und in unser Vatterland, und kommen mit grosser Beute in die Stadt zuruck. Damals begab sich der Grav von Sponheim und Schultheiß nebst den Abgeordneten von Worms, Maynz und Speyer nach Straßburg, und bemüheten sich den Krieg beyzulegen. Man verlangt, die Stadt solle 100000. Gulden bezahlen, welche alsdann unter die Fürsten ausgetheilt werden sollen. Der Landvogt im Elsaß erbietet sich zum Schiedsmann. Allein die Burger der Stadt verwerfen den Vorschlag. Der Landvogt begibt sich sogleich mit einem Theil seiner Völker nach Böhmen. Marggrav Bernhard und Grav Eberhard von Würtemberg ziehen nach Hause. Die Straßburger aber ordnen eine Gesandtschaft nach Prag an Kaiser Wenzel und erhielten endlich von ihm den Frieden.

Dieser wird geschlossen A. 1393. zu Vetlern. Die Straßburger erlegen dem Kaiser 32000. fl. und kommen also aus der Acht (*u*). Die Kriegführende Theile heben

---

(*u*) Der ganze Vertrag der Stadt Straßburg mit Kaiser Wenzel stehet bey Wencker von den Ausburgern S. 191. folg. Daselbst wird S. 190. aus Specklins Chron. Msc. bemerkt, daß die Welsche

ben den Schaden gegen einander auf, und entlassen die im Krieg gefangene. Die Stadt Straßburg erhält die Bestätigung über die Rheinbrücke und dahin gehörige Rechte (v).

Es wird hierauf ein Tag bestimmt nach Hagenau, wo die übrige Beschwehrden sollen abgethan werden (w). Unter den Fürsten findet sich M. Bernhard daselbst ein. Die Stadt Straßburg zahlt ihm 2000. fl. wogegen er von aller an dieselbe gemachte Forderung absteht (x).

---

sche Wein, den die Straßburgische Gesandte dem König in der Stille zugebracht, von guter Würkung gewesen sey.

(v) Das von Kaiser Wenzel der Stadt deßwegen ertheilte Diploma s. bey Wencker l. c. S. 197.

(W) Daß dieser Convent würklich vor sich gegangen sey berichtet Specklin l. c. und Herzog in Els. Chron. S. 104. welcher zugleich die Versicherungs-Schreiben der Fürsten und Städe anführt, daß sie erscheinen oder ihr Recht verlieren wollen.

(x) Das Instrument hierüber ist Montags nach Creutz-Erhöhung ausgefertigt. Man findet es in dem Archiv der Stadt Straßburg. In demselben liest man:
„Wir Bernhart von Gots Gnaden Marggrafe zu
„Baden bekennen uns offenbar und tun kunt menglich
„mit diesem Briefe, um solche Verordnung und An-
„sprache, so Wir lange Zit an die Erbern Wisen
„den Meyster, den Rate, und an die Burgere ge-
„meiniglich der Stat zu Strasburg gehabt hant, von
„soliche Schaden und Ubergrif wegen, so uns und
„den unsern und auch unsern Dienern von In, Irn
„Burgern, helffern und dienern mit Dotschlegen,
„Brande, Rome und ander Verlust und Schaden

1394. In Jahr 1394. stellt Eberhard Hoffwart von Kirchen seinen Revers aus, daß er vor sich und seine Erben von M. Bernhard mit Münzesheim belehnt worden sey (y).

Anno

„ geschach und geschehen ist, in Unsrer Marggrafeschaft,
„ in unsrer Pfantschaft zu Herrenberg und zu Hochberg zu den Ziten, da fürsten und herrn mit In und
„ andern Steten Krieg hätten, der uns doch nit angieng .... und ist darum ein solich kerunge mit einer Summe gelts, mit Namen zweytusend Güldin,
„ von In, als verre sie das eintrift, dafür worden
„ und bezalt, damit uns gen In begnüget u. s. w.
In dem folgenden Jahr war M. Bernhard nebst dem Churfürsten zu Maynz in Straßburg, um die zwischen dem dasigen Bischof und der Statt obgewesene Irrungen völlig beyzulegen. *Auctor. Paral. p.* 283.

(y) Die Urkunde hievon lautet also: „Ich Eberhard
„ Hoffwart beydhe undt bekenne offentlich durch diesem Briefe für mich und mein Erben, daß ich von
„ dem Hochgebohrn Fürsten, mine gnebigen Herren,
„ Herrn Bernhard, Marggrave zu Baden, recht
„ redelich empfangen habe, und empfahe auch in Lebens wyse mit diesem Briefe die drü Theil an Burg
„ und an Dorf Münzeehem, mit Lüten, Gütern
„ und mit allen Sinen Zugehörden, als daß min Vordern von Alters her von der Marggräffschaft zu Baden empfangen und zu Lehen gehabt hant. Und auch
„ min Erben für baß es von Ihn zu Lehen empfahen
„ sollen, so dick es zu Falle kombt, und Ihr belehnte
„ Man davon sin, one alle Geverd. Und darumb so
„ bin ich des vorgenanten mins gnädigen Herren Mann
„ bovon worden, und habe Jme gelobt und gesworen
„ getrüwen und hold zu sin, und Sinen Frimmen
„ werben, und Sinen Schaden warnen, und alles
„ das zu thund, dz ein Mann Sine Herren von Sinen Lehen billich und von Rechtswegen zu thunde

„ ge-

Auch verschreiben sich in einem zu Mülenberg an der Mittwoche nach Pfingsttag gegebenen Briefe die drey Gebrüder Hans Conzman, Claus Cunzman und Conzman von Staffurt, Hans Cunzmans sel. Söhne gegen den Hochgebornen Fürsten Marggraven Bernhard zu Baden, daß sie beständig in des Marggraven und seiner Nachkommen Dienste, gleich ihren Vordern, bleiben und weder ihr Leib noch Gut entfremden wollen; daß alle ihre Vesten und Schlösser, die sie würklich haben, oder hernach gewinnen würden, der Marggraven offene Häuser seyn sollen, doch mit Vorbehalt des Burgfriedens zu Meyenfels, und auch, daß sich niemand zu Staffurt wider den Stifft zu Speyer und den Bischof als Lehenherrn enthalten solle; und endlich, daß sie ihr Schloß Staffurt niemand anderst versetzen und verkauffen wollen, als einem edlen Manne, der Wappensgenoß sey, und mit Vorbehalt des der Marggravschaft zustehenden Oeffnungs-Rechts (z).

A. 1394.

In eben diesem Jahr verschreiben sich die Wilhelmiter-Mönche zu Hagenau gegen

---

„ gebunden ist one alle Geverde; Und deß zu eym si-
„ cheren Urkund, so han ich nun eigen Ingesigel ge-
„ henckht an diesen Briefe, der geben ist uff Montag
„ nechste nach Sant Nicolaus Tag, in dem Jare, do
„ man zalt nach Christi Geburte drüzehenhundert Ja-
„ re und in dem vier und nünzigsten Jare. "

(z) Der Brief ist mitbesigelt von Reinhart von Remchingen u. Claus Conzman, ihrem Vettern.

gen ben Herr Marggraven, von welchem sie in Schirm und Pflege genommen worden waren, eine ewige Messe für ihn zu halten.

1396. §. XVIII. A. 1396 gibt M. Bernhard dem Churfürsten von der Pfalz Ruprecht II. seine nachbarliche Freundschaft besonders zu erkennen. Der Rhein drohet durch seinen ungestümmen Lauf der Stadt Germersheim den Untergang. Dieser ist nicht anderst abzuwenden, als wann der von Schmalstein, als Besitzers des Fleckens Lidolsheim, und M. Bernhard als des ersteren Lehn- und Landesherr erlaubten, daß man den Rhein durch den Bann des Dorfes Lidolsheim, und mittelst eines neuen Canals leitet, und den alten gänzlich verschließt. Der Marggrav gestattet es seinem Nachbarn zum Besten mit Vergnügen. Germersheim wird also erhalten, und ein Theil der Lidolsheimer Markung, welcher den Namen Wildich führt, kommt durch diese neue Einrichtung des Rheinlaufs jenseit den Rhein. Der Churfürst ertheilet dabey die schriftliche Versicherung, daß die Gestade diß- und jenseits Rheins dem Marggraven verbleiben sollen.

In eben diesem Jahr den 15. Jul. erhebt sich M. Bernhard mit dem Abt Marquard zu Herrenalb und dem Abt Albrecht zu Gottsau in das Kloster Frauenalb. Er

legt

legt daselbst die schon geraume Zeit zwischen der Aebtißin und dem Convent obwaltende Strittigkeiten bey, und gibt dem Kloster neue Verordnungen, deren Veränderung, Minderung und Mehrung er sich ausdrücklich vorbehält (*a*).

§. XIX. Um diese Zeit verspricht unser Marggrav Gottfriden von Leiningen, den das Dom-Capitul zu Maynz, nach Absterben Erzbischofs Konrads II. von Weinsperg erwählt hatte, 10000. fl. innerhalb vier Monathen vorzustrecken. Das Geld ward zu Bestreitung der gewöhnlichen Kosten am Römischen Hof bestimmt; und sollte aus dem Gernsheimer Zoll wieder bezahlt werden (*b*). Papst Bonifacius IX. versagt die Bestätigung der Wahl und ernennt (*c*) Johann II. Grav von Nassau zum Erzbischof. Folglich hat die obige Geld-Verkommnis ein Ende.

Am St. Endris-Abend dieses Jahrs gibt Grav Hermann von Sulz und Margaretha 1396.

(*a*) Die Verordnung steht in der Supplicatione pro mandato poenali in Sachen Frauen Marggrävin zu Baaden Baaden, als Vormünderin contra Frauen Mariam Gertrudem von Ichtersheim Abtißin, so dann Priorin und Convent des Jungfrauen Closters Frauenalb S. 97. und aus der Urschrift im *Cod. Dipl. Zar. Bad.* Num. CCCV.

(*b*) GUDENI *Cod. Dipl. Mog.* T. III. p. 634. SERARII *rer Mogunt.* Tom. I. p. 709.

(*c*) GUDENUS l. c. p. 623.

tha von Hohenberg, seine Hausfrau zu Ensisheim die Einwilligung, daß Herzog Leopold zu Oesterreich den Marggraven wegen der auf dem Nutzen zu Rotenburg habenden 850. fl. Gelds auf andere seine Schlösser, Gülten und Nutzen oder mit baarem Gelde ausweisen möge.

Der Marggrav hat um diese Zeit Klagen über die Oesterreichische Amtleute zu Horwe und Rietenburg. Sie hatten ihm und seinen Unterthanen, Schaden zugefügt aus der Grafschaft Hohenberg. Er sucht sich deßwegen A. 1397. mit Herzog Leopold von Oesterreich zu vergleichen. Er genehmigt daher schriftlich zu Enseßheim an dem nechsten Dienstag vor dem Palmtag, daß von beeden Seiten zwey Räthe gesandt werden, und wo diese nicht würden sich vereinigen können, entweder Grav Hugo von Montfort, oder Johann von Lupffen, oder Friderich von Flebeniz, den Ausschlag thun sollten (d).

A. 1396. An der Mitwochen vor U. F. Tag Nativitas 1396. gibt Hans Drescher Ritter genannt Rappe für sich, seinem Bruder Cleinhausen und ihre Leibs-Erben dem Marggraven einen Lehenrevers über der Drescher Güter zu Seldingen, nemlich den Theil an der Burg und an dem Dorfe, mit Leu-

---

(d) HERRGOTT. Cod. Probat. Geneal. Habsb. num. 898.

Leuten und Guten und allen Zugehörde, mit dem Beding, wann sie ohne Leibslehns-erben abstürben, daß das Lehen auch auf die Töchter fallen solle.

§. XX. A. 1397. nimmt der Marggrav den Dienst= und Burgmann Peter Bach von Reybach auf Lebenslang in das Schloß Baden auf, und gibt ihm zwölf jährliche Gulden zu einem Burglehen. *1397.*

In eben diesem Jahr am Samstag nach Allerheiligen verschreiben sich Eberhard und Ulrich Trigele, Gebrüdere von Ouwensheim M. Bernharden, daß sie den mit dessen lehen herrlicher Bewilligung an Agnes v. Sickin-gen, Heinrichs von Remchingen Wittib um 180. fl. verpfändeten vierten Theil an dem Dorfe zu Seldingen von nächstem Martini über drey Jahr wieder einlösen wollen.

§. XXI. Um das Jahr 1397. hat Marg-grav Bernhard mit der Stadt Speyer gros-se Verdrüßlichkeiten. Der Rath daselbst hatte bereits um das Jahr 1394. etliche Marggrävliche Unterthanen u. Leibeigene sonderlich von Ettlingen und Pforzheim zu Burgern angenommen. Hierzu kam der Schaden, der bey dem Zug wider die En-gelländer (e); in dem Krieg wieder den von Sickin- *Speyeri-sche Hän-del.*

(e) Diese Engelländer bestunden aus einer starken Gesell-schaft, deren Absicht war, durch das Faustrecht sich Reich-thümer zu samlen. Sie hatten eine so grosse Macht, daß man Bündnisse wieder sie schliessen mußte. Sie machten alles unsicher, und übten in Teutschland und Frankreich vielen Unfug aus. Königshofen Elf. Chr. S. 887. fol.

Sickingen zu Blankenloch und Graben; deßgleichen in der Schwäbischen Städte Kriege in dem Gerichte und Schlosse zu Wahsenbach, so nach Herrenalb gehörte, wie auch zu Rußheim und Lüdolsheim und sonst der Marggravschaft zugefügt worden war, und zu dessen Vergütung die von Speyer sich nicht verstehen wollten. Churfürst Ruprecht der ältere von der Pfalz bemüht sich A. 1397. die Zwistigten beyzulegen. Er hält die Freyheiten, welche dem Marggraven und der Stadt Speyer von dem Kaiser und Reich ertheilt waren, gegen einander; es deucht ihn, sie enthalten einige Widersprüche. Er überläßt daher die Entscheidung Kaiserlicher Majestät. Sein Sohn Pfalzgrav Ruprecht der jüngere gibt seine Meynung A. 1398. zu Bruchsal dahin, daß M. Bernhard von denen zu Speyer vor keinem andern Gericht, als vor dem Kaiser, wann er nach Frankfort, Heidelberg oder einen andern Ort am Rhein kommen würde, dörfe belangt werden. Kaiser Wenzel kommt noch selbiges Jahr nach Frankfort. Er bestätigt samt den daselbst anwesenden Fürsten der Stadt ihre Freyheit, allerley Leute, wo sie her wären, auf dieser Begehren zu ihren Mitburgern annehmen zu dörfen; doch bleibt den Herren die Erlaubniß, diese Leute innerhalb Jahresfrist zuruck zu fordern (f). Das

---

(f) Lehmann Speyr. Chron. B. 7. Cap. 71. S. 769. und 770. WINCKER *de Pfalburgeris* p. 42.

Daß der Marggrav und Grav Friderich von Veldenz A. 1398. neue Verdrüßlichkeit mit der Stadt Speyer gehabt habe, erhellet aus einem Feinds-Brief von diesem Jahre (g).

In eben diesem Jahre hat der Marggrav Spänne mit denen von Stauffenberg. Er läßt die Sache durch ein Lehen oder Manngericht untersuchen (h).

§. XXII. Die Graven von Zweybrücken unterstützt M. Bernhard in ihren Umständen durch seine thätige Freundschaft. Dieses bezeugen unter andern die Quittungen vom Jahr 1399. Z. E. Grav Hannman von Zweybrücken und Herr zu Bitsch stellt an Simonis und Judä Tag eine Quittung über 100. fl. an 600. fl. die er ihm wegen der

Zweybrücken.

(g) Lehmann l. c. S. 771.

[h] Den Urtheils-Brief des marggräulich Badischen Manngerichts f. in Herrn Geheimdenrath J. J. Reinhards neuen Anmerkungen von der Lehensfolge aus der Gemeinschaft ohne Mitbelehnschaft. S. 67. sqq. In diesen Anmerkungen wird auch die Geschichte dieses Lehens abgehandelt, S. 6. folg. Staufenberg liegt in der Ortenau, in der Mitte zwischen Oberkirch und Offenburg. Gleich darunter ist das Thal, Turbach genannt, in welchem die meiste Höfe und Güter liegen, die zu dieser Herrschaft gehören; desgleichen das Dorf Nesselwied, so in den Lehenbriefen oft vorkommt, Bottemann, Wiedergrün u. d. gl.

Bad. Gesch. II. Th.   O

der zwischen Bischof von Straßburg und ihm dem Graven gemachten Rachtung (i) auf nächst Martini zu geben schuldig sey. Desgleichen für sich und seinen Bruder Grav Fridrich über 1500. fl. Ferner von Grav Fridrich allein über 500. fl. Und von Grav Hanmann allein über 170. fl. Hieher gehört die am St. Matthäus Abend gegebene Versicherung Bischof Wilhelms von Straßburg auf die Städte und Dörfer Oberkirche, Reinheim, Ulme, Appenweiler, Grießheim, Acher, und Sachspach wegen der 800. fl. welche M. Bernhard zu Baden zu Befriedigung Herrn Hanmanns, Friderichs und Hanmanns der Graven von Zweinbrücken und Herrn zu Bytsche über sich genommmen.

Lands-Vermehrung. 1399.
Berghausen und Söllingen

§. XXIII. A. 1399. verkauft Eberhard von Gertringen, ein Edelknecht, dem Marggraven um 1500. fl. eine große Anzahl Aecker, Wiesen und Weinberge zu Barghusen und Seldingen (k); die Mahlmühle und Oelschlag an ersterm Orte; etliche Hüner-Kappen-und Gänse-Zinse in beeden Dörfern, die Lehenschaft der Pfründen des Altars St. Catharinen in der Pfarrkirchen zu Berghausen (l).

In

(i) Ist so viel als Vergleich, Vertrag, Stillstand; und heißt sonst auch Ratunge.
(k) Berghausen und Söllingen.
(l) Der Brief ist besigelt mit des Verkäufers, seines Schwähers, Hansen vom Stein von Wunnenstein Sigeln.

Bernhard I. 1372-1431.

In eben diesem Jahre am Samstag nach St. Ulrichstag tritt Elchin von Wartenberg, Cunzen von Smalnstein, Ritters, Wittib ihren Widum auf Ludolzheim und Ruxsheim (*m*) gegen ein Leibgeding an M. Bernhard ab. Sie verspricht, wann sie seit ihres Manns Tod die armen Leute dieser Dörfer um Gülten, Schulden oder Geld versetzt hätte, sie zu ledigen, oder so viel an ihrer Gült von dem Fürsten abziehen zu lassen auch ihme alle Briefe über beede Dörfer von dem verstorbenen Herrn Gerhard von Ubstat, oder von der Erenberg, wegen einzuhändigen.

§. XXIV. Als zwischen Marggrav Bernhard und den Graven von Eberstein, Bernhard und Wilhelm, Gebrüdern, wegen ihrer gemeinschaftlichen Gerechtsamen über die Klöster Frauenalb und Reichenbach Irrungen entstanden waren, so werden selbige A. 1399. am Montag nach Lätare durch einen Vergleich gehoben, nach welchem sie die Vogtey und Dörfer gütlich miteinander theilen (*n*). *Vergleich mit Eberstein.*

Den folgenden Dienstag stellt die Abtisin Margaretha, gedachter Graven von Eberstein Vatters Schwester, samt dem gan-

---

(*m*) Liebolsheim und Rußheim.
(*n*) Siehe die oben beym J. 1396. angeführte Deduction. Ein Auszug des Vergleichs steht im *Cod. Diplom. Zar. Bad.* Num. CCCXIII.

ganzen Convent des Klosters Frauenalb ihren Versicherungs-Brief aus. Sie erkennen die Herren Marggraven von Baden und die Graven von Eberstein für ihre Vögte und Schirmer auf ewig. Sie versprechen, weder einen Probst noch Schaffner über des Klosters Güter, ohne derselben Willen, jemalen zu nehmen; noch die bestimmte dreyßig Pfründen zu vermehren; auch die Rechte und Güter des Klosters nicht zu verpfänden, zu verkaufen, oder mit Schulden zu beschweren; hingegen alle Jahre in der Fasten, zwischen dem weisen Sonntag und Ostern, von allen Gütern, Nutzen und Gefällen des Klosters Rechnung zu thun. Sie ist dabey der Gerichtbarkeit derer Schirmherren in ihren Rechtssachen geständig u. s. w. (o).

In eben diesem Jahre auf Jacobi, machen vorgemeldete Graven zu Eberstein wegen der zur Herrschaft gehörigen Reichslehnbaren Wildbänne mit Marggrav Bernhard einen Vergleich (p).

Um das Jahr 1400. erkauft Marggrav Bernhard von den Graven von Hohenberg die

---

(o) *Cod. Dipl. Bad.* Num. CCCXII.

(p) *Cod. Dipl. Bad.* Num. CCCIV. MEICHSNER. *Decis. Camer. Imperial.* T. II. l. 1. dec. 5. adj. Lit. A.

die Herrschaft Altensteig, und verpfändet sie nachgehends an die von Urbach (*p*).

§. XXV. Marggrav Bernhard bekommt A. 1400. (*q*) einen Streit mit Grav Eberhard VIII. dem Milden oder Gütigen von Württemberg: Der Marggrav hatte einen Namens Heinrich Göldlin vor seinen Feind erklärt. Der Grav aber hatte ihn geschützet. Der Marggrav erklärte solches vor eine Verletzung der zwischen ihnen A. 1392. errichteten Einung. Man sucht die Sache zu Leonberg, und hernach zu Vaihingen durch Schiedsleute auszumachen (*r*). Diese sprechen vor den Graven (*s*).

In eben diesem Jahr suchen beede Herren auch ihre andere Spänne und Irrungen

Streit mit Eberhard von Württemberg.

(*p*) Sattlers Histor. Beschreib. des Herzogth. Württemberg Th. 2. S. 226.

[*q*] Gabelkover schreibt: Die Württemberger beklagten sich schon A. 1398., daß der Marggrav durch seine Leute habe die von Dornstätten und Bayersbronn gefangen, da ihr Herr zu Prüssen war, und ihm Land und Leut empfohlen hat. Dem Truchseßen von Waldeck habe er seine Vestin abgetrungen, und fügte denen von Gültlingen auch Schaden zu an ihren Gütern zu Zavelstein, Teinach und Sommenhart.

[*r*] Auf Seiten des Marggraven war bestellt Grav Fridrich von Zollern, genannt der Schwarzkopf. Sein Fürsprecher war anfänglich Rafe von Helmstat; hernach Reinhard von Remchingen.

[*s*] Steinhofer neue Wirt. Chron. Th. 2. S. 559.

gen gütlich beyzulegen. Sie bestimmen den Freytag vor St. Ulrichstag zu einer Tagsatzung zu Weil. Schiedsleute sind Grav Friderich von Zollern, und Grav Rudolf von Hohenberg.

Der Vergleich ist dieser: Von der Vestung Hornberg soll ein Viertel mit Leut und Gütern dem Graven und seinen Erben, wie es mit der Pfandschaft (*t*) desselben versetzt ist, verbleiben. Die andern Dreyviertel derselben Vestung Hornberg mit Leut und Gütern, mit Wald, Wasser und Waid und aller Zugehör sollen beeden Herren und ihren Erben gleich halb und gemein seyn; und, wann sie einmal eine würkliche Theilung unter einander vorzunehmen willens wären, so solle jedem Theil der freye Zug bleiben in des andern Theil zu ziehen. Zugleich wird gesprochen, daß Grav Eberhard sich der Oefnung, oder derselben Ansprache an der Veste, die da heißt der Thurn bey Altenstaig verzeihen, und solche Marggrav Bernhard allein haben solle (*u*).

Die

[*t*] Daß Volmar von Hornberg nebst seiner Tochter Elisabeth A. 1376. ihren Theil der Burg Hohenberg und was dazu an Leuten und Gütern gehört, an das Haus Würtemberg übergeben habe, meldet Herr Archiv. Sattler in der Beschreib. des Herz. Würt. Th. 2. S. 92.

[*u*] Steinhofer l. c. 566.]

Die fernere Zusammenkunft und Tagsatzung, welche in eben diesem Jahre zu Weil auf den Mittwoch nach St. Andreas Tag von beeden Regenten gehalten wird, betrift sowohl die Schadloßhaltung, welche im Schlegelkrieg verursacht worden, als einige besondere Klagen beederseitiger Unterthanen und Klöster, wie auch dieser Herren eigene Forderungen an einander. Sie werden theils in dieser Zusammenkunft, theils in etlichen andern, zwey Jahr hernach, beygeleget. Ich will nur einige Stücke anführen. Z. E. Die Briefe, so Grav Eberhard um Neu-Eberstein, von denen von Eberstein, von des Königs Hofgericht und von dem Landgericht zu Nürnberg hat, soll er dem Marggraven und seinen Erben übergeben, und sich darneben aller Ansprache an Neu-Eberstein, Jeuerbach und Muckensturm begeben. Dagegen soll der Marggrav die 3000. fl. bezahlen, die der Grav Hartmann Kladen und Conzen Rappenherrn Kindern zu Pforzheim schuldig ist. Die Segmühle oberhalb Neuenburg auf der Wiesen an der Enz soll der Grav behalten. Hingegen soll der Marggrav sein Recht wegen des Dorfs Oewesheim; das vom Stift Basel zu Lehen gehen soll, der Lehenschaft halben suchen, doch der Herrschaft Würtemberg ohnschädlich (v).

O 4 Der

---

[v] Steinhofer l. c. S. 575/585.

Der Vergleich hat nicht in allen Stücken die gewünschte Würkung. Kaiser Ruprecht bemüht sich daher A. 1404. ihn weiter zu bekräftigen (*w*).

A. 1423. kommen abermals Schiedsleute von Badischer und Würtembergischer Seite zu Baden zusammen. Ihre Bemühung ist vornämlich, die Mißhelligkeiten wegen der Wildbänne beyzulegen. Sie bestimmen die Gränzen derselben (*x*).

In dem Krieg, welchen Marggrav Bernhard mit Freyburg und Basel führt, da (*y*) nach Grav Eberhards IX. von Würtemberg Tode, seine Söhne Ludwig V. und Ulrich XVI. oder VIII. wegen der Minderjährigkeit noch unter der Vormundschaft stehen, vereinigen die Würtembergische Stadthalter und Räthe sich mit M. Bernhards Feinden. A. 1424. kommen die Römisch-Königliche Gesandte Dieterich Erzbischof von Trier, Johann von Brunn Bischof zu Würzburg und Albrecht von Hohenloh ins Lager. Sie errichten den 6ten Jul. zwischen Baden und Würtemberg folgenden Vertrag:

1.)

[W] Steinhofer l. c. S. 593.

[x] Weitläuftig sind diese und übrige Stücke aus dem Gabelkoferischen Mfct. beschrieben von Steinhofern l. c. S. 722. folg.

[y] Davon wird unten noch einiges zu sagen seyn.

1.) Daß Marggrav Bernhard und die Herrschaft Würtemberg die Richtung zu Pforzheim gemacht stets und vest halten bey Strafe 5000. fl. und beede junge Grafen, wann sie zu ihren Jahren kommen, eigene Briefe geben sollen.

2.) Von Hechingen, Burg und Stadt und Meßingen des Dorfs wegen, welche M. Bernhard von Grav Fritzen von Zollern, dem Oetinger genannt, gepfändet, u. doch die Herrschaft Würtemberg zu ihren Handen genommen: soll die Herrschaft das Pfandgeld, so Baden darauf hat, entweder M. Bernharden, oder Frauen Henrietten von Mömpelgardt, Grävin von Würtemberg erlegen (z).

§. XXVI. A. 1401. errichteten Gotze von Großstein, Burckhard Hummel von Stouffenberg und Reinhard von Windecke, alle Ritter, einen gütlichen Vertrag, daß der Marggrav oder seine Erben des Langen Bertholds Hof zu Wesingen mit 350. fl. lösen möge, und der von Remchingen ihn gegen Adelheit von Sickingen, Raffans von Thalheim Wittib gegen ihre Ansprache an diesen Hof, oder die 350. fl. ver-

A. 1401.

tret-

---

[z] Den Vertrag siegeln die Königl. Gesandte, Marggrav Bernhard von Baden, und, von wegen Würtemberg, Grav Rudolf von Sulz und Hanns von Sachsenheim, Statthalter. S t e i n h o f e r l. c. S. 728. folg.

tretten solle. Ferner, daß die von Remchingen diese Summe wieder an Güter anlegen, und solche anstatt des Hofes von dem Marggraven zu Lehen empfangen sollen; deßgleichen Waldeck die Vestin halber und Nuwburg das Dorf bey Obern Duwensßheim (a).

In

[a] Am Sonntage Jubilate des folgenden Jahrs quittiren Agnes von Sickingen, Heinrichs von Remchingen Wittwe, und ihr Sohn Hans von Remchingen unsern M. Bernhard, wegen der für des langen Bertholds Hof bezahlten 350. fl. und verschreiben sich, solches Geld wieder an andere Güter anzulegen und diese von dem Marggraven zu Lehen zu empfangen. Diesen Hof hatte Reinhard von Gemmingen um 350. fl. von der von Angeloch gelößt. Von diesem löste ihn Herr Mercklin. Nach Mercklins Tode wurde er von Swicker von Sickingen seiner Tochter Adelheit, Rafans von Thalheim Ehefrau für 350. fl. eingegeben. Als nun M. Bernhard dieselbe dessen entwehrt hatte, so wurde die Sache A. 1403. auf Schiebrichter, nemlich auf Volkenand von Auwe, Marggrav Rathmann, Fritzen von Dummeneck, Frauen Adelheit Rathmann und Hermann von Rodenstein, Ritter, als Gemeinen, compromittirt. Volkmauds von Auwe Meynung gieng dahin, daß der Marggrav die Adelheit binnen 6. Wochen und 3. Tag vor dem Obmann wieder in den Besitz des Hofes setzen solle, bis er, oder seine Erben solchen mit 350. fl. von ihr auslösen würde; und wenn solches geschehen, so soll wegen des Genusses und Nutzens, den sie davon gezogen, wieder ergehen, was Rechtens sey. Des von Dummeneck Spruch aber, dem auch der Obmann beygefallen, war dieser: der Marggrav solle der Adelheit

In eben diesem Jahre nimmt er den er⸗
bern Knecht, Hansen von Wachingen und
dessen Ehfrau, Elsbeth von Dietenhoffen,
in seinen Schutz auf, und erlaubt ihnen,
in der Stadt Pforzheim, oder andern sei⸗
nen Städten mit allem ihrem Gute zu woh⸗
nen mit völliger Befreyung von aller Be⸗
te, Steuer, Frohndiensten und Schazun⸗
gen. Und im folgenden Jahre befiehlt er
allen seinen Amtleuten, Schultheissen,
Richtern und Räthen gedachten Hansen
von Wachingen mit Aufhebung der Stadt
Würzburg Pfänder, Bürger, Güter und
Unterthanen behilflich zu seyn.

§. XXVII. A. 1401. sendet Marggrav *Beleh⸗*
Bernhard Gesandte an Kaiser Ruprecht *nung und*
von der Pfalz. Derselbe war an die Stelle *Privilegi⸗*
des im vorhergehenden Jahre von einigen *en K. Ru⸗*
Ständen des Reichs abgesetzten K. Wenzels *precht.*
zum Reichs Oberhaupt erwählt. Er hält
sich damals zu Maynz auf. Die Badische
Gesandte entladen sich bey ihm ihrer Auf⸗
träge wegen Empfangung der Lehen. Er
bestimmt ihnen einen Tag, da er den
Marggraven zu Heidelberg verspricht zu
be⸗

---

heit, welche den Hof viele Jahre, und länger, als des
Landes Recht und Gewohnheit sey [nemlich ad præ-
scribendum] innengehabt, in den nächsten 14. Tagen
abtretten, ihro die fructus perceptos & percipiendos
ersezen, und, wann er alsdann einiges Recht daran,
wegen der Eigenschaft zu haben vermeyne, sie recht⸗
lich belangen.

belehnen. Mit gewöhnlicher Feyer belehnt ihn K. Ruprecht daselbst am Dienstag nach Jacobi mit allen und jeglichen seinen Herrschaften, Lehenschaften, Landen, Leuten und Zöllen, Geleiten, Wildbännen, Gütern und Landgericht, wie A. 1382. geschehen war (b). Er läßt zugleich, an dem nämlichen Tage, einen Bestätigungsbrief über alle Rechte und Privilegien des Marggraven ausfertigen. Er schließt aber dabey diejenige gänzlich aus, die ihm neuerdingen von K. Wenzel möchten gegeben worden seyn, und erklärt sie vor nichtig (c).

A. 1403. am Samstag nach Walpurgetag ertheilt der König das Privilegium, daß, wann er ohne männliche Leibes-Erben aus der Welt gehen würde, seine Töchter das Recht haben sollten, ihme in seinen gesammten Lande nachzufolgen (d).

Auch verspricht dieser Kaiser Ruprecht dem Marggraven an eben diesem Tag den Schutz und die Vertheidigung aller seiner Rechte und Freyheiten (e).

In

(b) *Cod. Dipl. Zar. Bad.* Num. CCCXV.

(c) *Idem.* Num. CCCXVI. Man hat solches anzusehen vor die Hauptursache der beständigen Mißhelligkeiten zwischen K. Ruprecht und M. Bernhard.

(d) *Idem.* Num. CCCXIIX. Dieses Privilegium haben die drey Geistliche Churfürsten in eben diesem Jahre durch besondere Briefe bestätiget.

(e) *Idem.* Num. CCCXVII.

In dem folgenden Jahre 1404. bekräftigt K. Ruprecht unserm Marggraven das Privilegium Fori, daß man nämlich seine Diener, Vasallen oder Manne und Unterthanen oder Leute, vor kein ander Gericht oder Landgericht laden dörfe, es sey denn, daß M. Bernhard, oder seine Erben die Handlung der Gerechtigkeit verabsäumen würden (*f*).

§. XXVIII. A. 1401. entschließt sich K. Ruprecht, ein Freund P. Bonifaciis IX. einen Zug nach Italien zu thun. Seine Absicht ist, den Galeacium Visconti des Herzogthums Mayland zu entsetzen (*g*). Marggrav Bernhard bedient sich dieser Gelegenheit. Er läßt die Zölle, die ihm Kaiser Wenzel am Rhein verliehen hatte, nicht, nach K. Ruprechts Befehl, eingehen. Er lenkt sich vielmehr wider gedachten Kaiser Ruprecht auf die Seite Herzogs Ludwig v. Orleans, K. Karls VI. in Frankreich

Bund mit Orleans.

(*f*) *Cod. Dipl. Bad.* Num. CCCXXVI. Der Lehenbrief ist fast in eben den Ausdrücken verfaßt, als der Pfälzische A. 1344. von K. Ludwig IV. S. Wohlgegründete Information die Churpfälzische privilegirte Jurisdiction über dero Lehnleute *in specie* in Sachen Auerbach gegen Helmstatt betreffend. S. 45.

(*g*) Kaiser Wenzel hatte ihn A. 1395. gegen Erlegung einer Summe von 150000. Gulden zum Herzogen von Mayland und Graven von Pavia ernennt. LEIBNIT. *Cod. Dipl.* Tom. I. n. 109.

reich Bruders, der bereits A. 1389. mit des Johannis Galeacii Tochter Valentina sich vermählt hatte.

Herzog Ludwig von Orleans war vorher ein Freund Kaiser Wenzels (*b*). Dieser wurde A. 1400. den 20. Aug. vom Kaiserlichen Thron abgesetzt. Die Böhmische Crone konnte man ihm nicht nehmen. Herzog Ludwig hätte ihm auch gerne zur Kaiserlichen Crone wieder geholfen, wann es in seiner Macht gestanden wäre. Jodocus, Marggrav in Mähren, dem es an Geld mangelt, belehnt ihn mit dem Herzogthum Luxemburg, mit Genehmigung K. Wenzels, auf eben die Art, wie solches von letzterm geschehen war (*i*). Herzog Ludwig nimmt auch würklich A. 1400. Besitz von dem Herzogthum. Unter andern Fürsten, die ihn dahin begleiten, ist M. Bernhard (*k*).

(*b*) WINDECK *histor. Sigism. Imp.* c. 13. ap. MENCKEN. Tom. I. Scriptor.

(*i*) BERTHOLET. *hist. du Duché de Luxembourg* T. VII. p. 160. & 190. Daher sich Ludwig auch würklich einen Herzog von Luxemburg in Urkunden nennt. cf. BROWER. *Annal. Trev.* T. II . p. 251.

(*k*) „Anno Domini MCCCC circa festum Mi-
„chaelis Dux Aurelian. Dominium seu Co-
„mitatum Lützelburg. ad suas manus rece-
„pit, & tunc plures Domini de Almania
„ad

Herzog Ludwig schließt nachher mit M. Bernhard ein Bündnis wider K. Ruprecht; und verspricht ihm ein Kriegsheer zu schicken, dessen er sich wider K. Ruprecht bedienen könnte: er verspricht dem Marggraven über dieses jährlich 2000. Pistoleten Subsidien lebenslänglich zu bezahlen (*l*). Es ist aber ein Irrthum, wann einige hieraus behaupten wollen, M. Bernhard sey ein Vasall des Herzogs gewesen (*m*).

§. XXIX. Kaiser Ruprecht kommt A. 1402. nach unglücklich vollbrachten Zug aus Italien zurück nach Teutschland. Er wiederholt seine Befehle an unsern Marggraven, sowol dem Bündnis mit Herzog Ludwig abzusagen, als die Zölle am Rhein abgehen zu lassen. Marggrav Bernhard versichert ihn schriftlich seiner schuldigen Ehrforcht. Er bezeugt, daß er nichts wider das Reich und dessen höchstes Oberhaupt vorgehabt, und keine andere Freundschaft

Krieg mit Kaiser Ruprecht.

„ad ipsum confluxerunt, & specialiter Dux „Luttringiæ, *Marchio de Baden*, & alii „quam plures." REIMB. SLECHT., Canon. Argent. D. Petri Jun. in *Chron Mspt.* Herr Prof. Schöpflin will dieses Buch unter den Schriftstellern vom Elsaß der gelehrten Welt mittheilen.

(*l*) SLECHT. l. c.

(*m*) Lehmann Speyer. Chron. B. 7. C. 74. WENCKER. Collect. Archiv. & Canc. Jur. p. 406.

schaft mit dem Herzog unterhalten habe, als die mit seinen Pflichten gegen erstgemeldete bestehen könnte. Er appellirt deßwegen an die Churfürsten und Fürsten des Reichs. Er bittet zugleich K. Ruprecht, mündlich sich mit ihme hievon zu besprechen, und bestimmt Bruchsal zur Zusammenkunft. Von beeden Seiten werden Gesandte geordnet, die Sache im Frieden beyzulegen. Der Congreß zerschlagt sich, und K. Ruprecht ermuntert die benachbarte Stände zum Krieg wider Marggrav Bernhard. Er selbst fällt in die niedere Marggravschaft Baden ein, und belagert Mühlberg. Der Reichslandvogt im Elsaß nebst dem Bischof zu Straßburg und dem Herrn von Lichtenberg dringen in die obere Marggravschaft. Der Grav von Würtemberg verwüstet die Gegenden, so an sein Land stossen. Die von Basel und die Reichsstädte im Elsaß, nebst dem Herrn von Rappoltstein erobern Gemar (*n*). Die Alliirte machen sich ferner Meister von Staffort, Muckensturm und andern Schlössern unsers Fürsten. Das Kloster Herrenalb wird in die Asche gelegt. Kaiser Ruprecht befiehlt hernach A. 1403. im May dem Abt und Convent

das

(*n*) Umständliche Nachricht hievon s. in WENCKER. *Collect. Archiv. & Cancell. Jur.* p. 405. sqq.

daselbst dieses Gotteshaus mit Mauern, Thürnen und Gräben zu umgeben (o).

§. XXX. Wenige Zeit vorher ward durch Vermittlung Friderichs, Erzbischofs zu Köln, Friderichs, Bischofs zu Utrecht und Grav Simons von Sponheim eine Versöhnung zwischen dem K. Ruprecht und M. Bernhard gestiftet, und ein Verglich zu Worms am Sonnabend nach Walpurgis getroffen. Kraft desselben sollen auch die Badische Prinzeßinnen, nach Erlöschung des Mannsstamms, der Landsregierung fähig seyn; Kaiser Ruprecht bestätigt dem Marggraven alle seine Rechte und Freyheiten (p); dieser soll sein Schloß Stafsort wieder bekommen, jedoch Versicherung thun, daß er dem Röm. König daraus keinen Schaden zufügen wolle; nicht weniger solle dem Marggraven das Schloß Muckensturm, und alle andere Schlösser, wie auch der halbe Theil der Stadt und des Schlosses Gemar wieder eingeraumt, dahingegen von dem Marggraven der Burgfrieden mit Herrn Maximin von Rapoltstein beschworen werden (q). Wegen der Zölle auf dem Rhein und des Klosters Frau-

---

(o) BESOLD. *Docum rediv.* p. 171. sq.
(p) Diese sind schon oben angezeigt worden.
(q) Conf. Perill. SCHOEPFLINI *Alsat. Illustr.* Tom. II. p. 112.

Frauenalb sollen die drey Churfürsten am Rhein einen Bescheid geben, der Marggrav aber indessen im Besitz der Zölle verbleiben (r).

§. XXXI. Die hergestellte Freundschaft wird durch neue Zwistigkeiten gestört. Auch diese werden durch Schiedsleute beygelegt. Man überträgt diesen zugleich die Aufsicht über den verabredeten Burgfrieden zwischen dem Marggraven und den Herrn von Rapoltstein. Reinhard von Sickingen, Landvogt im Elsaß, soll die Abtheilung der Stadt und des Schlosses Gemar besorgen; dem Herrn von Rapoltstein jedoch das Auslosungsrecht vorbehalten seyn. Also glaubte man im Jahre 1404. es seye das gute Vernehmen zwischen dem K. Ruprecht und M. Bernhard völlig hergestellt.

In eben diesem Jahre macht Heinrich Goldelin einige Ansprüche an M. Bernhard. Der Röm. König übergibt die Sache dem Herrn zu Limburg Fridrich Schencken zur Untersuchung und Entscheidung. Marggrav Bernhard erklärt die von seinem Gegentheil vorgelegte Briefschaften vor unächt. Der Röm. König thut endlich selbst den Ausspruch zu Heidelberg am Dienstag in der Pfingwoche, und erklärt die

---

(r) *Cod. Dipl. Bad.* num. 319. u. 322.

die angegebene Urkunde des Goldelins gleichfalls vor unrichtig (s).

§. XXXII. Im Jahr 1405. gibt es Gelegenheit zu neuen Mißhelligkeiten zwischen K. Ruprecht und unserm Marggraven. Der Erzbischof Johann von Maynz hatte mit K. Ruprecht wegen einiger Schlösser, und wegen der Vorrechte des Erzkanzler=Amts (t) Verdruß. Er schließt daher am Tag Creutzes Erhöhung mit M. Bernhard, Grav Eberhard zu Würtemberg, der Stadt Straßburg und 17. Reichsstädten in Schwaben zu Marbach den von dieser Würtembergischen Stadt genannten Marbachischen Bund auf fünf Jahre (u). Demselben tretten ferner die Städte Maynz, Speyer, Worms und andere bey. Ihre Absicht ist, ihre Rechte und Freyheiten einander

Marbacher Bündnis.

(s) WENCKER. Collect. Arch. p. 158. sqq.

(t) Von der Frage ob, und von welcher Zeit an das Erzcanzler=Amt beständig an Maynz überlassen worden sey? s. J. C. Speners Staats=Rechts=Lehre Th. 2. S. 153. folg. u. a. m.

(u) Man liest diesen Vertheidigungs=Tractat in Lehmanns Speyer. Chron. S. 786. in Lünigs Reichs=Arch. Part. Spec. Cont. I. Sect. 2. S. 37. Marggrav Bernhard klagte diesesmal unter andern wegen des Wildbanns. Denkwürdig ist, daß damals den Ständen das Recht gegeben wurde, „ohne sunderli=„che Laube und Vjtrags des Richs Bündnüsse und „Eynungen umb Frids willen untereinander zu ma=„chen, als er der König selbs vormals gethen." Cod. Dipl. Bad. Num. CCCXXII.

zu gewähren, solche gemeinschaftlich zu vertheidigen und den offentlichen Frieden zu handhaben. Marggrav Bernhard verspricht im Nothfall vor seinen Antheil sechs mit Spieß bewafnete Mann zu stellen. Sie nehmen hiebey K. Ruprecht aus (*v*), und versichern, daß sie wider ihn nichts Böses im Sinn haben. Sie erlassen auch ein besonders Schreiben an ihn, mit unterthänigem Bitten, sie bey ihrem Bündnis zu schirmen (*w*).

Dem K. Ruprecht ist nicht wohl bey der Sache. Er hat Grund zu vermuthen, sie seyen noch starke Anhänger von dem abgesetzten K. Wenzel. Er bezeugt sein Mißlieben, daß das Bündnis, ohne sein Wissen geschlossen worden sey. Er bestimmt den Tag der 11000. Jungfrauen zu einem Reichs-Convent zu Maynz (*x*). Er ladet

---

(*v*) Marggrav Bernhard hatte auch die Pfalzgraven Ludwig, Johann Stephan und Otto namentlich ausgenommen.

(*w*) WENCKER. *appar. & instruct. archiv.* p. 286. Das Schreiben war von Johann Erzbischof zu Maynz, Bernhart Marggrafe zu Baden und Eberhard Grave zu Würtemberg unterzeichnet.

(*x*) S. Anbringen Kaiser Ruprechts Abgesandten bey den Reichs-Städten U. 1406 von wegen des Marpachischen Bunds in WENCKER. *appar. Archiv.* p. 276-285.

det besonders den Erzbischof von Maynz, den Marggraven von Baden und den Graven von Würtemberg dazu. Sie kommen nicht, wie er gewünscht, in eigener Person; sondern senden einige Räthe. Kaiser Ruprecht ist hierüber mißvergnügt und schreibt eine andere Reichsversammlung, auf das Fest der Erscheinung Christi, nach Maynz aus. Er begehrt, sie sollen persönlich erscheinen, über die Reichsangelegenheiten sich mit ihme berathschlagen, und ihre Beschwerden vorbringen. Sie lassen ihm wissen, sie haben nichts wider ihn auf einem Reichstag klagbar anzubringen. Die Privat-Angelegenheiten könnten in besondern Zusammenkünften beygelegt werden. Sie versichern ihn nochmal, der Marbachische Bund habe keine böse Absicht wider ihn und das Reich. Der Kaiser verlangt dem ohngeachtet, daß sie auf dem Reichstag erscheinen, und verspricht alles gütlich abzuhandeln. Sie versprechen also, auf dem nächsten Reichstag sich einzufinden.

§. XXXIII. Der Erzbischof von Maynz, der Marggrav Bernhard, und der Grav von Würtemberg nebst den Gesandten von einigen Städten erfüllen ihr Wort. Sie ziehen mit 800. Mann zu Pferd (y) nach Maynz. Sie treffen auf dem Convent ei-

---

(y) Dieses beruht auf der Nachricht des R e i m b. Schlicht. ad A. 1406.

ne grosse Anzahl Fürsten und Stände an.
Der Kaiser beschwehrt sich über sie, daß
sie ihm Schuld gegeben, er schmälere ihnen ihre Rechte und Freyheiten. Er verlangt, sie sollen ihre Klagen vortragen,
und verspricht ihnen zu zeigen, daß sie einen ungegründeten Verdacht auf ihn haben. Er begehrt jedoch, daß der Marbachische Bund aufgehoben werden möge.
Die Verbündete bleiben darauf, daß sie
weder von dem Bunde abzugehen, noch
auch auf dem Reichstag sich über ihre Beschwehrden mit dem Kaiser einzulassen gesonnen seyen. Endlich legt der Erzbischof
von Maynz und der Marggrav von Baden ein grosses Verzeichnis Beschwehrden
wider den Kaiser vor, worauf dieser in der
offentlichen Reichsversammlung seine Erklärung thut. Er tragt aber auch zugleich
dasjenige vor, worüber er sich von diesen beeden Reichsfürsten beschwehrt zu seyn
glaubt (z). Er verlangt, daß allen diesen Klagen durch einen Schiedsrichterlichen Ausspruch der Erzbischöffe von Cöln
und Trier; der Bischöffe von Würzburg,
Bamberg, Eichstetten, und andere Fürsten
und

(z) Die beederseitige Klagen betreffen hauptsächlich die Rhein-Zölle, die Klöster Herren- und Frauenalb, Herde, Bure, Marienthal, und deren Rechte und ihre eigene Unterthanen. *Cod. Dipl. Bad.* Num. CCCXXXII.

und Herrn abgeholffen werden mögen (*a*). Dieser Vorschlag mißfällt den beeden Fürsten. Des Kaisers Ansehen auf dem Reichstag ist ihnen verdächtig. Sie nehmen also ihren Abschied von Maynz. Gleiche Würckung haben zwey andere Reichsconvente, die in eben diesem Jahre zu Speyer und Andernach gehalten worden (*b*).

§. XXXIV.

(*a*) WENCKER. *appar. Archiv.* p. 285. Unter denselben werden auch Marggrav Rudolf von Röteln, und M. Hesso von Hochberg nahmhaft gemacht.

(*b*) REMBOLD. SLECHT ad A. 1406. Seine Worte sind diese: „A. Dn̄i MCCCCVL „Dominus rex Rupertus cum Domino Lo„tringie duce Lantgravio de Hassia & cum „multis Comitibus Baronibus & etiam Civi„tatibus Imperialibus plus quam cum mille „equis in civitatem Moguntin. venit, Ea die „Ephya Dni (*Epiphania Domini*). Eodem „quoque die pro parte alia venerunt Domini „videlicet Dominus Archiepiscopus Moguntin. „*Dominus Marchio de Baden* & Dominus de „Wirtemberg cum quibusdam Civitatensi„bus Swevie & ceteri qui cum eisdem erant „in Liga cum octingentis equis ad placitan„dum. Ibidem fuit etiam Dominus Colon. „Archieps. qui mediator fuit inter Regem „& suis adversariis jam tactis & placitarunt „ibid. postea in Spyra circa Dominicam can„tate, postea circa festum Petri & Pauli A„postolorum in Andernach semper eod. anno.

Vergleich des Kaisers und Marggraven.

§. XXXIV. Endlich nehmen die Stritigkeiten ein Ende. A. 1407. am Sonntage nach St. Pauls Bekehrung wird von beeden Theilen zu Speyer auf den Erzbischof Fridrich von Köln compromittirt (c). Dieser bringt den freundschaftlichen Vertrag zwischen ihnen zu Stande. Unter andern wird dem Marggraven der Schuldbrief bestättiget, darinn K. Karl IV. dem M. Rudolf auf dem Rheinzoll zu Selze, zu Tilgung 1000. Mark Silbers, wegen erlittenen Schadens angewiesen hatte. Doch soll M. Bernhard die Zahlung nicht bey Kaiser Ruprechts Leben begehren (d). Das Kloster Herrenalb soll bey seinen Rechten und Freyheiten gelassen werden (e).

Aus der wieder hergestellten Freundschaft ist herzuleiten, daß der Kaiser und der Pfalzgrav Ludwig in dem A. 1408. mit der Stadt Straßburg und andern Städten im Elsaß geschlossenen Schutzbündnis unsern

---

(c) *Cod. Diplom. Bad.* Num. cit.

(d) *Cod. Dipl. Bad.* Num. CCCXXXIII.

(e) BESOLDI *Doc. rediv.* p. 173. Schon vor diesem, Vergleich mitten unter den Verdrüßlichkeiten, ertheilt Kaiser Ruprecht unserm Marggraven die Erlaubniß, seiner Gemahlin Anna von Oettingen ein Wittum in seiner Marggravschaft vor die zugebrachte 10000. fl. anzuweisen. *Cod. Dipl. Bad.* Num. CCCXXIX.

fern Marggraven ausgenommen hat (*f*). Welches hernach A. 1418. auch Pfalzgrav Otto, in dem Bunde mit Eßlingen, beobachtet hat (*g*).

§. XXXV. Marggrav Bernhard bleibt nach diesem Vergleich in dem Marbachischen Bunde. Er bekriegt mit seinen Alliirten, wegen einiger erlittener Schäden, den Herzog Fridrich von Oesterreich (*h*). Er bemächtigt sich der meisten Schlösser in der Marggravschaft Burgau (*i*). Anno 1410. kam es durch Vermittelung Grav Eberhards von Würtemberg, und des Georgen-Schildes zu einem Vergleich. Herzog Fridrich soll dem Marggraven vor die Kriegskosten 18000. fl. zahlen. Er bekommt dagegen die eingenommene Oerter nebst den Gefangenen zuruck. Er verspricht zugleich den Städten vor den erlittenen Schaden eine grosse Geld-Sume (*k*). Es

Oesterreichischer Krieg.

(*f*) WENCKER. *Contin.* des Berichts von Augsburgern. S. 17.

(*g*) DATT. de pace publ. 86.

(*h*) Herzogs Elsass. Chron. S. 135.

(*i*) Marggrav Bernhard schonte hieben der Oesterreichischen Herrschaft Hohenberg, weil Kaiser Ruprecht, dessen Prinzeßin Herzog Fridrichs Gemahlin war, nach ihrem Tod, Hofnung hatte, sie zu erben. Deßwegen er mit M. Bernhard zu Heilbronn eine Verkommnis schriftlich errichtet hatte.

(*k*) In BURGERMEISTER. *Thesauro Juris Equestris* p. 516. wird sie auf 38343. fl. angegeben;

fehlt ihm aber an Baarschaft. Er versetzt daher unter andern die Herrschaft Hohenberg. Und diese wurde erst hernach A. 1454. von Herzog Albrecht von Oesterreich wieder an das Haus Oesterreich gebracht (*l*).

Reise nach Paris.

§. XXXVI. Hiebey ist nicht zu übergehen, daß der Marggrav während dieser Kriegsumstände eine Reise nach Paris thut. Anlaß gibt dazu der Krieg des Graven Amadeus von Saarbrücken und Herrn von Commercy mit dem Graven von Sarwerden A. 1409. Grav Amadeus macht unter andern auch M. Bernhards Tochtermann, Lüdemann oder Ludwig Herrn

---

wozu wie Burgermeister schreibt A. 1406. annoch 7074. gekommen, womit der auf Hohenberg vorher gewesene M. Bernhard ausgelößt werden müssen.

(*l*) Fugger Oester. Ehrenspiegel B. 4. C. 3. S. 411. und B. 5. C. 10. S. 617. Ubrigens ist anzumerken, daß M. Bernhard sich, nach getroffenem Verglich, auch A. 1411. in Ansehung des Erzbischofs Johann zu Mainz sicher gestellt habe. Man findet von diesem eine Verschreibung d. d. Gernsheim feria 4ta ante Reminiscere A. 1411., darinnen er gegen M. Bernhard bekennt, daß der Brief, welchen ihm der Marggrav zu der Zeit, da ihn Kaiser Ruprecht bekriegen wollte, von Mannschaft wegen zugestellt, damit er ihn gegen den König zu seinen Rechten desto besser schirmen möchte, sowohl als andere Briefe von dem Marggraven, die über Mannschaft sagten, kraftlos seyn, und dem Marggraven, auf Erfinden zuruckgegeben werden sollen.

Herrn von Lichtenberg zu Gefangenen. Marggrav Bernhard ist vor seine Erledigung bemüht. Er begibt sich daher auf die Reise anfänglich nach Metz mit Pfalzgrav Ludwig und dem Bischof von Strasburg; er reißt von da weiter nach Paris und ersucht den König Karl VI. um sein Vorwort. Endlich schlägt sich der Cardinal von Bar ins Mittel. Die Gefangene kommen los, müssen es aber wohl bezahlen (*m*).

Daß Marggrav Bernhard mit der Stadt Zürch Verdrüßlichkeit gehabt habe und solche A. 1414. beygelegt worden seyen, erzählt uns Tschudi (*n*).

§. XXXVII.

(*m*) REMBOLD SCHLECHT ad a. 1409. CALMET Notice de la Lorraine T. I. Art. Commercy p. 258.

(*n*) Th. I. S. 674. Seine Worte sind: „Dero Zit hattend „die von Zürich ein grossen Span mit dem Marg- „grafen von Niderbaden, also, daß es je offnem Wehb „kam, von wegen eins Edelknechts, Heinrich von „Tiefnow genannt, des Vatter man den reichen „Göldlin genämpt, derselb rich Göldlin was „von Pforzheim uß des Marggrafen Land, von sinen „vordern, und hat ouch etwas Rechtung an der Statt „je Pforzheim, und was vor vil Jaren als er etwas „Spänne mit dem Marggraven gehebt, gen Zürich „zogen, und da Burger worden, allda er auch starb, „und als er bi sinem Leben und ouch nach sinem Tod „der gemelte sin Sun Heinrich Göldlin ine „mochtend mit dem Marggraven nacher kommen, do „belübent sich die von Zürich der Sach mit offner „Wehb. Also ward ein Richtung gemacht u. s. w."

§. XXXVII. Ich muß hier noch einige Nachrichten nachholen.

A. 1403. versetzt Grav Hanmann von Zweybrücken ein Viertel am Schlosse Waldeck am Wasichen um 200. fl. guter Rheinischer an M. Bernhard. Es wird auch damals der Burgfrieden über Waldeck errichtet.

A. 1404. tritt Hug von Berneck, Edelknecht, alle seine Rechte, die er an die Kirche zu Niefern und deren Lehenschaft hat, oder zu haben vermeynt, freywillig an M. Bernhard ab (o).

A. 1405. hat Marggrav Bernhard Streit mit Hansen von Urbach, welcher die Güter, so sein Bruder als ein getheilt Lehen von der Marggravschaft besessen hatte, nach dessen Absterben vorenthalten wollen. Die Sache kommt endlich vor ein Manngericht, welches sothane Güter den Herrn Marggraven als heimgefallen zuspricht (p).

Anno

(o) Den Brief haben mitbesiegelt: Die frommen und festen Ritter, Herr Hans von Kügeneck, Hofmeister und Herr Burghart von Ransperg.

(p) Man sehe hievon die Deduction: Gemeinschaft als ein wahrer Grund der Erbfolge. S. 222. 452.

A. 1406. ertheilt Papst Gregorius XII. dem Marggraven die Erlaubniß, das Benedictiner Kloster Gottsau, nach Aufhebung der Abtey, in ein Cistercienser Haus zu verwandeln. Es war in so grosse Armuth gerathen, daß es sich in seinem Wesen nicht mehr erhalten konnte; deßwegen der Marggrav schon bey dem Papst Innocentius VII. um die Erlaubniß zu dieser Veränderung angesucht hatte, mit Vermelden, daß er diesen armen Klosterleuten von seinen Einkünften jährlich 4000. Goldgulden angedeyhen lassen wolle (*q*).

A. 1407. stiftet Marggrav Bernhard, Grav Eberhard von Würtemberg, und der Rath zu Straßburg einen Verglich zwischen der Stadt Speyer und Berthold Kranzen von Geispolzheim, welche einander hart befehdet hatten (*r*).

In eben diesem Jahr übergibt Hans von Wasselnheim, Ritter, um empfangener Gnaden willen, dem Marggraven und seinen Leibslehnserben, seinen Theil an dem Kirchhofe zu Wasselnheim (*s*), und das untere Theil gerwe (*t*), wie auch
sei-

(*q*) Cod. Dipl. Bad. Num. CCCXXVII. Die Bulle daran ist von Bley.

(*r*) Lehmann Speyer. Chron. S. 775.

(*s*) Ist ein Städtlein, so zur Stadt Straßburg gehört. Schoepflini Alsat. Illustr. T. II. p. 209.

(*t*) Das ist, ganz.

seinen Theil an den Dörfern Wasselnheim, Vberechlingen (*u*), Krastetten (*v*), Frybesheim (*w*), Vtelnheim (*x*), Hiltenhusen (*y*), sein Weingeld zu Goffeln, eine Badstube und einen Zehenden zu Pfaffenhofen, zu Hattemmatte, zu Obenheim, zu Nükirch, einen Hof zu Zabern und zu Mittelbrunn, also daß der Kirchhof und das Haus darunter des Marggraven offen Haus seyn, und er die Dörffer innhaben solle sein Lebtag wider jedermann, ausgenommen Dietrich von Wasselnheim, der solches mit Hansen in Gemeinschaft hatte; deßgleichen nach des Marggraven Tod dessen Leibslehnserben, so lang als Hans lebt (*z*).

Anno

(*u*) Ein ruinirtes Dörflein in selbiger Gegend. SCHOEPFLIN. l. c. p. 150.

(*v*) Ein dem Bischof von Straßburg zugehöriges Dorf. *Idem* l. c. p. 142.

(*w*) *Idem.* loc. alleg.

(*x*) *Idem* l. c. p. 141.

(*y*) *Idem* l. c. p. 199.

(*z*) Zeugen dabey waren: Johans von Lageneck, Ritter, Hofmeister; Hans Conzmann von Stafforth, Vogt zu Baden. Die Ubergab geschah am Dienstag nach dem Nontag. Der Nontag ist der Himmelfahrtstag. Auffer vielen Exempeln, welche aus WENCKER appar. arch. p. 388. de Vsburg. p. 58. allwo er der schöne Nonbag heißt; aus Königshoven Elsaß. Chron. S. 301. von HALTAUS in
Cal.

A. 1408. gibt Marggrav Bernhard Wolfen von Gravenecke, Lenzen Sohne, die von dessen vordern von der Marggravschaft zu Lehen gehabte Güter zu einem rechten (*a*) Mannlehen, nemlich ein Vierteil an dem Dorfe Seldingen, den Burgstadel daselbst, viele liegende Güter, die halbe Kelter an dem Dorfe gelegen, nebst 27. Hofstätten in dem Dorfe (*b*).

§. XXXVIII.

Cal. med. ævi p. 98. & 99. angeführt worden, beweist solches am deutlichsten folgende Stelle aus Königshoven l. c. S. 155. "In diesem paradyse blibent Adam und die andern die Got aus der vorhelle hette gefüret vntz [d. i. bis] an den nondag do furent sü alle mit Gotte zu hymele."

(*a*) Mannlehen heißt ein solches Lehen, das mit Kriegsdiensten im Felde verdient wird. Es wird dem Burglehen entgegen gesetzt. Dieses verdiente man mit Garnisonsdienst in einer Burg. Hingegen Vasallen, die ein Mannlehen hatten, mußten ihre Kriegsdienste in Person thun. Es konnte daher keiner von Einem Herrn zwey Lehen haben, weil er mit Einer Person nicht vor zwey Mann dienen und streiten konnte. Wann also einem würklichen Vasallen noch ein weiteres Lehen austurbe, so konnte er es nicht haben, sondern er bate, daß ein anderer aus seiner Familie, der dem Lehenherrn angenehm war, belehnt wurde. S. Herrn Geheimenrath Reinhards neue Anmerkungen von der Lehnsfolge in Gemeinschaft, Seite 12. [*] 46. 51.

(b) An dem Briefe hängt des Marggraven Sigill auf rothem Wachs in weisses gedruckt, mit der Umschrift: *S. Bernhardi. Dei. gracia. Marchionis. de. Baden.*

Wahl K. Sigmunds.

§. XXXVIII. Kaiser Ruprecht geht bald nach dem mit Marggrav Bernhard getroffenen Vergleich den Weg alles Fleisches (c); und der Marbachische Bund nimmt ein Ende (d). Einige Churfürsten,

---

(c) A. 1410. den 19. May. Er hinterließ vier Söhne, die ihm in seinen Erblanden folgten; Ludwig III. in der Churwürde; Johann in der Oberpfalz, Stephan in Simmern und Zweybrücken, und Otto in Moßbach. In dem bey Schiltern in Instit. jur. publ. Tom. II. Tit. 19. p. 312. und in Tolner. Cod. Dipl. Palat. p. 152. sq. befindlichen Theilungs-Receß lesen wir unter andern folgendes: „So haben wir Bretheim und Heidolsheim in unsers „Herrn Hertzog Ludwigs Theil begriffen, darumb, „daß er das Kloster Maulbronn desto baß befrieden, „und beschirmen möge, daß also wann Oberheim und „Moßbach von Todeswegen der alten Marggröfein „von Baden unserm Herrn Hertzog Otten ledig „würde in der massen, als hernach begriffen ist, und „daß dem Marggrafen von Baden oder seinen Erben „Bretten und Wissenloch davon werden, daß dann „unser Herr Hertzog Ludwig Bretten, Wissenloch „und anders, was damit hefften würd, selber lösen „oder ledigen soll mit 14000. fl. Hauptgelds und mit „dem Schaden, ob Schaden darauf gehen würde. „Ferner bey Schilt. S. 330. und im Tolner „S. 155. Doch ist wissen, wann unsere Gnädige „Frau, die alte Marggräfin von Todeswegen abgeht „[die Gott lange friste] daß unserm Herrn Hertzog „Otten Oberheim und Moßbach mit ihren Zuge„hörden an seine Hand gefallend, so soll alsbann unser „Herr Hertzog Ludwig der obgeschriebenen 1000. fl. „jährlichen Gülten, 800. fl. Gelds ledig seyn."

(d) WENCKER. Appar. archiv. p. 290.

Bernhard I. 1372-1431.

sten, Johannes von Maynz, Fridrich von Cöln, Wenzels Königlich-Böhmische Wahlgesandte Ernst Pfalzgrav bey Rhein und Herzog in Bayern, Johann Burggrav zu Nürnberg und Bernhard Marggrav zu Baden (*e*), die Gesandte von Sachsen, und des M. Jodoci von Mähren, als Pfandinhabers der Mark Brandenburg, erwählen den 1. October erst gedachten Jodocus zum Reichs-Oberhaupt. Er geht aber bald (*f*) darauf mit Tod ab. Man schreitet zur neuen Wahl in der Stadt Frankfort. Marggrav Bernhard vertritt abermal die Stelle eines Königlich-Böhmischen Gesandten. Er berichtet sodann nebst den andern allda versammleten Churfürsten und bevollmächtigten Gesandten, denen Reichsständen die am 21. Jul. vorgegangene einmüthige Wahl Königs Sigmunds in Ungarn zum Röm. König (*f*).

Ich

(*e*) Man sehe Jo. DAV. KOEHLER. *vindicias electionis. Jodoci Imp. contra Sigismundum*, und GUDEN. *Cod. Dipl. Mog.* Tom. IV. p. 61. sq. wo eben diese acta publica noch besser vorkomm, wie der grosse Tübingische Rechtslehrer Herr Gottfried Dan. Hoffmann anmerkt in seinen vermischten Beobachtungen aus den Deutschen Staats-Geschichten und Rechten Th. I. S. 166.

(*f*) Den 8. Jenner 1411.

(*g*) GUDEN. *Cod. Dipl. Mog.* T. IV. p. 85. 86. WENCKER. *appar. arch.* p. 308. Hoffmann l. c. S. 168. Einige Stände waren nicht un-

Ich will nun dasjenige vortragen, was unter der Regierung K. Sigmunds von unserm Marggraven vorgenommen worden, und in seinen Landen zu bemerken vorkommt.

Schon vorher hatte Marggrav Bernhard in diesem Jahre mit Horneg von Hornberg und seinen Verbündeten Verdrüßlichkeiten, darüber man zu den Waffen griff. Die von Straßburg waren, Kraft ihres mit dem Marggraven geschlossenen Bundes schuldig, ihme beyzustehen. Sie leisteten aber den Beystand nicht. Er nahm daher einigen Burgern dieser Stadt, nach dem Grundruhr=Recht, wovon sie jedoch vermög Kaiserlicher Privilegien befreyt waren, zu Beinheim verschiedene Waaren und Güter weg, und verursachte ihnen sonst noch andern Schaden. Beede Theile erwählten deßwegen M. Rudolf von Hochberg=Sausenberg zu ihrem Schiedsrichter, welcher den Entscheid nach Recht und Billigkeit gethan hat.

Auch werden die zwischen Churpfalz und Marggrav Bernhard obgewesene Irrun-

---

geneigt, K. Wenzel wieder auf den teutschen Thron zu setzen. Er sendet darauf, wie die Worte lauten, zu der Kure und Wale des Heil. Reichs die Hochgebornen, Ernsten Pfalzgraven bey Rein und Herzog in Bayern, Johansen Burggraven zu Nürnberg und Bernharden Marggraven zu Baden, seine liebe Schwegere Oheim und Fürsten.

rungen durch den Grav Eberhard von Würtemberg zu Heilbronn gütlich beygelegt.

§. XL. A. 1412. zieht der Marggrav dem Herzog Karl von Lothringen zu Hülfe. Die Fürsten von Bar und Julich, die Graven von Nassau u. a. waren ihm mit einer grossen Armee in sein Land eingefallen. Herzog Karls Heer bestunde aus wenig Volk. Marggrav Bernhard weiß sie aber durch seine Gegenwart und Klugheit so zu unterstützen, daß die Feinde sich zuruck ziehen. Der Herzog von Lothringen geht ihnen nach mit seinen Alliirten, und unter diesen auch M. Bernhard. In dem Lothringischen Kriegsheer verbreitet sich ein Gerücht (b), die Barische Völker rucken in starker Anzahl auf sie an. Der Schrecken wird hierüber so groß, daß viele den Feind nicht erwarten, sondern sich noch in der Nacht zuruckbegeben wollen. Marggrav Bernhard widersetzt sich diesem Vorhaben aus allen Kräften. Und da ihn der Herzog von Bayern zum Zuruckzug aus diesem Grunde bewegen will, weil sonsten ihre schöne Pferde verloren gehen würden, so antwortet er großmüthig: ihm

Lothring. Krieg.

(h) In diesem Kriege bekam Marggrav Bernhard den Herrn von Blois gefangen. Daß K. Heinrich V. von Engelland mit ihm wegen dessen Befreyung tractirt habe, schreibt RAPIN. THOYRAS *Hist. d'Angleterre* T. III. Liv. XI. p. 506.

„ihm seye an 3. oder 4000. fl. wenig gele-
„gen, in Ungarn könne man leicht wieder
„Pferde in Menge bekommen; diese Sor-
„ge könne ihn nicht zu einer schändlichen
„Flucht bewegen." Er bringt es auch dahin, daß man des Nachts über nicht aus
dem Lager weicht. Hierauf werden die
Teutschen von den Feinden einer Forcht-
samkeit beschuldigt. Man beschließt daher, auf Marggrav Bernhards Vorstellung, denselben einen Herold zu schicken, und
zur Rettung der Teutschen Ehre einen öffentlichen Zweykampf anzubieten, da Herr
gegen Herrn, Knecht gegen Knecht und
Bub gegen Bub, wie die Worte lauten,
fechten solle. Es wurde aber nichts aus
der Sache.

§. XLI. Ehe ich weiter gehe, zeige ich
einige Verhandlungen zwischen dem Jahr
1412. und 1414. an.

1412. A. 1412. am Dienstag nach dem heiligen Pfingsttag gibt Hans von Remchingen, Edelknecht, die von M. Bernhard in-
gehabte Kirche zu Remchingen wieder auf.
Er begibt sich zugleich aller daran gehabten Ansprache (*i*).

In eben diesem Jahre, als zwischen M.
Bernhard und Hans von Niefern wegen
des

(i) Zeugen sind: Hans Conzmann von Staffurt,
Vogt zu Baden, und Reinbolt Kolb von Stauffenberg.

des Dorfs Seldingen ein Streit entstanden war, wird von wegen des Stifts Weisenburg ein Lehengericht zu Weisenburg in des Stifts Kemenaten gehalten, und am Zinstag vor St. Vitus und Modestustag erkant, daß Seldingen das Dorf und der Kirchensatz, des Stifts eigen und des Marggraven Lehen sey, und Hans von Niefern seine Sache vor einem Badischen Manngerichte zu suchen habe (k).

In eben diesem Jahre stirbt Adelheit von Beckingen. Sie hatte mit Marggrav Bernhards Gunsten und Willen den vierten Theil am Dorfe Seldingen und die halbe Burg innengehabt. Nach ihrem Tode sprechen ihres verstorbenen Bruders Hansen Kinder solchen Theil an. Man hält ein Manngericht zu Baden. Dasselbe erkennt, daß besagter Theil unserm Marggraven, als sein von dem Stift Weisenburg rührendes Lehen, zugehöre (l).

Auch

(k) Lehenrichter war Friderich Grav von Leyningen, Ludwig Herr zu Lichtenberg, Otto Rugrav Herr zu der alten und neuen Beymburg, und Volmar Herr zu Ochsenstein. Alle diese nennen den Marggraven Ihren Oheim, Schweher und Herrn.

(l) Lehenrichter war, Johanns von Kageneck, Ritter, Hofmeister. Die Beysitzer oder Manne aber: Abrecht Geger von Geißpolzheim, Rinbolt Huffel, Hans Zörne von Eckenrich, Rittere, Heinrich von Zeißickeim der älter, Abrecht Robber, der Marggrävin Hofmeister, Abrecht von Dürmentz, Vogt zu Pforzheim, Hans Conzman von Staffurt, Vogt zu Baden, Hans Stoll von Staufberg

Auch belehnt in diesem Jahre unser Marggrav Ruckern von Kirchheim mit dem halben Schloße Obermenßheim (*m*).

A. 1413. errichtet M. Bernhard mit acht Edelleuten einen Burgfrieden wegen des Schlosses Entringen, bey Tübingen gelegen (*n*).

§. XLII. A. 1414. begleitet M. Bernhard nebst M. Rudolf von Röteln und andern Fürsten den K. Sigmund nach Straßburg (*o*).

Im

---

fenberg, Hans von Bach, Dieterich Robber der älter, Göß Sturme von Jegersheim, Reinbolt Kolbe von Stauffenberg, Rudolf von Schouwenburg, Conrad von Widergrin von Stouffenberg, Eberhart von Nypern, Conß von Großwilre, Albrecht Wolf von Reinhein, Sifrid Pfauwe von Riepure, Heinrich Robber, Hans von Windeck, und Hans von Winterture.

(*m*) Die Nachricht meldet, solches sey geschehen, „als „er mit den von Spire in Kriege und Vientschaft „were."

(*n*) FROMANN. *de condom. territ.* p. 58.

(*o*) Königshoven l. c. S. 145. „uff die Zeit waren „in der Statt 3. Herzogen von Peyern, gebrüdere, „und der Herzog von Lottringen und der Marggraff von „Baden ——. Das ihr 62. was — und die Stadt „bezalt was der König uff die Zeit kostet hatt; und „was der König 7. Tag zu Straßburg, und daß die „Statt dem König schenckte und allen Fürsten und „Herren also viel als ihr was, das kostet 1500. fl. u.s.w."

Bernhard I. 1372-1431.   247

Im Anfang des folgenden Jahrs begibt er sich mit dem Erzbischof Johann II. von Maynz (*p*) und 500. Mann zu Pferd nach Kostanz zu der Kirchenversammlung (*q*). Papst Johannes XXII., der, wie die zwey andern Päpste Gregorius XII. und Benedict XIII. das Amt niederlegen soll, sucht sich mit der Flucht zu retten. Er bemüht sich unsern Fürsten auf seine Seite zu bringen, und verspricht ihm in einer Bulle vom 29. Jenner, eine Summe von 16000. fl. Goldgülden von den Einkünften des Päpstlichen Stuhls in den Erzstiftern Maynz, Cöln und Trier zur Belohnung, daß er, wie seine Worte lauten: „in der „trüben Zeit der Trennung grosse Gefahr „seiner eigenen Person, und Verlust, wie „auch schwere Ausgaben vor den Papst „und die Römische Kirche auf verschiedene „Weise freywillig übernommen habe (*r*).

Kirchenversammlung zu Kostanz.

Q 4   Her-

(*p*) Köhlers Münzbelustigung IV. S. 343.

(*q*) Es waren daselbst 22. Cardinäle, 20. Erzbischöfe, 90. Bischöfe, 124. Aebte, 19. weltl. Fürsten, 83. Grafen, 250. Doctores. LENFANT *hist. du concile de Constance.* Tom. II. p. 365. 385. Die übrige Menge Leute beschreibt GESNER. in *Paralipom.* conf. HERMANN. VON DER HARDT. *Act. Conc. Constant.* Tom. V. Part. VII. p. 33.

(*r*) HERMANN VON DER HARDT l. c. Part. IX. p. 148. Wo jedoch statt Burchard zu lesen ist Bernhard.

Herzog Fridrich IV. von Oesterreich Steyermärkischer Linie befördert des Papst Johannis Flucht, und wird darüber geächtet (s).

Beleh-nung. §. XLIII. Bey dieser Gelegenheit nimmt Kaiser Sigmund die Oesterreichische Städte Breisach, Freyburg, Neuburg, Endingen, nebst den anliegenden Flecken und Landen ein. Gleichwie nun der Kaiser unsern Marggraven im Jahr 1415. auf Donnerstag, nach St. Paulustag zu Kostanz mit der Marggravschaft zu Baden und andern seinen Herrschaften, Städten, Schlössern, Märkten, Dörfern, Zöllen, Münz und allen andern seinen Lehen, Mannschaft, Lehenschaft, die sein Vatter an ihn gebracht, belehnt: also setzt er ihn in eben demselben Jahre zum Landvogt im Brißgau. Der Kaiser thut hernach A. 1417. allen zum Brißgau gehörigen Mannen, die von Herzog Fridrich von Oesterreich Lehen gehabt, wie auch vorbenannten Städten solches zu wissen (t), und befiehlt A. 1418. daß sie ihre Lehen von dem Marggraven empfangen sollen (u). Der Marggrav
steht

(s) S. den ersten Theil dieser Einleitung S. 232. folg. Bey dieser Gelegenheit macht sich der Kanton **Bern** vom Aaargau und dem Oesterreichischen Stammhause Habspurg Meister. Tschudi Hist. der Eydgenossenschaft. Th. 2. S. 60

(t) *Cod. Dipl. Bad.* Num. CCCXLV.

(u) *Idem* Num. CCCXLIX.

steht auch dieser Landvogtey über zehen Jahre mit grosser Klugheit und Herzhaftigkeit vor. Fridrich von Oesterreich wird zwar noch in dem Jahre 1415. mit dem Kaiser ausgesöhnt. Er macht sich aber in folgenden Jahre nochmals mit der Flucht von Kostanz hinweg. Der Kaiser ächtet ihn aufs neue, und nimmt ihn erst A. 1418. auf Papst Martins V. Vorbitte in seine Freundschaft wieder auf (*v*). Kaiser Sigmund gibt unserm Marggraven in Befehl, die Städte im Breißgau des Eids, so sie dem Kaiser und Reich geschworen hatten, zu entlassen, jedoch solle er die Städte, so sich Herzog Fridrich nicht wieder unterwerfen wollen, nicht zwingen, weil in dem Vergleich ihnen frey gestellt sey, dem Kaiser und Reich verbindlich zu bleiben oder nicht (*w*). Aus dieser Ursache legt M. Bernhard diese Landvogtey erst im Anfang des Jahrs 1426. nieder. In diesem Jahre, da die Verdrüßlichkeiten zwischen K. Sigmund und Herzog Fridrich völlig beygelegt worden, zählt unser Marggrav die Städte im Breißgau, auf abermal erhaltenen Befehl vom Kaiser, ihres dem Reich geleisteten Eydes loß. Herzog Fridrich nimmt sie auch würklich durch Eberhard von Kirch-

---

(*v*) Tschudi l. c. S. 97.

(*w*) S. Oesterreichische Beantwortung l. c.

berg und Grav Wilhelm von Montfort wieder in Pflichten (*x*).

§. XLIV. Nun ist einiges zu melden, was währender vorgemeldter Umstände vorgegangen ist.

Bekommt Hachberg. A. 1415. an St. Jacobstag kauft M. Bernhard von M. Otto II. dem letzten Marggraven zu Hachberg, dessen Herrschaft Hachberg und Höhingen nebst dem Schloß Usenberg (*y*) bey Breisach um 80000. Rheinischer Gulden (*z*). Er übernimmt zugleich Marggrav Ottens Schulden zu bezahlen.

Marggrav Bernhard wird im folgenden Jahre auf Cantate von Bischof Humbrecht zu Basel belehnt mit denen Lehen

---

(*x*) GERARD A ROO Hist. Austr. p. 165. Fugger Oesterr. Ehrenspiegel S. 445. Dieser macht den Beysatz: „Aber die Stätte in Helvetien waren „ nunmehr in der Freyheit erwarmet, und wollten „ sich zu nichts verstehen: were also Herzog Fridri- „ chen seinn Treu gegen dem Papst übel bekommen. „ Um dieses Verlusts willen ward er von seinen Übel- „ gesinnten Friderich von der leeren Taschen „ genennet. Als man ihm diesen Titel vor Ohren „ brachte, wollte er das Gegentheil offentlich erwei- „ sen: liesse demnach, das Dach der Hof-Canzley in „ Inspruck mit 200000. Ducaten vergulden u. s. w.

(*y*) Die Herrschaft Usenberg wurde nach der Zerstörung des Schlosses, die Herrschaft Hohingen von dem Schlosse in derselben genennet.

(*z*) S. den ersten Theil dieser Einleitung. S. 473. und 474. [c] 639.

hen, welche bisher M. Heſſo von Hachberg und deſſen Sohn M. Otto zu Lehen gehabt, das iſt, mit dem Kirchenſaz zu Bergheim, und dem halben Theile der Wildbänne zu Sulzberg. Hingegen wird der Kirchenſaz zu Biſchoffingen dem Bißthum vorbehalten.

In eben dieſem Jahre Donnerſtags nach Bartholomäus, geſtatten Caſpar von Klingenberg und ſeine Hausfrau Margaretha Maltererin dem Marggraven als nunmehrigen Inhaber der Herrſchaft Hochberg und Höhingen die Loſung des Dorfs Eyſtatt um 3000. fl. (a). Auch kauft er einen Theil des Dorfs Eyſingen von Reinhard Hofwarth von Kirchheim.

Noch iſt anzumerken, daß er A. 1416. ſich mit dem Erzbiſchof von Maynz perſönlich nach Straßburg begibt, die zwiſchen der Stadt und dem Biſchof entſtandene heftige Irrungen (b) beyzulegen. Ihre Bemü-

---

(a) Den Urtheilsbrief eines zwiſchen Marggrav Bernhard und denen von Zorn wegen einer Selbſtrittigkeit auf dem Zolle in Selbingen, A. 1416. zu Baden gehaltenen Manngerichts ſiehe in *Cod. Dipl. Bad.* Num CCCXLIV.

(b) Die Statt legte dem Biſchof zur Laſt, er verſchleudere die Güter der Kirche; er habe die Landvogtey, Ortenau, ſo der Stadt verpfändet war, an Churfürſt Ruprecht von der Pfalz verkauft, und ſey geſonnen, Elſaßzabern an den Herzog von Lothringen zu verkaufen. Die Statt hatte dem Domcapitel von ihrem Vorhaben

mühungen sind vergeblich. Das Concilium zu Kostanz muß den Ausschlag geben.

§. XLV. A. 1417. am Samstbag nach St. Johansbag des Döffers empfängt Hartmann von Keppenbach von Marggrav Bernhard zu einem rechten Mannlehen von der Herrschaft Hochberg und Höhingen die freyen Rechte (c) zu Bretheim, zu Richenbach, Mußbach, Bechtshofen und Lützenwald.

Ferner, scheidet er um diese Zeit der Kirche zu Niefern, die er an die Præsenz des Stifs St. Michel zu Pforzheim gegeben hatte, jährlich 45. Malter Korn, Dinkel und Heu zu; ferner 1. Fuder Weins, den kleinen Zehenden, das Seelgeräthe, Niesfrommen und Opfern, die Wiesen, die bisher einem Pfarrer zugehört, 60. Burden Stroh, und was sonst zur Kirche gehört.

§. XLVI.

---

ben Nachricht gegeben, und den Bischof, den sie zu Molzheim gefangen genommen, in Verwahrung gebracht. Das Concilium that sie darauf in den Bann, aus dem sie erst, nach Bezahlung einer grossen Geld-Summe au Kaiser Sigmund, und nach gemachtem Verglich mit dem Bischof und dem Concilio gethan warbe. SCHOEPFLIN. *Hist. Zar. Bad.* T. II. p. 101. WENCKER *de Vſsburger*. p. 223. seqq.

(c) LONDORP. *act. publ.* Tom. II. Lib. I. Tract. 2. p. 15. Eine solche Ladung zum Fürstenrecht

Bernhard I. 1372-1431.

Marggrav Bernhard befindet sich 1417. in diesem Jahre wiederum bey Kaiser Sigmund zu Kostanz. Er unterzeichnet daselbst die Standes-Erhöhungs-Urkunde Adolfs VII. bisherigen Graven in Cleve und Mark, darinnen K. Sigmund denselben den 28. April zum ersten Herzog von Cleve erklärt (*d*). Auch wird Marggrav Bernhard in diesem Jahre von K. Sigmund ausersehen, Pfalzgrav Ludwigen auf Pfalzgrav Heinrichs Klage den Kaiserlichen Ladbrief zu dem Fürstenrecht zu behändigen (*e*).

Ferner verspricht der Kaiser Sigmund dem Marggraven jährlich 2000. fl. jährliche Pension, und überdis eine besondere Summe vor jeden Tag, den er ausser seinen Landen in des Kaisers Diensten zubringen würde. Pabst Martin V. gestattet um diese Zeit dem Kaiser den Zehenden von den Kirchen im Teutschen Reiche zu erheben. Der Kaiser ersucht unsern Fürsten diesen Zehenden in seinem Namen von Kostanz, Basel, Straß-

---

recht muste nothwendig durch einen Fürsten geschehen. Vid. HIPPOL A LAPIDE *de ratione Status* P. I. Cap. X. p. 165.

(*d*) TESCHENMACHERI *Annales Clivi.* Cod. Dipl. n. 77. p. 81.

(*e*) Eben diese freye Rechte empfieng auch Dieterich von Keppenbach A. 1420. Freytag nach U. L. F. Tag Nativität.

Straßburg, Speyer, Maynz, Tull und Verdun einzunehmen. Der Kaiser beurkundet nachher A. 1422, daß ihm M. Bernhard von wegen der Decimæ gute Rechnung gethan für 81963. fl. und daß er dem Marggrav schuldig verbleibe 13468. fl. Er verweiset den Marggraven wegen dieser Summe auf die Zehenden der Bißthümer Metz, Tull und Verdun, mit der Versicheruug, daß, wann er sich daraus nicht bezahlt machen könnte, er ihn aus andern seinen und des Reichs Gütern befriedigen wolle.

Landgrav. Ludwig v. Hessen Streit mit denen Ganerben

§. XLVI. A. 1418. entsteht der Streit zwischen Landgrav Ludwig von Hessen, und den Ganerben des Busecker Thals wegen der Landshoheit. Kaiser Wenzel hatte A. 1398. die Ganerben Ludwigs Vatter, Hermann, unterworfen; bald aber sein Wort zuruckgenommen, welches auch Kaiser Sigmund A. 1414. gethan. Doch wollte Landgrav Hermann sein vermeintliches Recht behaupten. Marggrav Bernhard wird vom Kaiser zum Richter ernennt. Beysitzer des Gerichts sind: Bischof Georg von Passau, des Kaisers Canzler, Wilhelm, Bischof von Straßburg; Abt Johann von Weissenburg, Abt Johann von Selß; Ludwig Pfalzgrav bey Rhein; Herzog Carl von Lothringen; Otto Pfalzgrav bey Rhein, und Bernhard Herzog von Sachsen. Beystand des Kaisers ist Ludwig, Grav von Oetingen.

Das

Bernhard I. 1372-1431.

Das gesammte Gericht erkennt und spricht aus, daß die Ganerben dem Kaiser unmittelbar unterworffen seyen (*f*).

In diesem Jahr auf St. Lorenzen Tag erlaubt K. Sigmund, daß zu Emmendingen auf alle Wittwoch ein Wochenmarkt und auf Martini ein Jahrmarkt; zu Eystatt aber alle Samstag ein Wochenmarkt und auf Lucä ein Jahrmarkt seyn solle (*g*).

Auff die Mittwoche vor St. Vitstag dieses Jahrs belehnt Marggrav Bernhard zu Breysach (*h*) Walthern von Dußlingen mit den Mannlehen, dem Wasser der Mühle zu Nuwerßhusen und der Mühlenmatt daselbst.

Auch hat Marggrav Bernhard Jrrungen mit den Besitzern des Stauffenberger Lehens. Er läßt zu Baden ein Manns

---

(*f*) S. Memoriale der Heßischen Gesandtschaft an die Reichsversammlung zu Regenspurg A. 1707. Urkunden S. 99.

(*g*) Der Brief ist gegeben zu Wile, Spirer Bißthums, und besiegelt mit dem kleinen Insigel, in welchem ein einköpfigter Adler, mit dem Titel: *Sigismundus Dei. gra. romanorum. rex. semper. augustus. ac. hungarie. rc. rex.*

(*h*) Vermuthlich hielte sich der Marggrav. damals zu Breisach auf, als der vom Kaiser bestellte Landvogt im Breißgau.

Manngericht deßwegen halten (*i*) und im folgenden Jahr vergleicht er sich mit ihnen (*k*).

§. XLVII. A. 1419. gibt Marggrav Bernhard das Schloß Rodeck dem Graven Fridrich von Zollern zu Lehen. Dieser gelobt dagegen dem Marggraven das Oefnungs-Recht daselbst (*l*). In eben diesem Jahr errichtet der Marggrav mit beeden Graven Fridrichen von Zollern einen Burgfrieden in dem Burglin zu Hechingen und der Stadt daselbst, welche dem Marggraven von besagten Graven zum halben Theil auf Wiederlosung verkauft worden. Dieserwegen wurde im folgenden Jahre eine Einung unter ihnen getroffen; und A. 1421. zwischen Marggrav Bernhard und Eitel Fridrich, Graven von Zollern, wegen des Dorfs Meßingen, so an das Haus Baden käuflich gekommen war, die obgewaltete Irrung gütlich beygelegt.

Um diese Zeit belagern die Churfürsten am Rhein die Stadt Köln wegen ihrer innerlichen Unruhen. Marggrav Bern-

---

(*i*) *Cod. Dipl. Bad.* Num. 350 & 51.

(*k*) *Idem* Num. 352.

(*l*) *Idem* Num. 353. Dieses Schloß, welches ohnfern Bühl gelegen ist, besitzet dermalen das Geschlecht von Neuenstein als ein Badisches Lehn.

Bernhard und der Churfürst von Brandenburg helfen die Ruhe befördern (k).

In eben diesem Jahre ertheilt Kaiser Sigmund unserm Marggraven die Erlaubnis Ortenburg und die Mortenau von dem Bischof zu Straßburg zu lösen. Kaiser Fridrich III. bestätiget und erneuert solches seinem Schwager Marggraven Carl I. in dem Jahr 1453.

§. XLVIII. A. 1420. auf Dienstag nach Matthias Tag gibt ihm Kaiser Sigmund die Gewalt, alle Mannschaft, Herrschaft, Schlösser, Städte, Dörfer, Lande, Leute, die an Grav Johann von Sponheim von Elisabetha, Pfalzgrävin bey Rhein und Grävin von Sponheim erblich gefallen waren, ihnen beeden in Gemeinschaft oder insonderheit zu kauffen. *Sponheim. A. 1420.*

Ebenfalls ertheilt ihm dieser Kaiser zu Breßlau, Montags nach Lätare, volle Macht die Vestung Zähringen von des Reichswegen zu lösen, und zu des Königs und Reichs Händen zu nehmen (l). Konrad Bernlapp von Zähringen übergibt nachher A. 1422. dem Marggraven und allen seinen Nachkommen den vierten Theil des Schloß- *Zähringen.*

(k) WINDECK. histor. Sigism. Imp. cap. 76.

(l) Cod. Dipl. Bad. Num. CCCLVI.

Bad. Gesch. II. Th.   R

Schlosses Zåringen samt allen Zugehörungen (*m*), und verspricht ihm, den Burgfrieden daselbst richtig zu halten (*n*).

Er kauft auch um diese Zeit, wie einige wollen, das Dorf Gundelfingen und Reitenhardt bey Zåringen mit allen seinen Rechten. Nach andern hat M. Christoph A. 1509. dieselbe von Balthasar von Blumeneck gekauft.

In eben diesem Jahr 1420. legt er den Streit, der zwischen der Stadt Straßburg und den Edlen von Bulach, von Wangen, von Müllenheim, und andern obgewaltet, durch seinen richterlichen Ausspruch bey.

Gråvenstein. §. XLIX. Auch bringt er in diesem Jahre von Grav Johann von Sponheim die Herrschaft Gråvenstein an sein Haus. Sie war ein uraltes Eigenthum des Hauses Leiningen, Friderichischer Linie, welche im Jahr 1468. mit Grav Heßen erloschen ist; und zwar war sie ein solches Eigenthum, an welchem, nach einem von Pfalzgrav Otto im Jahr 1449. ausgesprochenen Endscheide (*o*) die Joffridische

---

(*m*) *Cod. Dipl. Bad.* Num. CCCLVIII.

(*n*) *Idem.* Num. CCCLIX.

(*o*) S. Schließliche Einreden, daß in dem Heßoischen Antheil der Gravschaft Leiningen die näher gesipte Weibs-Personen dem Mannsstamme vorgezogen werden müssen. 1740. Beyl. Lit. N. Blatf. 64. und 66.

sche Linie, oder das heutige Haus Leiningen wegen der Grund und Todtheilung kein Recht mehr hatte. Diese Herrschaft nun war an Churpfalz, und von dieser an die Graven von Sponheim gekommen. Marggrav Bernhard erlangt sie von diesen. Im folgenden Jahre verpfändet der Marggrav diese Herrschaft seinem Tochtermann Grav Emichen von Leiningen vor diejenige 8000. Gulden, die er ihm zur Ehesteuer versprochen hatte. Der Marggrav errichtet hernach mit diesem seinem Tochtermann und dem Graven von Sponheim eine Gemeinschaft zu dem Ende, daß sie diese Herrschaft Grävenstein mit vereinigter Macht gegen jedermann, der sie beunruhigen würde, vertheidigen wollten. Erst im Jahre 1535. ward diese Herrschaft wieder aus den Händen derer Herren Graven von Leiningen gelöset.

Es übergibt auch noch in diesem Jahr Agatha, des verstorbenen Hessen, Herrn zu Usenberg Tochter, damalige Klosterfrau in dem Kloster Königsfeld bey Waldkirch unserm Marggraven alle ihre Rechte auf ihre vätterliche Erbschaft (*p*).

§. L. U. 1421. übergibt Marggrav Bernhard Herzogen Reinolden von Urßlin-

gen

(*p*) *Cod. Dipl. Bad.* Num. CCCLV. S. den ersten Theil dieser Einleitung Blatt. 639.

gen (*q*) den halben Theil des Schlosses und Städtlein Gemar (*r*) vor die ihm geleistete Dienste auf Lebenslang, mit dem Versprechen, daß, wann es sollte ausgelöset werden, er ihm jährlich 300. fl. bezahlen wollte. Reinold und Anna von Usenberg überlassen ihme dagegen ihr Recht auf die Herrschaft Usenberg, auf das Schloß Höhingen, und dessen Zugehörungen; ja sie versichern ihm auf ihren Tod den Anfall der zur Herrschaft Usenberg gehörigen Dörfer Bischoffingen und Brockingen. Auch verspricht Reinold das Oefnungs-Recht im Schloß Hornberg und in andern Schlössern gegen seine Feinde. Kaiser Sigmund und der Grav von Sultz werden allein ausgenommen, nebst dem Burgfrieden zu Hornberg. Drey Jahre hernach setzt der Marggrav besagten Herzog zum Landvogt in dem Schloß Höhingen. Er bestättigt damals samt seiner Gemahlin Anna, alles, was er in vorherigem Vertrag versprochen hatte.

In

(*q*) Dieser Reinold bekriegte im folgenden Jahre nebst nebst dem Graven von Zollern die Schweizer. Sein Wohnplatz war Schiltach am Schwarzwald. S. Tschudi l. c. Th. 2. S. 70. 147.

(*r*) Maximinus, Herr von Rappoltstein hatte A. 1406. mit Marggrav Bernhard einen Burgfrieden errichtet, und ihm versprochen, daß das Schloß und Stättlein Gemar ihm allezeit offen seyn solle. Bald darauf wurde der halbe Theil desselben an den Marggraven verpfändet. Perill. SCHOEPFLIN. *Alsat. Illustr.* Tom. II. p. 112.

Bernhard I. 1372-1431.

In diesem Jahre auf Donnstag vor Purificationis tritt Hans Cunzmann die zwey Dörfer Ludolßhein und Ruxhein, welche M. Bernhard seinem Bruder Hans Cunzmann für sein Lebtag um 2500. fl. übergeben, und nach dessen Tod ihm Hansen gelassen hatte, wieder für frey und ledig ab.

§. II. A. 1422. nach Angabe des Closters Schwarzach, ertheilt der Kaiser dem Marggraven, zu Nürnberg, einen besondern Schutz von dem Kloster Schwarzach gegen Ludemann, Herrn von Lichtenberg (m), welcher, wann solches richtig ist, gestalten dann nirgends ein Original davon zu finden ist, unter diejenige Sattungen der Schutzgerechtigkeit gehört, welche advocatia extraordinaria genennet wird, denen Kaisern auch über mediat-Klöster zustunde, und dahero oftermalen denen Landesfürsten oder advocatis extraordinariis selbst aufgetragen zu werden pflegte (n).

A. 1422.

Marggrav Bernhard und Erzbischof Konrad zu Maynz, legen in diesem Jahr als erwählte Schiedsrichter die langwierige Verdrüßlichkeit zwischen der Stadt und dem Bischof Wilhelm zu Straßburg durch
ein

(m) S. Actenmäßiger Geschichts-Erzählung Schwarzach S. 99. 101.

(n) Siehe I. Th. Blats. 120. in der Note.

ein Urtheil zu Speyer bey. Gleiches geschieht bey den Händeln der Stadt mit den Edlen, die schon A. 1419. wegen vieler Beschwehrden sich aus der Stadt begeben hatten (o).

Ferner wird die Stadt Speyer von ihrem Bischof Rabanus belagert. Unser Marggrav entschließt sich mit Pfalzgrav Stephan und Grav Emich von Leiningen ihr zu Hülfe zu kommen. Der Kaiser befiehlt, noch ehe solches geschieht, die Belagerung aufzuheben, und die Sachen vor den Reichstag zu Nürnberg zu bringen. Marggrav Bernhard befördert die Aussöhnung der Stadt mit dem Bischof. Die Stadt ersetzt dem Marggraven die zu ihrem Besten angewendete Kosten mit 6000. fl.

1422. §. LII. Das Badische Manngericht zu Ettlingen, so aus fünfzehen Paribus Curiæ besteht, spricht Fer. V. post Joh. Baptistæ dieses Jahrs (1422.) denen von Endingen das Schloß Schaffgießen mit dem Dorfe Well ab, und hingegen dem Marggraven als ein Lehen der Marggravschaft Hochberg zu. Ein anderes Manngericht so in eben diesem Jahr zu Baden gehalten worden, thut den Ausspruch, daß Concmann von Bolsenheim dem Marggraven die

---

(o) WENCKER. *de Pfalburger.* p. 102. SCHILTER. *ad Kænigshoven* p. 878.

die Wiederlosung der Dörfer Achtkarren und Lüsselnheim, die er von Marggrav Hessen und Otten seel. Pfandtweise innhabe, gestatten solle (*p*).

(*p*) Als Richter saß Rudolf von Schauwenburg, Vogt zu Baden; die Marggräfliche Manne waren, Herr Abrecht Beger, Herr Johans Zorn von Eckenriet, Her Heinrich von Hohenriet, Her Hanmann Snewelin von Landeck, Rittere, Heinrich von Berwangen, Hofmeister ꝛc. Dieterich von Rathsamhusen, der ältere, Reinbold Colbe von Stauffenberg, Heinrich Roder, Landvogt, Syfrit Pfauwe von Riepurg, Eberhart von Nyperg, Berthold Cranz von Geispoltzheim, Gumpolt von Giltlingen, Gerhard von Talheim, Hans von Nyefern, Ruffe von Gümeringen, Fritz von Liebenstein, Bernolt von Urbach, Görich von Urbach, Althans von Gröstein, Rücker von Kircheim, Heinrich von Riepur der ältere, Rudolf von Schnellingen, Hans von Windeck, Caspar Meinwart, Reinhart von Croßwiler, Dietrich zu Wütenmüln, Hans Rodber, der ältere, Friederich von Dygißheim, Conrad und Peter von Widdergrin von Stauffenberg, Hans Rodber der jünger, und Bernhart von Nüwenstein.

A. 1422. In einem andern zu Baden Feria II. ante Corp. Christi gehaltenen Lehengericht, welches aus Rudolfen von Schauenburg, Vogt zu Baden, als Richter, und dreyßig Paribus Curiæ bestanden, wird gesprochen zwischen Marggrav Bernhard und Hanmann Snewelin von Landeck, Ritter, wegen einiger Leute, welche Hanmann auſſer seinen Lehen, nemlich dem Gericht und der Steuer zu Mundingen in sein eigen, als nach Riegel und die Steuer gen Künringen gezogen.

Endlich verkauft auch in diesem Jahr Hans von Tatzingen genannt Edelmann, seinen sechsten Theil an dem Dorfe Wolfhartswiler an Marggraven Bernhard um vierzig Rheinl. Gulden.

A. 1423. A. 1423. gestattet Marggrav Bernhard durch einen zu Baden gegebenen Brief die durch Absterben Wolfs von Grafenecke ihm heimgefallene Lehengüter dessen hinterlassener Wittib Pelen von Kingspach unter gewissen Bedingungen Lebenslang zu genieſſen.

Krieg mit den Städten im Breißgau. §. LIII. Der merkwürdigste Krieg, den Marggrav Bernhard geführt hat, ist der mit den Städten im Breißgau, Freyburg, Breysach, Neuenburg und Endingen. Er hatte 1415. die Marggravschaft Hachberg durch Kauf an sich gebracht. Er ließ sich
so-

sogleich bey angetrettener Regierung derselben angelegen seyn, die auf der Herrschaft gestandene Schulde abzurichten; die Pfandschaften, nemlich die Stadt Sulzberg, und die Dörfer Eichstett, Leuselheim, Achtkarren u. s. w. wieder ledig zu machen, auf die verfallene Lehen zu klagen, und selbige, wie auch den Rheinzoll zu Weißweil als ein privilegirtes Reichslehen mit Ernst einzuziehen; und das Herkommen, Recht und Privilegien, die bey den verstorbenen Marggraven von Hachberg je länger je mehr abgenommen hatten, wiederum in Uebung zu bringen. Dieses zieht ihm den Unwillen vorgemeldeter Städte zu, als welche seine Bemühungen vor Neuerungen hielten. Das Mißverständnis bricht hernach in einen offenen Krieg aus. Ich will einiges davon melden.

§. LIV. Der Marggrav beschwehrt sich, daß seine Hachbergische und Usenbergische Unterthanen, welche das Brißgauische Burgerrecht hätten, eben so, wie die Einwohner in den Städten gehalten, von diesen auch vor Gericht geladen, und ihnen gewisse Dienste zu leisten zugemuthet werde (*q*). Er beziehet sich dabey auf den Vertrag [*Marggr. Bernhard Beschwerden.*]

(*q*) Seine Beschwehrden erkennt man aus dem Schreiben oder Manifest, welches er an die Stände des Reichs ergehen lassen, damit zu vergleichen ist der Städte im Brißgau Schreiben an die Statt Straßburg A. 1428. S. WENCKER *in contin. de Vsiburg.* p. 64.

trag, welcher A. 1368. zwischen Grav Egen von Freyburg und der Stadt Freyburg, und beederseits Helfern, worunter Marggrav Otto von Hachberg war, gemacht worden. In demselben ist unter andern enthalten, daß die Städte alle Marggrävische und jegliches Leute, die ausser den Städten wohnen, und ihre Burger sind, des Burgerrechts entlassen und in Zukunft niemand, als mit Einwilligung des eigentlichen Herrn, zum Burger annehmen sollen (*s*).

Die Städte hingegen berufen sich auf ihre alte Kaiserliche Freyheiten und Breißgauische Gewohnheiten (*t*). Sie stellen vor, daß ihre Burger, die in der Herrschaft Hachberg wohnhaft gewesen, niemalen unter die eigene Leute oder Unterthanen der Marggraven seyen gezählt worden. Besonders beschwehren sie sich, daß der Marggrav im Breißgau hin und wieder, und zu Mühlberg neue Zölle angerichtet habe, welche auch andern Städten beschwehrlich wären (*u*).

§. LV.

(*s*) Wencker l. c. p. 71. sqq.

(*t*) S. *Copie* der Städte im Breißgau Antwort auf des Marggraven-Rechtbieten &c. Und der alten Verantwortung bey Wencker l. c. p. 66. 69.

(*u*) Herzogs Chron. B. 8. C. 28.

§. LV. Die Sache kommt vor Kaiser Sigmund. Er beruft sowohl den Marggrafen als die Städte A. 1421. vor sich nach Niclasburg in Mähren, und im folgenden Jahre nach Regenspurg und Nürnberg. Die damalige Unruhen in Böhmen hinderen die Zusammenkünfte. Man sucht also die Sache gütlich zu vergleichen.

Unterdessen verbinden sich die Städte Straßburg, Basel, Colmar, Breysach und andere im Breißgau und Elsaß A. 1422. auf fünf Jahre. Churfürst Ludwig von der Pfalz, damaliger Landvogt im Elsaß (v), tritt im folgenden Jahre diesem Bündnis bey.

In diesem Jahr wird zu Straßburg eine Unterredung angestellt. Herzog Carl von Lothringen sucht die Sachen zu vermitteln. Ein grosser Theil wird nach Verlangen M. Bernhards beygelegt. Man hoft dem ganzen Streit auf einem andern Convent zu Worms, in Beyseyn der Erzbischöfe Konrad von Maynz und Otto von Trier, ein Ende zu machen. Die Hofnung schlagt fehl. Im Anfang des Jahrs 1424. thut man in drey andern Conventen zu Straßburg und Worms, unter Vermittelung besagter Erzbischöfe, neue Versuche. Allein alles wird abgebrochen. Man greift zu

---

(v) SCHOEPFLINI *Alsat.Illustr.* T. II. p. 571.

zu den Waffen, ohngeachtet Kaiſer Sigmund in zweyen Schreiben die Städte ermahnt, nichts wider den Marggraven vorzunehmen, noch ihn zu bekriegen (*w*). Churfürſt Ludwig von der Pfalz, Biſchof Ravan von Speyer, die damalige Vormundſchaft der Graven von Würtemberg, die Städte Freyburg, Straßburg, Baſel, Colmar, Kenzingen, Endingen, Müllhauſen, Schlettſtatt fallen mit einem vereinigten Heere (*x*) dem Marggraven ins Land. Sie verbrennen Raſtatt und andere Dörfer in derſelben Gegend. Die Schlöſſer Mühlberg und Graben werden drey Wochen belagert (*y*), aber nicht erobert. Indeſſen kommen die Königliche Geſandte in dem Felde vor Molenberg (Mühlberg) an, nämlich, Dieterich Erzbiſchof zu Köln, Johann Biſchof von Würzburg und Grav Ubrecht von Hohenlohe. Durch derſelben Vermittlung werden die Strittigkeiten beygelegt (*z*).

§. LVII.

(*w*) WENCKER. l. c. p. 83. u. 84.

(*x*) Baſel allein ſchickte 100. zu Fuß und 250. zu Pferd; Straßburg 1000. zu Fuß und 100. zu Pferd.

(*y*) Den Belagerten kame bey ihrer Tapferkeit die Uneinigkeit derer von Baſel und Straßburg zu ſtatten, da dieſe jenen weder Speiſe noch Brod ums Geld wollen zu kaufen geben.

(*z*) Dieſen Krieg beſchreiben Wurſteiſen in der Baſel. Chron. B. 4. C. 24. WENCKER. l. c. p. 63. ſqq. Münſter in der Erdbeſch. B. 3. S. 809. Hertog l. c. B. 2. C. 28. S. 136. u. a. m.

§. LVI. Die Hauptpuncten dieses auf Montag vor St. Ulrichstag errichteten Vertrags (a), welcher insgemein der Mühlberger Vertrag genennet wird, sind: 1.) Der Marggrav solle den Städten ihre Dörfer, Leute, Güter, Zinse, Gülten und anders abgenommene unverzüglich wieder geben, und den aufgehabenen Nutzen ersetzen. 2.) Mit dem freyen Zug und Abzug soll es nach dem A. 1368. zwischen Grav Egen von Freyburg und den Städten im Breißgau gemachten Vertrag gehalten werden; doch sollen die Städte dem Marggraven von dem Tag an, da er zu der Herrschaft Hachberg und Usenberg gekommen ist, eine Besatzung oder Gewährschaft seiner eigenen Leute (evictionem hominum propriorum) gönnen. 3.) Begienge einer aus den Städten in des Marggraven Gerichten einen Frevel mit Faustschläg, Bengel, Messer, Spieß oder Steinzucken, oder zur Erden werffen, so soll er um Geld gestraft werden, oder, wie die Worte lauten, er dem Maragrav bessern drey Pfund Stäbler und einen Hälbling; schlüge er eine Meisel=Wunde, oder ein Glied lahm, oder entzwey, so soll er bessern fünf Pfund Stäbler und einen Häller, und dem Beschädigten den Schaden verguten. Begienge einer einen Todschlag in des Marggraven Gerichten, und sollte darüber am Le=

Mühlberger Vertrag.

(a) Cod. Dipl. Bad. Num. CCCLXII.

Leben gestraft worden, so mögen seine Freunde sein Gut lösen um zehen Pfund Stäbler und einen Hälbling; welches Geld auch er, so er mit dem Leben davon käme, zur Lösung seiner Güter zu bezahlen hätte. Diebstahl, Mörderey, Ketzerey, Verrätherey u. d. gl. sollen, wie Recht ist, gerichtet werden. 4.) Die Klagen wegen Schulden oder Güter sollen vor das Gericht des Beklagten, oder des Orts, wo letztere liegen, gebracht werden. 5.) Die Ausburger der Städte, so in den Herrschaften Hachberg und Usenberg wohnen, sollen ihre Rechte verlieren; und die Städte keinen Marggrävlichen mehr zu Ausburger annehmen. 6.) Die neuen Zölle, so er seit der Zeit, da er gemeldete Herrschaften besitzt, im Brißgau angerichtet, soll er abschaffen, und die Städte bey ihren Steingruben, und die Burger bey ihren Freyheiten und Herkommen lassen. 7.) Soll er seinen Lehenmann, Conemann von Bolsenheim mit den Lehen, deren er durch ein Manngericht (*b*) verlustig worden, innerhalb Jahresfrist wieder belehnen, und künftig die Hachberg und Usen-

---

(*b*) Daselbe wurde A. 1424. auf Donrstag vor Pfaffen Fastnacht zu Baden von Heinrich von Gerwangen, Hofrichter, und vier und zwanzig Paribus Curiæ gehalten. Der Ausspruch war, Cunemann solle den Reichspfandschaftsbrief über einige Dorfschaften in der Herrschaft Usenberg dem Marggraven herauszugeben schuldig und seiner Marggrävlichen Lehen verlustig seyn. Cod. Dipl. Bad. Num. CCCLXI.

Usenbergische Lehenleute anderst nicht, dann durch Hachberg- und Usenbergische Manne oder Pares Curiæ berechtigen lassen. 8.) Die Städte sollen von ihm sechs Jahr lang in dem ruhigen Besitz der Dörfer Remsingen, Hochstett, Achtkarren und Lüsselheim gelassen werden; nach deren Verfluß soll jeder Theil zu seinem Recht an diesen Dörfern stehen. 9.) Die Dörfer Uringen, Eystätt, Baldingen und Malterdingen, welche sich die Straßburger huldigen lassen, sollen Graven Hermann von Sulz eingegeben werden, der sie mit den gefallenen Nutzungen dem Marggraven erst alsdenn wieder zustellen solle, wann dieser alle Articul dieses Vertrags zur Erfüllung gebracht haben würde.

Die Strittigkeiten mit Straßburg wurden auf einen besondern Ausspruch einiger Fürsten; und die Ansprache beeder Graven Fridrichen von Leiningen auf die Herrschaft Hachberg an die Untersuchung Konrads Erzbischofs zu Maynz, Otten Erzbischofs zu Trier und Grav Fridrichs von Moirse (Moeurs) verwiesen.

Der Vergleich zwischen Baden und Würtemberg wurde am Donnerstag nach Visit. b. Mariæ also errichtet: 1) daß Marggrav Bernhard und die Herrschaft Würtemberg die Richtung zu Pforzheim gemacht, vest halten, bey Strafe fünf tausend

send Gulden und die noch minderjährige Herren von Würtemberg, wann sie zu völligen Jahren kommen, eigene Briefe darüber geben sollen. 2) Von Hechingen, Burg und Stadt und Wessingen des Dorfs wegen, die Marggrav Bernhard von Grav Fritz von Zollern, dem Oettinger genannt, gepfändet, und doch die Herrschaft Würtemberg zu ihren Handen genommen; soll die Herrschaft das Pfandgeld, so Baden darauf hat, entweder Marggrav Bernharden oder Frau Henriettä von Mömpelgart Grävin zu Würtemberg erlegen (c).

Nicht minder werden in eben diesem Jahre (1424.) die zwischen Baden auch Eberstein und Speier wegen der Lehenschaft des Städtleins Gernsbach in der Gravschaft Eberstein entstandene Irrungen von Bischof Johann zu Würzburg als Austrägal-Richtern dahin entschieden, daß Baden und Eberstein ersagtes halbes Städtlein mit seiner Zugehörung vom Hochstift Speyer zu Lehen empfangen und tragen sollen (d).

§. LVII.

(c) Steinhofers Neue Würt. Chron. Th. 2. S. 729. 130.

(d) Das Datum des Laudi stehet auf Freytag nach Unser Frauen Tag zu Latin, genannt Assumtionis und in dem Lehenrevers Marggrav Jacobs auf Sant Martins-Abend 1424. Unter den Zugehörungen verstehet man die zu Gernspach gehörige Vorstätte, Pleicke, Igelbach, Gas, Hofstatt, Kugelberg, Hahn, und Wallbach, als welche zu derselben Zwing, Bann, Wacht u. d. gl. Gericht gehörig sind.

§. LVII. Ferner willigt in diesem Jahr 1424. (1424.) Marggrav Bernhard in die Versetzung des Dorfs Bischoffingen, die der Edel sein lieber und getreuer Reynolt Herzog von Urselingen, und dessen Gemahlin Anastasia von Usenberg, gethan hatte, gegen dem Vesten Lütelmann von Rathsamhausen, im Namen dessen Tochter Ursula, um ein hundert und zwanzig Gulgen, behält aber den Versetzern, und nach deren Tode sich und seinen Erben die Wiederlösung vor.

So werden auch in diesem Jahr, nach Hansen von Beckingen Absterben, dessen Lehengüter Hansen von Beckingen, als vermeyntem rechtmäßigen Lehenserben von Marggrav Bernhard zu Mannlehen geliehen (e). In dem folgenden Jahr aber wird von einem zu Baden gehaltenen Lehengericht in strittigen Lehenssachen zwischen Hansen von Beckingen und Marggrav Bernhard erkannt: Hans soll binnen sechs Wochen und drey Tagen mit sich selbst und zween unversprochenen Edelmannen Wappensgenossen beweisen, daß er einer von Beckingen von Schild und Helme und des verstorbenen Hansen von Beckingen nächster Lehenserbe seye, und daß des letztern

---

(e) Der Lehensrevers hat ein Sigill, welches drey Ringe im Schilde führt.

tern einiges hinterlassenes Gut von der Marggravschaft sey, so soll ihm der Marggrav solches folgen lassen. Dieses angesprochene Lehen war ein Vierteil am Dorf Seldingen und die halbe Burg daselbst.

In eben diesem Jahre (1424.) ertheilt Kaiser Sigmund unserm Marggraven den Befehl, von allen Güter der Juden den dritten Theil abzufordern und einzunehmen (*f*).

§. LVIII. Das Jahr 1425. hat verschiedene Merkwürdigkeiten.

A. 1425. Auf Freytag nach Conversionis Pauli ertheilt Kaiser Sigmund zu Wien dem Marggraven die Freyheit, die Wildbänne um Breysach zu bejagen. Diese Freyheit erstreckt sich auf alle Erben und Nachkommen des Marggraven, welche die Herrschaft Hachberg und Usenberg innhaben, daß sie die Wildbänne im Breißgau am Rhein, ob und unterhalb Breisach und darneben, um und um, und zu allen Auen, darinnen vorher die von Breisach zu jagen pflegten, haben sollen (*g*).

(*f*) AUCTOR. *Diarii* des gefährlichen Aufstandes in Frankfurt 1617. S. 78. cf. JII. GODOFR. DAN. HOFFMANN. *de advocatia Imperat. judaica* p. 24.

(*g*) *Cod. Dipl. Bad.* Num. CCCLXV.

In diesem Jahre übergibt er seinem Prinzen Jacob die Marggravschaft Hachberg, der auch die Regierung derselben sogleich übernimmt (*b*).

Ulrich Herr zu Rappoltstein gestattet dem Marggraven und dem Herzog Carl von Lothringen in dem Schloß Hohen Rappoltstein das Oefnungsrecht (*i*).

§. LIX. Besonders denkwürdig ist, daß Grav Johann von Spanheim unserm Marggraven und Grav Fridrichen von Veldenz in diesem Jahre die beeden Gravschaften, nemlich die vordere und hintere Gravschaft Spanheim vermacht. Ich will einige Umstände davon anführen. Die Gravschaft Spanheim wurde nach Grav Heinrichs Absterben A. 1269. unter seine zwey Söhne Johann und Simon, und also in zwey Stämme oder Linien getheilt, in die Creutzenachische und Starkenburgische. Johann besaß die vordere, oder eigentliche Gravschaft Spanheim, so zu Creutzenach gehörte. Simon die hindere, welche sonst auch die Starkenburgische genennt wird (*k*). Simons Enkel der letzte Grav

Spanheimische Erbschaft.

der

(*b*) S. unten das Leben Marggrav Jacobs I.

(*i*) SCHOEPFLIN. *Alſ. Ill.* Tom. II. p. 108.

(*k*) TRITHEM. *Chron. Hirsaug.* ad A. 1411. Dem Abt ist aber in Spanheimischen Nachrichten nicht überall ohne Prüfung zu folgen.

der Creußenachischen Linie, hinterließ nach seinem Tode eine einige Tochter Elisabeth (*l*). Sie war vermählt an Ruprecht Pipan, Kaiſ. Ruprechts älteſten Prinzen. Als dieſer A. 1375. vor ſeinem Herrn Vatter die Zeitlichkeit verlaſſen hatte, ſo blieb die Wittwe, mit Bewilligung Grav Johannis des leßtern zu Spanheim in Starkenburg, in dem lebtägigen Beſiß der vordern Gravſchaft. Sie ſchenkte ſodann den fünften Theil der Gravſchaft ihrem Herrn Schwiegervatter, Kaiſer Ruprecht, und nach deſſen Tode, A. 1416. (*m*) ſeinem Nachfolger in der Churwürde Pfalzgrav Ludwig III. mit dem Bart oder dem Blinden, ihrem Schwager (*n*). Diß geſchahe mit Genehmigung des leßten Graven von der Starkenburgiſchen Linie Johannis. Dieſer fünfte Theil blieb von ſelbiger Zeit an bey dem Churfürſtenthum; die andern vier Theile kamen an den noch allein übrigen

---

(*l*) Von dieſer Prinzeßin gibt gründliche Nachricht Herr Prof. Georg Chriſtian Crollius zu Zweybrücken, in der verbeſſerten Probe einer vollſtändigern und richtigern Pfälziſchen Geſchichte, in einer genealogiſch-hiſtoriſch-diplomatiſchen Nachricht von der Eliſabetha von Spanheim, Pfalzgrav Ruprechts Pipan Gemahlin ꝛc. ꝛc.

(*m*) TOLNER. *Cod. Dipl. Palat.* num. 215.

(*n*) Sie iſt alſo allerdings vor eine Erbtochter zu halten. Es meldet deßwegen auch der Weinheimiſche Entſcheid ausdrücklich, daß Grav Johann der leßte vier fünf Theile von Eliſabeth ſeines Oheims, Grav Simons Tochter geerbt habe.

gen Graven Johann von der Starkenburgischen Linie. Weil dieser mit seiner Gemahlin Walpurg keine Kinder gehabt, so hatte er A. 1419. eine Disposition, und in derselben M. Bernharden von Baden und Fridrichen Grav von Veldenz, als Söhnen seines Vatters (o: Schwestern Mechthild und Brette, zur Erbschaft Hofnung gemacht. Er sucht unter diesen seinen künftigen Erben allen Strittigkeiten nach seinem Tode vorzubeugen; und will, daß die Gravschaft, wie sie unter ihm zusammengewachsen, beysammen bleibe. Deßwegen, und weil seine Erben schon bey seinen Lebzeiten in Irrung darüber gerathen waren, errichtet er A. 1425. den Beinheimischen Endscheid. Er wird also genennt, weil er zu Beinheim, einem margarävlich-Badischen Städtlein an der linken Seite des Rheins zu Stande kam.

S 3 §. LX.

(o) Sein Vetter war Johannes der Jüngere, dessen ältere Tochter Mechtild war die Gemahlin M. Rudolfs von Baden unsers M. Bernhards Vatters. Die Jüngere, Loretta, war vermählt mit Grav Heinrich von Veldenz und also die Mutter Grav Friderichs, von dem hier die Rede ist. Beede Grävinnen hatten zum Vatter Johann den Blinden oder Edlen, welcher A. 1399. gestorben. Dieses dient zur Verbesserung verschiedener Schriftsteller, welche hier in der Genealogie unrichtig sind.

Crinheimischer Endscheid.

§. LX. Der Hauptinnhalt deſſelben iſt dieſer: Marggrav Bernhard zu Baden und Grav Fridrich zu Velvenz, und deren männliche Erben ſollen die beede Gravſchafften Spanheim, Schloß, Land und Leute, und was Grav Johann nach ſeinem Tode verlaſſen würde, allezeit in rechter Gemeinſchaft, unzertheilt zu ewigen Tagen beſitzen (*p*). Würden ſie keine männliche Erben nachlaſſen, ſo ſollen ſtatt Grav Friedrichs, des Herzog Stephans älteſter Sohn, oder ſeiner Enkel einer, und nicht mehr, von jeglichem Stamm, folgen; ſtatt M. Bernhards, oder ſeiner Nachkommen ſollen die Gravſchaften an Grav Wilhelm von Henneberg oder deſſen männliche Leibes-Erben fallen. Der Marggrav ſoll das Wappen, ſo Grav Johannis Vatter gehabt hat (*q*), und Grav Fridrich des Gr. Simons Wappen (*r*) führen. Ein Stamm ſoll dem andern ſuccediren, wann der eine ganz abſterben würde. Die Verkauffung oder Verpfändung der Gravſchaften ſoll nicht geſtattet werden. Sie ſollen einen gemeinen ſteten Burgfrieden in der beſten Form miteinander angehen, verbriefen, geloben und ſchwören für ſich, ihre Diener und Hofgeſind. Die Belehnung der Va-

---

(*p*) Ausgenommen werden, die Stadt Creuzenach und die Schlöſſer, welche Grav Johann damals in Gemeinſchaft mit Churfürſt Ludwig gehabt hatte.

(*q*) Weiß und roth geſchacht.

(*r*) Blau und gelb geſchacht.

Vasallen soll der ältere in der Familie in Gemeinschaft vornehmen. Wird ein Lehen ledig, so soll es abermal in Gemeinschaft einem neuen Lehenmann gegeben werdē (s).

Marggrav Bernhard erlebt den Fall nicht. Sein Prinz Jacob und Grav Friedrich von Veldenz werden von Grav Johann noch bey seinem Leben, in die Gemeinschaft seiner Länder aufgenommen. Ludwig Churfürst von der Pfalz bewilligt solches. Die beeden Erben verpfänden ihm A. 1428. den vierten Theil der vordern Gravschaft und ertheilen ihm darauf zu Heidelberg, zur Sicherheit seines Antheils, die nöthige Versicherung schriftlich (t).

S 4 §. LXI.

(s) Man liest diesen Verglich in der raren Deduction woraus erhellet, daß des Herrn Pfalzgrav Christian des Dritten zu Birkenfeld Hochfürstliche Durchleucht, in die Abtheilung 2c. nicht willigen könne 2c Seite 29. fol. In *Cod. Dipl. Bad.* Num. CCCXIV. und in Herrn Geheimen Rath Reinhards neuen Anmerkungen von der Lehnsfolge aus der Gemeinschaft S. 120. fol. Man findet in dieser gelehrten Abhandlung viele Beobachtungen über diesen Endscheid S. 23. u. f.

(t) Lünigs Reichs-Archiv Part. Spec. Cont. II. IV. Abtheil.IX. Absatz S. 496. *Codex Diplom. Bad.* Num. CCCLXVI. Mehrers von dieser Gravschaft s. in des nunmehrigen Hochfürstlich-Baden-Durlachischen Hofraths und Archivarii zu Basel, Herrn E. E. Dills Nachricht von der Gravschaft Sponheim, in Herrn Oetters Sammlung verschiedener

§. LXI. A. 1426. auf Dienſtag nach Judica wird Marggrav Bernhard von dem Churfürſten Konrad zu Maynz in der Stadt Pforzheim belehnt mit allen denen Lehen, welche deſſen Vordere dem Erzſtift zu Lehen gemacht hatten (*u*), nämlich mit der Burg Weiſſenſtein ꝛc. dem Schultheißenamt, alten Umgelt und Mühlen zu Pforzheim.

In dieſem Jahr verkauft Agnes Fritz Heckbachs Tochter von Flehingen und ihr Sohn Hanß Greck von Kochendorf, ihren Theil am Dorf Wolfhartsweiler (*v*) an M. Bernhard um 45. Rheinl. Gulden. Und Hanß von Remchingen begibt ſich in dieſem Jahr (*w*) aller ſeiner Anſprache an M. Bernhard wegen des Waldes der Rütenhart genannt, in der Wöſinger Markung gelegen; desgleichen eines Drittels an den Dörfern Liedolsheim und Rußheim; wie auch einer (*x*) Name und Brandes

---

ner Nachrichten aus allen Theilen der Hiſtor. Wiſſenſch. Th. I S. 463 folg. Und in Herrn Ehegerichts-Rath Krämers Genealog. Geſchichte der Graven von Sponheim, in ſeinen Diplomatiſchen Beyträgen zum Behuf der Deutſchen Geſchichtskunde.

(*u*) Diß war geſchehen nach dem Verkauf des Orts Bennigkein im Jahr 1338. an den von Sachſenheim, welches von benen von Löwenſtein als ein Maynziſches Lehen an Baden gekommen war.

(*v*) Es mag etwa ein Sechsteil geweſen ſeyn.

(*w*) Uf den Mittwuchen nach St. Egidentag.

(*x*) Name iſt ſo viel als Plünderung, occupatio bellica, capta

des in dem Dorfe und Gerichte zu Rinklingen, die sein Bruder Heinrich von Remchingen fälschlich zu haben vermeynte (y).

§. LXII. A. 1428. wird Marggrav Bernhard plötzlich von Pfalzgrav Ludwig, den Städten Straßburg, Basel, Freyburg, Breysach und anderen feindlich überfallen (z). Sein Schloß Mühlberg wird belagert und erobert. Kaum ziehen sich die wider ihn verbundene Völker zuruck, so schließt er mit dem Bischof Wilhelm von Straßburg und dem Graven Ludwig von Lothringen eine Verbindung wider die Stadt Straßburg. Derselben tritt der Herzog von Lothringen, und

Krieg mit den Rheinischen Städten.

---

capta praeda; Brand, Sengen und Brennen, incendium bello factum Vielleicht hat der Marggrav daselbst durch Plündern und Brennen Schaden verursacht; worauf Hans von Venchingen renuncirt.

(y) Marggrav Bernhard hatte mit diesem Heinrich von Remchingen vorher wegen des Antheils an gemeldeten Dörfern eine richterliche Untersuchung anstellen lassen. Die meisten Einwohner derselben hatten vor dem Notario endlich ausgesagt, daß diese Dörfer vor diesem Gerhard von Ubstatt gehört haben, und von diesem an Konrad von Smalenstein und dessen nachmalige Gemahlin Ellina von Wartenberg, von diesen aber an Marggrav Bernhard gekommen seyen.

(z) Ich verstehe hiervon eine geschriebene Nachricht, welche diese Worte hat: „Marggrav Bernhard „hat die Pfandschaft Herrenberg innen, an welcher „die verbundene Städte ihm im Zug wider Würtemberg grossen Schaden thun; deßgleichen an der „Marggravschaft.„

Pfalzgrav Stephan, nebst den Graven von Salm und Bitsch bey. Marggrav Bernhard und Ludwig von Lichtenberg bemächtigen sich im September der Rheinbrücke bey Straßburg. Er wird aber daselbst aus seinem Vortheil getrieben, und belagert darauf den Ort Oberkirchen, welchen die von Straßburg als Pfandtschaft inne hatten. Sein Bemühen ist vergeblich. Beede Theile thun jedoch einander grossen Schaden. Endlich wird die Sache durch des Erzbischofs zu Maynz Vermittelung zu Speyer A. 1429. beygelegt (*a*).

Mit dem Bischof von Speyer. In dem folgenden Jahr (1430.) beschwehrt sich Bischof Raban von Speyer über den Marggraven, daß er ihm Eingriff in seine Gerechtigkeit thue. Er will Gewalt mit Gewalt vertreiben, fällt ihm ins Land, und belagert das Schloß Mühlberg, wiewohl, wegen seines tapffern Widerstands, vergeblich. Der Bischof von Wirzburg stiftet auch dießmal einen gütlichen Verglich (*b*).

1429. §. LXIII. A. 1429. hat Marggrav Bernhard eine Zwistigkeit mit den Hornecken von Hornberg, Vatter und Sohn. Der

---

(*a*) Herzogs Elsaff. Chron. B. 4. S. 109. B. 5. S. 14.

(*b*) Lehmann Speyer. Chron. B. 7. C. 94. S. 833. SIMONIS. *Episc. Spir.* p. 150.

Die Sache wird mit dieser Bedingung beygelegt, daß sie den von ihm an Jacob Herter verpfändeten Theil des Schlosses Andeck zu Mannlehen empfangen.

In eben diesem Jahr versichert Adam von Bach, Edelknecht, und seine Ehfrau Gülichin von Wingarten schriftlich das Auslösungsrecht an die ihnen verkauften Dörfer Liebolsheim und Rußheim. Auch erhält der Marggrav und sein Prinz Jacob, von Gumpolten von Gültlingen, Edelknecht, dem sie das Schloß Remchingen mit Dörfern und Herrlichkeiten um 4000. Rheinl. Gulden verkauft hatten, einen Wiederlosungsrevers.

_{A. 1429.}

In diesem Jahr belehnt er auch Reinhart von Neuperg, Ritter, mit Odelzhoven (c).

Die Strittigkeiten, in welche Marggrav Bernhard mit den Herren von Lichtenberg unter andern wegen Ingweyler verfallen war, werden in diesem Jahr dahin verglichen, daß der Marggrav, und nach ihm sein Sohn M. Jacob, gemeldeten Ort lebenslänglich besitzen sollen.

§. LXIV. Im Jahre A. 1430. ertheilt Marggrav Bernhard dem Gotteshaus Schwarzach und dem Abt Conrad Schönber-

_{Schwarzach.}

(c) *Cod. Dipl. Bad.* Num. CCCLXIX.

berger daselbst einen Freyheitsbrief zu Baden, darinnen er den Petersleuten (*d*), die sich in den Gerichten und Dörfern des Klosters aufhalten, die Beten, Steuer ꝛc. und Dienste, so sie ihm bisher geleistet hatten, erläßt und sie damit an das Kloster weiset (*e*).

1431. §. LXV. Die letzte Verrichtung unsers Fürsten, welche wir aufgezeichnet lesen, ist, daß er Anno 1431. dem Reichstag zu Nürnberg beywohnt. Er unterzeichnet daselbst am Palmtag Kaiser Sigmunds guldene Bulle, oder den sogenannten Nürnbergischen Abschied (*f*). Und da auf eben diesem Reichstage die Strittigkeiten vorkamen, welche zwischen Ludwig und Heinrich, beeden Pfalzgrafen bey Rhein und Herzogen in Bayern obgewaltet, und von Kaiser Sigmund durch ein Urthel entschieden worden, so wohnte M. Bernhard auch diesem Gericht bey (*g*).

Bald

(*d*) Das ist, denen Leibeigenen des zu Ehren des Heil. Petrus gestifteten Closters Schwarzach. s. Kopp. Abh. von Peterlingen in Kuchenbeckers *Annal.* Hassiac. P. IX. p. 65.

(*e*) Cod. Dipl. Bad. Num. CCCLXXII. Der Schluß hieraus ist klar, wasgestalten vor dem Jahre 1430. sogar die Peterlinge, also noch mehr die Marggräfliche Leibeigene dem Landesfürsten Dienst- und Steuerzehenden und Gülten, schuldig gewesen seynd.

(*f*) WENCKER. *Contin. de Vsburg.* p. 101.

(*g*) Donauwerth. Informat. Th. I. Beyl. 2.

Bald darauf beschließt er sein ruhmvolles Leben den 3ten May (*b*). Die Jahre seines Lebens können mit keiner Gewißheit angezeigt werden, weil die geschriebene Nachrichten und Urkunden seines Geburts-Jahrs nicht gedenken. Doch, wann man bedenkt, daß er nach seines Herrn Vatters Tode A. 1372. in die 69. Jahre gelebt, und A. 1379. die Vormundschaft über seinen Herrn Bruder geführt hat: so ist nicht unwahrscheinlich, daß er bey nahe das achtzigste Lebens-Jahr erreicht habe.

Tod und Begräbnis.

Einige vermuthen, daß er in dem Cistercienser-Kloster Herrenalb beygesetzt worden sey, weil man noch daselbst sein Grab-

---

(*b*) „Anno Domini MCCCCXXXI. III. Non. „Maji obiit Illustris Princeps BERNHAR-„DVS Marchio de Baden. Vid. *Rudera Abbat.* „*Albæ Dominor.* apud SCHANNAT. *Vindem. litter.* Coll. I. p. 152. Der Verfasser dieser Worte hat vielleicht nicht gewußt, daß nach dem Römischen Kalender die Nonæ auf den 7ten May fallen. Nach seiner Rechnung wäre M. Bernhard den 5ten May gestorben. Die Aufschrift seines Grabmahls, das man noch in dem Kloster Herrenalb sieht, hat diese Worte: „Anno Domini MCCCCXXXI. Tercio „mensis Maji obiit Illustris Princeps Mar-„chio de Baden." Noch mehr irren diejenige, die seinen Tod ins Jahr 1427. oder 1436. setzen. Letzteres ist bey dem großen Bildnis des Herrn Marggrafen Bernhards geschehen, welches in der hiesigen Hochfürstlichen Residenz-Schlosse zu sehen ist.

Grabmahl mit der Aufschrift antrift. Man weiß aber nunmehr, daß er in der grossen Domkirche zu Baden seinen Ruheplatz bekommen habe. Marggrav Bernhard hatte bereits im Jahre 1423. von Papst Johanne XXIII. die Erlaubnis erhalten, diese Kirche zu einer Domkirche zu erheben. Die Kriegsunruhen aber verhinderten ihn. Sein Prinz M. Jacob setzte solches A. 1453. ins Werk (i). Als der Durchleuchtigste Marggrav Ludwig Georg A. 1753. dem Chor dieser Kirche einen neuen Glanz geben liessen, fande man so gar selbst die Theile von dem Grabmahl. Man sahe darauf das Bild des Marggraven, sein Sterbens-Jahr und Namen. Es ist also auch die Muthmassung einiger nicht wahrscheinlich, daß der Leichnahm des Marggraven von seinem Enkel M. Carl von Baden in das Kloster Herrenalb gebracht worden sey. Man weiß ja, daß auch an Orten, wo ein grosser Herr nicht begraben liegt, seinem Angedenken Ehrendenkmale gesetzt werden. Und vor ein solches ist das Herrenalbische zu halten (k).

§. LXVI.

(i) In einer Urkunde hievon stehen die entscheidende Worte: „Cum felicis recordationis Illustris „Principis Badensis Bernardi, genitoris „seu patris ipsius Jacobi, in ipsa Ecclesia „Badensi sepulti."

(k) Man sehe hievon eine umständliche Ausführung in des Herrn Prof. Schöpflins in *Hist. Zar. Bad.* Tom. II. p. 129.

§. LXVI. Wie sehr dieser Fürst seine Lande vermehrt habe, ist aus seiner Lebensbeschreibung offenbahr. Er hielte sich allezeit in der Bereitschaft, wann eine Gelegenheit darzu sich äusserte, sich derselben bedienen zu können. Er erhielte auch von Benachbarten die Versicherung, daß sie ihre Lande niemand, als ihme verkauffen oder versetzen wollten. Kaiser Sigmunden schoß er mehrmals grosse Geld-Summen vor. Die Graven von Würtemberg empfiengen von ihm ein Anlehen von zwanzig tausend Gulden gegen Verpfändung Herrenbergs; die Graven von Zollern drey tausend Gulden, gegen Versetzung Hechingen und Mösingen; Grav Heinrich von Herrenberg eine fast gleiche Summe, wofür er den Ort Maspach verpfändet. Daß dieses ansehnliche Summen gewesen seyn, beweiset der Preiß der Lebensmittel selbiger Zeit. Man findet in den Rechnungen, daß damals zu Durlach ein Malter Korn um vier bis fünf Schilling, eine Ohme Wein um zehen Schilling, ein Hammel oder Schaf um vier und einen halben Schilling, zwey Kühe, und ein Kalb um fünf Pfund gekauft, und vor einen Schüler jährlich vier bis vier und ein halb Pfund und ein Sack Korn als Kostgeld bezahlt worden sey. *Landsvermehrung.*

§. LXVII. Seine Canzley und seinen Hof suchte er in bessere Ordnung, als sonst üblich *Canzley und Hof.*

üblich war, zu setzen. Die Brieffchaften und Instrumenten wurden viel richtiger und besser als vorher, ausgefertigt. Die Lehen brachte er in Richtigkeit. In seinen Lehenbriefen wurde die Clausul gar gemein, daß die Vasallen auch die verschwiegene Lehen, wann sie dergleichen erfahren würden, offenbahren sollten. Auch ließ er eine andere, Kraft der die Vasallen sich verbunden, seine Manngerichte zu besitzen, den Briefen erstmals ausdrücklich einverleiben. In denen Strittigkeiten, welche zwischen ihm, als Lehnsherrn und seinen Vasallen entstunden, beliebte er die Mann=oder Lehengerichte. Sehr viele Exempel bezeugen solches (*l*). Merkwürdig ist hiebey, daß diese allezeit vor die Lehensfolge aus der Gemeinschaft gesprochen haben. Sie scheinen damit anzuzeigen, daß dieses die Landesrechte und Gewohnheiten erfordern.

Sein Auge war auf seine Diener und Beamte wachsam. Unter andern hatte sich Hans Cunzmann, Amtmann, welcher vermuthlich sich die öftere Abwesenheit und Kriege des Marggraven zu Nutzen machte, grosses Ansehen und Vermögen erworben, oder, wie die Nachricht lau-

---

(*l*) Ausser denen in des Marggraven Leben angeführten Exempeln S. Herrn Geheimen Rath J. J. Reinhards neue Anmerkungen von der Lehensfolge aus der Gemeinschaft ohne Mitbelehenschaft S. 67. folg.

lautet, zu einem gewaltigen Mann gemacht. Der Fürst entdeckte seine Umstände. Er ließ ihn in Verhaft nehmen, und war gesonnen, ihm den Proceß zu machen. Der Amtmann fleht um Gnade, und erlangt sie auch gegen Bezahlung zwey tausend Gulden. Wie groß diese Summe gewesen sey, erhellet aus dem, was vorhin dem Preiß der Lebensmittel angeführt worden ist.

§. LXX. Das Amt des Canzlers begleitete Johann von Brusella. Er hatte das Fürstliche Sigill in seiner Verwahrung. In einer Urkunde vom Jahr 1422. heißt er des MarggravenSchreiber (Scriba) und in einer andern von eben diesem Jahre wird er Protonotarius genennet *m*). Der Name Canzler scheint unter Marggrav Bernhard noch nicht üblich gewesen zu seyn. Unter seinem Sohn und Nachfolger aber kommt Canzler Johannes vor. Vielleicht war er eben dieser Brusella. Dieses Amt war von grosser Wichtigkeit. Die Anzahl der Räthe war damals noch klein; Sie waren auch noch nicht in gewisse Collegia eingetheilt. Es lag also die

Canzler.

---

m) Venerabilis vir Dominus *Johannes de Brusella Protonotarius* illustrissimi Principis ac Domini Domini *Bernhardi Marchionis de Baden*.

die Last sonderlich auf den Schultern der Canzler. Sie wurden mit reichen Besoldungen und ansehnlichen Lehen belohnt. Ihr Ansehen am Hof war groß. Sie hatten den Rang vor allen Edelleuten am Hof. Niemand als diejenige, welche in den höchsten adelichen Aemter als Stadthalter, Land-Hofmeister und Hofrichter stunden, giengen ihnen vor. Sie pflegten sich auch des rothen Wachses in den Sigillen zu bedienen, da der Adel sich damals noch mit dem grünen Wachs begnügte. Diese Vorzüge genossen als Canzler unter M. Christoph D. Kiefer, unter M. Ernst D. Gut, unter Marggrav Carl II. D. Martin Achtsynit, der sich mit dem griechischen Wort Amelius nannte, und unter Marggrav Carls Prinzen D. Breitenacker *n*).

Sigill.

§. LXXI. Gleichwie in diesem Jahrhundert die weltliche Fürsten in ihren Sigillen aufhöreten einen Reuter zuführen: *o*) so bemerkt man dieses auch an M.

---

n) In CRUSII *Annal. Suev.* L. IX. P III. p. 528. kommt uns Jahr 1506. vor; *Johannes Curser Doctor Cancellarius Badensis*.

o) Doch finden sich noch im 15ten und gegen dem 16ten Jahrhundert Wappen von den Herzogen zu Lothringen mit dem Reuter. M. Philipp von Hachberg gebrauchte sich auch noch derselben.

M. Bernhard. Hingegen siegelte er, wie andere weltliche Fürsten, mit rothem Wachse, welcher Farbe ein Vorzug vor den andern beygelegt wurde *p*).

Ingleichem hat Marggrav Bernhard und seine Nachfolger von den Kaisern allezeit den Titel lieber Vetter und Oheim erhalten.

§. LXXII. M. Bernhard vermählt sich das erstemal im Jahr 1374, mit Margaretha, G. Rudolfs von Hohenberg Tochter. Ihrer geschieht Meldung in dem Bündnis, welches der Grav Anno 1374. mit Grav Eberhard III. von Würtemberg errichtet *q*).

Erste Gemahlin.

Diese

---

p) Bey der Versammlung der königlichen Societät der Wissenschaften zu Göttingen am 9. Jul. 1763. erläuterte Herr Prof. Murray in der ordentlichen Vorlesung einige Originalsiegel von englischen Königen in Wachs. Das älteste Siegel ist von einem Eduard (vielleicht dem Ersten dieses Namen,) und bestehet aus grünem Wachse. Es ist aber dieses mit einem dunkelrothen Firnisse überzogen.

q) Die Worte lauten also: „Daß wenn Graf Rudolff „ innerhalb dieses Jahrs abstürbe, so soll unser liebe „ Dochter Frowe Margaret von Hohemberg, „ Marggrevin zu Baden des Buntnuz volle ußhalten „ in allen sachen.„

Diese Ehe ist unfruchtbar. Des Marggraven einiger Bruder M. Rudolf stirbt ohne Kinder. Marggrav Bernhard ist also noch der einige von diesem Fürstlichen Stamm. Er wendet sich an den Papst Clemens VII. nach Avignon A. 1392. mit der Bitte um Untersuchung, ob er seine Vermählung nicht gegen die geistliche Rechte vorgenommen habe. Der Papst erkennt, die Fürstliche Eheleute seyen einander zu nahe verwandt r). Sie werden voneinander getrennt, da sie schon achtzehen Jahre verbunden gewesen, und der Marggrav erhält die Erlaubnis, sich eine andere Gemahlin zu erwählen.

Zweyte Gemahlin. Diese ist Anna, Grav Ludwigs von Oetingen Tochter. Sie ist eine Blutsfreundin ihres Gemahls im vierten Grade. Allein Papst Bonifacius IX. welcher zu Rom gegen Papst Clemens VII. erwählt worden, befreyt ihn im Jahre 1398. durch eine überschickte Bulle von der Verbindlichkeit an dieses Gesetz s).

§. LXXIII.

---

r) *Quod consanguinitatis vel affinitatis impedimenta existerent.* S. die päpstliche Bulle in *Cod. Dipl.* num. CCCI.

s) *Cod. Dipl. Bad.* N. CCCIX. Daß der Marggr. dieser Gemah-

§. LXXIII. Diese Marggräfin wird eine Mutter von drey Prinzen und sieben Prinzeßinnen. *Kinder.*

Die Prinzen sind:

1.) Jacob, gebohren A. 1407. Er folgt seinem Herrn Vatter in der Regierung.

2.) Bernhard *). Dieser soll sich mit Grav Eberhards von Würtemberg hinterlassenen Tochter Elisabeth, vermählen. Die verwittibte Gräfin gleiches Namens, Burggräfin zu Nürnberg, Kaiser Sigmunds Schwester Tochter ertheilt nebst dem Kaiser die Einwilligung A. 1423. schriftlich. Der Fürstliche Bräutigam stirbt aber vor der Heimführung.

3.) Ru-

Gemahlin vor ihren Wittum Zugelt und Morgengabe 20000 fl. mit Genehmigung K. Ruprechts A. 1406. versprochen habe, s. in SCHILTER. Comment.ar. ad jus feud. alamann. Cap. XXVI. §. 11. pag. 188.

*) Einige halten diesen vor den erstgebornen Prinzen M. Bernhards.

3.) Rudolf. Er kommt auf die Welt
A. 1417. den 14ten Julii. Er verläßt sie
A. 1424. den 1sten August.

Die Prinzeßinnen sind:

1.) Anna, gebohren A. 1389. den 15ten
März. Sie wird verlobt mit Ludwig von
Lichtenberg A. 1409.

2.) Beatrix, gebohren A. 1400. den
24. Junii. Sie vermählt sich mit Grav
Emich von Leiningen. Der Heuraths-
Contract wird schon A. 1409. aufgesetzt,
und ihr acht tausend Gulden zur Ehesteuer
bestimmt, wofür ihrem Gemahl die Herrschaft Grevenstein eingeraumet wird, die
dann auch von dieser Zeit an bis auf das
Jahr 1435. bey dem Hause Leiningen in
denen Händen ihrer Nachkommen ohnge-
löst verblieben ist.

3.) Mechthild, gebohren A. 1401. den
11ten December; gestorben A. 1402. den
18ten April.

4.) Margaretha, gebohren A. 1404.
an Paul Bekehrungstag. Sie wird schon
A. 1412. eine Braut Grav Adolfs von
Nassau. Zur Ehesteuer werden ihr acht
tausend Gulden ausgesetzt. Adolf verspricht

spricht ihr sechzehen tausend Gulden zur Wiederlage, und weißt ihr zum Unterpfand Wißbaden an.

4.) Agnes, gebohren A. 1408. am Sonntag Lätare. Sie wird Anno 1432. Herzog Gerhards von Schleßwig Gemahlin *u*).

6.) Ursula *v*), gebohren A. 1409. am Samstag vor Simonis und Judä. Sie vermählt sich erstlich, A. 1422. mit Gottfried Grav von Ziegenhayn. Ihre Mitgift bestunde in acht tausend Gulden.

T 4 Nach

u) PETRUS MÜLLER. de *jure prægnantium* Cap. III. Th. 13. nennet sie Anna, und meldet: Gerhard habe sie verstoßen, und nach Hause geschickt, weil sie im siebenden Monath nach ihrer Verehligung niedergekommen wäre. Lucä fällt im Gravensaal ein günstigeres Urtheil von ihr; irrt aber darinnen, daß er schreibt: sie sey unterwegs gestorben. Dann ihrer wird noch als einer lebenden Person in M. Jacobs Testament gedacht.

v) CRUSIUS in *Annal. Suev.* T. I. p. 346. nennt sie M. Rudolfs Tochter, und setzt ihren Tod ins Jahr 1419. Beydes ist falsch.

Nach Gottfrieds Tod A. 1426. wird ihr Gemahl Ulrich der Blinde, Herzog von Teck w).

7.) Brigitta, gebohren 1416. den 1ten Januarii. Von ihr ist mir nichts bekannt, als daß sie A. 1441. noch am Leben gewesen ist.

---

w) Ich kenne um diese Zeit keinen andern Ulrich, Herzog von Teck, als denjenigen, von welchem im ersten Theil dieser Einleit. S. 152. gehandelt worden ist. Warum er der Blinde genannt werde, ist mir ebenfalls unbekannt; von einem Augenverlust lese ich nichts. Da er mit einer pohlnischen Prinzeßin vermählt gewesen ist, so müßte diese Badische Prinzeßin seine andere Gemahlin gewesen seyn.

M. Rudolf

M. Rudolf VII.
M. Bernhards Bruder.
† Anno 1391.

---

§. I.

Marggrav Rudolf VII. oder, wie er sonst genennet wird, Rudolf IX. M. Bernhards Bruder, legt in den unruhigen Zeiten, in welche seine Lebenstage fallen, viele Proben von seiner Tapferkeit und Heldenmuth ab. Ich wiederhole hier dasjenige nicht, was von ihm in der Lebensbeschreibung seines Herrn Bruders gemeldet worden ist. Ueberhaupt ist zu merken, daß alles, was Königshoven a) von dem jungen Marggraven zu Baden, dessen Namen er nicht beysetzt, gedenkt, von diesem M. Rudolf, als M. Bernhards jüngern Bruder müsse verstanden werden. b)

§. II. Anno 1382. wohnt er dem Feldzug wider den Grafen von Fersey bey. c)

A. 1386.

---

a) Elsäßische Chron. S. 245. 252.
b) STRUV. Synt. Hist. Germ. Diss. 28. §. 5.
c) S. oben S. 185.

Anno 1386. erweisen sich einige Burger von Rotweil, wegen Felsen von Witingen feindselig gegen M. Rudolf. Die Streitsache wird zu Mergentheim von Schiedsmännern untersucht, und zwischen Fürsten und Städten gütlich beygelegt. d)

In dem folgenden Jahr (1387.) tritt der Marggraf zu Mergentheim dem berühmten Bunde bey, welcher Anno 1381. zu Speyer von den rheinischen und schwäbischen Städten errichtet, und Anno 1386. zu Heidelberg auf viele Fürsten ausgedehnt worden ist. Zu Mergentheim theilten sich die Bundsgenossen, fürstlichen Stands, in vier Partheyen oder Theile. In dem andern Theile findet man die Erzbischöffe von Maynz und Cöln, die Herzoge Ruprecht, den Aeltern und Jüngern, von der Pfalz, den Landgrafen von Hessen, und M. Rudolf von Baden. e)

Eberstein.

§. III. Graf Wolf von Eberstein hatte in den damaligen Kriegsunruhen sich einen grossen Namen erworben. Die Stadt

---

d) Lehmanns Speyer. Chron. B. 7. Cap. 68. S 763.

e) Lehmann l. c. p. 68. S. 754.

Stadt Speyer erwählte ihn deßwegen Anno 1381. zum Stadtobristen, oder Stadthauptmann mit ein tausend Gulden jährlichen Dienstgeldes. Eben diese Kriegshändel stürzten ihn in grosse Schulden. Er nimmt nicht nur die angebotene Stelle an, f) sondern er verkauft auch Anno 1387. am Freytag nächst nach St. Catharinentag, an M. Rudolfen um 8000. fl. seine vätterliche Lande, nämlich: den halben Theil der Burg Neueberstein g) mit aller Begriffe, die halbe Stadt Gernsbach, die halbe Burg und Stadt Muckensturm mit allen Zugehörden, die halbe Stadt Gochspolzheim h) mit aller Zugehörde, samt allen seinen Dörfern, Land-, Leuten, und Rechten. Er behält sich allein die Burg Mandelberg i) mit ihrer Zugehörde vor. k) Der Marggraf verspricht dabey: daß er mit Grav Wolfs Bruders Söhnen, welche die andere Helfte der

---

f) Lehmann Speyer. Chron. B. 7. Cap. 61. S. 741. und Cap. 66. S. 748.

g) M. Rudolf I. hatte bereits die Burg Alteberstein an sich gebracht. Siehe S. 27.

h) Gochsheim.

i) Diese Burg lag in der Herrschaft Altenstaig.

k) Cod. Dipl. Bad. Num. CCXCVIII.

der Gravschaft besassen, den daselbst üblichen Burgfrieden beobachten wolle. Die erhaltene Kaufsumme ist nicht hinreichend Graf Wolfens Schulden zu tilgen. Er verkauft daher Anno 1389. am Mittwoch nach Allerheiligen Tag, seinem lieben Oheim, vorgedachtem M. Rudolfen auch die Burg Mandelberg mit ihrer Zugehörde. l) Nach dem ersten Verkauf setzte M. Rudolf den Grav Wolf aus sonderbarer Freundschaft zum Amtmann in das verkaufte Gut, und gab ihm den vierten Theil der Einkünfte auf Lebenslang. Nach dem letztern aber stunde Wolf auch von seiner Amtmannschaft ab. Er bekam dagegen ein Haus zu Muckensturm mit einigen Gefällen zum nöthigen Unterhalt auf Lebenslang. Die Herren Marggraven besassen also bereits einen ansehnlichen Theil von der Gravschaft Eberstein, wurden auch mit dem Reichslehen der halben Gravschaft Eberstein belehnt. Doch ist mir dermalen nicht bekannt, daß sie schon um diese Zeit den Titel der Gravschaft Eberstein angenommen haben. m)

§. IV.

---

l) *Idem* Num CCXCIX.

m) Siehe Herrn Geheimenhofrath Preuschens Erläuterung der Successionsordnung in teutschen Reichsländern 2c. in den Carlsruher nützlichen Sammlungen, Th. 1. S. 407. folg.

§. IV. A. 1388. leistet M. Christoph G. Eberharden von Würtemberg Hülfe. Wider diesen hatten sich verbunden die Städte Ulm, Kostanz, Weil, Nördlingen, Heilbronn, Gemund, Rothweil, Eßlingen, Weissenburg, Sanct Gallen, Memmingen, Reutlingen, Rotenburg, Buchau, Dünckelspiel, Biberach, Pfullendorf, Ueberlingen, Ravensburg, Nürnberg, Winsheim, Strasburg, Weissenburg bey Landau, Hagenau, Speyer, Worms und Maynz n). Sie thun mit einem Heer von dreytausend wohlbewehrter und geübter Soldaten, und einer Begleitung von 1000. Mann, die mit nichts als einer Begierde nach Raub und Beute gerüstet waren, einen Einfall in die Gravschaft Würtemberg. Sie verheeren alles mit Feuer und Schwerdt. Sie rucken bis an das bey Weil gelegene Dorf Döffingen. Die Bauern hatten daselbst in den nach alter Art befestigten Kirchhof aus Furcht ihre Sachen geflüchtet, und eine Besatzung hinein gelegt. Die Städtische Soldaten fangen an den Kirchhof zu belagern. Grav Eberhard bekommt Nachricht von dem feindlichen Vorhaben.

Hilft Würtemberg.

---

n) Dieses Verzeichniß finde ich in *Chron. Würtemb.* ap. SCHANNAT. *Vindem. Lit.* Collect. II. p. 30. ad A. 1380. In andern Nachrichten wird auch der Stadt Augsburg gedacht.

M. Rudolf und Pfalzgrav Ruprecht eilen ihm mit ihren Reutern zu Hülfe. Es kommt im August zum Treffen. Die Vornehmste steigen von den Pferden, und fechten zu Fus. Unter diesen wird gleich Grav Eberhards einiger Sohn, tödtlich verwundet, und muß seinen Heldengeist aufgeben. Die Städtische Völker werden endlich mit grossem Verlust geschlagen. Auf beyden Seiten bemerkt man unter den Todten eine grössere Anzahl von Adel als Gemeinen. o)

1388. §. V. In eben diesem Jahr [1388] hat er einen Landverderblichen Krieg mit der Stadt Straßburg, welche wider seinen Freund Grav Eberhard von Würtemberg kurz vorher zu Feld gezogen war. Seine Leute fallen aus den Schlössern Staufenberg, Geroldseck, Thiersberg und Stollhoven, und verheeren vom September dieses Jahrs an bis auf Pfingsten des folgenden Jahrs alle Dörfer und Höfe, so den Bürgern von Straßburg gehören, nicht nur disseits, sondern auch jenseits des Rheins, von Beinheim bis Gamsheim. Die

---

o) Königshoven l. c. S. 348. CRUS. *Annal. Suev.* Lib. VI. P. III. c. 2. pag. 398. seqq. Steinhofer Würtemb. Chron. Th. I. S. 103. folg. Th. 2. S. 467. folg.

Die Straßburger bedienen sich ihrer Brücke über den Rhein, und Sengen und Brennen ebenfalls in den Landschaften des Marggraven. Sonderlich führt der Marggrav Anno 1389. mit Ruprecht von der Pfalz, und andern Herren ein Kriegsheer ins Elsaß, und läßt alle Dörfer von Hausbergen und Ecbolsheim bis Molsheim und Westhoven in Brand stecken. Die Strasburger wollen sich rächen; sie thun einen neuen Einfall in die Margravschaft bis Stolhoven, und lassen ihre Gegenpart die marggrävische Unterthanen hart empfinden. p) König Wenzel legt die Streitigkeit auf dem Convent zu Eger bey, als wohin der Marggrav einen Abgeordneten sendet. q) Er selbst M. Rudolf findet sich des Jahrs hernach [1390.] bey dem zu Strasburg gehaltenen Turnier persönlich ein. r)

§. VI.

―――――――――――――――――

p) Königshoven l. c. S. 348. 352.

q) S. das Leben M. Bernhards. S. 193.

r) *Perill.* DE SENCKENBERG. *Medit.* pag. 705.

Tob. §. VI. Marggrav Rudolf verläßt die Welt Anno 1391. s) Er wird zu Baden beygesetzt in der Hauptkirche. Anno 1753. fande man bey der Ausbesserung dieser Kirche einen Grabstein von ihm, welcher jetzt in dem Chor derselben zu sehen ist.

---

s) Es irret also CRUSIUS *Annal. Suev.* L. VI. P. III. Cap. 3. pag. 314. und 315. wann er Marggraf Bernharden unter diejenige rechnet, welche Anno 1392. dem Turnier der Schwäbischen Ritterschaft zu Schafhausen beygewohnet haben.

Marggrav Jacob I.
von 1431-1453.

§. I.

Eingang. Dem streitbaren M. Bernhard folgt der friedliebende Marggrav Jacob I. ein Herr von so grosser Weisheit als Tugend; ein Muster eines gnädigen und gerechten Regenten; ein glückseliger Vatter, dessen Kinder die Früchte von ihrer vortreflichen Erziehung mit tausend Vergnügen einerndeten. Sie gelangten alle zu grossem Ansehen im geistlichen und weltlichen Stande.

§. II. M. Jacob erblickte die Welt **Geburt.** Anno 1407. den 15ten Merz. a) Sein Herr

---

a) Seine Geburt beschreibt der Straßburgische Canonicus Rembold Slecht im 15ten Jahrhundert in *Append. Mst.* ad *Martinum Minoritam* also: „Marchio de Baden BERNHARDUS, licet „plures habuerit filios cum uxore sua de Oe„tingen nata, tamen nunquam habuit filium, „(hier irrt er:) nisi primogenitum Jacobum „nomine, qui in A. Dni 1407. XV. die Men„sis Marcii natus fuit & baptizatus XVIII. „mensis predicti. Sex ipsum levaverunt de „fonte

Herr Vatter, welcher selbst in den Wissenschaften nicht erfahren war, machte sich ein Haupt-Geschäfte daraus, daß er ihn und seine andere zwey Prinzen, wider die Gewohnheit selbiger Zeiten, in den Sprachen und Künsten sorgfältig unterweisen lassen. Ein solcher wohl bearbeiteter Acker konnte nicht ohne Früchte bleiben. Ich erzähle nun das, was von M. Jacob sowol bey seines Herrn Vatters Leben, als nach dessen Tode zu bermerken ist, kürzlich.

A. 1424.

§. III. Anno 1424. wird Marggrav Jacob von Pfalzgrav und Churfürst Ludwig mit Graben, Burg und Dorf, wie auch mit Stein der Veste belehnt. b) Es geschiehet solches vermög errichteten Vertrags, da man Churpfalz diese Orte zu einem ablösigen Lehen machen müssen. Deßgleichen belehnt ihn Bischof Raban zu Speyer in Gefolge des in eben dem Jahre durch Bischof Johann zu Würzburg

„ fonte sacro, videlicet Dn. Abbas de Muln-
„ brunn, Dn. Abbas de Albe, Dn. Abbas de
„ Gotzauue, Prptus de Heide, Dn. Johannes
„ de Kageneck, miles, magister Curie Mar-
„ chionis, Uxor Theodorici Rœder sola leva-
„ vit infantem, predicti astiterunt. „

b) Graben und Stein waren ein mit fünfzehen tausend Gulden ablösigtes Pfandlehen; die Ablösungssumme aber ist Anno 1455. auf fünf tausend Gulden gesetzt worden.

burg vermittelten Vertrags mit dem halben Theil der Stadt Gernspach und ihren Zugehörungen, c) als welches auch dem Graven zu Eberstein mit der andern Hälfte wiederfahret. d)

In den folgenden Jahre (1425.) übergibt ihm sein Herr Vatter die Regierung über die Marggravschaft Hachberg. e)

§. IV. Anno 1428. Donnerstag nach S. Michaelistag stellt Marggrav Jacob und

1428.

---

c) Man sehe davon: Das Recht des marggrävlichen Gesamthauses Baden überhaupt, wie auch der Badendurlachischen Linie insonderheit auf die Grafschaft Eberstein, das Städtlein Gernsbach ꝛc. Beyl. x.

d) Einige Zugehörungen wurden in beyden Belehnungen nicht benahmt. Da nun Gernsbach keine Hauptburg, sondern nur ein Städtlein war, als solches verliehen wurde, so hat Baden jederzeit behauptet, daß keine andere Zubehörungen verstanden werden können, als die, welche die Banngränze einschließet; am wenigsten aber zerstreuete und abgesonderte Oerter, als welche vielmehr die Burg Eberstein nach sich ziehet.

e) Schon Anno 1418. hatte Bruno von Lupfen bey K. Sigmund zu Weil sich beklagt wider M. Bernhard von Baden, und dessen Sohn Jacob, daß sie dasjenige, was Otto von Hochberg hinterlassen, an sich ziehen, da es doch billiger Dingen seinem Sohn Eberhard von Lupfen, der gemeldeten Ottens Mutter Schwester Sohn sey, und, nach dessen Tod ihm Brunen zugehöre. Sattler, l. c. Th. 2. S. 79. 80.

und Friedrich von Veldenz zu Heidelberg, dem Churfürsten Ludwig, Pfalzgraven bey Rhein, einen Revers aus, darinnen sie ihm versprechen, ihn bey der Erbschaft des fünften Theils der Gravschaft Sponheim zu lassen, als welchen ihm die verwittibte Pfalzgrävin Elisabetha erblich und ewiglich zu rechtem Eigenthum übergeben hatte. f)

In eben diesem Jahr bestellt M. Jacob Konrad Kotzen für seine Person und mit seinem Schlosse Krantzenouwe auf zwölf Jahr lang zu einem Diener, so daß er auf des Marggraven Kosten und dessen oder der Amtleute von Hochberg Erfordern wieder männiglich, ausgenommen das Haus Oesterreich, dienen solle.

1429. Im folgenden Jahr im Julio zieht er seinem Schwiegervatter Herzog Carl I. von Lothringen mit einem Kriegsheer zu Hülfe wider die von Metz. g)

§. V. Anno 1430. errichtet er mit den Städten im Breißgau, insonderheit mit der Stadt Freyburg ein Bündniß auf drey Jahr.

---

f) LÜNIG. im Reichsarchiv *Part. Spec. Contin. II.* p. 146. conf. *Sel. jur. publ.* Tom. 35. p. 161.

g) CALMET. *Preuves de l' histoire de Lorraine* Tom. III. p. 197.

Jahre. Beede Theile versprechen einander in aller Gefahr nach bestem Vermögen beyzustehen. M. Jacob nimmt in dieser Verbindung aus K. Sigmund, Churfürst Ludwig von der Pfalz, und Raban, Bischof zu Speyer. Freyburg hingegen nimmt aus dem Kaiser, und den Herzog Fridrich von Oesterreich. h)

In eben diesem Jahr kommen unter andern folgende Veränderungen, Verträge, u. d. gl. vor.   1430.

Die Strittigkeiten mit Gr. Hermann von Sulz, mit den Graven von Tübingen, mit der Stadt Entingen und andern, die nach Anleitung des Mühlberger Vertrags i) auf Gr. Hans von Lupfen gesetzt waren, werden durch richterlichen Spruch entschieden.

Hans von Mülnheim Hofmeister, Rudolf Zorn von Bulach, Ritter; und Hans Erhard von Stauffenberg entscheiden, daß das Dorf und Gericht zu Wörstädtten des verstorbenen Hans Oswalds zum Wyger Kinder Lehen und M. Jacobs eigen sey. Ferner daß Konrad von Landeck das Dorf Mundingen und den Zehenden zu Weißweil als ein Pfandlehen be-
hal-

---

h) *Cod. Dipl. Bad.* Num. 371.

i) Siehe oben S. 269. 271.

halten, und dem Marggraven eine Oefnung im Schlosse Landeck, so lang er lebe, zustehen solle. Es empfangt auch darauf Konrad Snewelin von Landeck, das Dorf Mundingen als ein Pfandlehen, und den Zehenden zu Weißweil als ein Mannlehen von dem Marggraven. k)

Aus einem Spruchbrief zwischen M. Jacob und den Graven von Tübingen, betreffend das Hagen und Jagen in den Theninger Almende, Fischenzen zu Nimburg, der Graven prätendirte Gerichtbarkeit über ihre zu Malterbingen, Theningen und Eichstett gesessene Leute, erhellet, daß die hohen Gerichte, Zwing und Bänne und die Herrlichkeiten einem Herrn von Hachberg allein zugehören.

Um diese Zeit erneuert und versichert Marggrav Jacob denen Johanniterordens zu Heitersheim den hergebrachten Schutz, als welchen dieser um so mehr anzuerkennen und zu verehren hatte, da besage des Schenkungsbriefes derer Marggraven Heinrichs und Rudolfs von Hachberg vom Jahre 1279. der Johanniterorden Heitersheim zwar mit allen Rechten, jedoch

---

k) Zugleich verschreibt sich Hans von Landeck für sich und seinen Bruder Konrad gegen M. Jacob, daß, wenn er einige Leute oder Güter zu Vörstädten, abbesetzen, d. i. eigen eviuclren würde, er solche von dem Marggraven als Mannlehen empfangen wolle.

doch als ein Lehn, besitzen sollte, doch so: Vt pro universis ratione feudi debitis marchiones debeant esse contenti orationibus dictorum fratrum. l)

§. VI. Anno 1431. tritt Marggrav Jacob nach seines Herrn Vatters Ableben die Regierung der Badischen Lande an, und hat seine Residenz zu Baden. *Tritt die Regierung an.*

K. Sigmund beschließt in diesem Jahr auf dem Reichstag zu Nürnberg den sechsten Feldzug m) wider die Hußiten in Böhmen. Die Fürsten und Stände des Reichs bewilligen ihm eine Anzahl Soldaten. Die Stadt Straßburg meldet dem Marggraven, daß sie dem Kaiser mit vierzig Pferden in dem Zug wider die Hußiten dienen wollten. n) Des Marggraven Anschlag o) in diesem Zuge waren fünf und zwanzig Mann zu Pferd mit Lanzen oder Spießen bewehrt. p) *A. 1431.*

---

l) SCHOEPFLIN. *Cod. Dipl.* n. 189. Tom. VI. p. 308.

m) STRUV. *Corp. Hist. Germ.* p. 814. seq.

n) SCHILTER. *instit. jur. publ.* T. II. p. 19.

o) DATT *de pace publ.* p. 165. 170. 176.

p) Die ganze Armee bestunde aus 80000. oder, wie andere wollen, aus 130000. Mann. Cardinal Julianus zieht mit ihnen zu Felde. Sie eileten aber mit

In dem vorhergehenden Jahre war der Erzbischof zu Trier, Otto von Ziegenhayn mit Tode abgegangen. Die Stiftsherren schreiten nun zu einer neuen Wahl. Sie sind aber uneinig. Einige geben ihre Stimme Jacob Freyherrn von Syrack oder Sirck; andere dem Graven Ulrich von Manderscheid. Diesen unterstützt, nebst den Erzbischöffen zu Maynz und Köln, M. Jacob. Die Stadt Trier wird belagert. Die Feindseligkeiten dauern fort, bis endlich der Papst Eugenius IV. sie beylegt, und den Bischof Raban von Speyer auf Churfürst Ludwigs von der Pfalz Fürbitte zum Erzbischof ernennt. q)

§. VII. Das von P. Martin V. ausgeschriebene Concilium zu Basel nimmt um diese Zeit seinen Anfang. Auf demselben wird beschlossen, daß die Marggraven zu Baden, und Rötelen ꝛc. ꝛc. ꝛc. die böhmische Abgesandten durch ihr Gebiet begleiten sollen. r) Der Marggrav stattet auch dem Kaiser einen Besuch daselbst

---

mit großem Verlust noch selbiges Jahr aus Böhmen zurück. S. Theobalds Hußitenkrieg, Th. I. C. 76. S. 287. folg.

q) Lehmann Speyer. Chron. B. 7. C. 94. S. 833. 834. HONTHEIM. *Hist. Dipl. Trev.* T. II. p. 380. TRITHEM. *Chron. Hirsaug.* ad A. 1437.

r) Wurfteisen Basl. Chron. S. 269.

selbst ab, und empfängt am Dienstag vor Allerheiligen die Reichslehen. Er erhält zugleich die Bestätigung aller Rechte und Freyheiten des Marggräflichen Hauses. In dem folgenden Jahre befreyet der Kaiser alle Diener und Unterthanen des Marggraven von dem Landgericht im Breisgau und allen andern Gerichten. s)

Der Marggrav selbst gibt in diesem [1431.] Jahr nach Absterben Wolfs von Graveneck, dessen von M. Bernhard getragene Lehengüter, seinem Vetter Bernold von Graveneck zu Lehen. Im folgenden Jahre wird auch Hans Dürre von Oesteringen, welcher Recht an Wolfs Güter zu haben vermeynte, von dem Marggraven belehnt. t) Es wird hernach Anno 1336 ein Manngericht u) gehalten zwischen Bernold

---

s) *Cod. Dipl. Bad.* Num. CCCLXXVI.

t) An dem Lehenbrief hängt M. Jacobs Sigill auf rothem Wachs in weisses gedruckt, den badischen Balken und Helm in sich haltend. S. Jacobi. Dei. gra. *Marchionis in Baden.* Gedachter Hans Dürre hatte Pelen v. Kungspach, Wolfen v. Graveneck Wittib, geheurathet, von welcher sein Recht hergekommen zu seyn scheint.

u) Richter war: Burghart Hummel von Stauffenberg, Ritter. Beysitzer: Herr Reinhart von Nyberg, Ritter; Reymbolt von Windecke, Volmar von Schauwenburg, Albrecht von Zütern, Hans von Nysern, Gerige Röder, Adam von Bach,

nold von Grafeneck, der Wolfens von
Grafeneck Lehen, als nächster und rechter
Erb von Schild und Helm, und vermög
Marggräflicher Investitur in Anspruch
genommen; und Pelen von Königspach,
nebst deren Ehmann Hans Dürren, welche
dieselben im Genuß hatten. Der Ausspruch geht dahin: daß Pele diß Lehen
ihr Lebtag geniesen, der von Grafeneck
aber sein vermeintes Recht an den M.
Jacob suchen solle.

1435. §. VIII. Anno 1435. verschreibt sich
Peter von Schmalstein, daß er sich wegen
der an M. Jacob habenden Forderungen
mit einem jährlichen Leibgeding von 30 fl.
begnügen wolle. Ebenfalls verschreiben
sich Bernold von Massenbach und Trie-
gels Hänslin, Schultheiß zu Berghausen,
daß ihr Vergleich, nach welchem der De-
chelshof daselbst nach des ersten Tode an
den letzten fallen solle, dem Marggraven an
seinen Rechten, die er von Alters her an
diesem Hofe habe, unschädlich seyn solle.

In eben diesem Jahre belehnt der
Marggrav den Graven Ego von Fürstenberg,

Bach, Hans von Remchingen der Aeltere, Dieterich Röder der Aelter, Lienhart von Nüwenstein, Heinrich Held von Dieffenauwe der Aelter,
Fritz von Sommeringen, Burghart Schultheiß
von Nüwenstein, Wilhelm Röder, Heinrich
von Michelnbach, und Renj von Rieppur.

berg, mit der Burg und Festung Neufürstenberg, so unter Marggrav Bernhard Anno 1406. ein Badisches Lehen worden. x)

Auch gibt der Marggrav in diesem Jahr dem Kloster Frauenalb eine besondere Rechnungsinstruction. y)

§. IX.

---

x) *Cod. Dipl. Bad.* Num. 378.

y) Dieses Gotteshaus Benedictinerordens liegt in der Grafschaft Eberstein, wie dessen Zugehörungen theils in eben derselben, theils in der Marggravschaft Baden. Es ist Anno 1138. von Grav Bertold zu Eberstein, und dessen Gemahlinn Uta gestiftet worden. Der Stiftungsbrief desselben ist nicht mehr vorhanden. Die mehrmalige Brände der Marggrävlichen und Grävlicheberstenischen Archiven, und sonderlich des Klosters selbst haben vermuthlich diesen grossen Verlust verursacht. Dieses Gotteshaus wurde Anno 1403. in der Fehde zwischen K. Rupert I. als Pfalzgraven bey Rhein, und M. Bernhard in die Asche gelegt. Das Ebersteinische Archiv hingegen ist Anno 1494. gänzlich zu Grunde gegangen. Jedoch sind so viele Nachrichten übrig geblieben, daß man den alten Besitz der landesherrlichen Rechte des Marggrävlichbadischen Gesamthauses und des Grävlichen Hauses Eberstein nicht undeutlich beweisen kann. Dahin zählet man unter andern folgende: Die Grävin Agnes von Zweybrücken gedenkt in der Urkunde, nach welcher sie in die Theilung willigte, die ihre Söhne Walram und Eberhard zur Zeit ihrer Inhabung der halben Grafschaft Eberstein, mit Grav Otto dem Jüngern, A. 1370. gemacht haben. Sie übertrug zugleich diesem ihre Rechte, so sie an das untere oder Frauenkloster zu Albe hatte. Die Worte lauten also: *Omme jus*

1436.

§. IX. Anno 1436. auf die Eschrige, Mittwoch z) gibt Burckhard Hummel von Stauf-

jus quod in clauſtro inferiore Alba & in omnibus bonis ejus aut hominibus & in aliquo ſeco (i. e. agro, DU FRESNE *gloſſar med. & inf. latin.* Tom. III. p. 783.) bonorum ipſi clauſtro attinente habere poſſemus, in manus prædicti fratruelis noſtri Ottonis de Eberſtein & ſuorum hæredum reſignamus, eidem juri præſentibus penitus renunciantes. Ein ſolcher Uebertrag ſetzt vorhingehabte Rechte zum Grunde. Unter Grav Ottens Nachkommen beſaß Grav Wolf die Hälfte der Gravſchaft Eberſtein. Dieſer verduſſerte ſie an M. Rudolf VII. A. 1387. und 1389. mit allen Zugehörungen und Rechten. M. Rudolfs Bruder, M. Bernhard, als ſein Erb- und Lehensfolger erwieſe ſeine Herrſchaft durch die Ausfertigung einer Kloſterordnung, in der er ſich zu mindern und zu mehren ausdrücklich vorbehielte; und die Aebtiſinn und Convent verpflichten ſich in dem Reverſe: „daß ſie ihre Herren, die Marggraven und Gra„ven und ihre Erben und Nachkommen für ihre „rechte Vögte und Schirmer haben ſollen ewig„lich, und Niemand anders in kein Weiß, und ge„treulich an Ihnen verbleiben wollen, ohn alles „Wanken und Abbrechen... M. Bernhards Prinz, M. Jacob, gab die oben gemeldete Rechnungsinſtruction, und, welches das Weſentlichſte unter allen Rechten iſt, in ſeinem Teſtament verſchafte er ſeinem Herrn Sohne Bernhard, die Rechte ſeines Hauſes an die Grafſchaft Eberſtein und über das Kloſter Frauenalb. M. Bernhard erwählte den geiſtlichen Stand. Daher ſein Herr Bruder M. Karl I. an ſeine Stelle tritt. Dieſes mag zur kurzen Nachricht von der Verfaſſung dieſes Kloſters genug ſeyn.

z) Iſt Aſchermittwoch; welcher Tag auch der Schür-

Stauffenberg, Ritter, und Else Röderin, seine Ehefrau, die von Dieterich Röder dieser seiner Tochter in Zugelts- und Ehesteuerweise gegebene Theile und Rechte an der halben Burg und Dorf Weisweil, wie solcher anfänglich denen von Rathsamhausen und hernach gedachtem Dieterich Röder von Johann von Lichtenberg käuflich überlassen worden, unserm Marggraven um 650 fl. zu kauffen. a)

Die Streitigkeiten, welche M. Jacob mit der Stadt Breisach wegen einiger Fischer- und Jagdgerechtigkeiten gehabt, werden in diesem Jahr also entschieden: 1) In dem vor Gretzhausen vorbeylaufenden Fischwasser, darinnen man die Nasen fangt, sollen beede Partheyen besonders, oder mit einander fischen. 2) In dem Gundlinger Holz unterhalb des Mümsinger Wegs beym Lußbühel haben beede das Recht zu Jagen und zu Hagen. 3) Lauft der Rhein in dem Bannwasser zu Weißweil

---

das ist: Reinigungstag heißt, von dem Worte: scheuren, reinigen. Im Lateinischen wird er Caput jejunii sive Quadragesimae genennt.

a) Die Else Röderinn meldet in einem besondern Schreiben an Johann von Stadion, Ritter, Marggrävlichen Hofmeister, daß ihr Ehemann ihr Theil an Weißweil dem Marggraven übergeben habe zu Austragung dessen, was er ihm als sein gewesener Amtmann in Lothringen schuldig worden sey.

weil oben ein und unten aus, so soll es ein Rheinwasser seyn und heissen; ist aber das Wasser oben beschlossen, und der Rhein lauft unten hinein, so soll es ein Bannwasser seyn, wie es Rheins Recht und Gewohnheit ist.

Auf Quasimodogeniti dieses Jahrs läßt der Marggrav ein Landgericht zu Theningen halten.

Burgfriede zu Creutzenach. 1437.

§. X. Anno 1437. bezahlt Grav Johann von Spanheim die Schuld der Natur. Der Spanheimische Stamm geht mit ihm aus. M. Jacob und Friedrich Grav von Veldenz, welche bereits bey seinen Lebzeiten in die Gemeinschaft des Besitzes von ihm aufgenommen worden, errichten nun, wegen der hintern Gravschaft unter sich, und wegen der vordern mit dem Churfürsten von der Pfalz einen Burgfrieden zu Creuzenach zur Erhaltung einer beständigen Gemeinschaft. b) Einige Zeit hernach theilt Pfalzgrav Stephan bey Rhein, welcher sich mit Anna, Fridrichs v. Veldenz Erbtochter vermählt, und seines Schwiegervatters Antheil an beeden Gravschaften Spanheim bekommen hatte, die Lande unter seine zwey Söhne, Fridrich und Ludwig. Nach Stephans Tod A. 1459. wird seinem ältesten Sohn Friderich das Herzogthum Simmern nebst der vordern

Grav-

---

b) *Cod. Dipl. Bad.* Num. CCCLXXIX.

Gravschaft Spanheim zu Theil. Der Jüngere aber, Ludwig, bekommt das Herzogthum Zweybrücken, und den Antheil der hintern Gravschaft Spanheim. Dieses ist die Ursache, warum das hochfürstliche Haus Baden anfänglich mit dem Hause Pfalzsimmern, und, als aus demselben Anno 1559. Friedrich III. die pfälzische Churwürde erhalten, mit Churpfalz in der Gemeinschaft der vier Fünftheil der vordern, zugleich aber auch im Anfang mit dem Hause Zweybrücken, c) und nachher mit dessen abgetheilter Linie der Pfalzgraven von Birckenfeld in der Gemeinschaft der hintern Gravschaft gestanden ist. d)

Wegen der vordern Gravschaft sind aus dieser Gemeinschaft zwischen Churpfalz

---

c) Pfalzgrav Wolfgang, der Stammvatter der Pfalzgraven zu Neuburg, in Zweybrück, in Sulzbach, in Vohenstrauß und in Birkenfeld, erhielt, nachdem Pfalzsimmern zur Churwürde gelangt war, mit Herzog Georg Johann von Veldenz, den Spanheimischen Antheil. Bald darauf Anno 1566. bekam ihn Wolfgang allein in Besitz, und vermachte ihn darauf A. 1570. samt dem Herzogthum Birkenfeld seinem jüngsten Sohn Carl.

d) S. Herrn Hofrath und Archivar. Dillen kurze Nachricht von der Graffschaft Sponheim, und die oben S. 229. angeführte Schriften.

pfalz und dem Haus Badenbaden e) etlichemal Streitigkeiten entstanden. Beede Häuser haben deßwegen Anno 1707. eine Theilung vorgenommen. Um nun auch die Streitigkeiten zu endigen, die wegen der hintern Gravschaft zwischen den Gemeinsherren von Zeit zu Zeit entstanden sind, so suchte das fürstliche Haus Badenbaden ebenfalls eine Theilung zu bewirken, und erhielte Anno 1723. von dem Reichshofrath einen günstigen Schluß, das fürstliche Haus Birkenfeld aber bezeugte dagegen eine Abneigung f); mithin besigen bis jetzo noch beede fürstliche Häuser diesen Theil der hintern Gravschaft Spanheim in Gemeinschaft.

1438. §. XI. Anno 1438. Dienstag nach St. Vitus und Modestus erneuert Reinold, Herzog von Urslingen, nach seiner Gemahlin Anna, oder, wie sie einige nennen, Anastasia, Absterben, mit M. Jacob den Vertrag, den er mit M. Bernhard gemacht hatte, daß nämlich die Dörfer Brockingen und Bischoffingen, auch der halbe Theil der Burg und Stadt Gemar, nach

---

e) Dieses besitzt Kraft der Landestheilungen seinen Antheil an der vordern und hintern Gravschaft Spanheim, und hat deßwegen auf den Oberrheinischen Crayßtägen Sitz und Stimme.

f) S. die S. 279. s) angeführte Deduction.

nach Reinolds Tod an den Marggraven fallen sollen. g)

Der in diesem Jahr, nach K. Sigmunds Tod, erwählte Römische König, Albrecht II. sucht gleich im Anfang seiner Regierung den innerlichen Mängeln des deutschen Reichs unter andern durch eine bessere Gerichtsverfassung abzuhelffen. Er übergibt deßwegen auf dem ersten Reichstag zu Nürnberg den Ständen eine Verordnung wegen des Landfriedens, und theilt zur Handhabung desselben, das teutsche Reich, Böhmen und Oesterreich in vier Kreise ein. In dieser Eintheilung wird M. Jacob in den andern Kreiß gesetzt. In eben diesem Jahr wird von K. Albrecht auf dem andern Reichstag zu Nürnberg die Abtheilung in sechs Kreise, Franken, Baiern, Schwaben, Rheinstrom, Niederlande und Sachsen gemacht. Hier ist der Marggrav in dem dritten Kreyß begriffen. h)   §. XII.

---

g) In dieser Verschreibung steht, daß der König von Cecilien, Herzog von Anjou, Calabre, Bare und Luthringen, dem Marggraven Gemar eingegeben habe. Es wird daher auch darinnen wegen des Oefnungsrechts zu Gemar Verfügung gethan.

h) Johann Maximilian von Günderrode gründliche Untersuchung von dem Ursprung und Fortgang

A. 1439.

§. XII. Anno 1439. wird M. Jacob von Churfürst Ludwig III. in der Pfalz mit der Burg und dem Dorfe Graben, der Veste und dem Dorfe Stein, zu Heidelberg belehnt, wie solches Anno 1424. geschehen war.

In diesem Jahr wohnet der Marggrav nebst Herzog Otto von Baiern dem Einzug des neuerwählten Bischofs Reinhards zu Speyer bey. i)

Unter andern Fürsten und Ständen des Reichs, denen K. Albrecht durch ein besonder Schreiben seinen Stadthalter (Protectorem & Locumtenentem) auf der Kirchenversammlung zu Basel, Conrad Herrn von Weinsperg, dem er die Beschützung desselben aufgetragen hatte, empfiehlt, ist auch Marggrav Jacob. k)

In

---

gang und heutigen Zustand des deutschen Creyswesens. DATT *de Pace Publ.* p. 180. woselbst auch angemerkt worden ist, daß die Abtheilung in 4. Creyse schon Anno 1437. ein Werk gewesen sey. Conf. SCHILTER. *Jus Publ.* Tom. II. Tit. 19. pag. 339.

i) Lehmann Speyer. Chron. B. 7. C. 123. S. 940.

k) *Illustribus Stephano Comiti Palatino Rheni & Bavariae Duci, Jacobo Marchioni Badensi, nostris agnatis & Principibus dilectis &c.* WENCKER. *Appar. Archiv.* p. 335.

In diesem Jahr läßt der Marggrav wegen des Schlosses Mandelberg ein Manngericht halten. Heinrich von Neuperg hatte versprochen, dasselbe in Jahresfrist, da es ihme von dem Marggraven zu Lehen gegeben worden war, zu bauen, und seine Wohnung daselbst zu nehmen. Heinrich läßt diese Zeit verstreichen, und thut seinem Versprechen kein Genüge. Der Marggrav zieht darauf das Lehen an sich, und begnadigt Gerige von Auwe mit demselben. Heinrich von Neuperg beklagt sich darwider vor dem Manngericht, wird aber mit seiner Klage als unstatthaft abgewiesen 1).

Auch verkauft in diesem Jahr Dieterich von Gemmingen und dessen Ehfrau Agnes von Sickingen an Marggrav Jacob um viertausend zweyhundert Gulden, die Dörfer Neuhausen und Löningen, den sechsten Theil an den Dörfern Tieffenbronn, Friolsheim und Mülhausen, desgleichen ihren Theil an den Weyhern auf der Struott, wie auch ihre Zinse und Rechte zu Reichenbach, Hohenwart, Schellbronn und Möcklingen. Und in dem folgenden Jahre verkauft benannter von Gemmingen nebst seiner Gemahlinn an unsern Marggraven seinen Theil an Steineck, Burgstadel und Thal um vierhundert und funfzig Gulden.

X 2 §. XIII.

---

1) *Cod. Dipl. Bad.* Num. CCCLXXX.

§. XIII. Nicht lange hernach errichtet M. Jacob mit Churfürst Otto von der Pfalz und andern benachbarten Fürsten ein Bündniß zu Erhaltung des Landfriedens.

A. 1442. A. 1442. empfängt er von K. Fridrich III. die Reichslehen, und zugleich die Bestätigung seiner sämmtlichen Freyheiten.

In diesem Jahre wohnt er nebst seinem Prinzen M. Carl dem Reichstag zu Nürnberg bey. Er unterzeichnet daselbst als Zeuge die Urkunde, in welcher K. Fridrich die Freyheiten des allerdurchleuchtigsten Hauses Oesterreich erneuret. m)

In eben diesem Jahr ist er und sein Prinz abermal bey dem Kaiser zu Frankfurt; n) der Kaiser ertheilt ihm daselbst das Privilegium, daß seine Diener und Leute, es seyen Graven, Herren, Ritter, Knechte, Burger oder Bauern bey keinem Landrichter, Hofrichter, oder anderen Gerichte, sondern allein bey ihrem eigenen Landesherrn können belangt werden. o)

K. Fri-

---

m) Lünigs Anzeig. der Privilegien des Hauses Oesterreich. S. 89.

n) *Cod. Dipl. Bad.* Num. LXXXVI.

o) *Cod. Dipl. Bad.* Num. CCCLXXXIV. Lünigs

K. Fridrich thut in diesem Jahre eine Reise durch die Schweitz, und hält sich eine Zeitlang zu Kostanz auf. M. Jacob stattet ihm allda einen Besuch ab. p) Der Kaiser läßt daselbst an Pfalzgrav Stephan einen Befehl ergehen, daß er in der Erbschaftsstrittigkeit zwischen Marggrav Jacob zu Baden, und Grav Fridrich von Leiningen nichts mehr handeln solle, indem diese Sache, so einen Reichsfürsten angehe, vor den König selber gehöre.

In eben diesem Jahr leistet M. Jacob auch dem M. Albrecht von Brandenburg dem teutschen Achilles und Ulysses, wie er von den Päpsten Paul II. und Pius II. genennt wurde, in seinen Feindseligkeiten mit der Stadt Nürnberg, Hülfe.

Auf U. L. Fr. Tag, Visitationis, führt er den von den Marggraven von Hachberg um tausend Gulden versetzt gewesenen Zehenden zu Bergheim, von Melchior, von Blumeneck, Ritter, Heinrich und Ludwig von Blumeneck, Gebrüdern, und Engelhard von Blumeneck, mit fünf tausend Gulden baar, und fünfhundert Gulden anderwärter Versicherung wieder ein.

§. XIV.

---

nigs Reichsarchiv Part. Spec. Cont. II. 4te Abtheil. S. 941.

p) Tschudi oder Tscharner Histor. der Eydgen. Th. II. S. 350.

1442.
Lahr und
Mahl-
berg.

§. XIV. In eben diesem Jahre (1442) verkauft Jacob von Mörs, Grav zu Sarwerden, und Herr zu Lahr, vor sich und in dem Namen seines minderjährigen Bruders Johannis, um dreyßig tausend Gulden eine unvertheilte Hälfte der gesamten Herrschaften Lahr und Mahlberg, an Marggrav Jacob von Baden. Es wird dabey der Widerkauf, jedoch auf diese Weise eingedinget, daß, wann die Grav Jacoben und Johann verbliebene Hälfte dieser Herrschaften erblich würde verkauft werden, alsdenn das fürstliche Haus Baden das nächste Recht dazu haben sollte. Vermöge des Kaufbriefs sollte ein Burgfrieden errichtet werden, der auch gleich im folgenden Jahr 1443. zu Stande kam. Es waren aber unter den verkauften Stücken einige, welche zu den Reichslehen gehören. Man suchte daher Anno 1446. und erlangte bey Kaiser Fridrich III. die Genehmigung dieses Kaufhandels. q) In eben diesem Jahr werden

---

q) Man sehe hiervon das Schreiben eines Freundes zu Straßburg an seinen Freund zu Freiburg die Reichsherrschaft Mahlberg in Schwaben betreffend. Franff. und Leipz. 1765. S. 7. Und die Pragmatische Geschichte des Hauses Geroldseck, wie auch der Reichsherrschaften Hohengeroldseck, Lahr und Mahlberg ꝛc. Frank-

werden auch die Gebrüdere Georg und Heinrich, Herren von Geroldseck und zu Sulz von M. Jacobs Räthen, Albrecht von Züttern dem ältern, Hans von Jberg, Heinrich von Schweynheim und Hans von Lichtenfelß mit der Gemeinde Bischoffingen, wegen einer von Herzog Reinold von Urslingen seeligen herrührenden Schuld vertragen. r)

§. XV. Anno 1443. errichtet Pfalzgrav Ludwig, Churfürst, mit einigen Reichsstädten in Schwaben eine Einnung zu Heidelberg. Er nimmt in derselben unter andern den Erzbischof Dieterich zu Maynz, und M. Jacob aus, so lang seine Verbindung mit diesen Fürsten dauert. s)

An Maria Magdalena Tag erläßt der Kapplan Konrad von Münchingen, Carthäuser Ordens, ein Schreiben an den Marggraven, und ersucht ihn in den flehentlichsten Ausdrücken, die in Unordnung gerathene Klöster in dem Lande wieder aufzurichten, und gute Zucht und Ordnung darinnen einzuführen. Er rühmt

A. 1443.

Frankfurt und Leipzig, 1766. 4to S. 102. wobey in dem dazu gehörigen Urkundenbuch, die Urkunden LXXI. LXXII. LXXIV. zu lesen sind.

r) S. erstgemeldetes Urkundenbuch, Urk. LXXIII.

s) WENCKER. Collect. Jur. publ. p. 202.

zugleich des Marggraven Bemühen, daß er bereits einen löblichen Anfang hierinnen gemacht habe. t)

In diesem Jahr, Montag nach Invocavit, geben Ursula, geborne von Gundelfingen, Antoniens von Habstatt Wittwe, Berchtold, Herr zu Stauffen und Lütelmann von Rathsamhausen, dem Marggraven die Vogteyleute zu Baldingen, in den Schutterhof daselbst gehörig, mit Steuern, Weinpfenning und Hünerzinsen und allen Zugehörungen um achthundert Goldgulden zu kaufen.

Auch verkaufen Fridrich von Entzberg, genannt Bittscher, Else von Strubenhart, seine Hausfrau, und Bechtold Völckerin von Hedingen, nebst seiner Ehefrau Margaretha von Strubenhart, an Marggrav Jacob ihre Theile, nämlich, den halben Theil an allen ihren Leuten und Gütern, die sie von ihrem Schwager und Bruder Hans von Strubenhart geerbt hatten, zu Swande, Cunwilr, Dobel, Tennach, Rutmerspach, Röneck, Nibelspach, Grevenhausen, Sultzfeld, Langenalb, Untern-Nibelspach, zu der Nüwenburg und an andern Enden, mit Gerichten, Vogteyen, Zwingen, Bännen, u. s. w.

Daß

---

t) *Cod. Dipl. Bad.* Num. 388.

Daß Conrad Esel und Rudy Turner mit dem Hof zu Mundingen von dem Marggraven in Gemeinschaft belehnt worden seyen, bezeugt ihr Lehenrevers von diesem Jahr.

§. XVI. Gleichwie Anno 1442. ein Manngericht gehalten wurde, um die Strittigkeiten, die zwischen M. Jacob und Sigfried Pfauwe von Riepur obwalteten, beyzulegen; u) also wird nun auch in diesem Jahr (1443) nach besagten Sigfrids Tod ein anderes veranstaltet. Dasselbe erkennt unter andern zu Recht, daß dessen Söhne, Sigfried der Jüngere, Burckhard und Caspar den Theil zu Stauffenberg mit den darzu gehörigen Gütern, so ihr Vatter von dem Marggraven zu Lehen gehabt, nunmehro in Gemeinschaft zu Lehen empfangen sollen. x) Eben dieses erhellet aus dem Lehenrevers, den Syfried Pfauw vor sich und seine vorgenannten Brüder Anno 1444. ausstellt. Dieser macht darinnen seinen Theil an Stauffenberg mit diesen Worten nahmhaft: Den Turn und ein Küchin und ein Stale als die Stauffenberger selig gehapt von alters her. y)

1443.

___

u) *Cod. Dipl. Bad.* Num. 385.

x) *Idem* Num. 387.

y) *Idem* Num. 389.

1443. Sonst ist von diesem Jahre noch anzuführen, daß sich auf Erlaubniß Hug von Montfort St. Johanniter Ordensmeister in teutschen Landen, die Häuser Neuenburg, Heydersheim, Freyburg und Kenzingen aufs neue in M. Jacobs Schutz begeben haben. Diesem Beyspiel folgen noch viele andere Geistliche, nebst dem Stift Waldkirch.

M. Jacob kauft auch in diesem Jahre den Herrn von Rathsamhausen alle ihre eigene Leute, so sie zu Bahlingen haben, um achthundert Gulden ab. z)

A. 1444. In dem folgenden Jahre verkauft Dieterich von Gemmingen an Marggrav Jacob Etzenrode das Dorf mit Leuten, Gütern, Bete, Steure, Zinße, Walde, Wasser, Wanne und Weyde und sonst mit allen andern Rechten, ingleichen vierzehen Pfundpfenning, vierzig Capponen und zwanzig Hüner Gelts, so er bisher gehabt zu Zinse auf Gütern in der Stadt Baden, und vierzehen Pfundpfenningen Zinß von Gütern zu Steinbach, und auch sechs und zwanzig Pfundpfenning, so seine vordern und er mit andern Lehen von der Marggrafschaft Baden zu Lehen gehabt. Vermög eines andern Lehenreverses Dieterichs von Gemmingen von eben diesem Jahre, trugen

---

z) Förster in seiner geschriebenen Nachricht von der Marggravschaft Hachberg.

ge auch die Familie von Gemmingen das Schloß Weisenstein samt Zugehörde von der Marggraffschaft zu Lehen.

Eben dieser **Dieterich** von Gemmingen hatte A. 1442. von Hans von Stein von Steineck den halben Theil an Heimbsheim, den er von Engeln Geißbergin, Herrn Rudolfs von Baldeck Ritters sel. Wittib, als Pflegerin Margarethen von Stein, seines Bruders sel. Kindes gekauft hat, dazu des vorgenannten Kinds Haus um zweytausend rheinische Gulden gekauft. Unser Marggrav verkauft ihm nachher den von ihm erkauften Theil an Heimbsheim, mit Vorbehalt der Oefnung und Widerlesung um ein tausend Gulden.

§. XVII. K. **Fridrich III.** hatte Anno 1442. mit der Stadt Zürch ein Bündniß geschlossen. Anlaß gab dazu der Tod Fridrichs, Graven von Toggenburg. Derselbe hatte Anno 1335. wegen eines zu Zürch vor Rath verlorenen Rechtshandels, der Stadt Zürch zum Verdruß, mit denen von der Schweiß ein Landrecht gemacht, und ihnen erlaubt, daß sie nach seinem Absterben alle seine Unterthanen zu Landleuten annehmen mögen. Zürch und Schweiß geriethen darüber in Krieg. Jeder Theil vermeynet besser Recht zu dessen hinterlassenen Landen und Leuten zu haben.

Auf

Schweitzer-Krieg.

Auf die Seite des Kanton Schweitz schlugen sich die übrigen Eydgenossen. a) Der Kaiser sucht zugleich die Fridrichen, Herzogen von Oesterreich, zur Zeit der Kirchenversammlung zu Kostanz entzogene Güter in der Schweitz wieder an sich zu bringen. Er beschließt daher in Gesellschaft der Stadt Zürch wider die übrigen Eydgenossen, denen er die Bestätigung ihrer Freyheiten versagt, einen Zug vorzunehmen. Er ersucht hiezu die Reichsstände vergeblich um Hülfe, und wendet sich daher an K. Karl VII. in Frankreich. Mit diesem läßt er sich heimlich in einen Bund ein, und bestimmt darinnen 5000. Mann französischer Völker zu seiner Hülfe.

Frankreich bedient sich dieser Gelegenheit zur Ausführung anderer Absichten. Der Dauphin, unter welchem der Herzog von Armagnac stunde, (daher dies Heer die Armanacken genennt wurden,) kommt mit einem Heer von 30 bis 40000. Mann durchs Elsaß in die Schweitz. Die Königin in Frankreich Elisabeth, gibt Marggrav Jacob, als ihrem Schwager, b) hievon schriftliche Nachricht, und

---

a) Dieser Krieg heißt insgemein der Zehenjährige alte Zürich-Krieg. S. Bluntschli Merkwürdigkeiten der Stadt Zürich, S. 27. 223.

b) Die Königin Elisabeth war eine Schwester Königs

und ertheilt ihm zugleich die freundschaftliche Versicherung, daß der König sowohl als der Dauphin versprochen hätten, seinen Landen keinen Schaden zuzufügen. c)

M. Ja-

nigs Renati von Sicilien, und dessen Gemahlinn Isabella, eine Schwester von M. Jacobs Gemahlinn Catharina.

c) Ich will das Schreiben aus der Lebensbeschreibung der Herren Marggraven von Baden, welche ein Ungenannter Anno 1695. heraus gegeben hat, hier abdrucken lassen: „Unnsern freundlichen Grueß, und was wüer Guettes vermögen, zuvor, hochgeborner Fürst, lieber Bruder und Schwager. Wier begehrn euch zu wissen, daß unn'er lieber Herr und Gemaehl, wier und unnser Kuender vollmügend und gesund sein, vonn den Gnaden GOttes, deßgleichen begehren wür alleyeit vonn euch unnd unnsern lieben Neven unnd Magen euren Kündern, die unnser lieber HErr GOtt lang gesund spare. Lieber Schwager und Bruder, wissent, daß unnser Herr, der Delphin, mit etlichen großen Heuffen, Ritterschafften, und Raisigen Volckes vonn Frankreich, Feunde suchen will. Unnd alsbald wür daß gewahr seund gewest, haben wür unns selber zu unnserm Herrn, dem König von Franckreich gefertiget, unnd ihm so ernstlich und ufleissiglich gebeten, so wür haben thun mögen, daß er soliche Lieb, Gunst und gueten Willen, so unnser Ohoimb, die Pfalzgraven, ihr, unnd ander unnser Mage inn der Arth alleyeit zue der Kronen von Franckreich gehabt hond, ansehen wölle, unnd auch wie ihr unnd eure Künder unns und Unnsern gewandt seund, unnd daß er Unnsern Herrn denn Delphin seinen Sohn unterweisen wölle, daß er oder die Seinnen, Unnsern vorgenannten Oheimbden, denn

Pfalz-

M. Jacob entſetzt ſich über dieſe Nachricht. Seine aufrichtige Ergebenheit gegen K. Fridrich III. bewegt ihn, den erhaltenen Brief demſelben zuzuſchicken, und mit einem eigenhändigen Schreiben zu begleiten. d)

§. XVIII.

Pfalzgraven, noch bey ihren, unnd auch noch denn euren Launden, Leutten, Herrſchafften unnd was euch zu verantwortten ſteht khainen Schaden wölle laſſen beſchehen, noch darein zu ziehen geſtatten. Solches gebette unns der vorgenannt unnſer Herr der König und der Delphin gewerbt, unnd unns zugeſagt, mit guetem Willen, dem alſo nachzugehen, unnd was euch unnd unnſern vorgenannten Ohaimben, zugehöret, kainen Schaden, Unwillen noch Laid zue fügen wölle, ſo ver ſy des unterweyſet unnd gewahr werdent, daß ihr Lannd Herrſchafft hond. Hierumben lieber Bruder und Schwager, laſſen wür euch das wiſſen, Euch darnach zu richten, wann GOtt waiſt, daß wür eurn Schaden als ungern ſehen wollten, als Ir ſelbs, unnd deichte unns gut und geraten ſein, daß Jhr, ſobald gewahr werdet, daß ſy in der Art eueres Lannbes ziehent, zu bem vorgenanuten Herrn dem Delphin ſchickent, unnd ihme ſolches thatten fürlegen, und daran mahnnen, daß er euch noch bey euren khainen Unwillen ober Schaden zuefügen laſſen, unnd ihm das zeitlich verkhünden thettend, ſo hoffen wür gänntzlich, daß er das gern thun ſoll, als er uns das auch ſelbs aigentlich unnd mündlich zugeſagt hat. Hochgeborner Fürſt, lieber Bruder unnd Schwager, unnſer HErr GOtt ſpare euch lanng Zeit geſundt. Geben zu Swer in Thurainnen uf Donnerſtag nechſt nach dem heiligen Pfingſttag, Anno XLIII. ,,

d) Es ſteht in vorangezogenem Büchlein S. 172. und in Fuggers Oeſterr. Ehrenſpiegel B. 5. Cap. 5. S. 551.

,, Aller-

§. XVIII. Der Dauphin schlägt den 26. 1444.
August die Schweitzer bey Basel. e) Er
breis

„Allerdurchleuchtigster Fürst, Allergnädigister Herr.
Euren Königlichen Gnaden seund mein unterthennig
schuldig Dienst willigelichen allzeit bereit, Genedigister Herr, Mir seund inn Khürtze geschehen, ware Geschrifft zuekhommen, daß die Königen von Franckreich unnd Engelland befriedet sein, bis von Weyhenachten negst khombt über ain Jahr, unnd das sey zuegangen, eurch Gemahelschafft des Königs vonn Engelland, und des Königs vonn Sicilien Tochter. So ist mir auf nechsten Pottschafft khommen, die mier gethan hat, mein Fraw die Khönnigin von Sicilien, durch die Ich nun unzweifentlich verstannd, daß des Delphins Meynung sey, mit grosser Hauffung der Ritterschafft, und raisigen Volkhs, das bißher im Franckreich ist gewesen, zueziehen in Teutschlannd, das thue Ich Eueren Künigelichen Gnaden zu wissen, als mich gedunkht, daß mier zu thun gebiere, nachdem ich gewohnt bin, euren Gnaden und dem heiligen Reich, dieselb euer Gnade, der allmählige Gott seeligelichen lanng wölle fristen. Datum Baden, den Feria quarta post diem Beatorum Petri & Pauli Apostolorum Anno Domini XLIIII. „
Jacob, Margkhgraf zu Baden, Graf zu Sponhaimb.

e) Der Dauphin war von Papst Eugen IV. zum Gonfaloniere der Kirche gemacht worden. Er hatte sich beßwegen bey Basel gelagert, um die Kirchenversammlung daselbst zu zerstören. Stumpf in der kleinen Schweitzer-Chron. B. 6. Bl. 2136. schreibt davon: „Ludovicus Daulphin von Franckreych, zoch mit grossem Volck auff Basel, eins teils das Concilium zu zerstören, zum teil die belägert Statt Zürych zu entschütten. Bey 1600. Eydgenossen woltend aus
dem

tet sich hierauf im Elsaß und in andern benachbarten Reichslanden weiter aus, und verübt die schröcklichsten Feindseligkeiten. Er fällt jedoch unserm Marggraven nicht, wie andern Ständen zur Last. Das ganze Reich gerathet in Bewegung.

Der Kaiser, welcher über das Verhalten der französischen Völcker so, wie über ihre allzustarcke Anzahl unzufrieden ist

---

dem Läger vor Farnsperg in der Stadt Basel ziehen. Die wurdend durch den Delphin ob Basel an der Byrß bey S. Jacob umbgäben, nach langem gefächt übermenget, und entlich all erschlagen, biß an 16. Mann... Man liest, daß diese 16. Personen bey ihrer Ankunft zu Hause von den ihrigen vor Flüchtlinge, die ihre Schuldigkeit nicht thun wollen, gehalten, und kaum von dem Schwerdt des Scharfrichters errettet worden seyen. Aeneas Sylvius, nachmals Papst Pius II. welcher sich zu solchen Zeiten auf der Kirchenversammlung zu Basel als kaiserlicher Minister befand, schreibt im 89sten Brief von den Schweitzern, sie hätten die Pfeile aus den Wunden gerissen, und sich liegend damit gewehrt, auch mit gestutzten Armen den Feind angefallen. Da ein so kleines Häuflein so muthig gegen das ansehnliche Heer der Franzosen vor sein Vatterland gestritten hatte, daß dieser bey acht tausend auf dem Platz geblieben sind: so wurden auf diese Niederlage der Eydgenossen bey Basel nachstehende Zeilen gemacht:

Cedite, Thermopylæ, Basileam pugna celebrat
Martia: Germanis cedite, Grajugenæ.
Hic major virtus, minor ut sit calculus: hostis
Gallus atrox armis, Persa ibi mollis, erat.

ist, bemüht sich den Unruhen ein Ende zu machen. Er hält in eben diesem Jahr eine Reichsversammlung zu Nürnberg. M. Jacob wohnt ihr in Person bey. Man beschließt daselbst den Reichskrieg wider den König in Frankreich. Pfalzgrav Ludwig wird zum Reichs-Oberstenhauptmann ernennet. Insbesondere wird dem Herzog Albrecht von Oesterreich, M. Albrecht von Brandenburg, M. Jacob von Baden, und Grav Ulrich von Würtemberg aufgetragen, sich mit ihrer Mannschaft ins Breißgau zu begeben, um zu sehen, wie dem Lande wegen der Arminiacken zu helfen wäre, f) und mit dem Dauphin über die Zurückziehung seines Kriegsheers zu tractiren. Sie nehmen ihren Zug vor. g) Es kommt auch wirklich auf der grossen Ebene zwischen Breisach und Ensisheim zu einer Unterredung. Man bestimmt einen Tag, daran die Sache zu Roßheim im Unterelsaß beygelegt werden solle. h)

§. XIX.

---

f) Schilters Anmerkung zu Königshoven Chron. S. 387.

g) M. Jacob schickt hernach denen von Schweiz und ihren Eidgenossen einen Absagbrief zu, d. d. Brisach am Montag nach St. Gallentag 1444. TSCHUDI *Chron. Helv.* T. II. p. 435.

h) Schilter, l. c. S. 337.

Fortsetzung.

§. XIX. Pfalzgrav **Ludwig** ſetzt ein Mißtrauen in die Franzoſen. Er ſorgt, ſie möchten die Teutſchen zu hintergehen ſuchen. Er beruft die Fürſten auf den Tag Allerheiligen nach Speyer. Dieſe finden aber vor rathſam den Boßheimer Convent abzuwarten, und eher nicht zu Gewaltthätigkeiten zu ſchreiten, als bis man umſtändlich mit dem Dauphin geredet hätte. Unſer Marggrav verfügt ſich bald hierauf mit den vorgenannten Fürſten nach Straßburg. Sie ſchicken nach Roßheim, dem Dauphin ihre Ankunft zu melden. Er hatte ſich aber bereits von da hinweg nach Mömpelgard begeben. Folglich wurde aus der vorgehabten Unterredung nichts. i) M. Jacob miſcht ſich nach dieſer Zeit nicht weiter in die Elſaßiſchen Unruhen. Der Dauphin ſelbſt ſoll, vermög des Trieriſchen Vergleichs Anno 1445. den 20ſten Merz, mit ſeinen Soldaten den teutſchen Boden verlaſſen. Er zieht aber von freyen Stücken ab, ohne eine Entſchädigung oder Genugthuung vor ſich und ſeine Bundsgenoſſen zu leiſten. k)

---

i) Schilter l. c. S. 938. 1007. u. f.

k) Wie ſchrecklich man mit den Leuten umgegangen iſt beſchreibt Schilter l. c. Unter andern ſetzt er dieſes S. 1006. „Dieſes Volck ſchonte keines Menſchen, erſchlugen und erſtachen, wen ſie antrafen, lieſſen die Leute halb todt liegen, ſchlugen ſie in eyſen, daß
ihnen

Jacob I. 1431-1453.

1445.

Marggrav Jacob bemühet sich auch in diesem Jahr (1445) mit Herzog Albrecht von Oesterreich vergeblich, die von den Bernern, Baßlern und Solothurnern belagerte Veste am Stein zu Rheinfelden zu entsetzen. l)

In eben diesem Jahr wohnt er der Vermählung Grav Ulrichs des Vielgeliebten von Würtenberg mit der baierischen Prinzeßinn Elisabeth, so zu Stuttgart mit grossem Pracht vollzogen wurde, persönlich bey. m)

Auch erneuert der Marggrav in diesem Jahr die mit Bischof Reinhold zu Speyer in dem Jahr vorher errichtete Einnung. Er begiebt sich zugleich in ein Bünd-

---

ihnen offt die Band aufs Bein fraßen, liessen sie offt also gebunden liegen, Hungers sterben, vnd erfrieren, sperrten ein Theil in die Faß, vnd martelten das arme Volck aufs grewlichst, vil tausent sturben in der marter, wolten stets geld von den Leuten haben, wenn nun einer Geld verhieß, vnd der den er sante, nichts mitbrachte, schnitten sie denselben zu riemen, vnd brauchten allerhand pein, die man erdencken möchte. Sie brateten etliche Bauren beym fewr, daß sie voll Blatern wurden, vnd liessen sie dann wiederumb lauffen, u. s. w." S. auch Herzog Elsaß. Chron. B. 2. S. 117. folg.

l) Tschudi l. c. p. 454.

m) Steinhofers Neue Würtemb. Chron. Th. 2. S. 173.

Bündniß mit einigen Reichsfürsten und Graven wider die zusammenverbundene Städte.

1446. §. XX. A. 1446. werden neue Anstalten zur ernstlichen Fortsetzung des Kriegs wider die Eydgenossen gemacht. Oesterreich, Baden, Würtemberg, und andere schliessen ein Bündniß zu Hagenau, davon der Anfang also lautet: „Im Namen der
„ Heyligen Drivaltigkeit, der werden
„ Hymmel Königen vnd Junckfrawen
„ Maria, der Heiligen Himmel Fürsten
„ sant Georgen vnd sant Wilhelms vnd
„ alles Hymelischen Heers einen Zug wi-
„ der die Schweitzer vnd ire eydgenossen
„ zu thund vnd vff Sie ein felt zwslahen,
„ durch der Fürsten vnd Herren von Oe-
„ sterreich, von Baden, von Würtemberg
„ vnd der Gesellschaft im Hegowe Rete
„ furzwnemen zw Twbingen vff Frwtag
„ vor den Suntag Reminischere In der
„ Vasten Anno xlvi geratslagt, inmas-
„ sen hiernach begriffen ist des ersten
„ also rc.„ Im folgenden wird angeführt, wie viel jeder zu diesem Krieg an Mannschaft beytragen solle, da es von unserm Marggrav Jacob heißt: „Vnser gnediger
„ Herr Marggrave Jacob von Baden m.
„ (1000) Pferd u. xvc. (16). Fueßknecht.„
Ausser diesem wurde zu diesem Feldzug noch verschiedenes erfordert, davon ich die Worte selbst zum Vergnügen hieher setzen,

„ seßen will: Vns bedunkt notturftig sein,
„ die Fueßknecht so mit Jren Wegen
„ ziehen werden auch mit Harnisch vnd
„ ander Were herzugt zu sein, Ketten zw
„ ben Wegen nach notturft lang Hawen
„ Schawfflen vnd Axen mit zufuren sun-
„ der iglichen Wagen eine Handbüchße
„ zufügen. Item die Fueßknecht mit
„ Harnisch, Hantbüchsen, Armbrusten,
„ Hellenbarden, Mordaxen vnd Spießen
„ herzugt, dabey Jung gerad vnd geschickt
„ sind sunder des die Büchßen vnd Arm-
„ brust schüßen ander Were auch mit tra-
„ gen, wan sie abgeschossen haben one
„ Were nit zu steen ꝛc. Item iglichen Für-
„ sten vnd Herrn ꝛ. (10) Karren Büchsen
„ vnd darzw Büchsenmeister, Pulver vnd
„ Stein zw haben vfgelet; item iglichem
„ Fürsten vnd Herren sechstausend pfeil
„ vnd die Notturft von fewer pfeilen vnd
„ das darzu gehorret mit zufuhren; item
„ die Hoffart vnd den Vbermut genßlich
„ zu uermeyden, sunder Gott den almech-
„ tigen vnd sein würdig mutter Maria
„ wirdiglich vor Augen zu haben, dadurch
„ die ding loblich vnd glücksam anfang
„ mittel vnd das ende haben; item dem
„ Volck des Zugs vnd Veltgeligers ver-
„ botten vnd genßlich vermieden sein solle
„ die gemeinen Frawen, allerley spiel vnd
„ mit Namen vngewonlich weren, vnd wer
„ das verbreche, das die darumb gestrafft
„ werden. Item ducht vns Rete notturf-
„ tig

"tig ſein vnd billig, das vnſer gnediger
"Herr von Oſterreich die Hawpt Buchſen
"mit ſeinem Pulver gnediglich verſehen
"vnd zwrichten laſſen ſoll; item das auch
"billich iglicher Fürſt vnd Herr nach not-
"turft fackeln ring vnd was dazw geho-
"ret mit furen ſollen laſſen ꝛc."

M. Jacob läßt an ſeine Freunde und Vaſallen Ermahnungsſchreiben ergehen: ſich bey ihm gerüſtet einzufinden. n) Man macht

---

n) Ich will ein dergleichen Schreiben aus Tſchudi, loc. cit. Seite 465. hier abdrucken laſſen: "Un-ſern lieben beſondern Bobaultz von Thuilliers zu Luttringen, Jacob von GOttes Gnaden, Marg-graf zu Baden, und Grafe zu Spanheim. Un-ſer Gruß zuvor lieber beſonder, unſre liebe Ohemen, Albrecht Herzog zu Oeſterreich, die Grafen zu Würtemberg, und wir, habend wider die Eydgenoſ-ſen und Schwitzer (die nit allein uns wider Gott, Eere und Recht bekriegend, ſunder den Adel zu ver-tilgen underſteend) getan einen Anſchlag eines mäch-tigen Zugs, und in dem Namen und mit der Hilff Gottes und ſiner Wirdigen Mutter Maria, der Rit-tere St. Jörgen und St. Wilhelms, Strits gegen Inen ze wartene, dabi (will es GOtt) wir in eigener Perſon zu ſinde meinend; Wann wir nu zu ſölichem Uwer ſonder bi uns begerend, ſo bittend wir Uch mit Ernſt, in guten Trüwen die wir zu Uch habend, daß Ir Uch zu dieſen Sachen richten, und ſelb vierte mit Glenen wol gezügt zu St. Dibolt ſin wellind, uff Sontag ze Nacht von St. Vitus und Modeſtus Tag nechſtkünfftig, geſtalt, fürbaſer mit andern zu und mit uns ze riten; Haran Uch wirdet zu dem Lone den Ir von Gott, und dem lobe, das Ir von dem Adel em-pfahend,

macht bald darauf den Anfang zu den Friedenshandlungen zwischen den kriegenden Theilen. Pfalzgrav Ludwig, Statthalter des römischen Reichs stellt dazu einen gütlichen Tag an zu Costanz. M. Jacob erscheint auch daselbst. o) Die Unterhandlungen werden noch einige Jahr fortgesetzt. Endlich im Jahr 1449. wird durch M. Jacobs Bemühen der Krieg zwischen Oesterreich und Basel beygelegt; p) und auch die Stadt Rheinfelden mit Herzog Albrecht von Oesterreich wieder ausgesöhnt. q)

§. XXI.

***

pfahend, uns von Uch bewyst sollch sonderlich Danckemmigkeit, dera wir Uch zu gutem ungern vergessen weltind, und das in Willen gern beschulden wellend. Was wir uns harinne genzlich zu Uch mögend verlassen, das wellind uns schribend bi disem Botten. Ob Ir ouch wurdind hören sagen von gütlichen Tagen, die mit unsern egerürten Vienden wurdind geleistet, oder die Sach were gericht, das wellind Uch an diser Rüstung nit lassen ufhalten, und daran nit Glauben haben, Ir sechind dann des unsre Geschrifft. Geben zu Baden, uff Frytag in der heiligen Osterwuchen, Anno Domini 1446. „

o) Tschudi l. c. S. 468. „Marggrav Jacob von „ Nider-Baden, und mit Im ein michle, (d. i. „ grosse) Zal.

p) Tschudi l. c. S. 479. 493.

q) Wursteisen, B. 5. C. 48. Tschudi l. c. S. 533. 534.

§. XXI. A. 1446. wird ein Churfürstentag zu Frankfurt von den Churfürsten angestellt. Die Strittigkeiten, welche auf dem Concilio zu Basel fortgesetzt wurden, geben hiezu Anlaß. Der Kaiser ernennt unsern M. Jacob und den Marggraven von Brandenburg, daß sie nebst den Bischöffen von Augsburg und von Chiemsee als kaiserliche Gesandte dieser Versammlung beywohnen sollen. r)

K. Fridrich III. belehnt in diesem Jahr den Marggraven mit anderthalb Turnos zu Schröck, als dem Rheinzoll, den der Grav Johann von Spanheim innen gehabt hatte. s)

§. XXII. A. 1447. stirbt Herzog Reinold von Urslingen. Das Dorf Broggingen in der Marggravschaft Hachberg, fällt durch diese Veränderung an M. Jacob. t)

In eben diesem Jahre ertheilt M. Jacob Erharden von Königspach und dessen Gemahlin Christinen von Isingen einen Frey-

---

r) GUDENUS *Cod. Dipl. Mog.* Tom. IV. p. 300.

s) *Cod. Dipl. Bad.* Num. 392.

t) S. oben Blatf. 329.

Freyheitsbrief u) über ihre liegende und fahrende Güter zu Königspach, daß sie Beet-

---

u) Der Brief selbst ist dieser: „Wir Jacob von Gottes Genaden, Marggraue zu Baden rc. vnd Graue zu Spanheim Tun In Krafft diß Brieffs von besundern Gnaden vnd willen, für vns vnd vnsern erben, Eharten von Königspach vnd Cristynen von Pfingen eeluten, sollich gnade, das sie by einander vnd Ir yedes nach des andern Tode, auch sin leptage uf, mit Irem gute ligendem das sie yezunt hand, vnd auch farendem, das sie habent, vnd hinfür überkemen, bete stüre und anderer Dienste fry sin, vnd bliben sollen, vßgenommen ob Wir oder Vnsere erben uff ein oder mer male, gemeynschatzung, In vnser Marggraueschafft Baden wurden legen, zu sollichen Zyten sollten die vorgenanten eelüte mit andern den vnsern zu den schatzungen tun dienen vnd geben In glicher Anzal vnd weres das sie fürbasser nach dato diß brieffs vnsere beetbare stürbare vnd dienstbare Gütere gewonnen In welchen wegk die an sie kemend dauon soltend sie auch sturen vnd dienen als vorgescheen were, alles vngeuerlich, die vorgenanten eelüte solten auch by vns binder vns vnd vnsern erben bliben (d. i. in badischen Landen sitzen, und folglich badische Unterthanen seyn,) vnd sol der egenant Erhart uff sinen Costen vns vnd vnsern erben mit einem reisigen Pferde dienstgewertig sin vnd dienen als lang vnd dicke Wir des an Im begeren vmb sollichen Dienst sollen Wir Im Jars geben Zehen Guldin Zehen Malter korns vnd so er In vnsern oder vnserer erben dienst vßwendig Pforzheim oder einer andern vnser Statt oder Slosse da er hußhablich wonte, sin wirdet, sol er In vnserm Costen gehalten werden, giengen Im In vnserm Dienste abe pferde die sol er von vns oder vnsern erben nemen beckeret nach zimlicher ußrichtung vnsers Hoffmeisters von vnsern wegen. Heruff empfelhen

Bett- Steuer- und Dienst, nicht aber Schatzungsfrey seyn sollen.

1448. A. 1448. gibt M. Jacob Dietrichen von Gemmingen das Schloß Steineck samt dem Thal, der Mühle und Sägmühlen, auch verschiedenen Waldungen zu einem Erblehen.

In diesem Jahr verpfändet K. Friedrichs III. Bruder, Herzog Albrecht von Oesterreich, mit dem Beynamen der Verschwender, das Städtlein Bergheim in der Herrschaft Rappoltstein im Obern Elsaß an M. Jacob um vier tausend Gulden. a) Daß

---

und gebieten Wir unsern Amptlüten die yetzunt sind, und hinfür von uns oder unsern erben gesetzt werdend, und sust allen andern den Unsern, das sie die vorgenante Erbarten und Cristine by diser unser Gnade geruglich bliben lassen. In Urkunde diß Brieffs versigelt mit unserm anhangenden Insigel, geben ze Pfortzheim off Samstag nach sant Lucientag in den Jaren als man zalte und schribe nach Cristi unsers liben Herren Geburte dusent vierhundert viertzig und süben.,,

a) M. Carl I. welcher zu seiner Ranzion aus der pfälzischen Gefangenschaft Geld nöthig hatte, überließ A. 1462. diese Pfandschaft an Heinrich Beger von Geispoltzheim vor eben diese Summe. Der Ort kam hernach wieder an das Haus Baden durch Grav Oswald von Thierstein, welcher das benachbarte Schloß Hoch-Königsburg innen hatte A. 1480. Erzherzog Sigmund setzte Wilhelm, Herrn von Rappolt-

Daß M. Jacob in diesem und in dem folgenden Jahre M. Albrecht von Brandenburg wider die Stadt Nürnberg und ihre Bundsgenossen abermals Hülfe geleistet habe, erweiset das Verzeichniß der Fürsten, die sich in diesem Krieg gegen die Stadt verbunden hatten. y)

§. XXIII. A. 1449. kommt es zwischen dem Marggraven und Bischof Ruprecht zu Straßburg, wegen des Zolls zu Kagenheim, zu einigen Mißverständniß. Es wird aber bald durch einen gütlichen Vergleich gehoben.

1449.

In eben diesem Jahr gerathet Graв Ulrich von Wirtemberg mit der Stadt Eßlin-

---

poltstein A. 1486. aufs neue 4000. fl. Bergheim von Marggrav Christoph auszulösen. Perill. SCHOEPFLINI *Alsat. Illustr.* Tom. II. p. 114.

y) In CRUSII *Annal. Suevicor.* L. VII. P. III. C. VII. p. 389. stehen die weltlichen Fürsten in dieser Ordnung: Fridericus, Brandenb. Marchio, Elector. Ludovicus Landgr. Hass. Wilhelmus, Sax. Dux. Heinric. Dux Brunsvic. &c Lunæburg. Ericus, Dux Stetini & Pomer. Princeps Rugiæ. Ludovicus, Landgrav. Leuchtenberg. *Jacobus, Marchio Radensis.* Frid. Com. Henneberg. Leonhard. Comes de Castel. Johannes, Com Ziegenhain. Otto, Bavariæ Dux, Austriæ Dux Albertus &c. &c.

Eßlingen, vornämlich wegen eines neuen Zolls, den sie von K. Fridrich auf ihr flehentliches Anhalten erlangt hatte, in grossen Streit. Es kommt zu den Waffen. Unter denen, welche auf Grav Ulrichs Seiten sind, werden gemeldet Jacob, Bernhard und Carl, Marggraven zu Baden. z) Es erfolgt ein hitziges Treffen. In demselben siegt Grav Ulrich. M. Bernhard verliert dabey den Feldherrn seiner Leute, Johann von Steinheim. a) Er

---

z) DATT. de *Pace Publica* p. 118. KNIPSCHILD de *Jur. Civ. Imp.* II. 18. 5. Hier ist der Vatter M. Jacob und seine zwey Söhne Bernhard und Carl zu verstehen.

a) TRITHEM. *Chron. Hirsaug.* ad A. 1449. & 1450. CRUSII *Annal. Suevicor.* Lib. VII. P. III. C. VIII. p. 391. Crusius führt daselbst nachstehende Grabschrift an, die man zu Göppingen gelesen habe: „Anno Domini M. CCCC. „XLIX. am Montag nechst vor Sanct Martins Tag bey Niederlegung der Stätt von „dem Bundt, oberhalb der Blenshalden, auff „den feldern bey Eßlingen seindt die nachgeschriebene erschlagen worden, mit Namen, „Der Streng und Vest Herr Johann von „Staichan, Ritter — Marggraff Albrecht „Baßhart von Baden — denen Gott genedig sey „ Letzterer ist mir unbekannt. Man sehe auch Steinhofers Neue Würt. Chron. Th. 2. S. 916. und PETRI *Suev. Eccl.* p. 363.

Er selbst besorgt die Belagerung der Stadt Weil, A. 1450. b) Der Krieg ist aber von keiner langen Dauer. Der Friede zwischen den Fürsten und Städten wird durch K. Fridrichs Vermittelung noch in diesem Jahr hergestellt. c)

§. XXIV. A. 1450. auf Mittwoch nach S. Egydientag belehnt Pfalzgrav Friderich, als Vormünder Herzogs Philipps, M. Jacoben und dessen Mannlehenserben mit Graben und Stein. Es wird dabey dem Marggraven abermal die im Jahr nachher zum öftern bedungene Ablösung vorbehalten.

A. 1450. Pfälzische Belehnung.

§. XXV. A. 1451. beschwören M. Jacob und Johann Grav zu Eberstein, wegen des Schlosses Schauenburg, den Burgfrieden gegen einander. Die wegen des Geleits und anderer Irrungen entstan-

Eberstein A. 1451.

---

b) DATT. l. c. thut eines Briefs Meldung von diesem Jahr, darinnen diejenige, welche M. Jacoben die Städte Eßlingen, Reutlingen und Weil befehden helfen, also unterzeichnet stehen: „Unsers gnädigen Herren Marggrafen Jacobs zu Baden Becken und Buben.
    Hanß Kaufmann der Jung.
    Heinrich Heffner.
    Hanß Kolb: vnd
    Henßlin Hummel von Minhusen.

c) SEBAST. MUEGII *Chron. Mfct.* pag. 129.

standene Strittigkeiten waren bereits beygelegt. Im folgenden Jahr wird das ganze Schloß Schauenburg an den Marggraven verkauft. d) Grav Johann von Eberstein verehrt darauf A. 1453. M. Jacob und dessen Prinzen Bernhard seinen Theil an Alteberstein. Diesen Theil, der in einem Achtel bestunde, hatte das Haus Eberstein bisher noch beybehalten, da das fürstliche Haus Baden schon A. 1283. drey Viertel, und A. 1387. wie oben gemeldet worden, die Helfte von einem Viertel an sich gebracht hatte. e)

In diesem Jahr (1451.) verkauft Margareth von Stein, Eberhardts von Gertringen Wittwe, unserm Marggraven um ein jährlich Leibgeding von vierzig Gulden, ihren Theil zu Seldingen an dem Dorfe und auf der Marck, wie sie ihn von ihrem Manne bekommen hatte.

In

---

d) *Cod. Dipl. Bad.* Num. 395.

e) S. Herrn Geheimenhofrath Preuschen in den Carlsruher nützlichen Sammlungen S. 418. folg. In WENKER *Contin. de Vsburg* p 117. findet sich von diesem Jahre Dietrich, Erzbischofs zu Mainz rechtlicher Spruch zwischen den Pfalzgraven Friderichen und Philipps als sins Fürmunders eins, von sin selbs, und Jacoben, Marggraffen zu Baden.

Auch wird in diesem Jahr auf Laurentii zwischen Pfalzgrav Fridrich, als Vormündern des Herz. Philipps Pfalzgrven, Churfürst Ludwigs hinterlassenen Sohns, an einem, und Churfürst Dietrich zu Maynz, Marggrav Jacob zu Baden, den Graven zu Leiningen, und Jacob und Ludwig Gebrüdern, Herren zu Lichtenberg, am andern Theil wegen Irrungen, die zwischen berührten Theilen wegen der Graven Jacobs und Wilhelms, Gebrüdere zu Lützelstein entstanden waren, zu Speyer eine Tagsatzung gehalten. Derselben wohnen sechszehen Fürsten, fünf und zwanzig Graven, ein und zwanzig Herren, drey und dreyßig Ritter, nebst vielen vom Adel und Knechte bey. f) Der Marggrav errichtet bey Gelegenheit dieser Zusammenkunft mit dem Churfürsten Dietrich eine Einnung, die erst mit ihrem Leben aufhören solle.

§. XXVI. Ludwig VIII. Herr von Lichtenberg thut A. 1450. eine Reise nach Rom. Er überträgt seinem nächsten Vettern g) M. Jacob, in seiner Abwesenheit,

Lichtenb. und Leiningisch. Krieg.

---

f) Lehmann l. c. S. 845.

g) M. Jacobs Schwester Anna war Ludwigs VIII. Mutter. SCHOEPFLIN. Alsat. Illustr. Tom. II. p. 622.

heit, die Regierung seines Landes. h)
Bey seiner Rückkunft aus Italien A.
1451. wird er mit den Graven von Lei‑
ningen Schaffried und Emich in ei‑
nen Krieg verwickelt. Sie verwüsten
einander die Länder; und einer sucht sich
von des andern Erbschaften Meister zu
machen. Fridrich von der Pfalz ist auf
der Graven Seite. i) M. Jacob hält
anfänglich ganz stille die Parthie seines
Vettern. Er sucht hierauf öffentlich eine
Aussöhnung zu stiften. Er bemüht sich
auf den Conventen zu Heidelberg und Ba‑
den vergeblich, die Irrungen beyzulegen.
Man

---

h) Herzogs Elsass. Chron. B. 5. S. 19.

i) Umständlich wird hievon gehandelt in der Ge‑
schichte des Kurfürsten Fridrichs des Er‑
sten von der Pfalz S. 12. und folg. Der ge‑
lehrte Herr Verfasser macht hiebey die Anmerkung
S. 20. „Was den M. Jacob von Baden, wel‑
cher gleich Anfangs unter Friedrichs Feinden er‑
scheinet, dazu bewogen, davon kann ich keine andere
Ursache anführen, als die pfälzische Nachbarschaft,
ein daraus entsprungenes Mißtrauen, die Nähe der
Verwandtschaft mit dem Kaiser, dessen Schwester sein
älterer Prinz, M. Carl zur Gemahlinn gehabt, und
daß er schon vorher mit denen von Leuchtenberg und
Lützelstein in einer Verbindung gestanden hatte, aus
welchen Ursachen er sich bis an seinen Tod geweigert,
von Fridrichen die Kurpfälzische Lehen zu empfangen.„
Daß M. Jacob A. 1450. von Fridrichen, noch als
Administratorn belehnt worden sey, ist vorhin ange‑
zeigt worden. Vielleicht hielt er die Wiederholung
der Belehnung vor unnöthig; da Fridrich hernach
als

Man bestimmt in eben diesem Jahre noch einen Tag zu einem andern Convent zu Speyer. M. Jacob findet sich in eigener Person nebst seinen zweyen Söhnen, und dem Marggraven von Röteln mit seinen Vasallen, Graven, Freyen oder Herren und Rittern daselbst ein. Gleiches geschicht von Pfalzgrav Fridrich. Ueberhaupt zählt man sechzehen Fürsten; fünf und zwanzig Graven, ein und zwanzig Herren, drey und dreyßig Ritter; über dieses ist eine große Anzahl vom Adel und Knechten. k)

Auch hier wird der gewünschte Endzweck nicht erreicht. Es wird den 24. October nach St Lucastag eine abermalige Zusammenkunft zu Pforzheim gehalten. Bischof Reinhard von Speyer, M. Albrecht von Brandenburg, M. Jacob von Baden und der Deutschmeister Jost von Venningen suchen den Frieden zu vermitteln. Hier wird der Waffenstillstand bis auf den Dreykönigstag des folgenden Jahrs verlängert. Fridrich von der Pfalz trägt Bedenken den Pforzheimer Abschied anzu-

───────────────

als würklicher Kurfürst die erste Belehnung aufgehoben, und von neuem die Vasallen belehnen wollte.

k) Also beschreibt den Convent Lehmann in der Speyer. Chron. B. 7. Cap. 100. S 845.

anzunehmen. Daher wird die weitere Verhandlung wegen vollkommener Beylegung dieses Kriegs abgebrochen. Endlich werden unter Vermittelung Ruprechts Bischofs zu Straßburg, die Strittigkeiten durch einen Vertrag A. 1452. Freytags vor Invocavit beygelegt. 1)

A. 1452. §. XXVII. In diesem Jahr (1452.) war schon im Jenner der feyerliche Arrogationsactus des Herzogs Philipps und die würkliche Antrettung der churfürstlichen Regierung Fridrich des Sigbaften, der sonst auch der böse Fritz genennt wird, vorgegangen. Dessen älterer Bruder, Ludwig IV. der Sanftmüthige, war A. 1449. mit Tode abgegangen, und hatte einen einzigen Prinzen, Philipp den Aufrichtigen hinterlassen, ein Kind von dreyzehen Monathen. Pfalzgrav Fridrich führete die Vormundschaft über ihn. In diesen Umständen entschlosse er sich, niemals sich zu vermählen, und, nach dem Exempel anderer, seines Bruders Sohn zum Erben anzunehmen, und daher die Churwürde und Regierung eigenthümlich zu führen. K. Fridrich III. versagte seine Einwilligung, unter dem Vorwand: solche Veränderungen seyen der goldenen Bulle gänzlich entgegen. Die Landstände hingegen und Herzog Philipps Frau Mutter waren vollkommen zufrieden. Nachdem auch

---

1) Herzog l. c.

auch die Bulle P. Nicolai V. und also die Beystimmung des römischen Hofes angelangt war; so erwartete man die Bestätigung des Kaisers nicht, sondern die wichtige Handlung gieng vor sich. Es wurde ihm nämlich die Selbstregierung aufs feyerlichste von dem Lande aufgetragen; ihm wurde als wirklichen Churfürsten und Landsherrn gehuldigt; hingegen der junge Prinz Philipp von ihm vor seinen Sohn und künftigen Erben erklärt.

Kaiser Fridrich III. war hierüber nicht wohl zu sprechen. Und diesem stimmte Erzbischof Dietrich von Maynz, Herzog Stephan von Zweybrücken, und Marggrav Jacob nebst den mächtigen Graven von Lützelstein bey. m) Der Churfürst schließt

---

m) TRITHEM. *Chron. Sponh.* ad h. a. p. 367. Hujus prærogativæ conſtitutio inprimis diſplicuit Theodorico Archiepiſcopo Moguntino, duci quoque Stephano Geminipontenſi, Jacobo Marchioni (Badenſi) & ejus filio, comitibus quoque de Lützelſtein, qui in unum conſpirantes multa contra Ducem Fridericum machinati ſunt. Conf. *Chron. Hirſaug* ad h. a. Tom. II. p. 425. Um diese Zeit errichtet M. Jacob einen Vertrag mit der Pfalz, in Ansehung des Geleits von Pforzheim bis gen Bretten zu dem alten Galgen, und auf der andern Straße bis gen Rincklingen zu der alten Ziegelhütten.

schließt hierauf A. 1453. Bündnisse mit Frankreich, Lothringen und andern, und bemüht sich die Irrungen mit Maynz, Veldenz und Baden beyzulegen. Die im Julio vermittelte Austräge machen endlich den Feindseligkeiten vor diesesmal ein Ende. n) Der Churfürst von Maynz legt die zwischen der Pfalz und Baden obgewaltete Irrungen zu Aschaffenburg gütlich bey.

§. XXVIII. Hiebey ist nicht zu übergehen, daß M. Jacob A. 1452. gegen Churpfalz sich verschrieben wegen des Burgfriedens zu Werd. o) Churfürst Ruprecht III. hatte noch ehe er die kaiserliche Würde erhalten, A. 1400. von Ludwig, Herrn von Lichtenberg einen vierten Theil dieser ohnweit Hagenau gelegenen Stadt und Schlosses Werd oder Wörth um fünf hundert Gulden gekauft und hierauf deßwegen den Burgfrieden auf S. Matthias Tag beschwohren. M. Jacob brachte indessen von den übrigen drey Vierteln, welche Jacob von Lichtenberg besaß, ein Achtel durch Kauf an sich.

---

n) Geschichte Churf. Fridrichs I. S. 57.

o) M. Jacobs Verschreibung d. d. Liebenzell, Donnerstag in der H. Osterwoch 1452. steht in dem Urkundenbuch erstgedachter Geschichte, Num. XIX.

sich. Er wurde daher ebenfalls in den Burgfrieden eingeschlossen. Da nun Churfürst Friderich an demselben Theil hatte, so verlangte er, daß sich der Marggrav deßwegen gegen ihn verschreiben möchte, welches dann auch geschehen. Als hierauf nach wenigen Tagen zwischen dem Churfürsten und Bischof Reinhard von Speyer eine Einnung auf zehen Jahre gemacht wurde, so wird Marggrav Jacob darinnen ausgenommen. p)

Endlich führe ich noch von dem Jahre 1452. an, daß Grav Ulrich von Helfenstein in demselben dem Marggraven und seinen Erben die Oefnung in dem Schlosse Hiltenburg gestattet habe. q) Noch vorher gibt der Marggrav eine Erklärung von sich, auf was Art er das Schloß Schauenburg, so er von Grav Johann zu Eberstein auf Widerkauf gekauft hatte, diesem Graven oder seinen Erben wieder einräumen wolle. r) In dem folgenden Jahre wird von dem badischen Manngericht ein Urtheil wegen des Staufenbergischen Lehens gesprochen. s)

---

p) S. erstangezogenes Urkundenbuch, Blatt 64.

q) *Cod. Dipl. Bad.* Num. CCCC.

r) *Idem* Num. CCCXCV.

s) *Idem.* Num. CCCCIII. und Num. CCCCIV.

In dem folgenden Jahre gibt M. Jacob Dietrichen von Gemmingen den sechsten Theil des Zehenden zu Besigheim, zu Besserung anderer seiner Lehen, zu rechtem Mannlehen. t)

A. 1453.

§. XXIX. A. 1453. u) errichtet M. Jacob ein Stift in der Pfarrkirche zu Baden. Sie bekommt die Aposteln Petrus, Paulus, Johannes, Jacobus, den heiligen Georg und die heilige Anna zu Patronen. Das Collegium soll aus zwey und zwanzig Geistlichen bestehen. Unter diesen sollen zwölf Stiftsherren, und aus diesen ein Probst, ein Dechant, ein Custos und ein Sänger, die übrigen aber Vicarien seyn. Ein jeglicher Probst soll jährlich hundert Gulden, ein Dechant fünfzig, ein Custos und ein Sänger jeglicher vierzig, ein anderer Canonicus aber und Vicarius dreyßig Gulden haben. Er vermacht

---

t) Laut Lehenreverses Dat. vff den H. Pfingstabend. Dieser Zehenden war vorhin Lehen, so Burckhard von Weiler auf Lebenslang von M. Bernhard A. 1429. geliehen worden. Gedachter von Gemmingen empfängt hernach A. 1454. dieses Lehen auch von Marggrav Carl I.

u) Am Dienstag nach dem Sonntag Quasimodogeniti.

macht zu dieser Kirche, unter vielem andern, fünfhundert Gulden jährlichen Einkommens; w) und das Patronatrecht, oder den Kirchensatz zu Besigheim, Mensheim, Cappel, Gochpoltsheim, x) Niederbühl, Elchisheim, Remchingen, Seldingen und Gechingen. Keiner von dem Stift, er sey Probst, Dechant, Canonicus oder Vicarius solle für sich selbst von keiner weltlichen Person Erbs oder aigen kauffen, so weit die Marggrafschaft geht. Den Stiftspersonen soll kein Umgeld von dem Wein abgenommen werden, den sie in ihr Haus gebrauchen. Doch soll ein Prälat nicht mehr dann vier, ein Canonicus nur drey, und ein Vicarius zwey Fuder Wein einlegen. Die Stiftsherren sollen ohngefehr den halben Theil der jährlichen Einkünfte (medios fructus) auf die Kirche verwenden. Denen Herren

---

w) Unter andern verweist er sie auf den Zehenden zu Stein und Göbrichen. Dieser Zehenden wird an Geld also gerechnet: zwey Malter Korns für einen Gulden, drey Malter gemischter Frucht auch für einen Gulden, vier Malter Dinkels für einen Gulden, vier Malter Habern vor einen Gulden, ein Fuder Wein für fünf Gulden. Dem Pfarrer zu Stein soll jedoch zum voraus sein Fuder Wein bleiben, es wachse viel oder wenig, wie auch der kleine Zehenden.

x) Gochsheim.

Marggraven ist das Jus praesentandi vorbehalten; unter den zwölf Stiftsherren sollen vier Doctoren oder Licentiaten, die andern aber fromme und gelehrte aus rechtmäßiger Ehe erzeugte Männer seyn; doch sollen die Herren Marggraven das Recht haben, ihre natürliche oder uneheliche Söhne in Vorschlag zu bringen, welche auch ohne Widerrede sollen angenommen werden. Im Fall zwischen den Herren Marggraven, ihren Bedienten, oder Unterthanen, und dem Capitul und Stiftsherren ein Streit entstehen würde, der sich durch einen gütlichen Vergleich nicht beylegen liesse, so solle er durch vier Schiedsmänner verglichen werden; unter diesen sollen zwey aus den Räthen der Herren Marggraven, und zwey aus dem Capitul ernennt werden. Würden diese nicht einig werden können, so solle die fünfte Person, als ein weiterer Schiedsrichter entweder von den Räthen oder Geistlichen, je nachdem die Sache eine geistliche oder weltliche Person betrift, erwählt werden; und bey deren Ausspruch solle die Sache ihr Bewenden haben. y)

§. XXX.

---

y) *Cod. Dipl. Bad.* Num. CCCCII. Conf. *Genuina Informatio de perpetua subjectione Collegiatae Ecclesiae Badensis.*

§. XXX. An dem folgenden Tag z) nachdem die Stiftung gemacht war, unterzeichnet M. Jacob sein Testament. Seine Prinzen geben ihre Einwilligung schriftlich zu allen Anordnungen ihres Herrn Vatters. Sie bezeugen, daß sie denselben in allen Stücken nachleben wollen. Und Kaiser Fridrich III. bestätigt in folgendem Jahre diesen letzten Willen M. Jacobs.

M. Jacobs Testament.

Der Hauptinnhalt des Testaments ist dieser: Marggrav Jacob bestimmt seine Prinzen, Carl, Bernhard und Georg zum weltlichen; Johann aber und Marx zum geistlichen Stande. Dem ältesten Prinzen Carl a) wird zugetheilt Stadt und Schloß Baden, Steinbach, Stollhofen, Sinzheim, Ose, Sellingen, nebst dem Zoll daselbst, Hügelsheim, Uffen-

---

z) Mittwochs nach dem Sonntag Quasimodogeniti A. 1453. Es steht im *Cod. Dipl. Bad.* Num. CCCCI.

a) Der Marggrav führt die Ursachen an, warum er diesem Prinzen einen grössern Theil zugeschieden habe; nämlich weil die Lande weit auseinander lägen; die Grafschaft Spanheim nicht könne getheilt werden; und er als Vatter die ansehnliche Aussteuer der Gemahlin M. Carlo, so 39000. Gulden ausgemacht, in seinen Nutzen verwendet habe.

Uffensheim, Rastatt, Rheinau, Alteberstein, Jberg, Windeck, Bühel, Walstege, Diersperg, die Gerechtigkeit zu Podack, die Kastvoytey und Schirm der Klöster Schwarzach und Büre; die Marggravschaft Hachberg, und Herrschaft Höhingen mit dem Städtlein Sulzberg und nachgenannten Dörfern und Thälern, Baldingen (Bahlingen) Eystett, Ueringen, Bezingen, Schafhausen, Tenzlingen, Teningen, Brockingen, Weißweil, Malterdingen, Emmendingen, Bischoffingen, Verstetten, Berembach, Lussenheim, (Leuffelheim, Ottenswande, Breyt Ebnet, Sexau das Thal und die freyen Leute, den Kirchensatz und Zehenden zu Bergheim; Item die Pfandschaft der halben Herrschaften Lahr und Mahlberg, Schloß und Städte samt den Dörfern Tundelingen, Auttersheim, Küppenheim, Sultze, Ichenheim, Altheim, Hugswile, Zelle, Kirchenzelle, Ottenheim, Frysenheim, Schopfheim, Wagenstatt, Allwenswile, Hangstatt und Smyehem; ferner die Pfandschaft des halben Theils Heydeburg, die Kastvogtey und Schirm der Klöster Tennebach, Wonnenthal ꝛc. und endlich auch die Gravschaften Spanheim. Hingegen soll Prinz Carl allein bezahlen alle Schulden und Gülten, die noch auf der Marggravschaft Hachberg und der Herrschaft Lahr und in der Gravschaft Spanheim stehen.

Der

Der Prinz Bernhard bekommt Stadt und Amt Pforzheim, nemlich, Wirm, Dietlingen, Ellmendingen, Nybelspach, Eysingen, Langenalb, Fryolsheim, Diefenbronn, Neuhausen, Steineck, Hamburg, Löningen, die Gerechtigkeit zu Schafhausen dem Dorf ꝛc. Das Schloß Neueberstein, mit der Stadt Gernspach und den Dörfern und Weilern Gackenau, Rotenfels, Michelnbach, Bischofsweiler, Ottenau, Herde, Selbach, Staufenberg, zur Schüre, Obernzrodt, Lutembach, Reichenthal, Wyssenbach, Au, Hilpoltsau, Langenbrand, Gauspach, Bermerspach, Muckensturm, Forbach, Fryolsheim ꝛc. Ferner Burg und Dorf Stein mit dem Vierteil zu Königspach; die Burg Remchingen mit den Dörfern Singen, Nettingen und Stupfenrich; die Gerechtigkeit an Waldeck; die Burg und Städtlein Liebenzell samt den Dörfern und Weilern, Hugstatt, Schellbronn, Hohenwart, Beymberg, Büsselberg, Schönberg, Unterlengenhart, Ottenbronn, Ernstmüle, Schwarzenberg, Obern Lengenhart, Ygelsloch, Colbach, Weysembach, Ruchembach, Wunnenkamp und Temgehte; item Schloß und Städtlein Altensteig mit den Rechten zu nachgenannten Dörfern und Weilern, nemlich zum Dorf genannt, it. Symmersfeldt, Büren, Ettmannsweiler, Fünfbronn, Hesselbronn, Wittelwiler, Sachsenwiler, Lengenbach, Grünbach, Spilberg, Egenhausen,

hausen, Rötfelden, Byhingen, Munderspach, Pfrundorf, Waltdorf, Wonhart, Sweyndorf, Ebhausen, Wandelberg, Unterüttingen, Dürrwiler. Sodenn Stadt und Burg Besigheim mit dem Dorf Lythenn, und den Dörfern Leuten und Gute, die das fürstliche Haus von Fridrich von Fleckenstein Pfandweise innen hatte; ferner Swanddorf; den Zoll zu Schreck; den Weinzehenden zu Cappel, zu Bühl und zu Rüdispach; die Gerechtigkeit an den Pfandschaften zu Heymsheim, Eppingen, Ingersheim, Hessuken, Büchelbronn, Huchenfeld und des Wagens und Karrchs zu Gemerckeim. Endlich die Kasteyvogtey und Schirm der Klöster Frauenalb, Reichenbach und zu Pforzheim.

Dem Prinzen Georg wird zugetheilt das Schloß Mühlberg mit den in das Amt gehörigen Dörfern, nemlich Knielingen, Vorsche, Forchheim, Daslan, (Daxland,) Burthan, (Beurten) Bulach, Nuwriet, Eckenstein, Linckenheim, und Hochstetten. Die Stadt Durlach, nebst denen Dörfern, die in das Amt gehören, Greßingen, Barghusen, Rynthann, (Rinthheim) Selbingen, Hagsfeld, Blanckenlach, Buchech, Wolfhartsweiler und Auwe. Ferner die Stadt Ettlingen und die in dasiges Amt gehörige Dörfer, zwey Uswilr, Busembach, Reichenbach, die Bruchhäuser, Eßenrod und Schellbronn. Die Stadt Kuppenheim

penheim mit den Dörfern Haueneberstein, Niederbühl, Förch, Dormersheim, Bütticken, Oetticken, Oberndorf, Ruwenthal, Oberwyhr, Steinmauern, Elchensheim, Auwe, Waldprechtsweiler, und Hochzensthal. Sodann Burg und Dorf Graben mit den Dörfern Lüdelzheim, Rugsheim und Speck; das Schloß Staffurt nebst dem Dorf und dazu gehörigen Bauhof. Und endlich die Kastvogtey und Schirm des Klosters Gottsau, und die Dienstbarkeit von dem Gotteshause Herrenalb.

Der Marggrav macht hiebey die Verordnung, daß nach seinem Absterben, der Prinz Bernhard acht Tage Bedenkzeit haben solle, ob er den ihm im Testament zugedachten Theil, oder denjenigen, welcher seinem Bruder Georg verschrieben ist, wählen wolle.

Die Pfandschaft des Landes Wysgen mit dem Leberawthal und Bergheim, Gemar, und zwölfhundert Gulden des von Lupfen Pfandschaft sollen die Prinzen Carl und Bernhard in Gemeinschaft besitzen; die Belehnung aber soll allezeit der älteste ihrer Nachkommen verrichten. Eben diese zwey Prinzen sollen ihren beeden Brüdern Johann und Marx jedem jährlich tausend Gulden in so lang bezahlen, bis einer oder der andere ein geistliches Amt bekommen hätte, das jährlich tausend Gulden ein-
tra-

tragen würde, in welchem Falle demselben künftig nur fünfhundert Gulden sollen bezahlt werden. Würde aber einer zur bischöflichen Würde gelangen, und davon jährlich zwey tausend Gulden Einkommen genießen, so solle er an seine Brüder keine Forderung weiter zu machen befugt seyn.

Den drey Prinzen Carl, Bernhard und Georg wird in Gemeinschaft angewiesen das Capital und Anwardtschaft der Herrschaft Lichtenberg, die Gerechtigkeit an den Erbfall der Herzogin von Lothringen; die Ansprache auf Mutzig, die Schulden vom Papst, von K. Sigmund, von Oesterreich und von Oetingen. Die Reichs- und Pfälzische Lehen bekommt Carl, die Maynzische und Speyerische Bernhard, und die Weissenburgische Georg. Die fahrende Habe, Barschaften, Kleinodien, Pferde, Früchte ꝛc. welche nach M. Jacobs Tode verhanden seyn würden, sollen diese drey Prinzen unter sich theilen, ihren zwey geistlichen Herren Brüdern aber jedem fünfhundert Gulden dafür geben.

Die Pfälzische Lehen Graben und Stein einzulösen, sollen alle drey Brüder miteinander eine Summe von fünfzehen tausend Gulden zusammen legen; derjenige aber soll im Besitz derselben bleiben, dem sie in dieser Landestheilung zugeschieden

den worden sind. Das Archiv soll zu Baden seyn, jeder von den drey weltlichen Prinzen soll einen Schlüssel dazu und ein Verzeichniß der Schriften und Briefschaften in demselben haben. Doch soll keiner allein, ohne der andern Vorwissen, das Archiv eröfnen, und von dem, was darinnen verwahrt wird, Gebrauch machen.

Uebrigens empfiehlt er seinen Söhnen und ihren Erben den Frieden und Einigkeit. Keiner soll eine Verbindung mit Jemand eingehen, die den andern Brüdern zum Nachtheil gereichen könnte. Sollten einige Irrungen zwischen ihnen entstehen, so sollen sie solche durch ihre eigene Räthe untersuchen, und darüber sprechen lassen. Kein Unterthan des einen Bruders soll sich an eine Person aus des andern Landesantheil verheyrathen dörfen, ohne Erlaubnis der Landsherren.

Die Prinzeßinnen sollen nicht Succeßionsfähig seyn, so lange noch männliche Erben vorhanden sind. Ihre Ehesteuer wird ihnen auf zehentausend Gulden bestimmt, die jedoch, wenn sie keine Kinder hinterlassen würden, nach ihrer Gemahle Tod wieder an das fürstliche Haus zurück fallen sollen. Bey Vermehrung der Lande soll eine Vermehrung dieser Summe erlaubt seyn. Den Prinzeßinnen wird vorgeschrieben, gleich mit Eintritt

tritt in das zwölfte Jahr ihres Alters, sich zu verpflichten, daß sie keine grössere Summe, als erstbesagte zehentausend Gulden Ehesteuer jemals begehren und irgend eine Ansprache an die fürstliche Erbschaften machen wollen. Würde eine sich in ein geistlich Stift begeben, so solle vor sie alle Jahr einhundert Gulden in das Kloster bezahlt werden, dieses aber auf allen künftigen Erbfall Verzicht thun.

Die Verkaufung oder Verpfändung der Lande und Leute wird gänzlich verboten. Würde ein Nothfall einen Regenten hiezu nöthigen, so solle die Wiedereinlösung statt haben. Doch soll das Pfandstück den andern Brüdern oder Agnaten sechs Monate vorher angeboten werden, und auch diesen, obgleich die Verpfändung an andere Personen geschähe, das Einlösungsrecht vorbehalten seyn. b) Den Marggraven wird gestattet, ihre Gemahlinnen auf ihren Gütern den Wittum und die Morgengabe anzuweisen.

Im Fall eine von diesen drey Linien ohne männliche Leibeserben abgehen würde, so sollen die andern beeden Häuser die Erben

---

b) M. Christoph hat in folgenden Zeiten diese Verordnung noch mehr eingeschränkt.

Erben seyn, doch so, daß die Stadt und Schloß Baden jederzeit von dem ältesten Fürsten besessen werden solle. Der Prinzeßin einer abgehenden Linie sollen die zehen tausend Gulden Ehesteuer richtig bezahlt werden. Würden zwey Linien erlöschen, so solle die britte folgen, und diese vor die zurück gelassene Prinzeßinnen zu sorgen verbunden seyn. Wann alle Linien aussterben sollten, so folgt, wer das nächste Recht hat.

§. XXXI. M. Jacob fällt A. 1453. bey seiner Rückkunft von Speyer in eine tödliche Krankheit, und bezahlt die Schuld der Natur auf dem Schloß Alt-Baden. Er wird in der von ihm errichteten Stiftskirche zu Baden zur Ruhe gebracht. *Tod und Begräbniß.*

Unter seinen löblichen Bemühungen und Verordnungen sind noch diese anzumerken. Er richtete sein Augenmerk auf die gemeine Ruhe und Sicherheit. Er ließ die Wege und Strassen in seinen Landen wider die Strassenräuber sicher halten. Hatte Jemand das Unglück gehabt, daß ihm durch Diebstahl das Seinige entrissen worden, so pflegte er ihm, auf geschehene eydliche Anzeige, den Verlust zu ersetzen. c) Er verordnete insonderheit, daß

---

c) AENEAS SYLVIUS *de statu Europae sub* Frid. III. ap. FREHERUM Tom. II. p. 133.

AENE-

daß seine Prinzen, gleich in dem ersten Jahre nach seinem Tode, in Begleitung fünf ihrer Räthe sich in alle Städte und Orte ihrer Länder begeben, daselbst der Unterthanen Klagen anhören, den Unterdrückten und Nothleidenden aufhelfen, und, wenn unter seiner Regierung durch Unrecht oder Gewaltthätigkeit etwas versehen worden, solches in guten Stand stellen sollten. Die verfallene Zucht in den Klöstern ließ er sich zur Verbesserung angelegen seyn. Insonderheit schrieb er dem Stift Frauenalb eine ausführliche Ordnung vor. d)

Gemahlin.

§. XXXII. M. Jacob hatte sich vermählt mit Catharina, Herzog Carls I. von Lothringen Prinzeßin. Herzog Carl hatte keine Prinzen, sondern zwey Prinzeßin-

---

AENEAE SYLV. *Operum* p. 439. schreibt davon also: „Jacobus Marchio Badensis, ubi „latrocinium in ditione sua commissum di‑ „dicit, vocatis iis, qui damno affecti fuis‑ „sent, tantum eos ex fisco suo accipere jus‑ „sit, quanti esse, quae amisissent, jure ju‑ „rando affirmassent. Exinde latrones inse‑ „cutus apprehensos in rota sustulit. Id est „genus apud Teutonicos formidabile. At‑ „que ita brevi pacatissimam provinciam red‑ „didit."

d) *Cod. Dipl. Bad.*

zeßinnen; nämlich unsere Marggrävin und die Isabella. e) Anfangs ward diese Isabella unserm Marggraven zugedacht.

Die

e) Man fragt: welche die Erstgebohrene unter diesen zwoen Schwestern gewesen sey? Das Baßler Lexicon Art. Baden nennt die Marggrävin die älteste Tochter. Allein, unverwerfliche Urkunden, sonderlich die vom Herzog Carl selbst gemachte und von den Lothringischen Ständen genehmigte Erbfolg-Ordnung legen deutlich zu Tage, daß Catharina die jüngste gewesen sey. Wie dann nicht nur die Catharina der Isabella, wenn diese ohne Erben sterben würde, substituirt, sondern auch diese ausdrücklich die älteste, *fille ainé du Duc de Lorraine* genennet wird. Man sehe die *Ratification de Joland d'Arragon mere de René du Traité fuit par Louis Cardinal de Bar, pour le douaire d'Isabelle de Lorraine femme de René, faite à Nancey* le 24. Oct. 1420. in VIGNIER *Origine des Maisons d'Alsace, de Lorraine &c.* p. 194. und das *jugement rendu par Charles VII. Roi de France entre René de Sicile & Antoine Comte de Vaudemont par lequel la Lorraine est ajugée a René du chef de sa femme Isabeau, donne à Reims de* 22. Mars 1440. bey *Vignier* l. c. p. 213. sqq. In dem Testament wird die Marggrävin von ihrem Herrn Vatter genennet: ,,Notre chere & tres ,, amée fille mains née Catherine Lorreune ,, Marquise de Baude.,, und dem Marggraven Jacob: (*Jacquot de Baude*) wird die Execution des Testaments aufgetragen.

Die Sache änderte sich aber, und es erhielt sie Renatus, Herzog von Anjou, Titularkönig von Sicilien, disseits des Faro, oder, von Napoli. Es wird zwar von einigen f) als ein Fehler angegeben, daß Renatus insgemein König von Napoli heiße, da er sich doch selbsten König von Sicilien genennet habe. g) Wann man aber den Unterschied zwischen Sicilien disseits des Faro und jenseits des Faro bemerkt, und daß unter jenem Napoli eigentlich zu verstehen sey, so hebt sich der Zweifel von selbst.

Die Prinzeßin Catharina wurde schon A. 1408. da sie kaum sieben Jahr alt war, mit M. Jacob verlobt. Beede Väter hatten diese Verbindung also unter sich verabredet. Herzog Carl versprach der Braut fünfzehen tausend Gulden Mitgift. Zugleich erhielte sie vor sich und ihre Erben, im Fall ihre ältere Schwester Isabella ohne Kinder mit Tod abgehen würde, die gesicherte Anwartschaft auf das Herzog-

---

f) S. Baßler Lexicon Art. Baden.

g) In Schilters Anmerkungen zu Königshoven Chron. S. 999. steht sein Titul in einem Circularschreiben: Renne von Gots gnaden König zu Jherusalem und zu Sicilien, Herzog zu Anjoy, zu Bare, vnd zu Lothringen ꝛc.

zogthum Lothringen. h) M. Bernhard versprach hingegen zwanzig tausend Gulden vor seinen Sohn und zum Wittum der Catharina; er verpfändet auch zu dem Ende Schloß und Stadt Stollhofen. Alle diese Verhandlungen wurden zu Raon in Lothringen schriftlich verfaßt, und die Briefschaften gegen einander ausgewechselt.

Die Vermählung gieng erst A. 1426. vor sich. Der Marggrav bekam die Lothringische Städte Bruyeres, Arches, Raon und St. Dieu, nebst den dazu gehörigen Landschaften zur Aussteuer. i) Der Marggrav nahm diese Orte in Besitz, und ließ sie durch Wersick Bock von Stauffenberg, einen treflichen Soldaten, k) regieren.

---

h) Der Herzog Carl ordnete dieses in seinem Testament A. 1424.

i) CALMET *Histoir. de Lorraine.*-Tom. II. p. 704.

k) Dieser Wersick nahm nachher das Schloß Jungholz im Obern Elsaß ein, und verband sich mit einigen Rittern gegen die Lothringer, die ihm ehemals nicht zum besten begegnet waren. Er fiel auch wirklich A. 1465. mit 600. Mann in Lothringen ein, und kam mit einer sehr großen Beute durch das Thal St. Georg,

Nach M. Jacobs Tod zahlte sein Schwager Renatus, an das Haus Baden eine gewisse Summe Gelds, und brachte erst gemeldete Ortschaften und Länder wieder an Lothringen zurück.

Kinder. §. XXXIII. M. Jacob hatte mit seiner Gemahlin fünf Söhne und eine Tochter gezeugt. Die Söhne werden in des Marggraven Testament in dieser Ordnung angeführt:

1. Carl I., welcher seinem Herrn Vatter in der Regierung folgte, und den fürstlichen Stamm fortpflanzte.

2. Bernhard, der wegen seines heiligen Lebens selig gesprochen worden ist. 1)

3. Johannes, welcher Erzbischof zu Trier wurde, gleichwie

Die

---

wo sich die Einwohner aus Freundschaft mit den Lothringern ihm vergeblich entgegen stellten, nach Jungholz zurück. SCHOEPFLIN *Hist. Zar. Bad.* Tom. II. p. 149.

1) FRANC. IRENICUS in *Exeges. Histor. Germ.* L. III. Cap. CI. p. 158. sagt: *ejus nomen inter divos relatum est.*

4. **Georg**, Bischof zu Metz; und

5. **Marx**, Domherr zu Cöln und Straßburg.

Die einige Prinzeßin Margaretha m) wurde zu Anspach vermählt an Albrecht, den teutschen Achilles, n) Marggraven zu Brandenburg. o) Sie gebar ihm unter andern den teutschen Cicero, Johannes, Churfürsten von Brandenburg.

---

m) In einem Manuscript lese ich von der Vermählung der Margaretha folgendes: "Pacta „ dotalitia facta anno 1444. feria IV. post „ Domin. Jubilate testantur, quod ipsi dotis „ loco data sint 12500. flor. Donatio p. n. „ vero fuerit 25. mille flor. Morgenatica 10. „ millia floren. Nuptiae peractae Onolsbaci. „

n) Jo. Georg. Layrizii *Achilles Germanicus*, seu Albertus Elector Brandenb. delineatus.

o) In des berühmten Hn. Prof. Joh. Paul Reinhards zu Erlangen, Entwurf einer Historie des Hauses Brandenburg, ist auf der achten Stammtafel bey dem Alberto ein Druckfehler; nämlich statt Tochter, steht Gemahlin.

M. Jacob ließ sich, wie schon oben gemeldet worden, die Erziehung seiner Kinder besonders angelegen seyn, und sie in Sprachen und Wissenschaften sorgfältig unterweisen. p) Er wird wegen der treflichen Folgen seiner Bemühung als ein sehr glücklicher Vatter gepriesen. q)

Er

---

p) AENEAS SYLVIUS l. c. pag. 438. schreibt daher: "In Marchion. Badenſ. Prin-
"ceps *Jacobus* juſtitiae ac prudentiae fama
"inter Germanos clariſſimus, cum ſibi ad
"humanam felicitatem ſolam literaturae
"peritiam deeſſe angeretur, quos ex con-
"juge legitima liberos ſuſtulit, ediſcere lite-
"ras compulit: inter quos diviſo patrimo-
"nio, cum Carolo primogenito, ſingularis
"induſtriae juveni, Imperatoris ſororem
"matrimonio collocaſſet, plenus annis haud
"invitus e vita deceſſit."

q) FRANC. IRENICUS l. c. "O feliciſſime
"omnium *Jacobe* Marchio, cui nihil quod
"felicitatis eſſet, defuit; beatus partu, ac
"beatior fortuna tam corporis, quam animi
"bonis: beatiſſimus liberis, & te multo bea-
"tiori-

Er hatte die drey Prinzen, Carl, Bernhard und Georg zum weltlichen; die beede andere aber, Johann und Marx zum geistlichen Stande bestimmt. Es hat aber Georg nachher A. 1454. auf Laurentientag seinen Landesantheil seinen

„ tioribus. Collocabatur tibi conjugio Ca-
„ roli Lotharingi, Ducis filia, thorus Du-
„ catu insignitus: filios sex fortuna indulsit,
„ unum, cujus nomen inter divos relatum
„ est, duos Episcopatibus amplissimis in-
„ structos, tertium Episcopatui Argenti-
„ nensi quam proximum. Ante obitum quo-
„ que videre tibi datum est, Carolo poten-
„ tissimo, qui adhuc exstitere, Marchioni,
„ filio, Friderici III. Caesaris sororem in
„ uxorem copulari, unicam filiam Alberto
„ Brandenburgensi Marchioni ac Imperii Ro-
„ mani Electori destinatam. „ In einer geschriebenen Nachricht von meinem Vatterlande finde ich, daß A. 1449. drey Marggraven von Baden in das Universitätsbuch zu Erfurt unter die Zahl der Studierenden sind geschrieben worden.

Herren Brüdern Marggrav Carl und Bernharden freywillig wieder abgetreten, und den geistlichen Stand erwählt; Marggrav Bernhards Antheil fiel ebenfalls dem Marggrav Carl zu, da er, ohne sich zu vermählen, aus der Welt gegangen war.

Ich will nun von diesen Prinzen des Marggrav Jacobs nach ihrer Geburtsordnung handeln.

Marggrav Carl I.
von 1453-1475.

§. I.

Marggrav Carl I. folgt seinem Herrn Vatter M. Jacob in der Regierung. Es war ihm der dritte Theil der vätterlichen Lande zugedacht. Er kam aber nach und nach in den Besitz der sämmtlichen badischen Staaten.

Seine Regierung ist voll Unruhe. Er führt, vor sich und andere, ihm höchst nachtheilige Kriege. Jüngler nennt ihn daher einen muthvollen aber unglücklichen Kriegshelden. a) Und Fugger b) gibt ihm ohne Beywort den Namen: der Krieger.

§. II.

---

a) In *narratione Genealogica Mscta Domus Badensis.*

b) Im Ehrenspiegel des Erzhauses Oesterreich, S. 443. „Frau Catharina, Herzog Ernsts „zweyte Tochter, ward A. 1446. vermählt „mit Carolo, Marggraven zu Baden, dem „Krieger."

Geschichte bey Lebzeiten seines Herrn Vatters.

§. II. Das Jahr seiner Geburt ist unbekannt. Ueberhaupt finden wir von seinen jüngern Jahren wenige Nachrichten. A. 1439. wohnet er bey der Vermählung Herzogs Ludwigs von Bayern dem Turnier zu Landshut bey. c) A. 1445. vermählte sich Grav Ulrich der Vielgeliebte von Würtemberg mit Herzog Heinrichs in Baiern Tochter. Unter andern prächtigen Feyerlichkeiten wurde zu Stuttgart ein Turnier angestellt, bey dem sich auch M. Carl einfindet. d)

1446. A. 1446. thut er mit K. Friedrich III. den Feldzug wider die Schweitzer. e) Er hatte sich zwey Jahre vorher mit dessen Schwester vermählt. Und A. 1449. zieht er mit seinen Herren Brüdern M. Jacob und Bernhard dem Graven von Würtemberg wider die Stadt Eßlingen und deren Verbundene zu Hülfe. f)

1447. A. 1447. am Montag nach Dreyfaltigkeit hält, an M. Carls statt, Vogt Clewy Schern-

---

c) CRUSII Annal. Suev. Lib. VII. Part. III. p. 371.

d) CRUSIUS L. c. pag. 365.

e) Idem l. c. p. 385.

f) S. das Leben M. Jacobs §. XXIII.

Schernburg das Landgericht zu Vörstätten.

A. 1448. belehnt er zu Baden Micheln von Ampringen mit denen von der Marggravschaft Hachberg zu Mannlehen gehenden Zinsgütern zu Olinsweiler (Ehrisweiler) und Pfaffenweiler. {A. 1448.}

§. III. M. Carl nimmt sich derer unglücklichen Graven von Lützelstein an. Es ist schon oben g) angezeigt worden, daß Churfürst Friedrich von der Pfalz sich nach langer Gegenwehr ihres Schlosses bemächtigt habe. Dieser mächtige Fürst nahm sodann die ganze Gravschaft in Besitz. Dieselbe wurde von dieser Zeit an als ein Pfälzisches Eroberungsstück angesehen. Die Lützelsteinische Herren mußten ihre Tage im Elend zubringen. Sie suchten bald da, bald dorten Hülfe und Vorsprache. M. Carl wollte sich ihrer ebenfalls annehmen. Es wurden auch unterschiedene Congresse ihrentwegen angestellt. Sie konnten aber die Wiedereinsetzung in ihre Lande nicht mehr erhalten. Endlich erlöschte die ganze Familie im Jahr 1460. h) {Lützelsteinische Unruhen.}

§. IV.

---

g) Im Leben M. Jacobs §. 25.

h) Geschichte des Churfürsten Friedrichs I. von der Pfalz, S. 51. SCHOEPFLINI *Alsatia Illustrata.* Tom. II. p. 197. 619.

1452. §. IV. A. 1452. reist M. Carl nach Oesterreich zu seinem Herrn Schwager K. Fridrich III. Dieser war damals aus Italien zurück gekommen. Er hatte sich vom Papst zu Rom den 15ten Merz krönen, und Tags hernach mit der Portugiesischen Prinzeßin Eleonora trauen lassen; worauf er zu Neapel den 16. April öffentlich Beylager gehalten, und drey Tage hernach seine Rückreise in seine teutsche Staaten angetreten hatte. Bey seiner Ankunft fand er die österreichische Unterthanen aufs neue wider ihn aufgebracht. i) Sie verlangten den Prinzen Ladislaum, welcher nach seines Herrn Vatters K. Albrechts II. Tod geboren, und damals ein Herr von zwölf Jahren war, aus K. Fridrichs Händen. Dieser hatte bisher, als der nächste Anverwandte, die Vormundschaft über ihn geführt. Die Landstände in Oesterreich waren damit nicht zufrieden. Sie ziehen nun aus Hungarn, Böhmen, und Mähren Hülfsvölker an sich. Sie verlangen nochmal den Prinzen Ladislaum zurück; und als K. Fridrich ihr Begehren nicht erfüllt, kommen sie mit einem Heer von 16000. Mann vor Neustadt,

---

i) Die vornehmsten Aufwiegler waren: Grav Ulrich von Cilley, und Ulrich von Sizing. Sie hofften unter Ladislai Regierung große Ehre und Reichthum zu erlangen.

stadt, wo sich der Kaiser damals aufhielte, und belagern ihn daselbst. Er hatte sich bereits, um Hülfe gegen seine Feinde beworben. Dieselbe eilt auch zum Theil herbey. Aus Neigung zum Frieden und Ruhe aber, erwählt er lieber einen gütlichen Vergleich, als das Blutvergiessen unter seinen Unterthanen. Er macht also zuvorderst einen Stillstand mit ihnen, und begibt sich mit dem Erzbischof Sigmund von Wolckersdorf, und den Bischöffen zu Freysingen und Regensburg in der Absicht aus der Stadt, mit seinem Gegentheil einen Frieden zu schließen. Allein, er erreicht seinen Endzweck nicht. Die Stritttigkeiten können nicht beygelegt, und der zu Ende gehende Stillstand nicht verlängert werden. Alle Hofnung zum Frieden scheint verschwunden zu seyn. Jedoch bleibt M. Carl allein bey den Gegnern des Kaisers zurück. Er bringt es dahin, daß ein Tag zur Beylegung der Irrungen anberaumt wird. Er wird nebst vorgemeldeten Prälaten zum Schidsrichter ernennt, und thut den Vorschlag: daß, nach Aufhebung der Belagerung, Ladislaus dem Graven von Cilley zur Aufsicht übergeben werden solle, bis auf einem Landtag, der auf Martini zu Wien anzustellen wäre, die fernere vormundschaftliche Regierung würde verabredet werden. Auf diesen Landtag werden oben gemeldete geistliche Herren, die zwey Herzoge in Baiern

ern, der Marggrav von Brandenburg, und
unser Marggrav Carl ernennet, die beederseitige Gründe in Erwägung zu nehmen,
und die Versöhnung zu bewirken. Der Kaiser läßt sich auch diese Vorschläge zu Neustadt gefallen. Indessen führen die Oester-
reicher, wider ihr Versprechen, den Prinzen nach Wien, und veranstalten daselbst
in seinem Namen die Regierung. Der
zum Landtag bestimmte 11. Nov. bricht
an; die vom Kaiser ernannte Gesandte
M. Carl, der Bischof Aeneas Sylvius
u. a. finden sich zu Wien ein, und tragen
ihre Beschwernisse zuerst vor. Die Oester-
reicher antworten mit ziemlicher Heftigkeit: sie wären an den zu Neustadt gemachten Vergleich nicht gebunden; der
Kaiser habe ihren Herrn wider alle Billigkeit länger im Gefängniß gehalten, und
gebühre es nicht sowohl dem Ueberwun-
denen als dem Ueberwinder Gesetze vor-
zuschreiben. Hierauf zerschlägt sich die
Unterredung völlig, und die Gesandten
begeben sich zurück. k)

Antritt der Regierung. §. V. A. 1453. erfolgt das Absterben M. Jacobs. Unser M. Carl übernimmt hierauf die Regierung nach der in dem

vät-

---

k) AENEAS SYLVIUS in *Histor. Frider.*
Imp. GERARD. A ROO *Histor. Austr.*
Lib. IV. p. 208. sqq. Fugger l. c. S. 590.
folg.

väterlichen Testament gemachten Verordnung, mit seinen Herrn Brüdern M. Georg und Bernhard. M. Georg erwählt gleich im folgenden Jahre den geistlichen Stand. Sein Landsantheil fällt also an die beede Brüder M. Carl und M. Bernhard. Dieser überläßt einige Zeit hernach dem ältesten Bruder M. Carl die Regierung seiner Länder. Von dieser Zeit an regiert M. Carl die Marggravschaft theils vor sich theils im Namen seines Herrn Bruders M. Bernhards. Die schriftliche Ausfertigungen werden in beeder Namen gemacht, bis ins Jahr 1458, in welchem M. Bernhard das Zeitliche mit dem ewigen verwechselt.

§. VI. In diesem Jahr (1453) verehrt Grav Johannes zu Eberstein den Marggraven Carl und Bernhard das Schloß Schauenburg.

In eben diesem Jahr erwählt der Abt Burkard und das Convent des Klosters Tennebach unsern Marggraven zu ihrem Schirmer. 1)

Ludw. Sneuwlin v. Landeck, Amtmann zu Hachberg, stellt um diese Zeit gegen M. Carl einen Mannlehnrevers über den Hof zu

---

1) *Cod. Dipl. Bad.* Num. CCCCVI.

zu Mundingen in Gemeinschaft mit Conrad Eseln aus. In dem folgenden Jahr gibt dieser Esel eine Verschreibung von sich über den von M. Carl zu rechten Mannlehn empfangenen Hof zu Mundingen, welchen vormals sein Vatter in Gemeinschaft mit Volmarn von Fischerbach besessen hatte.

Um diese Zeit bekommt M. Carl von Ludwig Herrn zu Lichtenberg den achten Theil dieser Herrschaft. Es ist derjenige Theil zu verstehen, welcher in der Ortenau an die Marggravschaft gränzt. Es wird zugleich ein Bündnis zwischen ihnen errichtet, Kraft welches Ludwig dem Marggraven hernach in dem Krieg A. 1457. Hülfe leistet. m)

§. VII. K. Fridrich III. ertheilt dem Marggraven und seinen Erben durch ein Schreiben, gegeben zu Newenstatt ahn Sand Anthonientag nach Krists-Geburt 1453. die Freyheit, das Schloß Ortenberg und die Städte in der Ortenau, Offenburg, Gengenbach, und Zelle am Hammerspach d. i. die Landvogtey Ortenau von dem Hochstift Straßburg wieder einzulösen.

Landvogtey Ortenau.

Herr Prof. Schöpflin macht hiebey wegen der Landvogtey Ortenau folgende An-

---

b) Herzogs Elsaß. Chron. B. 5. S. 18.

Carl I. 1451-1475.

Anmerkung: n) die Reichslandvogtey Ortenau war, wie die im Elsaß, Schwaben, und andere, eine freye Reichsdomaine, welche die Kaiser bey dringender Noth gegen baar Geld zu verpfänden pflegten. Die Ortenau kam A. 1334. durch K. Ludwig aus Baiern in die Hände der Herren Marggraven von Baden. K. Carl IV. übergab diese Landvogtey A. 1451. dem Bischof zu Straßburg, Bertold von Bucheck. Da es diesem an Geld mangelte, so überließ er den Straßburgischen Zoll dem fürstlichen Hause Baden. Churfürst Ruprecht I. von der Pfalz erhielt A. 1365. von K. Carl V. Erlaubniß, die Landvogtey Ortenau von dem Bischof zu Straßburg wieder einzulösen. Sie blieb jedoch in den Händen dieses Stifts bis auf Wilhelm von Diest, welcher A. 404. vor eine Summe von 23500. Gulden den halben Theil derselben dem Kaiser Rupert, als Churfürsten von der Pfalz, um sich bey ihm in Gnaden zu setzen, überlassen hat. Dieser halbe Theil verblieb den Churfürsten von der Pfalz, gleichwie der andere halbe Theil den Bischoffen zu Straßburg. Und das ist eben derjenige Theil, welchen K. Fridrich III. in vorangezeigter Urkunde dem Marggraven einzulösen erlaubt hat. o)

---

n) *Histor. Zar. Bad.* Tom. II. p. 155. sqq.

o) Ich habe nur hiebey anzumerken, daß M. Bern-

Eben dieser Kaiser erließ A. 1462. auch in Ansehung des Pfälzischen Theils ein Schreiben an die Städte, so zur Landvogtey Ortenau gehören, darinnen er ihnen gebietet: in Zukunft nicht dem geächteten Pfalzgrav Fridrichen, sondern allein Marggrav Carln von Baden Gehorsam zu leisten. p) Auf diese Art wäre die ganze Landvogtey an die Herren Marggraven gekommen. Allein der Churfürst siegete. Der Marggrav wurde gefangen, wie wir hiernächst anzeigen werden, und die Sache blieb also nicht nur in ihren vorigen Umständen, sondern der Marggrav wurde sogar ausser Stand gesetzet, den Straßburgischen Theil an sich zu lösen. Doch wurde der Chur Pfalz ihr halber Theil in dem baierischen Krieg A. 1504. entrissen, q) und von dem Kaiser an Fürstenberg überlassen, von diesem aber im Jahr 1521. an Oesterreich abgetreten. Jedoch wurde dieses Recht in dem westphälischen Frieden, so wie in andern vor- und nachherigen kaiserlichen Gnadenbriefen, unter andern Privilegien des fürstlichen Hauses mehrmalen bestätiget. Im Jahre

---

Bernhard bereits im Jahr 1419. von K. Sigmund die Erlaubniß erhalten habe, die Ortenau vom Stift Straßburg wieder einlösen zu dörfen.

p) *Cod. Dipl. Bad.* Num. CCCCXVII.

Jahre 1700. kame endlich die ganze Ortenau als ein österreichisch Lehn an die hochfürstlich badische Linie. So viel von diesem. Ich fahre nun fort in denen Geschichten unsers Herrn Marggraven Carls.

§. VIII. M. Carl hatte A. 1453. wie ¹⁴⁴³. schon gemeldet worden ist, die Regierung der Marggravschaft angetreten. Da in eben diesem Jahr Constantinopel, als die Hauptstadt des griechischen Kaiserthums von den Erbfeinden des christlichen Namens, unter Anführung Muhameds II. eingenommen, und zu ihrem Hauptsitz erwählt worden; so geriethe die ganze Christenheit in nicht geringe Bewegung, und K. Fridrich um so mehr in große Verlegenheit, weil er wegen Preußen und Polen und andern Umständen in Sorgen gesetzt wurde. Er hält deßwegen verschiedene Reichstäge zu Regensburg, Frankfurt und Neustadt in Oesterreich.

Auf den Reichstag zu Frankfurt im September 1454. sendet der Kaiser in seinem Namen unsern M. Carl, nebst dem Marggraven von Brandenburg und dem Bischof Aenea Sylvio, wie auch den Bischof zu Gurck. r)

---

q) TRITHEM. *Histor. Bell. Bav.* ad d. a.
r) GOBELINUS *Commentariov. Pii II. Lib. I.* p. 23. Gobelin was dieses Papsts Secretär.

Auf dem folgenden Reichstag zu Neustadt, woselbst unter andern vornehmlich von dem in Teutschland durchgehends darnieder gelegenen Landfrieden, und den aller Orten und Enden obwaltenden Kriegen und Befehdungen gehandelt wurde, überträgt der Kaiser M. Carl und seinem Herrn Bruder M. Bernhard die Beschützung der Reichsstadt Eßlingen in Schwaben, in einem besondern Schreiben, gegeben am Freytag nach St. Martinstag. s) Die durchleuchtigste Herrn Brüder geben der Stadt hievon schriftliche Nachricht, mit dem Vermelden, daß sie ihr diesen Schutz sechzig Jahre wollen angedeyhen lassen. t)

In diesem Jahr auf Montag vor St. Urbanustag macht M. Carl wegen seiner Leute

---

s) Datt. de *Pace Publica*, Lib. II. Cap. IX. num. 15.

t) Das Instrument fängt an: Von GOttes Gnaden, wir Karle, Margraf zu Baden und Grafe zu Sponheim. Vnd wir Bernhard auch Marggrave von Baden ꝛc. Sie melden darinnen: daß sie Burgermeister, Raut und Gemeinde der Stadt Eßlingen vnd Jre nachkommen in schirm vnd schutz gnebeuclich genommen Sechzig Jar lang. Datt. loc. cit. n. 17. Du Mont. *Corps Diplom.* Tom. III. P. I. p. 234.

Leute zu Täningen und auf dem Waſſer mit Grav Cuprat von Tüwingen, Herrn zu Lichteneck einen Vertrag über einen Wald die Täninger Almend genannt.

Marggrav Carl belehnt A. 1454. vor ſich und ſeinen Bruder M. Bernhard, Dietrichen von Gemmingen mit dem Schloß Weiſenſtein und ſeiner Zugehörde, ingleichen den Höfen und Häuſern Dilſtein und Walchengarte, mit Vorbehalt der Oefnung zu Weiſenſtein und der Wildbänne. Hingegen verkauft M. Bernhard in dieſem Jahre gedachtem Dietrich von Gemmingen ſeinen Theil an Heimbſen unter Vorbehalt der Wiederlöſung und Oefnung um neunhundert Gulden. Eben dieſer Dieterich erhält im folgenden Jahre ſothanen Antheil an Heimbſen von beeden Herren Marggraven auf erſtgemeldete Bedingungen um zwölf hundert Gulden.

§. IX. A. 1455. wohnt M. Carl dem vorhin berührten Reichstag zu Neuſtadt perſönlich bey. Er empfangt daſelbſt vor ſich und im Namen ſeines Herrn Bruders M. Bernhards, die Reichslehen. Und am Montag nach Palmtag laſſen ſich dieſe Herren Marggraven von K. Fridrich III. ihre Freyheiten alſo beſtätigen,

1) Daß wer einen Frevel in der Marggraven Landen begehen würde, auch vor

vor deren Gericht belangt, und von demselben der Endscheid und Urtheil abgefaßt werden solle.

2) Daß, wenn Jemand geerbte oder eigene Güter in der Marggravschaft haben, und darüber ein Streit sich erheben würde, solcher von dem Gericht des badischen Lands, darinnen er entstanden wäre, sollte untersucht und ausgemacht werden.

3. Daß Niemand einen badischen Unterthanen oder Bedienten wider der Herren Marggraven Willen zum Burger annehmen solle. u)

Pfälzische Strittigkeiten.

§. X. In der Lebensbeschreibung M. Jacobs habe ich von seinen Irrungen mit Churfürst Fridrich von der Pfalz kürzlich gehandelt. Nun habe ich auch dasjenige anzuführen, was zwischen seinen Söhnen und besagtem Churfürsten vorgegangen ist.

Chur-

---

u) Der, wiewol ziemlich fehlerhafte Abbruck steht in Lünigs Reichs-Archiv Part. Spec. Cont. II. 4te Abtheilung, 9ter Absatz. S. 941. welcher solchen genommen zu haben scheint aus Johann Heinrich Böcklers Ausgabe des AENEAE SYLVII *Histor. Frid. III.* unter den Diplom. p. 98.

Churfürst Fridrich wurde von den meisten benachbarten Fürsten und Ständen des Reichs nicht vor einen Churfürsten erkannt. x) Unter diesen ist auch M. Carl von Baden. Daneben hatte er einen beständigen Eiferer an Herzog Ludwig dem Schwarzen von Veldenz, so, daß sich der Churfürst A. 1455. genöthigt sahe, ihm den Krieg anzukündigen. Er nahm sogleich die Belagerung der Stadt Bergzabern vor, und verbrannte dem Herzogen über dreyßig Dörfer. Am achten Tage der Belagerung fanden sich der Erzbischof von Trier, der Bischof von Speyer, der Deutschmeister, und ein Graf von Virnenburg in des Churfürsten Lager ein, in der Absicht einen Vergleich zu vermitteln. Und eben damals, scheint es, sey der Grund zu dem Vergleich mit den Herrn Margraven von Baden und dem Churfürsten gelegt worden, welcher während dieser Belagerung zu Neuburg am Rhein, y) im Oberamt Germersheim, unweit Bergzabern zubereitet worden, und bald hernach im September zu Stande gekommen ist. z)

---

x) TRITHEM. in *Chron. Hirsaug.* ad A. 1452.

y) SCHOEPFLIN. *Hist. Zar. Bad.* Tom. II. p. 159. u)

z) ANONYMUS *Codicis Palat.* ad A. 1455. p. 116. in der Geschichte des Kurfürsten Friderichs

Der Churfürst stattete ihnen auch nicht lange nachher einen Besuch zu Baden ab, wo er von ihnen mit großen Freudensbezeugungen empfangen wurde. Die Herren Marggraven machten dem Churfürsten einen Gegenbesuch zu Heydelberg. Damals wurde der Streit wegen der pfälzischen Lehenschlösser, Graben und Stein beygelegt. M. Jacob hatte sich, wie oben a) gemeldet worden, mit denselben von Churfürst Ludwig III. und hernach von Fridrich, als Administratoren belehnen lassen; hingegen die Wiederholung der Lehensempfängniß, als derselbe Churfürst worden war, versagt. Marggrav Carl verlangte nun, daß die der Pfalz hohe Mannen, das Graven sind, mit Recht aussprechen sollen, ob er diese Lehen zu em=

---

derichs des Ersten von der Pfalz, S. 69. o) schreibt: „Es ist zu wissen In dem vorgenan=
„ten Jaren als Herzog Friedrich der Pfalz=
„graff vor Zabern lag, da ward ein Tag zwi=
„schen ime vnd den Marggraffen den zweyen
„Gebrüdern gemacht gein Rumenburg, do
„worden sie verracht von allen spenden, die
„der alt Marggraff mit dem Pfalzgraffen ge=
„habt hatte. Do grosser Kost von Dägelei=
„sten vff was gegangen, vnd was niemant
„darby wan der beider Fürsten Rette vnd
„assen dieselbe Nacht mit einander vnd saß
„der Herzog zwischen den zweyen Marg=
„graven."

a) S.

empfangen schuldig sey oder nicht. Es wurde ein Manngericht gehalten, und mit Grav Philipps von Katzenelnbogen, Grav Hessen von Leiningen, Grav Wilhelmen von Virnenburg, Herrn zu Falkenstein, Grav Philipp von Hanau, Grav Philipp von Rieneck, dem alten, Rheingrav Johann IV. von Dhaun, und Grav Bernhard von Eberstein besetzt. Dieses that am Donnerstag nach Simonis und Judas den Ausspruch, daß M. Carl gedachte Schlösser von dem Churfürsten als ein mit 5000 fl. ablösiges Lehen zu empfangen verbunden sey. M. Carl läßt sich nachher auch wirklich noch in selbigem Jahr in vigilia omnium Sanctorum von dem Churfürsten in eigener Person belehnen. b)

§. XI.

---

b) ANONYMUS *Codic. Palat.* l. c. pag. 10. „Darnach machten sie ein schiessen gein Hei„delberg off Symonis vnd Jude dar kam „der Marggraff vnd entpfing sin Lehen da „von Hertzog Friederichen daz sin Vatter nye „gedun wolt vnd waz Hertzog Ulbrecht von „Osterich auch da des Kaisers Bruder. So „hat der Marggraf des Kaisers Swester So „hett Hertzog Ulbrecht Hertzog Friedrichen „des Pfalzgraffen Swester vnnd hatten da „einen grossen herrlichen Danz wan es warent „vil Graffen vnd Fryen da. Die dry Für„sten überkamen einen Turnay der solt zu „Heidelberg sin zu Pfingsten.„ Der Herr Ehegerichts-

Einnung mit Pfalz. 1455.

§. XI. Die Herren Marggraven Carl und Bernhard errichten in diesem Jahre, da die obgewaltete beederseitigen Irrungen gütlich beygelegt worden, auf Montag nach St. Egydientag, oder am ersten September, mit dem Churfürsten ein Bündniß, oder Einnung auf zehen Jahre. c) Der Innhalt ist dieser: die unter ihnen sich äussernde Irrungen sollen jedesmal durch Austräge geschlichtet werden. Hätte Pfalz etwas zu klagen, so sollen zwey Schiedsmänner aus den pfälzischen Räthen, und zwey aus den badischen genommen, diesen aber ein gemeinschaftlicher Obmann aus den badischen Räthen zugegeben werden. Die Zusammenkunft dieser fünf Personen solle zu Bruchsahl seyn. Im Fall sie sich nicht vergleichen könnten, so solle die Mehrheit der Stimmen den Ausschlag geben. Bey der Gleichheit der Stimmen soll es ankommen auf die Stimme

---

gerichts-Rath Krämer bemerkt hiebey, daß man die von dem Auctore coævo angezeigte Zeit nicht von dem Termin der Lehen-Empfängniß, sondern von des Marggraven Ankunft in Heidelberg zu verstehen habe, als welcher vermuthlich selbst bey dem Manngericht seyn wollen.

c) Dieses Bündniß steht in dem Urkundenbuch zur Geschichte Churfürst Friedrichs I. von der Pfalz. S. 108.

me des Obmanns. Wenn der Ausspruch geschehen, so solle die Sache selbst in drey Monathen berichtigt werden. Wann hingegen Baden gegen Pfalz Beschwerungen hätte, so solle eben die vorgemeldete Ordnung beobachtet werden, ausser daß der Obmann ein pfälzischer Rath seyn müsse. d)

Als daher Churfürst Friedrich sechszehen Tage hernach eine Einnung mit Fridrich von Simmern und Spanheim gemacht hatte, einander wieder männiglich Hülfe zu leisten, so nimmt der letztere unter andern unsern Marggraven ausdrücklich aus. e) Gleiches geschiehet im folgenden Jahre in der zwischen Erzbischof Dietrich von Maynz und Churfürst Fridrich getroffenen Einnung; darinnen sich der Erzbischof vorbehält, nichts Feindliches wider unsern Fürsten vorzunehmen. f) Und in der Einnung der Churfürsten mit der Stadt Straßburg A. 1457. nimmt er den

---

d) Diese Gemeinen mußten Landskinder seyn und ihrer Pflichten vorher entlassen werden.

e) Siehe erstangezogenes Urkundenbuch Blatt. 113. wo es heißt: wir nehmen vß Herrn Karle vnd Herrn Bernharten Marggrauen zu Baden vnsern lieben Bruder.

f) S. dieses Urkundenbuch. Blatt. 126.

den Marggraven selbst aus. g) Daß aber vorgedachter Vertrag nicht bey allen Stritigkeiten, wenigstens nicht in Ansehung der alten beobachtet worden sey, erhellet aus der Urkunde vom folgenden Jahr, nach welcher Bischof Reinhard zu Worms und Hans von Enzberg der Aeltere einen Tag zu gütlicher Beylegung der zwischen Churfürst Fridrich und M. Carl obwaltenden Irrungen anberaumen. h)

In dem Friedensinstrument zwischen Churfürst Fridrich I. von der Pfalz und Herzog Ludwig dem Schwarzen von Veldenz d. d. Worms, auf Freytag nach St. Michelstag 1455. wird M. Carl zum Austrägal Richter in denen zwischen vorgenannten Fürsten annoch obwaltenden Irrungen ernennt. i)

A. 1455. §. XII. In diesem Jahr 1455. ertheilt M. Carl Georgen von Schauenburg die Belehnung über die eigene Leute, welche sich aus der Ortenau ins Elsaß begeben hatten. k)

In eben diesem Jahr vereinigen sich beede Herren Marggraven mit der Reichsstadt

---

g) Eben dasselbe Blat f. 161.
h) *Cod. Dipl. Bad.* Num. CCCCVII.
i) S. Eben dieses Urkundenbuch, S. 117.
k) SCHOEPFLIN. in *Alsat. Illustr.* Tom. II. p. 694. „*Georgius (Schauenburg.)* a Mar-
„chione

stadt Weyl auf drey Jahr lang. Auch kauft Marggrav Karl in diesem Jahr auf Montag nach St. Jacobstag von Hans Esel und seiner Ehfrau Gütlin von Munzingen den halben Theil des niedern Dorfs Königschafhausen am Kayserstuhl und drey Viertel am obern Theil, nebst einem Hofe zu Weißweil und einem zu Saspach, um 150 rheinische Gulden und 530 Pfund Pfennige.

§. XIII. In dem folgenden Jahr hat A. 1456. der Marggrav Verdruß mit Georg Reinhard und Fridrich von Schauenburg. Sie hatten ihm in dem Schloß Schauenburg einen Schaden von 6000. rheinischer Gulden zugefügt, und einen ihrer Knechte vom Leben zum Tod gebracht, Georg von Schauenburg aber den Wilhelm und Ludwig von Schauenburg, des Marggraven Diener und Lehnleute, in hartes Gefängniß gelegt. Der Marggrav beklagt sich deßwegen durch seinen Anwalt Nicolaus Reuß v. Oweiler bey dem kaiserlichen Cammergericht. Die von Schauenburg werden vorgeladen. Als sie nicht erscheinen, werden sie durch kaiserliches Urtheil zu Neustadt in die Erstattung des Schadens u. s. w. verurtheilt.[1]

In

„ chione Badensi homines inter Ellum &
„ Scheram alibique in Alsatia adventitios
„ A. MCCCCLV. feudali nactus est lege. „

1) *Cod. Dipl. Bad.* Num. CCCCVIII.

Nimburg. In eben diesem Jahr übergibt M. Carl die Pfarrey Nimburg, welche A. 1407. von dem Bischof zu Straßburg gegen der Pfarrey Cappel zu der Marggravschaft Hachberg eingetauscht worden war, dem Bruder Antonius Liasse, einem Præceptori St. Antonien des Einsidlerordens, mit der Bedingung: daß er daselbst ein Closter oder Præceptorey besagten Ordens bauen und aufrichten solle. Er mußte sich dagegen verbindlich machen, den Gottesdienst daselbst zu besorgen, und täglich sieben horas canonicas durch sechs Mönche seines Ordens versehen zu lassen. Ausser dem versprach er, noch zwey weltliche Priester zu bestellen, deren einer die Seelsorge über die Einwohner zu Nimburg mit aller Sorgfalt führen, der andere aber sich beschäftigen solle mit Absingung der Metten und Vespern, mit Lesen der Seelmessen, besonders für alle Marggraven zu Baden, wie auch für alle Præceptoren und Brüder des Antonier Ordens, nicht weniger für alle, welche diesem Kloster und Kirche milde Wohlthaten jemals zufliessen lassen. Es wurde auch diese Stiftung durch Johann Bertonelli, Præceptoren des Antonier Ordens zu Isenheim im Elsaß, wie auch von dem General Abt Humbrecht und dem Commissario bey dem zu St. Antonien im Dauphine versammleten Ordenscapitel noch in selbigem Jahr bestätigt. Allein in folgender Zeit gieng dieser Orden oder

Præ-

Präceptorey wieder von sich selbst ganz und gar ab. Es fiel daher dieses Closter und Pfarrey, nach Innhalt der Uebergabe, mit allen Rechten und Einkommen wieder eigenthümlich an die Marggravschaft Hachberg.

Auch belehnt M. Carl in diesem Jahr Engelharden von Hanenbrügk, als Trägern Jungfrau Elsen Steinmeygerin, des verstorbenen Walter Steinmeygers Tochter, mit 10. Mutt Roggen und Korngelds von dem Zehenden zu Denzlingen.

In eben diesem Jahr, am Donnerstag vor Elsbethen Tag, wird Marggrav Carl zu Freyburg belehnt von dem Bischof Arnold von Basel mit dem Dorfe Ose, m) mit dem halben Wildbanne zu Sulzberg, und des Stifts Schenkenamte.

Durch eine Urkunde von diesem Jahr bezeugt Grav Ulrich von Helfenstein, daß denen Herren Marggraven Carl und Bern-

---

m) Das Dorf Ose war sonst ein Eigenthum. Nachdem aber das Dorf Unteröwisheim, welches baselisches Lehn ware, an das Closter Maulbronn ware verkauft worden, so wurde dagegen das Dorf Ose in bestimmter Mase zu Lehn gemacht.

Bad. Gesch. II. Th.   C c

Bernhard das Oefnungsrecht in dem Schlosse Hiltenburg zustehe. Gemeldeter Grav hatte von den Herren Marggraven sechs Fuder Weins bekommen. Er gibt nur dieses Recht zum Unterpfand bis zur Abzahlung seiner Schuldigkeit. n)

§. XIV. A. 1457. thut M. Karl eine Reise nach Oesterreich. Bey glücklich erfolgter Rückkunft ladet er die Eydgenossenschaft zu einer Zusammenkunft nach Oberbaden durch ein freundschaftliches Schreiben ein. o)

Wil

---

n) *Cod. Dipl. Bad.* Num. 409.

o) „Den Ersamen, Weisen unsern lieben besun-
„dern Burgermeistern, Schultheissen, Amman
„und Räten der gemeinen Eydgenossen.

„Karle von Gottes Gnaden, Marggrave
„zu Baden ꝛc. und Grave zu Spanheim,

„Unser fründlichen Gruß zuvor Ersamen,
„Wisen lieben besunder! Wir sind am Mitt-
„wuchen nechst vergangen uß dem Land von
„Oesterreich kommen här gen Baden, und
„habend jetzund unser treffenlich Bottschafft
„gefertiget zu Obern Baden ze sind uff Mitt-
„wuchen ze Nacht vor dem heiligen Pfingtag
„nechst künfftig, der Sache halb darumb man
„nechst uff dem Tag zu Basel gewesen ist,
„darumb begerend wir, daß Ir üwer erber
„Bottschafft so treffenlichist Ir mögend uff
„die egenannten Mittwuchen zu Nacht auch
„dahin

Wilhelm v. Remchingen hatte bisher von der Gravschaft Leiningen einen Hof zu Kleinensteinbach zu Lehn getragen. Dieser ward von Grav Hessen der Lehnschaft entledigt, und das halbe Dorf Scheltphronen (Scheltbronn) dafür zu Lehn gegeben. In diesem Jahr verkauft gemeldeter Wilhelm von Remchingen, mit Wissen und Willen des Lehnherrn, den halben Theil des Dorfs Scheltbronn an die Herren Marggraven Carl und Bernhard für 1350 fl.

In eben diesem Jahr vertauscht der Marggrav dem Abt und Convent zu Hirsau gegen verschiedene Rechte und Nutzungen und einige Dörffern, p) das Dorf Ottenbrunn mit aller Herrlichkeit, wie solches seine Vordere innen gehabt und genossen haben. q)

„ dahin gen Obern Baden senden wollend, von
„ der vorgenanter unser Bottschafft zu hören,
„ unser Meynung, der si von uns ist underrichtet. Geben zu Baden uff Suntag Vo-
„ cem Jucunditatis Anno Domini 1757.
Tschudi Eydgenoss. Gesch. Th. II. B. 14,
S. 585.

p) In PETRI *Suevia Eccles.* p. 433. werden sie Hustat, Wiler, Scheltpronn, und Hohenwart genennt.

q) BESOLD. *Monum. Würtemb.* pag. 363. *Cod. Dipl. Bad.* Num. CCCCXI.

Marggrav Karl bewilligt in diesem Jahre vor sich und seinen Bruder M. Bernhard, daß Dieterich von Gemmingen seine verschiedene Lehen in zwey Briefe gesetzt werden mögen, ausgenommen das Mannlehen über den sechsten Theil an den Zehenden zu Besickheim. Es werden ihm so fort zu Erblehen geliehen: das Schloß Weissenstein mit Zugehörde, die Dörfer Büchelbronn und Huchenfeld mit Zugehörde, der halbe Theil des Walds genannt die Westerhalden, mit Vorbehalt der Wildbänne, so zu Weissenstein dem Schloß und gemeldeten Dörfern gehören. Auch solle kein Marggräfischer Amtmann, Ritter oder Burger über des Lehenmanns Leute oder Güter urtheilen oder richten, sie haben dann mit Willen vor Marggrävlichem Gerichte zu schaffen. r)

In eben diesem Jahr errichtet Marggrav Karl einen Bund mit der Stadt Straß-

---

r) Dieses Lehen bliebe nicht bey der von Gemmingischen Familie. Denn schon A. 1464. wurde Hessen von Kaltenthal das Schloß Weissenstein nebst dem Dorf, und Dillstein zu Mannlehen von M. Carl mit Vorbehalt des Oefnungsrechts in besagtes Schloß geliehen. Es kame so fort an die von Ehingen, alsdenn an die von Neuenhaus, ferner an die von Remchingen, und endlich wieder an das fürstliche Haus.

Straßburg auf fünf Jahre. Er verspricht derselben Hülfe und Beystand zu leisten gegen Jedermann. Allein der Erzbischof von Maynz und Churfürst Fridrich von der Pfalz werden hier ausgenommen.

§. XV. A. 1458. führt M. Karl die Regierung sowohl seiner eigenen, als auch der von seinem Bruder M. Bernhard ihme zugefallenen Lande. Ich habe davon diesen Beweiß. M. Karl gibt für sich und von wegen seines Bruders M. Bernhards an Paul Luthran von Ertingen, einen Garten zu Pforzheim vor dem Altorfer Thore am Wasser und an der Prediger Garten, genannt Fridrich Tyfels Wyer Garten. Beede Fürsten werden dadurch von besagtem Paul Luthran von Ertingen los gesprochen aller Forderuug, die er, von wegen seiner Ehefrauen Annen von Baden an ihren Herrn Vetter M. Jacob gehabt hat. In diesem Briefe welcher gegeben ist Dienstag nach Lätare wird M. Karl genennt: eyn regierender Fürst sin und auch sins Bruders Bernhards Lande. Es ist daher wahrscheinlich, daß M. Bernhard damals schon sehr krank und dem Tode nahe gewesen sey. Im folgenden Jahre wird er schon nicht mehr unter die in dieser Welt lebende gezählet.

Regiert allein.

§. XVI.

§. XVI. Von diesem Jahr (1458) fangen die unruhigen und zum Theil sehr betrübte Zeiten unsers Marggraven an. Da die Macht Churfürst Fridrichs von der Pfalz immer mehr zunahm; und die rheinische Fürsten darüber sehr aufmerksam werden: so wird am 13. Merz zu Speyer ein Convent gehalten. Churfürst Dieterich von Maynz, der alte Herzog Stephan von Zweybrücken, dessen Prinz, Ludwig der Schwarze von Veldenz, Herzog Otto von Moßbach, der Marggrav Karl von Baden, Herzog Albrecht von Oesterreich, des Kaisers Bruder, Marggrav Albrecht von Brandenburg und die beyde Graven von Würtemberg, Ulrich und Eberhard, wohnen demselben in Person bey. Ausser diesen findet sich eine grosse Anzahl Graven, Ritter und Herrn bey dieser feyerlichen Zusammenkunft ein. Die meisten führen Klagen über die Beleidigungen des Churfürsten von der Pfalz. Es scheint aber, die Verschiedenheit der Gemüther habe nicht können zu einem Zweck vereinigt werden. Die Nachrichten geben wenigstens, daß man unverrichteter Sachen von einander gegangen sey. s)

Jedoch schließt M. Karl ein Bündniß mit Ludwig von Zweybrücken auf zehen Jahre.

---

s) Lehmanns Speyer. Chron. B. 7. Cap. 102. S. 850.

Jahre. Grav Ulrich von Würtemberg gerathet wirklich mit dem Churfürsten in Krieg, wozu sowol die Klagen über die Ganerben zu Widdern, als vornämlich die Vermählung Grav Ulrichs Anlaß gab. Dieser hatte nämlich Herzogs Amadäi I. von Savoien t) Prinzeßin Margaretha, Churfürst Ludwigs IV. von der Pfalz hinterlassene Wittwe geheurathet. Der Churfürst Fridrich wird beschuldigt: daß er dieser Prinzeßinn das seinem Bruder, Churfürst Ludwig zugebrachte Gut nicht vollkommen heraus gegeben habe. u)

M. Karl hatte um diese Zeit Irrungen mit Grav Ulrich wegen der Grenzen. Sie waren aber nicht von langer Dauer. Sie versöhneten sich, und schlosse M. Karl mit Grav Ulrich bald darauf A. 1462. eine ewige Verain und Bruderschaft, x) wider die gemeinschaftliche Feinde.

---

t) Nachgehends Papsts unter dem Namen *Felix V.*

u) Mehrers S. hievon in **Steinhofers** neuer Würtemb. Chron. Th. 2. S. 1017. folg. Geschichte Churfürst Friedrichs I. S. 136. folg. In dem dazu gehörigen Urkundenbuch steht S. 149. Grav Ulrichs Erbietungs-Schreiben an den Churfürsten. Unter denen Reichsfürsten, welche der Grav ihme zu Berichtigung dieser Sache vorschlägt, ist auch Marggrav Carl.

x) DATT. de *Pace Publ.* Lib. I. Cap. 27. num. 10').

Feinde. Der Krieg, welcher damals wider Churpfalz und Baiern von dreyzehen Fürsten, ohne die Graven und Reichsstädte, y) geführt wurde, war so fürchterlich und landverderblich, daß man nirgendswo, als in den Städten und vesten Schlössern, Sicherheit fand. Das Land rauchete überall vom Brand und Verderben. Niemand durfte sich unterstehen, nur eine Stunde weit zu reisen. Alles war den Plünderung ausgesetzt, so daß wegen allgemeiner Unsicherheit durch Teutschland, an allen Orten verboten wurde, die Frankfurter Ostermesse zu besuchen. z)

Marg=

---

109. pag. 194, 240. Mit Grav Eberhard von Würtemberg war das Bündniß nur auf 5. Jahr errichtet.

y) TRITHEM. *Chron. Hirſaug.* ad A. 1460. Tom. II. p. 437. *Chron. Spanh.* ad h. a. p. 372. Steinhofer l. c. S. 1023. der Erstere gedenkt unsers Marggraven und seiner Brüder Johannis Erzbischofen von Trier und Georgs Bischofs von Metz mit Namen.

z) *Codex Palat.* in der Geschichte des Churfürsten Fridrichs I. S. 151. §. XIII. 1) „In dem „ Krige worent alle Straßen zu. Man geleite „ nyemant off Wasser oder off Lande, eß was „ auch nyemant sicher an keinen Zolle, wat bo „ darkame daz behielt man da. Eß dorfte
„ nye=

Marggrav Karl nimmt in dieser Zeit, da die Graven von Würtemberg gegen Churpfalz zu Felde liegen, das Ganerben Schloß Schauenburg in der Ortenau ein. Die Herren von Schauenburg trugen es zum Theil von den Graven von Eberstein zu Lehn. Churfürst Fridrich von der Pfalz, welcher den halben Theil der Ortenau inne hatte, vertrieb hernach, als er A. 1460. Frieden mit Würtemberg geschlossen, die badische Besatzung aus dem Schloß, und räumete es den vorigen Besitzern wieder ein. a)

„ nyemant ein halbe Myle wegs gan, man
„ forchte er werde beraupt, vnn daz waz in
„ bairn In swaben In Francken off den Rin
„ In Elsaff In Hessen, vnn werte von ey-
„ nen Merre biß an daz ander. Vnn die
„ Frankfurter Meß ginge ab. Es dorfte nye-
„ mant dar. Man verbot In allen Stetten,
„ vnd In allem Lande yederman daheim zu bli-
„ ben, daz hat nye keinen Manne gedacht, daz
„ die Frankfurter Meß also hinderstellig waz
„ worden eß. „

a) SCHOEPFLIN. *Hist. Zaringo-Bad.* Tom. II. p. 162. & 163. & ib. alleg. Eben derselbe bemerkt in Alsat. illustr. pag. 694. daß schon damals auch die Burg Neuenstein in der Ortenau ein badisches Lehen gewesen sey, welches dann auch noch würklich in diesem Verbande bestehet.

In eben dieſem Jahr übergibt der Marggrav das Schloß Heidberg, oder Heidweiler, welches ſeinem Herrn Vatter M. Jacob von Jacob Herrn von Stauffen um ein tauſend Gulden verpfändet worden war, Herrn Trutpert von Stauffen wiederum frey und lebig, und empfangt dagegen die zwey Stauſiſche Dörfer Ballrechten und Totticken zu eigen, mit denen er jedoch ſogleich erſtgemeldeten Herrn Trutpert als mit Mannlehen belehnt.

Endlich iſt bey dem Jahre 1458. noch anzuzeigen, daß Marggrav Karl vor ſich und ſeinen Herrn Bruder M. Bernhard Erharden von Königſpach und Chriſtinen von Illingen, deſſen Hausfrauen verwilliget, daß ſie die Marggräfliche Renten und Güter zu Königſpach lebenslänglich nützen möchten, wogegen beyde Eheleute dem fürſtlichen Hauſe ihre Güter nach ihrem Tode verſchreiben. b)

§. XVII.

---

b) Es ſtehen unter andern in dieſem Verwilligungsbriefe, welcher auf Montag nach Lucid gedachten Jahrs gegeben iſt, dieſe Worte: „Der egemelt vnſer lieber Bruder Marggrav „Bernhard vnd ſeine Erben vnd Wir von ſei„nen wegen wöllen vnd ſollen auch die ege„melte Ehlüte vnd Jr yedes, nach des an„dern Abgangk by Recht handthaben, vnd „ſhir-

Carl I. 1453-1475.

§. XVII. A. 1459. hielte Papst Pius II. die feyerliche Versammlung zu Mantua, um

"shirmen, gleich andern die unsern one "Geverde ꝛc." Die andern Theile an der Vogtey zu Königsbach waren schon damals, und sind noch Lehn von dem Burggravthum Nürnberg. In dieser Eigenschaft werden die Vasallen von dem marggräflichen Hause Brandenburg Onolsbach belehnt. In dem 14ten Jahrhunderte wurde Heinrich Wohlgemuth von Riefern und nach ihme vom Jahre 1427. an die von Venningen mit einem Drittheile an der Vogtey belehnt; einen andern Theil, nämlich einen Sechstheil an der Vogtey daselbst trugen in den ältern Zeiten die Hofwarte von Sickingen, Nachtschad genannt, und nach diesen Michel von Freyberg bis in das Jahr 1487. sodann Hans von Königsbach und dessen Wittwe bis in das Jahr 1491. nach diesem die von Absberg bis in das Jahr 1518. von solcher Zeit an aber, nach geschehenem Erkauf die von Venningen von erstgedachtem Burggravthum Nürnberg zu Lehn. Seit dem Jahre 1650. tragen beyde Lehne, nämlich sieben zwölf Theile der Vogtey die Freyherren von St. Andre von dem hochfürstlichen Hause Brandenburg Onolzbach zu Lehn, welcherhalben dieselben in einen wichtigen Proceß an dem Reichscammergericht mit den Freyherrn von Sickingen, als Descendenten einer von Venningischen Tochter verwickelt sind. Man sehe davon die Deduction in Sachen von Sickingen gegen

um die Anstalten zur Gegenwehr wider die Türken zu befördern. Es findet sich daselbst

St. Andre, unter der Aufschrift: Historie des marggräulich brandenburgischen Lehns zu Königsbach, fol. 1763.

Was unter dieser lehnbaren Vogtey verstanden sey, gibt der Lehnbrief vom Jahre 1399. mit mehrerm zu erkennen, wann es darinnen heisset: Das Dritteil der Vogtey ober das Dorf Königspach genannt, daz nydere Gerichte. Und die Verhandlungen in einem manngerichtlichen Processe vor dem Lehngericht Herrn Marggrav Albrechts zu Brandenburg: ob das Schloß zu Königspach Lehn oder eigen sey im Jahr 1465. worinnen gesetzt wurde: es halten auch die Lehenbriewe nit inne, daß Königspach mit sein Zugehörungen Lehen sey, sondern der Dritteil der Vogtey **das Untergericht** genannt.

Hier möchte man billig fragen, wem gehört denn das Obergericht daselbst? Ob ich nun gleich als ein Geschichtschreiber mich hierüber in einige rechtliche Ausführung nicht einlaßen kan, so muß ich gleichwol hier quoad factum bemerken, daß das hochfürstliche Haus Baden von den ältesten Zeiten her Königsbach in seinem Landschutz gehalten, die Streitigkeiten derer Vogteybesitzer entschieden, Wildbann, Zoll und Geleit geübt habe u. s. w. Die über viele Streitigkeiten von Zeit zu Zeit zwischen dem fürstlichen Hause Baden und den Besitzern der sieben

daſelbſt eine große Anzahl Fürſten ein, und war keine Nation oder Fürſt in ganz Europa, der nicht einen Geſandten dahin abgeordnet hätte. c) M. Karl begibt ſich auf erhaltenes Schreiben von dem Kaiſer, als deſſen Geſandter, mit denen Biſchöffen von Eichſtetten und Trident ebenfalls nach Mantua. d) Der Papſt beſtättigt ihm durch einen zu Rom gegebenen Brief die Freyheiten, welche ihm von dem Kaiſer erneuert worden, daß ſeine Unterthanen vor keinen andern Richter ſollen können geladen werden, mit dieſem Beyſatz: daß ſeine Unterthanen und die in ſeinem Lande geboren, und auch die dieſen anvertrauete, und welche ſie zu verſprechen ſchuldig ſind, nicht weniger die, ſo in ihrem Schutze ſtehen, e) nicht ſollen noch können auſſer ihren Herrſchaften und gewöhn-

---

ſieben lehenbaren Vogteyen gemachte Verträge, beſonders von den Jahren 1555. und 1572. ſprechen auch dem fürſtlichen Hauſe Baden das aus ſolchen ausgeübten Rechten ſich von ſelbſt zu Tag legende marggrävliche badiſche Obergericht und Landeshoheit nicht ab.

c) Platina Hiſtorie von der Päbſte und Kaiſer Leben, in Pio II.

d) GOBELINUS *Commentar.* Lib. III. p. 87.

e) Dieſes iſt wegen der ſeinen Kaſtenvogtey unterworfenen Klöſter wohl zu merken.

wöhnlichen Gerichten des Vatterlands um irgend einer Ursache willen vorgefordert, gezogen oder geladen werden, wann nur dem Klagenden vor dem ordentlichen Richter die Gerechtigkeit nicht versagt worden sey. f) Es werden von dem Kaiser sowohl als dem Papst auch die so genannte heimliche, westphälische oder Vehmgerichte nahmhaft gemacht, und die badische Unterthanen davon befreyet. g)

Margs

---

f) „ Ut ejus subditi & terrigenae ac etiam eis
„ commissi & pro quibus respondere tenen-
„ tur, quique in eorum Tuitione (*Advoca-*
„ *tia*) consistunt, non debeant nec possint
„ extra eorum dominia & judicia ordinaria
„ patriae pro quacunque causa evocari, trahi
„ aut citari, dummodo conquerenti coram
„ suo ordinario judice justitia denegata non
„ fuerit. „ *Codex Dipl. Bad.* N. CCCCXII.

g) *Cod. Diplom. Bad.* loc. alleg. Umständliche Nachricht von diesen unordentlichen Gerichten gibt der Freyherr von Senckenberg in seiner Abhandlung von der kaiserlichen höchsten Gerichtsbarkeit in Deutschland, Franff. 1760. Sie waren eigentliche Blutgerichte, und wurden Lehen- Ding- Frü- Gericht- Frie- Geding- Stuhl- Still- heimliche und westphälische Gerichte genennt. Viele halten K. Karl den Großen vor ihren Stifter. Sie suchten sonderlich das Christenthum durch Strafen, und weltliche Zwangsmittel auszubreiten, und

die

M. Karl macht den wirklichen Gebrauch von diesen Privilegien. Er befiehlt die Ketzer auszurotten. Sie urtheileten also über den Abfall vom Glauben, über die, welche gewenhete Kirchen und offentliche Landstrassen gebrennt, geschändet und beraubet, Verrätherey und Falschheit begangen, ferner über die, so Diebstahl, Mord und Brand angerichtet, auch wider die Ehre gehandelt, ꝛc. Sie giengen anfänglich allein auf Westphalen, hernach gab der Kaiser auch andern Städten Privilegia, nach dieser Weise zu richten, und A. 1371. verbreiteten sie sich durch den von K. Karl IV. errichteten Landfrieden, der nothwendig durch ein Friedensgericht mußte gehandhabt werden, durch ganz Teutschland. Das Generalcapitul war zu Dortmund, unter der Aufsicht des Erzbischoffen von Köln. Der Vorsteher hieß ein Freygraf, und die Beysitzer wurden Freyschöffen genannt; welche nicht leicht Jemand als unter sich selbst bekannt waren, und daher die Sciti oder Wissende genennt wurden. Die Kaiser und andere Fürsten, Graven und Herren hatten auch ihre wissende Räthe, die von den Heimlichkeiten mußten belehrt werden. Der Richter hatte beständig einen Strang und Degen vor sich liegen, weil vor Alters die Landfriedensbrecher mit dem Strang gestraft wurden. Der Proceß war sehr kurz und unrichtig. Der Freyschöff zeigte, was er in vorgemeldeten Fällen erfahren, dem Frey-Graven an, und beschwur den Vorfall. Dieser bestieg seinen Freystuhl und ließ in der Kürze über die That richten,

fiehlt noch in diesem Jahr der Stadt Eßlingen, die unter seinem Schutz stunde, daß

---

ten. Hielte man den angegebenen vor schuldig, so bekam der Frey-Schöf schriftlichen Befehl, die Strafe an dem Verurtheileten, wo er ihn finden möchte, zu vollstrecken. Er nahm hierauf so viele Leute mit sich, als er nöthig zu seyn erachtete; und jede Obrigkeit und Scharfrichter mußte ihm auf vorgezeigten Befehl behülflich seyn, auch war einem jeden Freyschöffen erlaubt, wo er einen im Verbrechen selbst und auf frischer That ertappte, auf der Stelle, ohne weitere Anzeige, mit der Straffe zu belegen. Diese Gerichte begiengen große Ausschweifungen. Und K. Fridrich III. suchte A. 1442. den Mißbräuchen durch eine Reformation zu steuern. Allein die Frey-Graven und Richter wollten nicht nur keine Reformation annehmen, sondern waren auch so frey, daß sie A. 1470. den Kaiser und seinen Kanzler sub pœna contumaciae vor ihr Gericht citirten. Der Kaiser befreyete daher alle Stände, so es begehrten, von diesen Gerichten. Köhlers Reichshistorie S. 383. Diese Gerichte sind zwar, wie einige wollen, durch kein Reichsgesetz abgeschaft worden, Kaiser Maximilian I. hub sie aber doch Anno 1512. auf; sie nahmen auch schon nach und nach sehr ab, nachdem unter Kaiser Maximilian I. der beständige Landfrieden errichtet, das Cammergericht an einen gewissen Ort verlegt, die Appellation an dasselbe vermehrt, die genaue Execution der richterlichen Aussprüche durch die

daß kein Burger daselbst zu einem Frey-schöffen sich sollte ernennen lassen; im Fall aber Jemand bereits in der Zahl dieser Richter wäre, so solle dieser keinen seiner Mitbürger vor diese Gerichte ziehen; vielmehr sollen alle Citationen oder Vorladungen vor diese Gerichte ihm an seinen Hof geschickt werden. Der Marggrav hatte damals selbst einige seiner Räthe zu freyen Schöffen bey diesen Gerichten gesetzt, an welche die Stadt Eßlingen, A. 1457. appellirt hatte. h) A. 1461. nahm er sich nicht nur der Stadt Eßlingen gegen diese heimliche westphälische Gerichte sehr eifrig an, sondern schloß auch zu Nürnberg mit Churfürsten Fridrich von der Pfalz, mit Bischof Ruprecht von Straßburg, mit Erzherzog Albrecht von Oesterreich, und andern Fürsten und Städten des Reichs besonders ein Bündniß gegen dieselbe. i)

§. XVIII.

die Eintheilung Teutschlands in Creise, merklich erleichtert worden; wozu auch kam die einem jeden Reichsstande zugestandene geschlossene Gerichtsbarkeit, und endlich die beständige Miliz, wodurch ihnen vollends aller Gerichtszwang ausser Westphalen benommen worden ist.

h) DATT. de *Pace Publ.* Lib. IV. Cap. 4. n. 10. 11. 12. 13. 14. 67. p. 748. sq.

i) Diese Conföderation ist zu lesen in Müllers Reichstags-Theatro, S. 126. folg.

Bad. Gesch. II. Th.   D d

Herrenalb.

§. XVIII. Auf vorgemeldeter Zusammenkunft zu Mantua empfiehlt M. Carl das Kloster Herrenalb dem Papst Pius II. zu besonderer Huld und Vorsorge. Der Papst bestätigt demselben, auf dieses Fürsten Fürbitte, nicht nur alle in vorhergehenden Jahren erhaltene Privilegien und Freyheiten: sondern ertheilt auch dem Abt daselbst die Erlaubniß: in Zukunft in dem Kloster und den dazu gehörigen Kirchen und Orten, eine Bischofs-Mütze oder Inful, und andere hohepriesterliche Zierden k) zu tragen, wie auch zu gewisser Zeit die feyerliche Benediction oder Einsegnung zu ertheilen, und die Einweihung der Gefässe, Kleidungen, und andere zum Gottesdienst erforderlichen Dinge vorzunehmen. l)

Stiftskirche zu Pforzheim.

Eben dieser Papst Pius II. erläßt ein besonders Schreiben an den Bischof Johann zu Speyer, und Rutker von Lutberg, Domherrn daselbst, gegeben Mantua den 29. Nov. Er ertheilt darinnen seine Genehmigung, daß die Pfarrkirche zu St. Michael in Pforzheim mit den dazu gehörigen ein und zwanzig Capellaneyen in eine Stiftskirche verwandelt werde. Er ver-

---

k) Mytra aliisque Pontificalibus Insigniis.

l) BESOLD. *Docum. Rediv. Alba Dom. Docum.* num. 28. 29.

verordnet zugleich die Kleidung, deren sich die Stiftsherren daselbst bedienen sollen. m) Das neue Capitul und dessen Vorsteher verschreiben sich gegen ihren huldreichen Stifter, ihren Statuten und Ordnungen gemäß dem Gottesdienst abzuwarten. Sie geloben anbey, keine Güter an sich zu bringen, welche der Landesherrschaft eigen, beetbar, steuerbar oder dienstbar wären, auch, wann sie in der Marggravschaft Baden, oder den dazu gehörigen Herrschaften dergleichen an sich bringen würden, dem Landsherrn das Wiederlosungsrecht zustehen solle.

Am Samstag nach Låtare dieses Jahrs hatte der Marggrav die von seinen Amtleuten um jährliche zehen Malter Korns und fünf Fastnachtshüner geschehene Erbverleihung des Heimenhofs in der Mark Baden an Georg Stolzen bestätigt.

Auch wird Marggrav Carl in diesem Jahr mit dem halben Theil der Stadt Gernspach und ihren Zugehörungen von Bischof Siegfried zu Speyer belehnt. Der Revers hierüber ist gegeben auf Samstag Sanct Pauli Tag Conversionis. Gleiches geschiehet A. 1461. von Johannes und A. 1465. von Matthes, Bischoffen zu Speyer. §. XIX.

---

m) *Cod. Dipl. Bad.* N. CCCCXIII.

Maynzische Unruhen.

§. XIX. In eben diesem Jahr 1459. starb Theodoricus, Erzbischof zu Maynz. Es erhebt sich drauf ein gefährlicher Streit bey der Wahl seines Nachfolgers. Der größte Theil des Domcapituls erwählt Dietrich, Graven von Jsenburg; der übrige Grav Adolfen von Nassau. Beede haben ihre Freunde und Vertheidiger. Churfürst Friedrich von der Pfalz ergreift die Parthie des Letztern. n) Marggrav Carl und sein Bruder, Erzbischof Johann von Trier, Bischof Johann von Speyer, Ludwig Herzog von Zweybrücken, M. Albrecht von Brandenburg, und Grav Ulrich von Würtemberg wenden sich auf die Seite des erstern. Diesen tritt auch die Ritterschaft bey. Der Krieg

---

n) SERARIUS *Rerum Moguntin.* Lib. IV. p. 774. HELWICHIUS *de dissidio Moguntino,* Sect. I. n. 5. p. 138. Tom. II. *Rer. Mogunt.* Die Ursache soll vornämlich gewesen seyn, weil Dietrich, wie man ihm nachsagte, bey seiner Wahl sich zum Krieg gegen Churpfalz, dem Domcapitul endlich verbinden müssen. PORTA WEINSBERGENSIS Msct. p. 309. singt davon:

Der Zyt ward Bischoff zu Menz der
Von Jsenburg ein Grav war er,
Der must sweren dem Capitel sin,
Des Krieges angehaben in
Zu gehen wyder Fridrichen
Den Fürsten löbelichen.

Krieg nimmt seinen Ausbruch im Jahr 1460. und wird mit einer um so grösseren Heftigkeit geführt, je verbitterter die Gemüther wider einander waren. Churfürst Fridrich steht fast überall an der Spitze seines Heeres.

Nach schröcklichen Verheerungen der Länder wird die Belagerung der maynzischen Stadt Pfeddersheim unternommen. Diese wehrt sich zehen Tage aufs tapferste. Der Erzbischof von Mainz eilt mit 8000. Mann und einer fast unglaublichen Menge Geschützes, die Stadt zu entsetzen. Es kommt zu einem hitzigen Gefecht. Fridrich von der Pfalz siegt. Ein grosser Theil der Feinde, eine ansehnliche Anzahl Edelleute und Grav Philipp von Leiningen, Johann von Nassau, Grav Ott von Henneberg, welcher das maynzische Hauptpanier geführt, und Dieterich zu Runkel, gerathen in die Gefangenschaft. Erzbischof Dietrich hat das Glück, die Thore der Stadt Pfeddersheim zu erreichen, und also der Gefangenschaft zu entgehen.

Krieg.

Man tragt alsdann auf eine persönliche Zusammentrettung in Worms an. Unter andern Fürsten war bereits auch M. Karl daselbst angekommen, um die Aussöhnung beeder Churfürsten zu vermit-

Friedenshandlungen.

mitteln. o) Die mündliche Unterredung beeder Churfürsten geht auf der sogenannten neuen Hütte unterhalb Worms vor sich. Hierauf verfassen beyderseitige Räthe im freyen Felde den Frieden. p) In demselben werden ihre Helfer und Helfershelfer, obgleich nicht namentlich, mit eingeschlossen. Bald hernach wird in dem nämlichen Jahre ein Bündniß zwischen Erzbischof Dietherrn von Mainz, und Churfürst Fridrich I. von der Pfalz, im Schloß Heymspach geschlossen. Unter denen, welchen diese Verbindung nicht zum Schaden gereichen soll, wird Marggrav Carl von Baden ausdrücklich genennt. q) Er war bereits mit dem Churfürsten ausgesöhnt.

Chur-

---

o) Auctor Anonymus in *Cod. Palat. Mscto.* p. 354. „In dem kamen die Fürsten „vnd ir Rette gein Wormß, des Bischoffs von „Cöln und Trier Rette. Item der Marggraf „von Baden. Item der Graff von Katzen„elnbogen. Item Lantgraff Heß zu Lynyn„gen. Item der von Yssenburg des Bischoffs „von Meinz Vatter, die vnderstunden den „Bischoff von Menz vnd den Pfalzgraffen zu „verrichten, alz es auch geschah.„

p) Geschichte Churfürst Friedrichs I. von der Pfalz, S. 186. Urkundenbuch, N. LXXII.

q) Siehe erst angeführtes Urkundenbuch. S. 221.

Churfürst Fridrich beschloß nachher, Herzog Ludwig von Veldenz mit voller Macht zu überziehen. Er belagert ihn auch wirklich in seiner Residenzstadt Meisenheim. Erzbischof Dieterich von Maynz gibt sich alle Mühe die kriegende Theile aus einander zu setzen. Er findet sich daher etlichemal in Person ein. Marggrav Carl kommt einige Tage hernach in eben der Absicht, und hat das Vergnügen, seinen Endzweck zu erreichen. – Drey Tage beschäftigt sich der Marggrav, den Herzog zu bewegen, daß er sich dem siegenden Churfürsten unterwerfen wolle. Der 23. Jun. wird dazu bestimmt, und also der Krieg würklich geendiget. r)

Weitere Kriegs u. Friedensverrichtungen.

---

r) Geschichte des Churf. Fridrichs I. S. 226. und folg. Die daselbst angeführte Erzählung aus dem AVCT. ANON. l. c. p. 372. ist diese: „In den Nesten drien Tagen darnach „kam der Marggraff von Baden auch in daz „Her geritten wol mit LX. Pferden, der „vnderstunt den Krig zu richten alz er auch „dette wan er wol dry Tage vß vnd in reit „zu Herzog Ludwigen, vnd zu Graff Emrich von Lyningen, vnn zu lest reit der Margraf von Baden vß Meisenheim vnn der „Herzog mit Im vnn Graff Emrich von „Lyningen vnn reitten vor deß Pfalzgraffen „Gezelt vnd hielten ein lange wil darvor vnn „styen von yren Pferden vnn also gieng der „Pfalz-

Die Hauptsache wird unserm Marggraven zu entscheiden überlassen. Durch dessen Vermittelung wird der Frieden wirklich den 30. Jun. 1461. zu Baden geschlossen. s) Der Churfürst Fridrich und M. Carl

„ Pfalzgraff vß sime Gezelt mit sinen Graffen
„ Rittern vnn Knechten vnn also kam Herzog
„ Ludwig mit dem Margraffen von Baden
„ zum Pfalzgraffen, da viel Herzog Ludwig
„ vor den Pfalzgraffen off sin Knu. do sprach
„ der Pfalzgraff: Vetter ir hetten uch vnn
„ mich soliches wol erlassen daz also vil armer
„ Lutte nit darumb verdorben warent. Do
„ sprach Herzog Ludwig: Vetter es ist mir
„ leid, ich ben darzu verhezet worden vnn will
„ nimmermer wieder uch gedun. Vnn also
„ bub er vnn der Marggraff Herzog Ludwi-
„ gen wider off dezglichen auch Graff Emi-
„ chen, der sprach: Gnediger Herre ich will
„ uch der Tages eins wol sagen, wie ich dar-
„ hinder bin kommen. Vnd also bracht man
„ dry Gulden Kopfe mit Wien uß dem Gezelt
„ vnn gab den Herren zu brincken. „

s) TRITHEMIUS *in Chron. Hirsaug.* & HACHENBERG. *in vita Friderici I. Lib. III. p. 71. seqq.* beede sind verbessert in erstbelobter Geschichte Fridrichs I. S. 190. 129. TRITHEMIUS irrt sich, wann er unter denen, welche Theil an diesem Krieg genommen hatten, auch M. Carl nennet. Es erhellet solches ganz deutlich aus M. Carls Antwortschreiben

M. Carl versprechen dabey, sich bey denen von Lichtenstein bestens zu verwenden, daß Grav Schaffried von Leiningen, welcher in den bisher geführten Kriegen von ersterm gefangen worden war, aus seinem harten Gefängnisses endlich entlassen werden möchte.

§. XX. Unter dessen erwachst dem Marggraven A. 1460. ein besonderer Verdruß zu mit denen von Schauenburg in der Ortenau, und im Elsaß, t) wegen der Schlösser Schauenburg und Bernbach.

Verdrüßlichk. mit Schauenburg.

Die

ben an Churf. Fridrich d. d. Pforzheim, uff Dienstag nach dem Sonntag Reminiscere 1462.
„ Es sind zwüschen uch an einen und etlichen
„ Fürsten und Herren am andern Theile uffer-
„ standen swere Kriege zu verderpnisse Lute und
„ Lande, das was uns getuwelich leyt, dem
„ haben wir mit dem werg glich getan, und
„ uns in soliche Kriege nit wollen ergen, wie
„ offt und was wyr zu unsern Nutz das an
„ uns ward gesucht. Wir haben aber mit
„ langfaltiger langer Müge und Kestung ge-
„ truwelich und fleissig gearbeitet, und nach-
„ gehenckt one uffhoren so lange biß wir durch
„ die Gotlich Gnade richtung vor Meisen-
„ heim funden. „

t) Von dieser Familie handelt umständlich Perill. SCHOEPFLINI *Alsat. Illustr.* Tom. II. p. 693.

Die Gebrüdere Georg, Reinhard und Friederich von Schauenburg bekommen in diesem Kriege des Marggraven Brüder Georg und Marx gefangen, und verwahren sie in dem Schloß Isenheim im Sundgau. v) M. Karl unternimmt daher die Belagerung dieses Schlosses. Churfürst Fridrich I. von der Pfalz, als Landvogt der Reichsstädte im Elsaß, läßt die Stritigkeiten durch seinen Abgeordneten, Görz von Adelsheim beylegen. Davon hernach im Leben M. Georgs.

In diesem Jahr (1460.) auf St. Oswaldstag verkauft Rudolf von Baden, Commentur zu Freyburg und Heitersheim S. Johannisordens, das Dorf Gunbelingen x) bey Brysach, mit Vorbehalt der Wiederlösung, um 400. rheinischer Gulden an Marggrav Karl.

Herzog Sigmund zu Oesterreich ist um diese Zeit mit den Eydgenossen in Streit und Krieg verwickelt. Er sucht solche beyzulegen, und erbietet sich in diesem Jahr zu Veldkirch zu Recht auf Kaiser Fridrich, auf alle geist- und weltliche Churfürsten, auf Erzbischof Sigmund zu Salz-

---

v) SCHOEPFLIN. l. c. p. 694.

x) Förster nennt es mit seinem rechten Namen Günglingen.

Salzburg, auf die Bischöffe zu Babenberg, Speyer, Worms, Ludwig, Johannes, Sigmund, Pfalzgraven bey Rhein und Herzoge in Baiern, Wilhelm Herz. zu Sachsen, Johann und Albrecht, Marggrav zu Brandenburg, Carl Marggrav zu Baden, u. a. m. y)

§. XXI. A. 1461. gehen die Unruhen in Teutschland von neuem mit Heftigkeit an. Ehe ich von denselben handle, und zeige, wie M. Carl Theil daran genommen habe, will ich einiges, so in seinen Landen zu bemerken ist, anzeigen.

1461.

Dieterich von Gemmingen der ältere verkauft das Dorf Friolzheim, welches von dem Marggraven auf ihn gekommen war, mit allen Zugehörungen, wie er sie bekommen hatte, an den Abt Bernhard und das Kloster Hirsau. z)

Gemmingen.

Eben dieser Dieterich bekommt von M. Carl, ohngeachtet das Testament seines Herrn Vatters alle Veräusserungen untersagt hatte, nachstehende Stücke zum Erblehen: das Schloß und Dorf Steineck, die Dörfer Tiefenbronn, Hamberg, Schöllbronn,

---

y) Tschudi Schweitzer-Chron. T. 2. S. 605.

z) *Cod. Dipl. Bad.* num. 414. PETRI *Surv. Eccles.* p. 434.

bronn, Hohenwarth, Neuhaussen, Mühlhausen und Löningen mit dazu gehörigen Unterthanen, Steuren, Wildbännen und besonders dem Wald, der Hagenschieß genannt. In den übrigen hier nicht genannten Stücken behielte sich der Marggrav sein Recht ausdrücklich bevor, a) gestalten dann

---

a) SCHOEPFL. *Cod. Dipl. app.* T. VII. p. 330. Es eigneten sich in der Folge diese Lehenleute nichts als die Vogteylichkeit zu, und nannten sich in Verträgen und Lagerbüchern: Vogtsherrn. Von welchem Worte die gemeinste Bedeutung ist, daß man unter demselben die Niedergerichtbarkeit versteht. HALTAUS. *Glossar. Germ. v.* Vogtey, col. m. 1983. Es werden daher auch die Herren Marggraven in denen Urkunden Landesherrn genennt, und die Redensarten von Fürstlicher Macht und Obrigkeit, von Landesfürstlicher Obrigkeit wegen gebraucht; gleichwie die Herren von Gemmingen sich der Ausdrücke gegen dieselbe bedienen: Ew. Fürstliche Durchlaucht aus habender Dero *Superioritat* gnädigst geruhen, u. s. w. Und ihre Bitten über Bestätigung gewisser Verträge richteten sie an die Herren Marggraven als Ober- und Lehen-Herrn, wie ihre eigene Worte lauten. Es haben auch die Herren Marggraven das Recht Gesetze zu geben, Privilegien zu ertheilen, denen Juden Schutz zu verleihen ausgeübt; hingegen haben die Vasallen vor den marggräblichen Gerichten Recht gegeben und genommen, sie haben die Gerichtbarkeit

Carl I. 1453-1475.

dann auch als im Jahr 1563. Hans Dietrich von Gemmingen zu Mülhausen sich in die Ritterverein zu Munderkingen eingelassen, M. Carl II. dagegen vor Notarien und Zeugen protestirt, und sich und seinem fürstlichen Hause alle landesfürstliche Obrigkeit, Herrlichkeit und Gerechtsame ausdrücklich vorbehalten hat. M. Jacob hatte diese Ortschaften und Gerechtigkeiten theils von den Herrn von Gemmingen, theils von denen von Stein erkauft, theils von dem Kloster Hirsau an sich ertauscht.

M. Carl kauft in diesem Jahre von Herrn Trautprecht von Staufen, und seiner Gemahlin Anna, gebohrner Gräfin von Furstenberg, das Dorf Bickensohl am hintern Kaiserstuhl um 520. fl. zum Eigenthum. b) Er gibt um diese Zeit, vermög des Lehenreverses, Hans Mercklin von Waldkirch zehen Mutt Roggen, und Korn-

---

barkeit des kaiserlichen Hofgerichts zu Rothweil abgelehnt, und sich auf die marggräblichen Gerichte bezogen; ihre Unterthanen wurden vor den marggräblichen Gerichten belangt; die Bestätigung der Contracte bey den badischen Fürsten gesucht; sie hatten die Geleitsgerechtigkeit; die Rechte über die Landstrassen und Weggeld, Appellation, u. d. gl.

b) *Cod. Dipl. Bad.* N. 415. Lünigs Reichs-Archiv, Tom. XII. p. 151. sqq.

Korngelts, c) von den Zehenden und der Zehendscheuer zu Denzlingen.

<small>Baierische Unruhen.</small>

§. XX. Kaum war die Ruhe am Rhein hergestellt, so zeigten sich neue Vorboten zum Krieg in Baiern. Herzog Ludwig von Baiern, Landshutischer Linie, verlangte, ungeachtet aller Vorstellungen, die ihm die Churfürsten von Maynz, Pfalz und Brandenburg auf dem Nürnberger Convent gethan hatten, daß M. Albrecht von Brandenburg die im vorhergehenden Kriege eingenommen, und zum Theil zerstörte Städte und Schlösser auf eigene Kosten in Stand stellen, sich mit selbigen von ihm belehnen lassen, ihm und seinen Nachkommen oder Erben das Oefnungsrecht in denselben gestatten, und nicht nur versprechen solle, nimmermehr etwas Feinds

---

c) Das Wort Korn wird in verschiedener Bedeutung genommen. Man gebraucht es überhaupt von allerhand Getraide, so daß es den Rocken, Dinckel und Haber in sich begreift, und der Gersten, den Linsen und Erbsen, die mit dem Wort Maß ausgedruckt werden, in einem Lehnbrief vom Jahr 1398. entgegen gesetzt wird. Sodann zeigt es diejenige Gattung Frucht an, die wir ins besondere Rocken zu nennen pflegen. Und endlich wird mit dem Wort Korn in besonderm Verstande, wie vor diesem also auch noch jetzt, zu Basel und in dasigen Gegenden der Dinkel angezeigt.

Feindliches gegen das Haus Baiern vorzunehmen, sondern auch hierüber die Gewehrschaft und Versicherung von Sachsen, Hessen, Baden und Würtemberg beyzubringen. d) Der Marggrav konnte sich zur Erfüllung dieser Stücke nicht entschließen, und nahm sich vor das äusserste abzuwarten. Herzog Ludwig schloß ein Bündniß mit König Georg von Böhmen, und Erzherzog Albrecht von Oesterreich.

K. Fridrich ermahnt durch ein besonders Schreiben den 6. Jun. diese Verbundene von ihrem Vorhaben abzustehen. Er bestellt darauf den 6. Julii unsern Marggrav Carl, nebst M. Albrecht von Brandenburg und Grav Ulrich von Würtemberg zu seinen und des Reichs Ober-Feldherrn. e) Er sendet denselben das

Reichs-

---

d) Müllers Reichstagstheater unter K. Fridrich III. C. 6. S. 13.

e) Tschudi l. c. S. 616. Chron. Ellwangense ad h. a. apud Freher. Tom. I. *Rer. Germ.* p. 687. Müller l. c. Cap. 12. S. 54. „Und des zu unsern Hauptleuten gesetzt und geordnet die Hochgebohrnen Albrechten, Marggraven zu Brandenburg, und Burggraven zu Nürnberg, und Karlen Marggraven zu Baden, und Graven zu Spanheim, vnser liebe Oheim, Swager und Fürsten, und dem Wolgeborn unsern

„und

panier zu, f) läßt die Aufbottsschreiben an die Reichsstände ergehen, und kündigt Herzog Ludwig in Baiern, als einem der das Verbrechen der beleidigten kaiserlichen Majestät begangen, den Krieg an. g) Derselbe nimmt auch wirklich seinen Ausbruch zu großem Unglück der Unterthanen. Churfürst Fridrich von der Pfalz zieht Herzog Ludwig aus Baiern zu Hülfe. Unser Marggrav Karl aber begibt sich nicht aus seinen Landen, und sorgt vor ihre Sicherheit.

Krieg am Rhein. §. XXIII. Indem die vorgemeldete Fürsten gegen einander zu Felde liegen, so schlägt das am Rhein unter der Asche lodernde Kriegsfeuer in volle Flammen aus. Ich habe im Vorhergehenden gemeldet, daß die Erzbischofswahl zu Maynz nicht ohne Weitläuftigkeiten abgegangen sey. Hier sind nun kürzlich die Folgen anzuzeigen. P. Pius II. weigerte sich dem

---

„ und des Reichs lieben getruwen, Ulrichen,
„ Graven zu Würtemberg, und denselben ge-
„ mainlich und sunderlich unser Keyserlich
„ Banyr in den Sachen an unser stat von un-
„ sern und des heiligen Reichs wegen, bevol-
„ hen zu gebruchen, u. s. w. „

f) Würtembergische Deduction wegen des Reichspanniers.

g) Müllers l. c. C. 12. S. 69.

dem neuerwählten Erzbischof Diether die gebetene Confirmation zu ertheilen. Er verlangte, der Erzbischof solle sich persönlich bey ihm zu Mantua einfinden, das Erzbischöfliche Pallium bezahlen, und sich verpflichten, in Zukunft keinen Churtag noch irgend einen andern Convent in Teutschland ohne des Papsts Genehmigung auszuschreiben. Dieser lebhafte geistliche Churfürst wiedersetzt sich den Anforderungen des Papsts, und zeigt den Reichsständen auf dem Convent zu Maynz mit einer muntern Beredsamkeit, wie gefährlich diese römische Gesinnungen der teutschen Freyheit seyen. h) Er zieht sich aber aus dieser und andern Ursachen des Papsts heftige Ungnade zu. Er wird sogar mit dem Banne belegt. Allein

---

h) GOBELLINUS p. 143. Müller l. c. Cap. 11. p. 42. wo die merkwürdige Worte des Erzbischofs also lauten: „solte das sin, daß sich „Nyemand von Beschwerunge eyns Papsts an „ein künftig gemein Concilium berufen solte, „so möchte ein Pabst mit vnd gein einem „jeden handeln und fürnemen, was seins „willens were, ober sin würde, vnd das „möchte sich alsdann Nyemant erweren, noch „vfgehalten auch nicht vertragen sin nach „verliben, was Last ober Beschwerde das „einem jeden tun vnd bringen mochte, mag „Meniglich wol prüfen."

Allein nichts schröckt ihn ab, seine Erzbischöfliche Amtsverrichtungen fortzusetzen. Der Papst kommt daher auf die Gedanken, ihn seines Amts zu entsetzen. i) Grav Adolf von Nassau, damaliger Domherr zu Mainz und Stadthalter zu Erfurt, läßt sich von dem Papst gegen Dietherrn gebrauchen. Er wird in Gegenwart desselben im September, auf Päpstlichen Befehl, wirklich eingesetzt, und, weil der Papst alle maynzische Unterthanen ihrer Pflichten gegen Diethern losgezählt, k) als Erzbischof angenommen. Diether begibt sich hinweg in die maynzische Vestung Starkenburg in der Bergstraße. Der Papst hatte gewünscht, daß man sich seiner Person besser versichert hätte, um allen bösen Folgen vorzukommen.

Die Sache bekommt nun eine ganz andere Gestalt. Fürsten, welche vorher die Waffen gegen Adolf von Nassau geführt hatten, treten nun zu seiner Vertheidigung zusammen. Seine erste Bundsgenossen und Helfer sind Marggrav Carl, und dessen Brüder, Erzbischof Johann von Trier

---

i) IOHANNIS *Rer. Moguntin.* Tom. II. p. 146. saq. GOBELLINUS l. c. p. 146. Müller l. c. p. 34.

k) GUDENUS *Cod. Dipl.* Tom. IV. p. 347.

Trier und Biſchof Georg von Metz, nebſt
Herzog Ludwig von Veldenz, l) und
Adolfs Bruder, Grav Johann von Naſſau. Sie führen ihm eine anſehnliche
Hülfe an Soldaten zu, unter welchen
allein von M. Carl über 800 Mann zu
Pferd gezählt wurden. m) Adolf war ein
Anverwandter n) unſeres Marggraven, und ſeiner Brüder. Allen hatte
Adolf anſehnliche Subſidien ange-
wieſen. Dem Churfürſten Johannes
wurde der vierte Theil des Zolls zu Lanſtein verſchrieben, mit dem Verſprechen,
daß, ſo bald er Lanſtein in ſeine Hände
bekom-

---

l) Noch mehrere Hülfsgenoſſen zeigt an TRIT-
HEM. in *Chron. Sponh.* ad a. 1461. p. 373.
und HIRSAUG. p. 444. IOHANNIS l. c.
Tom. I. p. 780. Tom. II. p. 162.

m) CODEX PALATIN. p. 417. in libr. all.
„ Und darnach ſchreibe der von Naſſau vß
„ allen Fürſten vnd Herren vnn Stetten vnn
„ lies auch anſlagen des Papſt Bullen vnnd
„ des Kaiſers Brief, vnd zoch vß in das Rinck-
„ aw der Biſchoff von Trier vnd der Bi-
„ ſchoff von Metz koment Im zu Hilff. Item
„ Herzog Ludwig von Baiern vnn Graff zu
„ Veldentz. Item der Marggraff von Baden
„ der bracht Im allein me dann VIII. C.
„ (800.) Reiſegir Pfert ꝛc. ꝛc.

n) Adolfs Mutter Margaretha war Marggrav
Bernhards I. von Baden Tochter geweſen.

bekommen würde, ihm solches ebenfalls in so lange verbleiben sollte, bis er wegen der angewendeten Kosten würde befriedigt seyn. Dem Marggraven Carl wurde gegeben Schloß und Stadt Algesheim, und im folgenden Jahr (1462) Dromersheim, Ockenheim, Windesheim und Kempten, nebst ein tausend Gulden vom Zoll zu Ehrenfelß. o)

Diether beschwehrt sich in einer Schrift über diese veränderte Gesinnungen seiner vormaligen Freunde, welche ihm zum Theil mit Lehens Pflicht, überhaupt aber durch besondere Freundschaftsverträge verbunden waren, und stellt ihnen die Unbilligkeit ihres Verfahrens nachdrücklich vor. p) Er bemüht sich

---

o) IOHANNIS in *Notis* ad HELWICHIUM de *Dissidio Mogunt.* Tom. II. *Rer. Mogunt.* p. 161. 162. Dieser Schriftsteller meldet zugleich M. Carl habe nachher A. 1466. alle diese Orte Grav Philipp von Katzenellenbogen verpfändet. Add. TRITHEM. *Chron. Hirsaug.* ad a. 1461.

p) Lehmann Speyer. Chron S. 439. Müller l. c. 45. 49. Er sagt unter andern: „Darüber „thunt dem Grave Adolffen inne vnsern Stifft „also helffen inzebringen wieder vns Hielfe und „bystand der erwelt und bestetiget zu Trier, „Herzog Ludwig Graue zu Veldenze, Marg-
„graue

ſich alſo um anderweitige Hülfe, ſonderlich da Adolfs Parthie ſich durch Grav Ulrich von Würtemberg und Herzog Wilhelm von Sachſen verſtärkte. q) Diether wendet

„ graue Karle zu Baden vnnd Grave Jo-
„ hann von Naſſauwe, Graf Adolffs Bruder
„ mit andern iren Anhängern, alles unbe-
„ ſchreben, unbeſorgt, und unbewart, auch
„ unaufgeſagt irer Verpflichtunge, Eyde vnd
„ Gelübde, der ſie vns Eynunge, Büntnüß,
„ vnd von Lehen wegen verhafftet, vnd ver-
„ want ſin, nemlich der von Trier unſerer
„ Kurfürſten Einnung halber unter andern
„ inhaltende, obe yemants vnſer eynen von
„ ſynem Kurfürſtenthume, Fürſtenthume, Herr-
„ lichkeyten ꝛc. dringen wollte, ſo ſolte yegli-
„ cher dem andern darwider helffen zuziehn
„ und thun, als ob es ſin eygen Sach were ꝛc.
„ Item Hertz. Ludwig vnnd Maryggraf Kar-
„ len von verſchriben Eynung und Büntniß
„ wegen Inhaltende, wider vns vnd vnſern
„ Stifft nit zu ſin, noch zu kunde, vnd dann
„ dieſelben zween Hertzog Ludwig und der von
„ Baden —— von Lehen wegen lutende, daß
„ ſie vns getruwe vnd hold ſin, vnſern Scha-
„ den warnen und beſtes werben ſollen. „

q) Dem Graven von Würtemberg verſchreibt er deßwegen vierzig tauſend Gulden. Steinhofer Würtemb. Chron. Th. III. S. 23. und dem Herzogen von Sachſen verſichert er ein Capital von vierzehen tauſend Gulden auf einige Aemter und Städte im Eichsfeld, die er zuerſt einnehmen ſolle. IOHANNIS l. c. p. 161.

wendet sich an Churfürst Fridrich von der Pfalz, seinen ehemaligen Widersacher, und findet bey ihm ein geneigtes Gehör, ob er ihm wohl die verlangte Hülfe nicht also gleich leistete. r) Diether fängt also an den Muth sinken zu lassen. Er verspricht Adolfen in einem Vergleich, den er auch wirklich durch seine Gesandte beschwören läßt, das Erzstift abzutretten. s) Allein er kommt nicht zum Vollzug. Viele geben Churfürst Fridrich die Schuld. t) Derselbe schließt mit Diethern und dem Graven von Katzenellenbogen im November ein Bündniß. Die Absicht ist, ihn in dem Besitz seines Erzbißthums zu erhalten. Diether verspricht dem Churfürsten verschiedene Schlös‑

---

r) Der Erzbischof Diether von Maynz errichtet im Jahr 1461. auf St. Elisabethentag ein Bündniß mit Churfürst Fridrichen von der Pfalz, und Grav Philipp von Katzenellenbogen entgegen den Erzbischof Adolf von Maynz. Churfürst Fridrich nennt unter denen, gegen welche dieser Bund nicht gelten solle, namentlich Marggrauen Carlen zu Baden. S. mehrangeführtes Urkundenbuch. S. 239.

s) GOBELLINUS L. VI. p. 147. Müller l. c. p. 112.

t) Die Gründe gegen diese Aufbürdung siehe in der Geschichte Churfürst Fridrichs I. S. 225. folg.

Schlösser und Städte in der Bergstraße, welche dieser so lange besitzen sollte, bis er von Chur Maynz mit einer Summe von hundert tausend Gulden vor die Kriegskosten würde befriediget seyn. Churfürst Fridrich nimmt ungesäumt die Huldigung ein.

Marggrav Carl hatte sich bereits vorher den 12. November auf dem Oppenheimer Congreß persönlich bemühet, dem Krieg durch gütliche Handlungen vorzubeugen, und den vorgedachten Vergleich zum Vollzug zu bringen. Und nun, da Diether sich so genau mit dem Churfürsten von der Pfalz verbunden hatte, begibt er sich den 22sten Nov. nach Heidelberg. Erzbischof Adolf und das Domcapitul zu Maynz hätten ihn abermals mit Vollmachten versehen, dem Streit ein Ende zu machen. Auch jetzt war seine Beschäftigung vergeblich, und Churfürst Fridrich erklärt sich gegen ihn, daß er Diethern bey seinem Erzbißthum schützen, und ihm wieder zu denjenigen Landen verhelfen wolle, die ihm von Adolfen wären entrissen worden. Der Krieg mußte also folgen.

§. XXIV. Ich muß zuvorderst noch melden, daß, um Churfürst Friderichs Bemühungen zu hindern, sowohl Papst Pius II. seine Bannstrahlen gegen Churfürsten Fridrich, Diethern und ihre Helfere wiederholet, als auch K. Fridrich selbige in die Acht erklärt, und die Reichsstädte bey Verlust ihrer Freyheit und unter Androhung hoher Strafe gegen dieselbe aufgeboten habe. Diether gab deswegen seine Schutzschrift heraus. Unser Marggrav hingegen und seine Bundsgenossen glaubten Ursachen genug zu haben, warum sie verbunden wären, sich des Graven Adolfs anzunehmen. Man zählete vornämlich hieher, weil Churfürst Fridrichs Bezeugen gegen den Kaiser und Papst so beschaffen wäre, daß man muthmassen könnte, er wolle Teutschland Gesetze vorschreiben, und seine nächste Nachbarn unter das Joch bringen. Der Kaiser hatte auch bereits A. 1461. M. Carln, M. Albrecht von Brandenburg und den Graven von Würtemberg, Ulrich und Eberhard die Reichshauptmannschaft wider den Churfürsten übertragen, und in dem folgenden Jahre denen Landständen im Elsaß befohlen, in Zukunft Marggraven Carl, nicht aber den Churfürsten, als der sich gegen ihn sehr widersetzlich erzeige, vor ihren Landvogt zu erkennen. Ein Gleiches wurde, wie schon oben angeführt worden, den Städten in der Ortenau aufgegeben. u)

Aus

---

u) *Cod. Dipl. Bad.* Num. 417.

Aus diesem ist leicht zu begreifen, warum der Churfürst einen so großen Unwillen wider unsern Fürsten gefaßt habe, da sich der Kaiser seiner bediente, die weitaussehenden Absichten desselben zu verhindern. In der Pfalz wurde daher das Vorhaben des Marggraven auf der schlimmsten Seite betrachtet, und er nicht nur als Bundbrüchig, sondern auch, als ein wider seine Pflichten handlender Vasall vorgestellt. x) Der Marggrav legte hingegen die gewaltsame Anschläge des Churfürsten der Welt schriftlich vor Augen, und zeigte, wie er auf Ansinnen und Befehl des Kaisers und Papsts veranlasset worden, sich so, wie geschehen, zu betragen. y)

§. XXV. Die Nassauische Lande müssen das Elend des Kriegs A. 1461. zuerst erfahren. Das wider Adolfen verbundene Heer legte einen großen Theil selbiger Orte in die Asche. Grav Ulrich von Würtemberg hingegen kündigt dem Churfürsten im December, Namens des Kaisers den Krieg an, und thut mit zwölf tausend Mann einen Einfall in die zu dem Kloster Maulbronn gehörige Ortschaften.

Anfang des Kriegs.

---

x) Der schon mehr angezogene *Codex Palat. Mset.* ist ein Zeuge hievon, wie anzüglich wider den Marggraven geschrieben worden ist.

y) Müller l. c. p. S. 129. folg.

Der Marggrav hatte bisher noch nichts feindliches in Person gegen den Churfürsten unternommen, ob er gleich einige Völker dem Grafen Adolf zugesandt hatte. Daß er sich dem Grafen von Würtemberg nicht widersetzt, sondern dessen Lande und Unterthanen in seinen Schirm genommen, und solches nicht nach Heidelberg berichtet hatte, wird ihm von dem Churfürsten aufs übelste ausgelegt, und er beschuldigt, daß alle seine freundschaftliche Versicherungen und Verwendungen in der maynzischen Sache ein heimliches Gift bey sich gehabt, und er den Churfürsten dadurch nur auszuforschen und aufzuhalten gesucht habe. Andere Beschuldigungen nicht zu gedenken. z)

Fortsetzung.

§. XXVI. Hierauf verlangt der Churfürst A. 1462. im Jenner von dem Marggraven eine Erstattung des durch den Maulbronner Ueberfall von Würtemberg ihm zugefügten Schadens. Er verheert zugleich die Würtembergische Städte bis Stuttgart; und begehrt von dem Marggraven, daß er seine Völker von Adolfens Kriegsheer zurück ziehen solle. Bald hernach kommt die Päpstliche Bulle an, in welcher Diethern und dem Churfürsten Frid-

---

z) Geschichte des Churfürsten Fridrichs I. S. 269. folg.

Fridrich) befohlen wird, bey Strafe des Bannes in Zeit von achtzehen Tagen alle Schlösser und Lande des Erzstifts Maynz, mithin auch die Bergstraße, an Adolfen abzutreten. Der Papst hatte dabey die Verordnung gemacht, daß der Bannfluch alle Tage bey öffentlichem Gottesdienste durch ganz Teutschland in allen Kirchen solle wiederholt werden. a) Dieses vermehrt dem Marggraven und andern den Muth, den Willen des Papsts zu erfüllen, und gegen Diethern und seinem Beschützer Churfürst Fridrich zu Felde zu gehen, um so mehr, da nach der üblichen Form des Bannbriefes alle Unterthanen von dem Gehorsam gegen ihren Landesherren freygesprochen worden. Der Churfürst thut schriftliche Vorstellungen an den Papst, und sendet Gesandte dahin. Die Antwort desselben fällt aber nicht nach Wunsche aus. b)

§. XXVII. M. Carls Lande werden im Hornung wirklich von Pfalz und dessen Lande. *Einfall in die badische Lande.*

---

a) MUTIUS *in Chron.* ap. PISTOR. *Rer. German.* Tom. II. p. 951. TRITHEM. *Chron. Hirsaug.* Tom. II. p. 444. Müller l. c. Cap. 20. S. 219. JOHANNIS *Rer. Mogunt.* Tom. II. p. 165.

b) FREHER. *Rer. Germ.* Tom. II. p. 361. HELWICH. *de dissidio. Mogunt.* p. 56.

ſen Helfern feindlich angefallen. Grav Johann von Eberſtein thut aus dem Städtlein Gochsheim, einem Churpfälziſchen Lehen, faſt täglich mit ſeinen Leuten in die Marggravſchaft Streifereyen, fängt die Bauern auf, treibt das Vieh weg, und thut großen Schaden. Der Marggrav hält ihn alſo vor den angreiffenden Theil, und ſchickt ihm Abſag- und Fehdebriefe zu. c)

Der

---

c) Ich verſtehe davon die Worte in dem Cod. Palatin. Mſct. ad a. 1462. p. 474. „Indem det „ der Graff Hans von Eberſtein vß Gottzen „ dem Marggraffen vonn Baden vnn den „ von Würtenberg großen Schaden, er fienge „ In die Buern vnd nam In daz fyehe, vnn „ lag zu begelichen Krige gegen In. In dem „ widerſagte der Marggraff von Baden dem „ Pfaltzgraffen. Do reißte der Pfaltzgraff off „ den Marggraffen vnn verbrannte ihm viel „ Dörffer abe vnn ſunderlichen den Remycher „ mer Talle. Vnd Herzog Ott von Baiern „ der halff dem Pfaltzgraffen vnn datten dem „ Marggraffen großen Schaden.„ Ob der Marggrav den Klöſtern Euſerſtal, Schönau und Sinßheim, im Pfälziſchen vor, oder nach dieſen Unternehmungen des Churfürſten einigen Schaden zugefügt habe, und deßwegen von dem Churfürſten vor den angreiffenden Theil ſeye gehalten worden, oder ob ſolches nur wegen des Graven von Würtemberg Einfall ins Maulbronniſche geſchehen ſey, kan, wie der gelehrte Herr Verfaſſer der oftbelobten Geſchichte

Der Churfürst verbrennt hierauf gegen Ende des Hornungs drey Badische Dörfer bey Pforzheim, und im Anfang des Merzen fällt er mit einer starken Reuterey ins Remchinger Thal ein. d)

M. Carl verbindet sich Dienstag nach Palmtag noch genauer mit Ludwig, Herzog von Zweybrücken und Ulrich Grav von Würtemberg. Hingegen erhält die Gegenparthie eine ansehnliche Verstärkung durch

---

schichte Churfürst Fridrichs I. S. 278. selbst bemerkt, nicht bestimmt werden. Das weitläuftige Antwortschreiben Marggrav Carls an Churfürst Fridrich wegen des dem Kloster Maulbronn zugefügten Schadens d. d. Pforzheim Dienstag nach dem Sonntag Reminiscere 1462. steht in dem Urkundenbuch dieser Geschichte, Blatf. 241. gleichwie die eben so weitläuftige Wiederantwort des Churfürsten an den Marggraven d. d. Heidelberg auf Freytag vor dem H. Palmtag desselben Jahrs Blatf. §. 251. Worauf M. Carl wieder eine sehr lange Antwort d. d. Baden, Freytag nach Exaudi gegeben. Diese steht eben daselbst Blatf. 260. und in Müllers Reichstag unter K. Fridrich III. 4te Vorst. S. 129. Der Marggrav gedenkt insonderheit auch des Schadens, der ihm und seinen Dienern geschehen sey zu Kinspach und andern enden im Remchinger tale.

d) Steinhofers Würtembergische Chron. Th. III. S. 48.

durch den Beytritt Landgrav Heinrichs von Hessen. e)

M. Carls erster Einfall in die Pfalz.

§. XXVIII. Der Churfürst sucht hierauf mit seinen Bundsgenossen ins Rheingau einzudringen. Während dieses Zugs fällt ein Haufen Badischer und Würtembergischer Völker, so aus fünfhundert Mann zu Pferd und dreyhundert zu Fus besteht, ins Oberamt Heidelberg ein. Er steckt am 31. Merz die Dörfer Waldorf, St. Gilchen, Nußloch und Sandhausen in Brand. Den folgenden Tag wird solches mit Bruchhausen, Kirchheim, Blankenstein und Eppolzheim vorgenommen. Zu gleicher Zeit unternimmt M. Carl die Belagerung des Schlosses Neuburg im Oberamt Germersheim. Der Churfürst eilt zu Hülfe, und M. Carl findet vor gut, die Belagerung aufzuheben.

Am 13. April ergreift der Bischof von Speyer Johannes Nix von Hoheneck, genannt Enzenberg, Adolfs Parthie, und begibt sich in das Bündniß, welches zwischen Veldenz, Baden und Würtemberg geschlossen war. Der Marggrav stunde mit ihme in guter Freundschaft, wie dann am Dienstag nach Bartholomäi A. 1461. der Marggrav nebst dem Domprobst

---

e) IOHANNIS l. c. p. 160. 164.

probst zu Worms, Pfalzgrav Ruprecht und andern seinem Einzug zu Speyer beygewohnet hatte. f) Churfürst Friedrich von der Pfalz kündigt aus diesem Anlasse ihm und seinem Bißthum den Krieg an. Die Stadt Speyer hingegen ist mehr auf der Seite des Churfürsten, als seiner Feinde. g)

§. XXIX.

---

f) Churfürst Fridrich bediente sich in einem Schreiben d. d. Heidelberg, off Sondag Misericordia Dni 1462. an die Speyerische Gemeine zu Udenheim dieser Worte: „Vnd kompt Her „Johan Bischoff zu Spier zu Kriege das „vmb keiner andern sach willen geschaht dan „durch sinen uppigen mutwillen, vnd das er „Marggraff Carlen me damit hoffirt dan ge- „horsam zu bewiesen." S. das Urkundenbuch zu Churfürst Fridrichs I. Geschichte, Blatts. 271. Dieser Bischof bedauerte nachher, daß er sich in die Verdrießlichkeiten mit dem Churfürsten eingelassen hatte, und weil ihm der dem Stifte zugewachsene Schade sehr empfindlich war, so resignirte er A. 1464. dem Domstift das Bißthum, und, damit die Scharte ausgewetzt werden möchte, so schlug er des Churfürsten Canzler, Matthias von Ramminen an seine statt vor, begab sich nach Pforzheim zu seinen Freunden, und beschloß daselbst sein Leben A. 1467. wurde auch in dem dasigen Barfüßer Kloster begraben. Lehmann l. c. B. 7. Cap. 123. S. 491.

g) Lehmann B. 7. Cap. 106. 107. S. 863. folg. Man lese dabey des Churfürsten Brief an den Rath

Zweyter Einfall.

§. XXIX. Es erschallt hierauf ein Gerücht, Churfürst Fridrich von der Pfalz seye nach Baiern, seinem Freunde, Herzog Ludwig zu Hülfe geeilt. Es ist sehr wahrscheinlich, daß der vorsichtige Pfälzische Held diese Kriegslist selbst erdacht habe. M. Carl, dessen Lande sehr viel erlitten hatten, glaubt, nun seye die beste Zeit, in die Pfalz einzudringen. Er gibt denen mitverbundenen kaiserlichen Hauptleuten, M. Albrecht von Brandenburg und Grav Ulrich von Würtemberg, Nachricht von seinem Vorhaben, und ersucht sie, dem Zug in Person beyzuwohnen. M. Albrecht widerrathet das Vornehmen. Grav Ulrich aber entschließt sich, aller Vorstellung seines alten Raths, Hans von Rechberg, ohngeachtet nach Pforzheim zu M. Carl und von da mit ihm ins Feld zu gehen. h)

Die Vereinigung der Würtembergischen Truppen mit den Badischen, Speyerischen und Metzischen, welche M. Carls Bruder, Bischof Georg selbst herzugeführt hatte, geschiehet den 25sten Junii bey

---

zu Speyer in dem angezogenen Urkundenbuch, S. 271.

h) Steinhofers Würtembergische Chron. Th. 3. S. 51. folg.

bey Pforzheim. i) Sie setzen sich sogleich in Bewegung und kommen den folgenden Tag in die pfälzische Grenzen nach Bretten. Sie versprechen sich von ihren Anstalten den besten Fortgang, und sonderlich die Eroberung der Churfürstlichen Residenzstadt Heidelberg. k) Ihr vereinigtes Kriegsheer besteht aus sechs tausend Mann zu Fus und achthundert zu Pferd. Adolf sendet ihnen hernach eine Verstärkung von drey tausend zu Fus und vier hundert Reutern. Sie suchen zuvorderst die Stadt Heidelsheim einzunehmen, um den Rucken sicher zu haben.

Der Churfürst, dem die Bewegungen seiner Feinde bekannt waren, hatte sich selbst in diese wohl befestigte Stadt begeben, und die Besatzung mit vierzig Reutern

---

i) Steinhofer, l. c. S. 56.

k) TRITHEM. *Chron. Spanh.* ad A. 1462. p. 375. „*Carolus* Marchio de Baden, Geor„gius Episcopus Metensis frater ejus, Jo„hannes Nix, Episcopus Spirensis & Vdal„ricus Comes Wirtenbergensis simul coa„dunati congregaverunt exercitum & con„tra Fridericum Comitem Palatinum proce„dentes (quem putabant procul absentem) „omnem terram ejus una cum oppido man„sionis ejus Heidelberg in praedam sibi „promiserunt.„

tern verstärkt. Die Belagerer halten sich, da sie den Ort in guter Bereitschaft finden, nur zwey Tage dabey auf. Sie rücken weiter, um die von Herzog Ludwig von Veldenz versprochene Hülfsvölker zu erwarten. Da sich ihnen nirgend ein pfälzisches Heer entgegen stellt, so trauen sie dem ausgebreiteten Gerücht von der Abwesenheit des Churfürsten noch zuversichtlicher. Ja der Bischof von Speyer versichert über dis bey seinem Leben: er habe ganz zuverläßige Nachrichten, daß wirklich in der ganzen Pfalz kaum drey bis vier hundert Mann zu Pferd sich befinden. 1) Hierdurch gerathen sie in eine Art Sicherheit, und thun noch vor Untergang der Sonne einen Einfall in das Oberamt Heidelberg, wo sie verschiedene Orte in Brand stecken. Sie hatten bey St. Lehne, einem bischöflich-Speyerischen Orte eine Wagenburg gemacht. Daselbst lassen sie das Fusvolk, und gehen in der Nacht mit acht hundert Reutern, bis nahe in die Gegend, wo sich der Rhein und Neckar vereinigen. m)

Chur-

---

1) POETA WEINSPERGENSIS p. 310.

m) POETA WEINSPERGENSIS pag. 310, singt davon also:

Und da der Abend herzu ging
Daß sich dann Nacht finster anbing

Schlu-

Churfürst Fridrich zeigt plötzlich, daß er nicht in Baiern, sondern in der Nähe seye. Er versammlet seine Leute zu Laimen, und eilt auf erhaltene Nachricht, daß der Gegentheil sich nach Seckenheim ziehe, mit einem Heer von acht hnndert Mann zu Pferd, und zwey tausend zu Fus, ihm entgegen. Er wird ihrer auf einem Sandfeld vor dem Schwetzinger Wald gewahr, da er eben von Diethern von Maynz und dem Graven von Katzenellenbogen mit dreyhundert Reutern verstärkt wird, welche ihm diese Freunde selbst zuführen.

M. Carl und die bey ihm waren, hatten sich allzuweit in die Ecke zwischen dem Rhein und Necker gewagt. Der Churfürst war ihnen nun mit seinem Heer auf dem Rücken. Sie mußten sich also durch ein Treffen zu helfen suchen. Dieses erfolgt den 30. Jun. am Tage Petri und Pauli, Mittags zwischen zwölf und ein Uhr. Das kleine badische Heer ficht ge-

Treffen bey Seckenheim.

gen

Schlugens die Wagenburg mit den
Fußgengern nider by Sant Len
Das Fuß volck als gemeyne
Bleib darinnen mit eyne
Aber der Reiffig Zug mit macht
Allersamt für sich reit die Nacht
Bis daß sie kamen uf den Pfad
Nit fer von Heidelberg der Stadt.

gen den ihm an Menge überlegenen Feind, mit solcher Tapferkeit, daß dessen Reuterey sich auf die Flucht begeben wollen. Dem Churfürsten selbst wird ein Pferd unter dem Leib erstochen, daß er eine Zeitlang zu Fuße streiten muß. Seine Leute ermannen sich, insonderheit thut das Fußvolk mit seinen langen Spießen den badischen Reutern großen Schaden. Dem ohngeachtet fahren diese, nach dem Verlust der Pferde, fort zu Fuße zu fechten; und wollte sich keiner ergeben, er seye dann verwundet worden. Die Pfälzer bemächtigen sich der badischen Fahnen, welche hernach in der H. Geist Kirche zu Heidelberg zum Angedenken aufbehalten worden. Endlich muß sich M. Carl ergeben. Er gerathet nebst seinem Herrn Bruder Bischof Georg zu Metz, und Graf Ulrich von Würtemberg, auch bey hundert und vier und zwanzig Grafen und Herren von Adel in die Gefangenschaft. n) Graf Ulrich

---

n) HILWICH. de *dissidio Mogunt.* Sect. VII. §. VII. Tom. II. *Rer. Mogunt.* FREHER. *Rer. Germ.* Tom. II. p. 179. Lehmann, Speyer. Chron. B. 7. Cap. 107 865. GOBELLINUS in *Commentariis Pii II. Pont.* L. IX. p. 120. hat folgende Beschreibung: Atrox certamen initur. Badenses & a tergo & a fronte urgentur, nec ultra progredi, nec retro cedere possunt. Sola in dextra spes

Ulrich von Helfenstein, Rau-Grav Georg von Alten- und Neuen Baumberg, und der Freyherr Georg von Brandiz werden unter den drey und vierzig Todten namentlich genennet. o)

Diejenige, welche im Lager zurück geblieben waren, entkamen dem Feind. Unter diesen war auch Bischof Johann von Speyer. Die Anzahl der Todten auf pfälzischer Seite wird sehr gering angegeben. Churfürst Fridrich erließ sogleich ein Schreiben an Herzog Ludwig von Baiern,

---

spes manet Clausa fugiendi via. Alter hortatur alterum. In caedem summis conatibus itur. Et jam Palatini cessurus equitatus fuerat, nisi prodeuntes e latebris pedites longis hastis Badensium equos confodere coepissent, et stragem animalium horribilem fecissent. Ea res Palatino victoriam peperit, quamvis non incruentam, cum ferox hostis etiam caeso, in quo sedebat, equo in pedes erutus certamen instauraret, neque se victum fateri vellet, nisi vulneratus: ob quam rem Badensis cum fratre Episcopo Metensi & Comite Wurtembergii, multisque aliis Baronibus ac nobilibus captus est, manicis vinctus ferreis in carcerem tetrum raptus.

o) In Steinhofers Würtembergischen Chron. Th. 2. S. 68. folg. werden verschiedene Verzeichnisse der Todten und Gefangenen angeführt.

Baiern, und gab ihm von dem ihm so
vortheilhaften Siege erfreuliche Nachricht. p) Ja dieser Sieg war ihm so
wichtig, daß er unter andern Feyerlichkeiten, die er zu desselben Angedenken an-
stellete, nachher ein Crucifix von Stein
auf der Wahlstatt aufrichten lassen, q)
welches noch jetzt zu sehen ist.

§. XXX.

p) Man liest es bey Lehmann l. c. in CRU-
SII *Annal. Suev.* Lib. VII. Part. III. p. 409.
u. a. m.

q) Eine Abzeichnung davon ist in der oft angeführten Pragmatischen Geschichte des Churfürsten Fridrichs I. Die Aufschrift steht unter
andern in FREHER. *Origin. Palat.* L. I.
C. VII. p. 123. und Tom. II. *Rer. Germ.*
p. 362. in TOLNER. *Histor. Palat.* p. 71.
Unter den Gedichten, davon Perill. JO JAC.
REINHARDI *Res gest. Frider. Pal.* p. 39.
nachzusehen sind, führe ich dieses hier an:

 Als ein A mit einem I. geziert   M
 Vier Hufeisen waren formirt   CCCC
 Ein Axt und der Apostel Zahl   L. XII.
 Geschah die Schlacht am Neckerthal.
 Da schlug und fieng ein junger Pfälzer
 Einen Baden, Jäger und Seltzer
 Fridrich der Siegreich wol genannt
 Der Chur-Pfalz Zier durch alle Land.

Daß Pfalzgrav Fridrich, Churfürst, bey den
Eydgenossen wider die verbundene Fürsten um
Hülfe angesucht habe, ihm auch auch den sieben
Orten

§. XXX. Die Gefangene werden nach Heidelberg in das Schloß geführt. Bey der ersten Abendmahlzeit wird ihnen kein Brod vorgelegt. Als sie solches fordern, läßt ihnen der Churfürst zur Antwort sagen, sie hätten wider das Brod Krieg geführt, und die Mühlen in Rauch verwandelt.

M. Carls Gefangenschaft.

Daß unser Marggrav ein weit härteres Gefängniß ausstehen müssen, als die andere Gefangene, erhellet selbst aus den Pfälzischen Nachrichten. Es wird zwar gemeldet, daß er und sein Bruder, der Bischof von Metz, we. en der im Treffen empfangenen Verwundungen nicht auf das Schloß kommen können, sondern sogleich dem Churfürstlichen Leibarzt, Heinrich Munsinger zur sorgfältigen Verpflegung anvertrauet worden, und in dessen Behausung so lang, bis sie wieder hergestellt waren,

Ff 4

Orten bey zwey tausend freywillige Knechte zugelaufen seyen, schreibt Tschudi in der Eydgen. Geschichte Th. II. S. 623. Dieser Schriftsteller meldet S. 626. zugleich die Ranzionssumme. Wie weit er aber hierinnen von den richtigen Nachrichten abgehe, ist aus dem Nachfolgenden zu ersehen. Diese Pfälzische Fehde berühret auch MAJUS in *Vita Reuchlini*, p. 122.

ren, verblieben seyen. r) Man beweist solches aus dem was der Weinspergische Poet davon geschrieben hat. s) Doch kan man zugleich nicht läugnen, daß, nach der Wiedergenesung, eine große Veränderung mit ihnen vorgenommen worden sey. Nämlich, daß man den Bischoff nach Mannheim geführt, und in eben dem Zimmer verwahrt habe, worinnen sieben und zwanzig Jahre vorher Papst Johannes XXIII. nachdem er von der Kirchenversammlung zu Kostanz abgesetzt worden, seinen Aufenthalt sich gefallen lassen müssen. Man erzählt ferner, daß diesem geistlichen Fürsten die Gefangenschaft sehr erträglich gemacht, und ihm zum öftern Besuche von dem Churfürsten abgestattet worden seyen. Hingegen daß unser Marggrav Carl nach Heidelberg auf das Schloß gebracht, nebst Grav Ulrich von Würtemberg in einem besondern Zimmer verwahrt,

---

r) Geschichte Churfürst Fridrichs I. S. 306.

s) S. 434.
Die zween Fürsten waren in den todt
Als Metz und der von Baden
Mit Wunden überladen
Mit ihn unsauber ward gescharzt
Darum führt man sie zu dem Arzt
In Doctor Heinrich Munzingers Huß
Do man sie nit ließ kommen uß
Gute Pfleg ward in kunde
Bis sie wurden gesunde.

wahrt, und mit Ketten und Ring gefesselt worden seyen. In diesen Umständen gab man ihm zwey Edelleute und einen Knecht zur Wartung. t) Es wird hiebey zur Ursache angegeben: der Marggrav habe sich diese harte Umstände dadurch selbst zugezogen, weil er in diesem Kriege als ein Lehnmann des Churfürsten gegen seinen Lehnherrn zu kriegen kein Bedenken getragen habe.

§. XXXI.

---

t) GOBELLINUS in *Commentar. rer. memorabil. sub Pio II. L. XI. p.* 295. gibt diese Nachricht: Palatinus post victoriam de Principibus habitam nulla usus clementia, captivos in vincula conjecit, & in tetro carcere clausit, compedibusque coercuit & catenis tanquam latrones ultimo supplicio dignos. Cum ferre miseri captivitatem nequirent, & squallorem carceris horrerent, peterentque ut a suis redimi possent, his tandem legibus dimissi sunt &c. So viel ist gewiß, daß dem Marggraven kein Tag und Monath bestimmt worden ist, wie andern, wie lang er sich in diesen beschwehrlichen Umständen befinden solle. Steinhofer l. c. S. 75. schreibt zwar, die Fürsten seyen in der Gefangenschaft ehrlich und standsmäßig tractirt worden. Allein der von dem Herrn Prof. Schöpflin in *Histor. Zar. Bad.* Tom. II. p. 174. (1) angeführte Brief Grav Ulrichs von Würtemberg beweist das Gegentheil.

Bemühung um seine Befreyung.

§. XXXI. Die Freunde M. Carls und der übrigen gefangenen Fürsten bemühen sich nunmehr, sie wieder auf freyen Fuß zu stellen.

Auf dem im November 1462. zu Regensburg gehaltenen Convent wird beschlossen, den Papst zu ersuchen, einen Legaten auf den nach Nürnberg angesetzten Tag zu schicken, und die Befreyung der gefangenen Fürsten wie auch überhaupt die Beendigung der Verdrüßlichkeiten zu befördern. Papst Pius II. sendet hierauf seinen Legaten mit einem Schreiben an Herzog Philipp von Burgund. Er ersucht ihn unter mancherley Versprechungen den geängstigten Adolf von Nassau zu unterstützen, und die Loslassung der gefangenen Fürsten zu bewirken. u) Allein sein Bemühen

---

u) Müller l. c. C. 31. §. 2. S. 186. HELWICH. *de Diffid. Mogunt. Rer. Mogunt.* T. II. Sect. VIII. p. 78. sq. Der Brief lautet also: Dilecte fili salutem. Credimus Nobilitati tuae abunde cognitum esse, Dietherum de Isenburg, ob ejus obstinatam duritiem & contumaciam aliaque gravia ipsius demerita a Moguntina ecclesia depositum & privatum a nobis extitisse, & dilectum filium Adolfum de Nassaw, ad eandem ecclesiam fuisse promotum. Credebamus, Dietherum justae sententiae nostrae acquieturum. Verum ipse in

mühen ist vergebens. Die Fürsten sehen sich genöthigt, sich durch ihre eigene Mittel die Freyheit zu verschaffen. Ihre Räthe finden sich zu dem Ende in Heidelberg ein.

Indessen kommt der Congreß zu Wasserburg in Baiern wegen der Irrungen mit dem Kaiser zu Stande, und bald darauf erscheint mit dem 12. Apr. 1463. der

---

in reprobum sensum penitus conversus, & Dei ac nostro, & Apostolicae sedis honore contento ad arma devenit, & ad ruinam desolationemque nobilissimae illius ecclesiae anhelans, adjuncto secum & accito Friderico Comite Palatino Rheni, omnium conatu nixus est & nititur facere, quae potest ad destructionem ecclesiae praedictae. Et licet Adolfus cum suis fautoribus hactenus magno animo restiterit malitiae Dietheri & complicum, resque ad bonum & felicem exitum directa videbatur: tamen ex insperato accidit nova calamitas, quae non parum rationes nostras conturbavit. Nam ut te jam intellexisse opinamur, capti simul in bello Episcopus Metensis, Marchio Badensis & Comes de Würtemberg propter quod credibile est, partes Adolfi & ejus fautores non parum esse consternatos, & opus est, ut eis celeriter succurratur. &c. &c. Datum in Abbatia Sancti Salvatoris Clusens. Dioecesis XXVIII. Julii MCCCCLXII. Pontificatus nostri anno quarto.

der Neustätter Tag. Auch von diesem hatten die gefangenen Fürsten keine Vortheile. Vielmehr wurden sie während dieser Zeit in härtere Umstände gesetzt. Der Churfürst hatte sie und ihre Ritterschaft noch vor Faßnachten in den Stock schlagen, und alle zusammen in den grossen gewölbten Saal auf dem Heidelberger Schloß, die Mezische Edelleute hingegen in die Keller einsperren lassen. x)

Bey diesen Umständen eilet des Herrn Marggraven Bruder, Churfürst Johann von Trier, und Marggrav Marx von Baden nach Heidelberg. Sie wenden alles an, denselben nebst den andern aus dem Stock zu befreyen. Es geschieht auch, nachdem sie fünf Wochen in diesem Uebelstand zugebracht hatten. Sie werden hierauf wieder in ihre vorige Gefängnisse zurück gebracht.

§. XXXII. Noch ehe diese weltliche Fürsten aus dem Stock kommen, so erfolgt die Befreyung des Bischofs von Meß. y)

Dieser

---

x) Mit diesen Worten ist des Churfürsten mehr als hartes Verfahren beschrieben in oft belobter Geschichte desselben, S. 336.

y) Ich werde die Bedingungen, welche er eingehen müssen, unten in seinem Leben anführen.

Dieser Bruder unsers Marggraven half hierauf die Sachen so einzuleiten, daß die zwey andern Fürsten aus dem Stocke gelassen wurde. Man setzte sodann die Unterhandlungen weiter fort; und M. Carl mußte sich folgende Bedingungen einzugehen gefallen lassen: z)

Bedingungen zu M. Carls Befreyung.

1) Am Sonntag Reminiscere 1463. überließ er an den Churfürsten vor den ihme zugefügten Schaden den Badischen Antheil an der vordern Gravschaft Spanheim-Creuzenach, mit allem, was dazu gehört, doch mit Vorbehalt des Rechts, daß solcher mit fünf und vierzig tausend rheinischer Gulden könnte wieder gelöset werden.

2) An

---

z) Ich kann hier die Anmerkung nicht übergehen, welche Herr Geheimerhofrath Preuschen in der Carlsruher Sammlung S. 419. 420. macht: „Grav Johann von Eberstein, der „nicht sonderlich in seinem Hauswesen stunde, „und daher zu großen Sachen das Vermö- „gen nicht hatte, hielte sich meistens in Hei- „delberg, wo er ein Haus hatte, auf, em- „pfieng seine Lehen zu rechter Zeit von seinem „Lehenherrn und that weiter nichts, als daß „er den Churfürstlichen Hof zu Zeiten be- „suchte, wie er dann auch im Jahr 1463. „von dem Pfalzgraven mit dazu gezogen „wurde, als M. Carl nach der bekannten „unglücklichen Schlacht geschätzt wurde."

2) An eben diesem Tage gab er dem Churfürsten die Stadt Besigheim nebst der Stadt und Schloß Weinheim und den Dörfern Löchickheim, Walheim und Freudenthal. Er behielt auch hier das Widerlösungsrecht gegen eine Summe von fünf und zwanzig tausend Gulden vor Besigheim, und zehen tausend vor Weinheim.

3) Der Marggrav trat von dem Bündnis mit Grav Ulrich von Würtemberg, und dem Bischof von Speyer ab. Hiedurch wurde das vorgehabte Verlöbnis zwischen dem badischen Prinzen und der würtembergischen Prinzeßin rückgängig.

4) Am Mittwoch nach Jubica versprach er vor seine und der seinigen Loßlassung in zwey Zielern zwanzig tausend rheinische Gulden baar zu bezahlen.

5) Am Montag nach Oculi wiedersagte er seiner Ansprache auf Heidelsheim und dem Recht Eppingen wieder auszulösen. a)

6) Am Mittwochen nach Quasimodogeniti versprach er, den Churfürsten mit dem Kaiser und Papst in einer Zeit von einem

---

a) M. Bernhard hatte dieses vor zehen tausend Gulden an Churfürst Ludwig verpfändet.

einem Jahre auszusöhnen, und seine Befreyung von dem Bann zu bewirken; wobey er, im Unterlaſſungsfall dreyßig tauſend Gulden anſtatt einer Strafe zu erlegen ſich anheiſchig machte. Er gab zugleich ſein Wort, daß er alles anwenden wolle, die Strittigkeiten zwiſchen Diethern und Adolphen nach des Churfürſten Abſichten beyzulegen. b)

7) Der Marggrav mußte ſeine Stadt Pforzheim zu einem Churpfälziſchen Lehen machen, welches durch nichts, als die Bezahlung einer Summe von vierzig tauſend rheiniſcher Gulden aufgeſagt werden könne. c)

8) M. Carl ſagte ſeiner Anſprache ab an das Schloß Neuen-Beymberg, wie auch an das Schloß und Thal Nanſtul. Er überließ zugleich dem Churfürſten die Freyheit, Greventhan und den Theil an Altleiningen auszulöſen.

9) End-

---

b) Dieſe Verſchreibung des Marggraven Carls ſteht aus der Urſchrift in dem Urkundenbuch zu Churf. Fridrichs I. Geſchichte, S. 297.

c) Dem jetzt glücklichſt regierenden Hrn. M. Carl Fridrich war die Ehre vorbehalten, dieſe Lehnſchaft abzulöſen, wobey der Werth des Geldes durch die Verträge von denen Jahren 1740. und 1750. eigentlich beſtimmet worden iſt.

9) Endlich überließ der Churfürst dem Marggraven das Geleit von Bretten nach Pforzheim, und der Marggrav dem Churfürsten gleiches von Pforzheim nach Bretten. d)

Margg-

---

d) Von denen Bedingungen, welche Grav Ulrichen von Würtemberg und andern vorgeschrieben werden, kan ausser der Geschichte des Churfürsten Steinhofer l. c. Seite 93. und folgende nachgelesen werden. Ich muß nur diese Anmerkung machen: daß HACHENBERG. in *Histor.* Frid. I. Lib. V. p. 149. ANONYMUS in *Chron. Württemb.* ap. SCHANNAT. *Vind. Lit.* Coll. II. NAUCLERUS fol. 966. ANDREAS PRESBYTER in *Chron. Bav.* ap. SCHILTER. *Script. Rer. Germ.* p. 64. ANONYMUS *Chronici Thuring. & Hassiae* in Perilluſtr. DE SENCKENBERG *Select. Jur. & Histor.* Tom. III. p. 435. die Summe des Lösungs-Gelds vor Marggrav Carl auf funfzig tausend Gulden, und vor Bischof Georg von Metz auf fünf hundert und fünf tausend Gulden setzen. Herr Prof Schöpflin in *Histor. Zaringo-Bad.* Tom. II. p. 176. not. (q) behauptet zugleich mit Recht, daß TRITHEMIUS in *Chron. & in Rebus gestis. Friderici Palat.* (wo ſtatt Besigheim und Beinheim *Bonheim sive Beusbeim* ſteht) auch darinnen einen Irrthum begangen habe, daß er berichtet, der Marggrav habe auf die Jagd-

und

Marggrav Carl hatte in diesen Umständen sehr vieles Geld nöthig. Er ändert daher den von seinem Herrn Vatter A. 1442. mit den Graven von Mörs gemachten Kauf derer Herrschaften Lahr und Mahlberg, e) dahin ab, daß er und die Stadt Straßburg eine unabgetheilte Hälfte derselben, um dreyßig tausend Gulden auf Wiederkauf einbekamen, wobey das Näherrecht fest gesetzt wurde, wann die dem Graven Jacob von Mörs und Sarwerden verbliebene Hälfte ganz oder zum Theile erblich verkauft werden sollte. In dem Kaufbriefe behält sich das fürstliche Haus Baden die Wiederlösung des Straßburgischen Theils bevor. Grav Jacob bestätigt solches durch eine besondere Urkunde. Er behält sich aber auch selbst die Freyheit vor, einen vierten Theil ohne den andern einzulösen. In eben demselben Jahr bestätigt die Stadt Straßburg der Stadt Lahr ihre Freyheiten. Es wird auch ein Burgfriede zwischen Marggrav Carl, Grav Jacob und

---

und Fischerey-Gerechtigkeit zwischen Germersheim und Selz Verzicht gethan; welches der berühmte Herr Verfasser der Geschichte des Churfürsten Fridrichs I. ebenfalls S. 339. unter den Bedingungen der Loslassung M. Carls anführt.

e) Siehe M. Jacobsleben, S. 326.

Bad. Gesch. II. Th.   G g

und der Stadt Straßburg errichtet, und mit vier Sigillen versehen. f) Unter Marggrav Christoph von Baden geht in diesen Dingen eine Veränderung vor; davon in seiner Lehensbeschreibung zu handeln ist.

Befreyung M. Carls.

§. XXXIII. Die gänzliche Befreyung des Herrn Marggraven erfolgt am Donnerstag nach Quasimodogeniti, gleichwie des Graven von Würtemberg etliche Tage hernach. Herr Ehegerichtsrath Kremer gibt uns davon diese Beschreibung: g) „Der Kurfürst fande sich mit seinem „Hofstaat bey denen Augustinern ein. „Dahin brachte man auch die Gefangene „mit ihrer Ritterschaft. Man las ihnen „vorerst die vorher besiegelte Briefe, auf „welche sie losgelassen werden sollen, noch„malen in Gegenwart einer Menge von „Zuschauern, öffentlich vor, und dann „mußten die Fürsten dem Kurfürsten; ihre „Ritterschaft aber, in der Ordnung, wie „sie abgelesen worden, seinem Groshof„meister, einem von Sickingen, Hand„treue geben, und als dieses geschehen „war,

---

f) Pragmatische Geschichte des Hauses Geroldseck, S. 102. Urkunde LXXXIV. LXXXV. LXXXVI. LXXXVII.

g) In der Geschichte des Churfürsten Fridrichs I. S. 343. folg.

"war, alle einen leiblichen Eyd zu denen
"Heiligen schwören, h) daß sie allem dem,
"was in denen ausgestellten und jetzo
"vorgelesenen Briefen versprochen wor-
"den, genau nachleben, solche stet und
"fest halten, und darwider weder von
"Sr. Päpstlichen Heiligkeit, noch von
"dem römischen Kaiser einige Befreyung
"suchen, oder annehmen wollten. Der
"Kurfürst tractirte seine bisherige Ge-
"fangene noch selbigen Tag auf das herr-
"lichste. Bis sie wieder auf das Schloß
"gekommen, mußten sich beständig Trom-
"peten und andere musicalische Instru-
"mente hören lassen." i)

§. XXXIV.

---

h) Dieses bezeuget auch der POËTA WEINS-
PERGENSIS p. 468.

  Auch so gaben die Fürsten tieff
  Verschreibung schwer versiegelt Brief
  Uber sich selb, und mit Manschaft
  Mit Verbindung auch starcken haft
  Ir Ritterschaft desgleichen
  Sunder on alles wychen
  Mit Gelüb und gestabten Eid
  Die sie offentlich tetten beid
  Auch zu Heydelberg beschah das
  Zu den Augustinern dis was
  Da by waren gliche
  Menclichen arm und riche.

i) ANONYMUS SPIRENSIS in Cod. Palat. Mſct.
 "Item zum ersten als sie ußkamen, da muß

M. Carls Friedensbemühungen.

§. XXXIV. Nachdem der Marggrav wieder auf freyen Fuß gestellt war, so arbeitet er mit allem Eifer, einen Vergleich zwischen Diethern und Adolfen, folglich auch dem Churfürsten zu stiften. Er begibt sich daher am Sonntag nach dem Himmelfahrtstag mit dem Churfürsten

„ yeglicher Her mit sinen Graffen Rittern vnn
„ Knechten zu den Augsteiner komen alle die
„ mit Im gefangen sint worden da lasse man
„ yglichen Herren sin Briffe vor die er vnd
„ sin Ritter unn Knechte versigelt hatten vnd
„ lies auch da allermennlich zuhorren wer do
„ wolt Pfaffen vnd Leihen vnd da die Briffe
„ vßgelessent worent do must der Herr sin
„ Truwe geben dem Pfalzgraffen In sin Hant
„ vnd darnach sin Ritter vnd Knechte sinen
„ Hoffmeister wie man sie nach ein ander laß
„ alle auch ir Truwe geben vnn darnach alle
„ zu den Helgen schwerren waz man Ju vor
„ gelessen hette vnn daz auch versiegelt hatten
„ daz also stette vnd veste zu halten vnn
„ nymmer nist nit darwider zu suchen auch
„ kein Friheit die der Babst oder der Römische
„ Keisser In gegeben mochte vnnd mit vil har
„ ter Puncten die man In vorlaß vnn da
„ yglicher Her einer nach den andern vßkam
„ da Lut er In zu Disch mit sinen Rittern
„ vnn Knechten vnn botte es In wol vnd
„ schanckte ir yglichen einen schonen Hengst
„ alz gut alz hundert Gulden vnn liß off
„ trumpten vnd piffen biß sie alle off die Burg
„ komant vnn zu Tysche gesassent. „

ſten und dem Erzbiſchof Diethern zu Schif. Sie fahren den Rhein hinunter; Diether bleibt zu Gernsheim, und Fridrich zu Oppenheim, der Marggrav aber begibt ſich nach Jbſtein, zu derjenigen Zuſammenkunft, bey welcher er als Fridens Mittler handeln wollte. Am Heil. Pfingſtfeſt kommt er mit den Naſſauiſchen Geſandten zurück nach Oppenheim zu dem Churfürſten. Man unterredet ſich in dem Zollhaus über das Friedensproject. k) Der Marggrav gibt über daſſelbe einen beſondern Revers, von welchem einem jeden Theil unter ſeinem Jnſigel eine Ausfertigung eingehändigt wird, daß er ſich Adolfens nicht weiter annehmen wolle, wann dieſer auf eingelangte kaiſerliche und päpſtliche Einwilligung das Abgeredete nicht halten würde. l) Es kommt hernach den 12ten October auf dem Congreß zu Zeilsheim zu einem vorläufigen Vergleich, nach dem Vorſchlag, den der Marggrav zu Jbſtein gethan hatte. Derſelbe wird zu Ende dieſes Monaths zu Frankfurt zur völligen Richtigkeit gebracht. Adolf von Naſſau bekam die Chur- und Erzbiſchöfliche Würde und Lande, und Diether ließ ſich mit etlichen Aem-

---

k) Man ſehe davon GOBELLIN. l. c. p. 328.

l) Urkundenbuch zur Geſchichte Churfürſt Fridrichs I. Blat ſ. 304.

Aemtern zu seinem Unterhalt und mit der Anwardtschaft nach Adolfs Tode demselben im Erzbisthum zu folgen, begnügen; m) welches auch wirklich hernach A. 1475. geschahe.

Fortsetzung derselben.

§. XXXV. Der Marggrav setzt seine Friedensbemühungen fort, um auch den Churfürsten von der Pfalz mit dem Kaiser und Papst auszusöhnen. Solches geschieht A. 1464. am Dienstag nach Esto mihi auf dem Convent zu Oehringen. n) Der Churfürst wird daselbst von dem Marggraven Albrecht von Brandenburg, dem Graven Heinrich von Pappenheim der kaiserlichen Aussöhnung, die er sich bey Entlassung seiner Gefangenen vorbehalten hatte, schriftlich versichert. Die päpstliche Legaten Onupfrius oder Honofrius und Petrus Ferrici beschlossen, daß der

---

m) GOBELLINUS in *Commentar.* L. XII. p. 345. GUDENUS *Cod. Dipl. Mogunt.* Tom. IV. p. 375. HELWICHIUS & IOANNIS l. c. 189. 190. *Chron. Mog. Msct.* p. 378.

n) Der Oehringer Proceß zwischen den Abgeordneten K. Fridrichs III. und den Churpfälzischen Räthen, die Wiederaussöhnung des Churfürsten betreffend, d. d. zu Oringau, am Dienstag nach dem Sonntag Esto mihi 1464. steht in oft angeführtem Urkundenbuch, S. 324.

der Churfürst an dem nächsten Montag nach Lätare durch sie selbst feyerlich zu Worms sollte absolvirt werden. o) Die päpstliche Bulle kommt auch wirklich an. Erzbischof Adolf hatte sich dieserwegen bey dem Papst sehr bemühet. Churfürst Fridrich übernahm sodann von dem Erzbischof auf die Bergstraße diejenige dreyßig tausend Gulden, welche M. Carl an das Erzstift zu Maynz zu fordern gehabt hatte. p)

Also hatten nun die wichtige Verdrießlichkeiten an dem Rheinstrom auf einige Zeit ein Ende. M. Carl schließt um diese Zeit eine Einung mit Grav Eberhard von Würtemberg auf drey Jahre.

§. XXXVI. Ich muß nun einige Sachen nachholen, welche in der Zeit dieser Unruhen von meinem Vatterlande zu bemerken sind.

A. 1462.

---

o) JOANNIS ad SERARIUM *Rer. Mogunt.* Lib. V. p. 780. In der Urkunde der päpstlichen Legaten über die Lossprechung vom Banne Churfürst Fidrichs, wird ebenfalls unsers Marggraven namentlich gedacht.

p) JOANNIS l. c.

A. 1462. am Montag nach Oculi empfangt M. Carl von Johann Bischof zu Basel die Belehnung über das Dorf Ose, den Kirchensatz zu Bergheim, den halben Wildbann zu Sulzberg und das Stiftsschenkenamt.

In eben diesem Jahr auf Freytag nach St. Margarethen Tag erläßt K. Fridrich II. den gemessenen Befehl an die Städte Hagenau, Colmar, Schlettstatt, Weissenburg, Kaysersberg, Mühlhausen, Obernehenheim, Münster in St. Gregorienthal, Türckheim, Rosheim und alle andere Städte, die in des Reichs Landvogtey im Elsaß gehören, daß sie M. Carl zu Baden, als dem Landvogt des Reichs gehorsam seyn sollen. Gleiches wird den Städten Offenburg, Gengenbach und Zell am Hammersbach anbefohlen. Der Kaiser verbietet an eben diesem Tag allen vorgenannten Städten, ihre Steuren Pfalzgrav Friderichen zu geben. Er hingegen befiehlt, solche dem Marggraven bis auf Widerruf zu liefern. q)

In eben diesem Jahr verkauft M. Carl mit Einwilligung Bischofs Johannes

---

q) Warum man in Perill. Schoepflini *Alsat. illustr.* Tom. II. p. 573. finde ich unsern Marggraven nicht unter den angezeigten Reichslandvögten im Elsasse findet, davon siehe die Note z)

nes und des Domcapitels zu Basel, als Lehenherrn, den Kirchensatz zu Oberbergheim samt der Stadt Oberbergheim, und dem Wein- und Kornzehenden daselbst an Heinrich Beger von Geispolzheim auf Wiederlosung.

A. 1463. setzt Kaiser Fridrich den Marggraven zum Procurator, den zehenden Pfenning von der Judenschaft einzubringen.

In eben diesem Jahr verkauft Wilhelm Böcklin vom Uttinger Thale das Steinhaus zu Heimbsheim, als ein Badisches Lehen, an Dieterich von Gemmingen um zweyhundert achtzig Gulden.

§. XXXVII. Ich gehe nun weiter, und erzähle, was nach M. Carls Entlassung vorgegangen ist.

M. Carls Verrichtung nach seiner Entlassung.

A. 1464. verlobt er seine Prinzeßin Catharina an Grav Georg von Werbenberg.

A. 1465. an der Mittwochen nach Pfingsttag kauft er von der verwittibten Gräfinn Anna von Tübingen, gebornen von Lupfen, und ihren Söhnen Konrad und Georg, Graven von Tübingen, um zwölf tausend vier hundert und sechs Gulden rheinisch und ein Schilling Pfenning

die

die zwey Dörfer Nimburg und Bottingen mit den Leuten in die Steuer gen Nimburg, wo dieselben wohnhaft seyn mögen, mit allen Zugehörungen, sodann alle ihre Leute zu Eichstätt, Baldingen, Malterdingen und Theningen, samt aller Gerechtigkeit des Walds, der Theninger Allmend. wie auch des Möslins bey Nimburg gegen Eichstätten.

In eben diesem Jahr unternimmt M. Carl eine Reise zu seinem Bruder M. Marx in das Stift Lüttich. Um sein Land nicht ohne einen bevollmächtigten Regenten in seiner Abwesenheit zu lassen, so ernennet er zu Baden auf Montag nach St. Margarethentag den Grafen Hugo von Montfort zu seinem Stadthalter, und ertheilt ihm die nöthige Vollmacht und Gewalt.

Nach seiner Rückkunft, deren Tag ich nicht bestimmen kan, wird M. Carl am Montag nach dem H. Christtag zu Heidelberg von Bischof Matthias zu Speyer mit Staffurt dem Schlosse und seiner Zugehörung, als einem rechten Lehen, wie solches seine Vorfahren von dem Bißthum zu Speyer zu Lehn getragen haben, belehnt.

Dieser Bischof von Speyer lebte in guter Freundschaft mit dem Churfürsten von der Pfalz; und hielte sich vermuthlich

lich mehrmalen an deſſen Hoflager auf. Um dieſe Zeit erlangte ein Burger zu Speyer, Namens Peter Schreyer, welcher einige Zeit vorher in kaiſerlichen Dienſten geſtanden war, auf des Kaiſers Vorbitte eine ſogenannte Stuhlbruder Pfründe im Domſtift. Der Domproſt Eberhard Pfeil erklärt das kaiſerliche Schreiben dahin, daß der Kaiſer die Pfründen mit Hofdienern beſetzen wolle, und verſagt dem Schreyer die erledigte Pfründe. Er wird deßwegen vom Kaiſer in die Acht erklärt. Nach verſchiedenen Mandaten, welche deßwegen ergangen waren, wendete ſich der Stadtrath zu Speyer, der ſich mit dem Biſchof nicht gern einlaſſen wollte, weil er einen ſtarken Rücken bey dem Churfürſten hätte, an M. Carl, als Kaiſerlicher Majeſtät Hauptmann dieſer Lande. Dieſer verweiſt ſie dahin, daß ſie als des Kaiſers und Reichs Unterthanen denen höchſten Befehlen unterthänigſte Folge zu leiſten hätten. r)

§. XXXVIII. A. 1466. am Sonntag nach St. Erhardstag errichtet M. Carl mit der Grävin Anna von Tübingen und ihren Söhnen einen Vergleich über alle bisher obgewaltete Strittigkeiten, einige wenige ausgenommen.

1466.

In

---

r) Lehmann, Speyr. Chron. B. 7. Cap. 109. S. 871. folg.

In eben diesem Jahr trägt der Marggrav Sorge wegen des Klosters Frauenalb, daß in den gottesdienstlichen Handlungen alles behörig möchte angeordnet werden. Agnes von Gertringen war damals Aebtißin daselbst.

Auch errichteten in diesem Jahr die drey Brüder Dibold, Gangolf und Walther, Herren zu Hohengerolbseck, mit den Gebrüdern Andreas und Egenolfen von Röder einen Vergleich wegen der Gemeinschaft der Vogtey Reichenbach. In dieser Vogtey, von welcher die Röder von Thiersberg die eine Hälfte als ein marggrävlich badisches Lehen noch heut zu Tag besitzen, waren die Unterthanen getheilt. Vorbemeldete Personen verglichen sich daher unter Einwilligung M. Carls alles in einer rechten gleichen und unzertheilten Gemeinschaft zu besitzen. s)

In dem Bündnis, welches in diesem Jahr 1466. zwischen Erzbischof Adolf von Mainz und Churfürst Fridrich I. von der Pfalz auf Lebenslang gegen männiglich errichtet werden, nimmt ersterer Marggraven Carl von Baden aus. t)

A. 1467.

---

s) Pragmatische Geschichte des Hauses Geroldseck, Urkunde XC.

t) S. oftangezogenes Urkundenbuch Blatt. 358.

daß

A. 1467. auf Montag nach Trinitatis reversirt sich Heinrich Becger von Geispolzheim gegen M. Carl, daß, bey der Wiederlösung der Stadt Obernbergheim der von ihm daselbst gebauete Hof auch, gegen sechshundert Gulden Baugelds solle heraus gezeben werden.

M. Carl bekommt in dieser Zeit mit den Herren von Falkenstein und einigen andern von Adel unangenehme Verdrießlichkeiten; sie werden jedoch durch einen getroffenen Vergleich bald wieder aufgehoben.

So kam auch in diesem Jahr am Donnerstag nach St. Bonifaciustag oder den 11ten Jun. mittelst Theidigung derer beiderseits hierzu erkießten Fürsten, nämlich Churfürsten Johanns zu Trier, Bischof

---

daß sich der Bischof Johann von Basel auch noch in diesem Jahre vor unsern Marggraven verwendet habe, zeigt nachstehende Stelle aus BASILEA SACRA pag. 329. „Anno 1466. Sigismundum Archiducem Austriae, ubi ludicris exercitationibus sat recreasset Basileensium urbanitas, Episcopus Joannes comi-
„ tari voluit, cum eo Argentoratum usque
„ profectus, ea mente, ut negotia litigiosa
„ componeret inter Palatinum, Marchionem
„ Badensem & Comitem Wirtembergen-
„ sem. „

a. 1467. schof Georgens zu Metz, und Marxen M. zu Baden, derer Gebrüdere M. Carls, der Vergleich zwischen Churpfalz und dem marggrävlichen Hause Baden über verschiedene nachbarliche Irrungen zu Stande. Man hatte schon einige Zeit daran gearbeitet. Das Geleit in der Ortenau ward zu besonderer Unterhandlung ausgesetzt.

Auf Assumtionis Mariä, oder den 17ten August errichtet M. Carl, als erbetener Schiedsmann, einen Vertrag zwischen dem Churfürsten Adolph von Maynz und dem Graven Heinrich von Würtemberg. Dieser war von Adolfen bey einer ihm zugestoßenen Krankheit zum Coadjutor ernennet worden. Churfürst Fridrich von der Pfalz sahe diesen Vorgang nicht gerne. Der Marggrav leitet die Sache dahin ein, daß Grav Heinrich die Coadjutorie wieder niederlegt, nachdem der Erzbischof wieder zu bessern Kräften gekommen war, und sich mit einem Abtrag von jährlichen zwey tausend Gulden begnügt, die ihm auf Bischofsheim, oder, im Fall, solches nicht dazu hinreichend wäre, auf die Kellereyen Aschaffenburg ꝛc. angewiesen wurden.- u)

§. XXXIX.

---

u) Gvdeni *Cod. Dipl. Mogunt.* Tom. IV. p. 402. Joannis *ad* Serarium *Rer. Mogunt.* Lib. V. p. 784. Steinhofer l. c. S. 146.

§. XXXIX. A. 1468. errichtet Herzog Sigmund in Oesterreich mit der Ritterschaft Sant Georgen Schild in Oberschwaben ein Bündnis zu Villingen. M. Carl wird hiebey zum Schiedsmann ernennt, im Fall unter den Verbundenen einige Irrungen entstehen sollten. x) Da nun der Marggrav im folgenden Jahre vor gut findet, eine Einung mit den Graven von Würtemberg Ulrich und Eberhard zu Bretten zu machen, so werden in derselben beede Gesellschaften Sanct Jörgen Schildt an der Donau und im Hegow ausgenommen. y)

A. 1468.

Erst-

S. 146. folg. Da Churfürst Fridrich in diesem Jahr eine Einung macht mit Graven Eberhard dem Jüngern von Würtemberg, so nimmt er darinnen aus: Seinen Oheim Margraf Karlin von Baden, DATT. *de Pace publ.* p. 190. Welches auch A. 1469. bey der Verlängerung dieses Bündnisses auf zehen Jahre beobachtet wird. Pfälzisches Urkundenbuch, Blatt. 404.

x) DATT. *de Pace publica* p. 248. 249. Auch erbietet sich in diesem Jahr Hans Bernhard von Eptingen in seinen Ansprachen an Solothurn wegen Aufnahme seiner Leibeigenen in Brattelen zu Burgern, untern andern zu Recht auf Herrn Karlin zu Baden, Herrn Wilhelm, Herrn Rudolfen zu Hochberg, Marggraven. Tschudi Eydgen. Geschichte Th. 2. S. 694.

y) *Idem l. c.*

1468. Erstgemeldeter Herzog Sigmund vergönnt und erlaubt dem Marggraven in besagtem Jahre am Mittwoch nach St. Martinstag das Schultheißen Amt zu Breisach, welches dem Burgermeister und Rathe daselbst verpfändet war, zu lösen. Der Marggrav verwaltete zugleich die Landvogtey im Elsaß. z)

Kaiser Fridrich III. ertheilt dem Marggraven in diesem Jahr zwey besondere Privilegien. Das erste betrift die Zollgerechtigkeiten. Der Kaiser befiehlt nämlich bey Strafe zehen Mark löthigen Goldes, um den Betrügereyen der Fuhrleute, welche, den Zoll zu Pforzheim und Durlach nicht zu entrichten, von der Landstraße abfahren, daß jeder Fuhrmann den gewöhnlichen Zoll entweder zu Singen, oder wo es sonst dem Marggraven gefällig wäre, bezahlen sollen. a) In dem andern verordnet das höchste Reichsoberhaupt unter Androhung einer Strafe von zwanzig Mark

---

z) SCHOEPFLINI *Alsat. Illustr* Tom. II. p. 598. Dieser berühmte Geschichtforscher macht hieben die Anmerkung: daß diese österreichische Landvogtey im Elsaß und Breißgau von der elsaßischen Landvogtey der zehen Stätte verschieden gewesen sey, und diese zur Reichsvogtey gehört habe.

a) *Cod. Dipl. Bad.* N. CCCCVXIII.

Mark löthigen Goldes, daß alle sogenann- 1468.
te Königskinder, oder Bastarte, die sich in
des Marggraven Landen aufhalten, dessen
eigen seyn und bleiben, und von Niemand
wegen der Leibeigenschaft oder anderer
Dinge abgefordert werden sollen. b)

M. Carl und die Graven von Eberstein machen wegen des Klosters Frauenalb in diesem Jahr einen Contract, daß
der jeweilige Visitator, wann er die
geistliche Sachen visitiren werde, nichts
vornehmen solle, das besagter Herren
Herrlichkeit, Gerechtigkeit und Schirm
zuwider wäre, mithin ohne derselben Wissen und Willen weder Aebtißin noch Priorin setzen oder absetzen solle. M. Carl
verspricht dem Abt zu Hirschau in acht
Tagen hievon Nachricht zu geben, um sich
darnach richten zu können. c)

In eben diesem Jahr bestätigt M.
Carl vermittelst eines zu Baden gegebenen

---

b) *Cod. Dipl. Bad.* Num. CCCCIX. Dieses
Privilegium liest man auch in Lünigs Reichs-
archiv Part. Spec. Cont. 2. 4te Abtheilung,
neunter Absatz, S. 943. und in SCHIL-
TERI *Scriptor. Rer. Germ.* inter Dipl. p. 99.

c) Badenbadische Deduction gegen Frauenalb
vom Jahr 1722. S. 108.

Bad. Gesch. II. Th. H h

A. 1468 nen Briefes die von dem Amtmann zu Durlach Erhard Fry von Sternenfels geschehene Erbverlehnung des Trigelhofs zu Sellingen an Beckerthenigen daselbst gegen jährliche 9 Malter, 2 Simri Korns, $7\frac{1}{2}$ Malter Haber 1 Pfund 3 Schilling Pfenning Gelds.

Hingegen überläßt am Montag nach Johannis Baptistä, Bartholomäus Hertringen an den Marggraven einen Dritteil an dem Dorfe Weiler mit der Vogtey, Gericht, Zwing und Bann und den eigenen Leuten daselbst gesessen und allen andern eigenen Ausleuten, auch den Hof zu Treise mit allen Zugehörungen gegen jährliche sechzig Gulden Leibgedings, einen Morgen Wiesen, und $13\frac{1}{2}$ Malter Frucht zu ungefähr Landachtzins aus demselben Hofe lebenslang Lehensweise zu genießen, und verschiedene zu eigen gegebene Güter zu Wösingen.

A. 1469. §. XL. Anno 1469. soll M. Carl die hintere Gravschaft Sponheim an Churfürst Fridrich von der Pfalz verpfändet haben. d) In dem folgenden Jahr hat, nach Bernhard Herzogs Erzählung, e) der

Marg-

---

d) *Electa juris publici Palatini*, P. II. p. 166.

e) In der Elsaßischen Chronick, B. 2. S. 127. aus welcher es auch CRUSIUS in *Annal. Suev.* Lib. VII. P. III. p. 431. erzählt.

Marggrav mit den Elsaßischen Edelleuten zu Stauffenberg einen Einfall in das Würtembergische gethan. Der Grav von Würtemberg hatte sie warnen und ihnen mit der Belagerung des Schlosses Staufenberg drohen lassen. Ohngeachtet er aber solche nicht vorgenommen, so ist, nach dieser Erzählung, der Marggrav dennoch mit achthundert Mann zu Pferd ihm ins Land gefallen, hat etliche Dörfer in den Brand gesteckt, und bey zwey tausend Schafe hinweg nach Pforzheim treiben lassen. Dem seeligen Professor Steinhofer f) kommt diese Erzählung nicht glaubhaft vor. Er meldet, man finde dagegen in alten Schriften, daß der Marggrav am Dienstag nach Maria Geburt (11. Sept.) dieses Jahrs mit Graven Eberhard von Würtemberg durch Grav Jos Niclausen von Zollern der steuerbaren Güter halben in den Aemtern Neuenbürg und Pforzheim vertragen worden seyen. Beydes ist möglich.

K. Matthias von Ungarn und Böhmen schließt in diesem Jahre ein Bündniß mit dem Churfürsten Fridrich I. von der Pfalz und den beyden Herzogen Ludwig und Albrecht von Baiern. Churfürst Fridrich nimmt darinnen unter andern aus

---

f) In der Würtembergische Chronick, Th. 3. S. 189.

aus Herrn Carle Marggraven zu Baden. g)

A. 1471.

§. XLI. A. 1471. hielt K. Fridrich III. wegen des Türkenkriegs einen Reichstag zu Regensburg, und findet sich in eigener Person dabey ein. Marggrav Carl reiset dahin mit seinem Prinzen Christoph. Der Kaiser ertheilt ihm bey diesem Besuch vor ihn und seine Nachfolger, wie auch seinen Unterthanen, die ewige Freyheit von dem Kogenheimer Zoll bey Weinheim im Elsaß. h) Der Bischof Wilhelm zu Straßburg hatte diesen Zoll zu Hittenheim und Matzenheim angelegt, sein Nachfolger Ruprecht aber nach Kogenheim verlegt. Der Kaiser bezeugt sein Mißfallen über diesen Zoll, der ohne Erlaubniß seiner Vorfahren errichtet worden und also unstatthaft seye.

Auf eben diesem Reichstag nimmt sich Marggrav Carl des Raths und der Stadt Speyer besonders an. Der Churfürst von der Pfalz hatte als Oberlandvogt im Elsaß schon A. 1469. eine Reformation im Kloster Weisenburg mit den alten Mönchen gestattet, und, daß selbiges mit neuen besetzt werden dörfe, eingewilliget. Den Burgern war diese Verfügung

---

g) S. das Pfälzische Urkundenbuch, Blatt. 402.

h) Lünigs Reichsarchiv, l. c. S. 943. Schilter l. c. p. 109.

fügung nicht recht. Sie brachten die alten Mönchen wieder hinein, und rebellirten gegen den Churfürsten. Dieser belagerte deßwegen die Stadt. Sie gieng hierauf A. 1470. einen Vergleich mit ihm ein. Sie brachen aber diesen nach kurzer Zeit und verklagten den Churfürsten bey dem Kaiser. Der Kaiser ernannte den Herzog Ludwig von Veldenz und bote zugleich das Reich gegen den Churfürsten auf. Der Stadt Speyer wurde durch ein Kaiserlich Mandat bey Verlust aller Freyheit, Lehen und Gerechtigkeit, und bey Strafe tausend Mark löthiges Goldes befohlen, den Churfürsten nicht in ihre Stadt zu lassen, noch irgend einige Gemeinschaft mit ihm und den Seinigen zu haben; hingegen dem Herzog Ludwig alle Hülfe auf sein jedesmaliges Verlangen zu leisten. Die Stadt geriethe hiedurch in eine desto grössere Verlegenheit, weil sie die Macht ihres Nachbarn, des Churfürsten wußte, und sich die Folgen seines Unwillens wider sie vorstellen konnte.

Bey diesen Umständen wendete sich der Magistrat an den Marggraven von Baden, da die vorzügliche Achtung des Kaisers gegen diesen Reichsfürsten bekannt war. Die Abgeordnete, welche ohnehin auf dem Reichstage erscheinen mußten, waren von dem Rath angewiesen, daß sie ihre ausführliche Entschuldigung mündlich dem Kaiser vortragen, und

zuvorderst bey M. Carl die Sache unterbauen sollten, damit durch dessen Hülfe die Stadt und Burgerschaft bey Kaiserlichen Gnaden möchte erhalten werden. Der Marggrav leitete auch würklich alles so ein, daß sie eine Privataudienz bey dem Kaiser erlangten, bey welcher Niemand als der Marggrav mit seinem Prinzen und dem Graven Rudolf von Sulz zugegen war. Die Abgeordnete trugen in einer langen Rede die Gründe vor, warum sie dem Herzog Ludwig die anbefohlene Hülfe wider den Churfürsten nicht leisten könnten. Der Kaiser höret sie gnädigst an. Er bespricht sich hierauf mit dem Marggraven, und macht ihm mit den Worten: „Gebt ihr ihnen Antwort, sie verstehen „mich nicht,„ den Auftrag, sie über ihre Bitte zu bescheiden. Solches geschieht. Der Marggrav meldet ihnen, daß der Kaiser bey den gemeldeten Umständen mit ihrem bisherigen Betragen zufrieden sey, und sie mit weitern Mandaten in diesen Kriegsläuften nicht mehr beschwehrt werden sollten. Ob nun gleich der Kaiser hierüber keine schriftliche Versicherung ertheilen wollte, so befahl er jedoch dem Churfürsten von Maynz, seine Antwort in des Reichs Canzley aufzuzeichnen. Der Marggrav ließ deßwegen die Gesandte der Stadt auf das Rathhaus bescheiden, und gab daselbst dem Churfürsten von Maynz von dem Anbringen der Stadt Speyer und der hierauf ertheilten Kai-
sers-

ferlichen Resolution umständliche Nachricht. i)

Zu End dieses Jahrs finden wir unsern Margraven nebst seinem Prinzen Christoph und seinem Bruder, Georg Bischof zu Metz, in der Stadt Heidelberg an dem Hof des Churfürsten Fridrichs. Sie legen daselbst mit einander die Fehde bey, welche zwischen den Graven von Wertheim und den Herren von Wallbrunn entstanden war. Auf der einen Seite war Grav Michel von Wertheim, und auf der andern Hans von Wallbrunn gefangen. k)   1471.

Vorher auf den Sonntag Trinitatis ertheilt der Marggrav als Lehnherr die Erlaubniß, daß Wilhelm von Remchingen den Zehenden zu Stupferich an seinen Tochtermann Jacob von Stauffenberg um zwey hundert Gulden auf Wiederlösung verkauffen dörfen.

---

i) Lehmanns Speyer. Chron. B. 7. Cap. III. S. 881. folg. Müllers Reichstags-Theatrum unter K. Fridrich III. 5te Vorstellung Cap. 10. S. 426.

k) Burgermeisters Graven- und Ritter-Saal, S. 72. und eben desselben *Cod. Dipl. Equestr.* Tom. I. p. 831.

Auch wohnet er in diesem Jahr nebst andern Fürsten und Graven der zu Straßburg gehaltenen Leichbegängniß Ludwigs Herrn von Lichtenberg persönlich bey.

§. XLII. A. 1472. auf Montag nach St. Georgentag gibt K. Fridrich III. unserm Marggraven das im Elsaß gelegene, nach Abgang des Mannstammes derer von Hattstatt an das Reich gefallene Dorf Stützheim zu Lehen, um solches Reinbolden Volschen von Ober-Ehenheim als ein Afterlehen zu geben. Und auf Donnerstag nach Creutzerhöhung gelobt der Marggrav dem Abt Jacob von Schwarzach anstatt des Kaisers endlich, daß er dieses Dorf Stützheim 1) besagtem Reinbold Volschen von Ober-Ehenheim wirklich zu Lehn geben wolle.

Um eben diese Zeit sucht Marggrav Carl den Streit, welcher zwischen Eitel Fritzen, dem ältern Burgermeister zu Speyer und Marx Hildebrand, genannt zum Lamm, Altermeister, wegen einer Wayde entstanden und worüber von dem Rath zu Speyer an Kaiserlicher Majestät Cammergericht appellirt worden war, beyzulegen. Die Endscheidung war dem Marg-

---

1) Conf. SCHOEPFLIN. *Alsat. Illustr.* Tom. II. p. 259.

Marggraven von dem Kaiser aufgetragen worden. m)

Eben so eifrig war dieser Fürst auch bedacht, die Mißhelligkeiten mit seinen Nachbarn beyzulegen. Das A. 1467. zu weitern Verhandlungen ausgesetzte Geleit in der Ortenau, und andere Ortenauische Irrungen wurden am Dienstage nach St. Marien Magdalenen Tag, mittelst Schiedsrichterlichen Spruchs, wobey Hans von Gemyngen Obmann, Hans von Wallbrunn, Heinrich von Mörsheim, Diether von Gemmingen der ältere, und Heinrich von Sternenfels Mitmanne waren, beygeleget, und insonderheit dem Marggraven das Recht hinauf zu bis auf das Brücklein zu Oehnspach und oben herab bis gen Offenburg mitten in die Kinzing zuerkannt worden.

Mit dem Bischoffen Matthias zu Speyer verglich sich unser Marggrav Carl am Dienstage nach Jubilate A. 1473. zu Jöhlingen wegen des Wildbanns in einigen Jöhlinger Waldungen, und wegen des wechselweisen Geleits, welches unserm Marggraven von Singen bis gen Oberngrumbach an die Riegel, und von Wössingen bis für Binßheim, n) hinaus zum Creuz,

---

m) Lehmann, l. c. B. 7. Cap. 118. S. 921.

n) Binsheim, ehedem ein Dorf zwischen dem ehe-

Creuz, als der Pfad von dannen gen Obernrumbach gehet, bestätiget wurde.

A. 1473. §. XLIII. M. Carl bemüht sich auch A. 1473. nebst andern Fürsten und Ständen das gute Vernehmen zwischen dem Hause Oesterreich u. Burgund wieder herzustellen. Herzog Sigmund von Oesterreich hatte bereits A. 1469. die Oesterreichische Lande im Breisgau und Elsaß an Herzog Carl von Burgund gegen achtzig tausend Gulden versetzt. Die Huldigung hatte in des Herzogs Namen M. Rudolf von Hachberg als Statthalter in Luxenburg eingenommen. Herzog Carl kam selbst nach Breisach, und nahm diese Pfandschaftsherrschaften in Augenschein. Churfürst Fridrich von der Pfalz und M. Carl schickten dahin ihre Gesandte, und ließen ihm ihre Hochachtung bezeugen. o) Des Herzogs Landvogt Peter von Hachenbach, welcher

---

ehemaligen Dorfe, jetzt Hof Bonartshausen bey Gondelsheim und dem Dorfe Jöhlingen, ist dermalen ganz verkommen, und dessen Andenken nur noch in dem wirklich vorfindlichen also genannten Birsheimer Gemeinsbrunnen und dem Erblehne, welches einige Jöhlinger Einwohner über die Güter dieses Dorfs haben, vorhanden.

o) Pontus Heuterus *Rer. Burgund.* Lib. V. Cap. 10.

cher zu Breisach seine Wohnung hatte, gieng mit den Unterthanen so hart um, daß dieselbe einen allgemeinen Aufstand erregten; und gegen die Eydgenossen erwies er ein sehr feindseliges Gemüthe. p) Es hatte das Ansehen, Oesterreich und Burgund möchten in einen Krieg mit einander verwickelt werden. Diesem vorzubeugen wurde auf den 15. Februar eine Zusammenkunft zu Basel gehalten, bey welcher sich die Oesterreichische und Badische, wie auch Churpfälzische Botschafter eingefunden, um nebst den Bischöffen von Basel und Straßburg wie auch den Abgeordneten der Eydgenossenschaft sich wegen Ablösung des Burgundischen Pfandschillings zu berathschlagen. Es kam aber damals die Sache nicht zu Stande, und wurde daher zu Ende des Merzen eine andere Versammlung zu Kostanz gehalten. Man machte daselbst einen Verglich dieses Inhalts: dem Herzog Carl dem Kühnen solle die Summe der achtzig tausend Gulden zurück bezahlt, und also die Oesterreichische Länder im Elsaß und Breißgau ausgelöst worden; hingegen solle Herzog Sigmund im Namen des Hauses Oesterreich dem Recht auf alle diejenige Länder entsagen, welche die Eydgenossen dem Hause Oesterreich zur Zeit der Kirchenver-

---

p) Tschudi Eydgen. Geschichte, Th. 2. L. 14. S. 708.

versammlung zu Kostanz entzogen hatten. q) Allein auch diesesmal erreichte die Sache ihre Endschaft nicht.

In eben diesem Jahr hatte der Kaiser einen Reichstag nach Augspurg ausgeschrieben. Er hielte den 25sten April seinen Einzug öffentlich daselbst. M. Carl sandte seine Botschafter auch dahin. Der Kaiser hatte auf diesen Reichstag vor, den unruhigen r) Churfürsten Friderich von der Pfalz in die Acht zu erklären. Allein sein Vorhaben, mit Herzog Carl von Burgund sich zu unterreden, und das Ansehen Churfürst Fridrichs machte ihn auf eine andere Entschliessung gedenken. Der Kaiser reiset über Ulm von der Donau an den Rheinstrohm.

Bey dieser Gelegenheit hat der Marggrav die Ehre und das Vergnügen, den Römischen Kaiser Fridrich III. als seinen Schwa-

---

q) Vrstis. Chron. Basil. Lib. VI. Cap. 5. p. 437. Herzogs Elsaßische Chronick, B. 2. S. 121.

r) Schmauß in der Reichshistorie S. 209. gibt ihm dieses Beywort aus dieser Ursache, weil, wie er behauptet, damals Niemand in Teutschland die allgemeine Ruhe und den Landfrieden so sehr, als derselbe störete, und dem Kaiserlichen Ansehen und Respect zuwider handelte.

Schwager in seiner Residenz zu Baden gegen sechs Wochen bey sich zu haben. Der Kaiser belehnt allda den Bischof Ruprecht von Straßburg mit dem Bißthum und den Regalien. Er bestätigt auch hieselbst dem Kloster St. Cäcilien zu Pfullingen seine Freyheit. s) Der Marggrav begleitet hernach den Kaiser nach Straßburg. t) und

---

s) Die Urkunde ist gegeben zu Niederbaden, Speyrer Bistumbs am Montag vor St. Mariä Magdalenätag. Petri *Suevia Eccles.* p. 679.

t) Königshofen S. 368. „Do man zalet nach „Gottes Geburt M. CCCC. lxx 3. jor. do kam „keiser Friderich von Osterech gen Straßburg, „uff Fritag nach unser Frawen der eren, und „mit jme sin sune Hertzog Maximilianus von „Osterich und rittent in die Stat mit jr. C. „(900) Pferden, und kam mit ihm der Bischof „von Metze und —— Margraff Carle von „Baden —— und wurden alle erlich empfan„gen, und ward dem keiser geschenckt von den „von Straßburg tusend gulden in einem sil„bern Geschirr, stunt ober kost CCCC (400) „Gulden und sinem Sun Hertzog Maximi„liano vj. C. (600) gulden in einem silber„nen geschirr kost 400. gulden, und 26. „halbe suderig vaß mit wyne, 200 viertel ha„beren, und 10. Ochsen, kostent 100. gulden, „und 60. gulden wert vische vnd 40. Hem„mel, kosten 50. gulden, und sinen spilluten „12. fl. one das man den andern Fürsten „und Herrn schenckt insunderheit —— S. auch „Lehmann, l. c. S. 892.„

und von da nach Maynz und Trier. u) Der Kaiser hatte hieher einen Reichstag ausgeschrieben, um die Absichten auszuführen, die er mit Herzog Carl dem Kühnen von Burgund vorhatte. Erstgemeldeter Herzog fande sich auch in Trier ein, in der Hofnung, die Belehnung von Geldern und zugleich die königliche Würde zu erlangen. Der Kaiser hingegen suchte eine Verbindung zwischen seinem Prinzen Maximilian, welchen er bey sich hatte, und dieses reichen Herzogs einziger Prinzeßin und Erbin Maria zu stiften; welche auch einige Zeit hernach, obwol an einem andern Ort zu Stande kam. Die burgundischen Schriftsteller wissen den Pracht ihres Herzogs auf diesem Reichstag nicht genug zu beschreiben. x)

Bey

---

u) PETRI *Suevia Eccles.* p. 679. Königshoven l. c. Müllers Reichstags-Theatrum sub Frid. III. 5te Vorstell. Cap. 32. S. 556.

x) MAPPII *Annales Cliviae Ducum* Tom. III. p. 22. Des Herzogs Rock war mit Gold und Perlen besetzt, und wurde auf hundert tausend Goldgulden geschätzt. Die Belehnung gieng in dem Kloster St. Maximini vor. M. Karl wurde nebst den übrigen Fürsten auch dazu geladen. Der Chor der Kirche war mit Goldgesticktem Sammet und Seiden bedeckt; gleichwie die Kirche selbst mit Tapeten und Umhängen geziert war, darauf die Geschichten des alten

Bey diesem Jahr habe ich noch als merkwürdig anzuführen, die am Donnerstag

alten Testaments auf das künstlichste gewirkt stunden. Die Zierrathen und Kostbarkeiten des Altars waren 24. Bilder silbern und verguldet, jedes anderthalb Ellen lang; die 12. Apostel, silbern und verguldet; 10 Bilder aus lauterm Gold, ohne sehr vile andere von Silber; 10. fein goldene sehr künstliche Creutze mit Edelstein besetzt; ausser 2 maßif goldene Leuchter, 4. andere von silber und zum Theil vergoldet; 4. Engel mit Leuchtern 1. Ellen lang, von lauterm Gold; 1. Kiste mit heiligen Reliquien; 1. golden Tabernackel, worauf vile kostbare Bilder, überall mit Edelsteinen besetzt waren; 1. guldene Lilie mit kostbaren Steinen, darinnen ein Nagel von dem Creutze des HErrn gewesen seyn solle, nebst einem Diamant 2. Zoll lang. In dem Speise-Saal, wo die Tafel gehalten wurde, war eine Trisur 20. Spannen lang und breit, wozu man durch 10. Stuffen steigen mußte, auf derselben stunden 24. Flaschen, groß und klein, meistens von Gold, 70. Kannen von Gold und Silber, 100. Pocale mit Deckel, von feinem Golde mit Edelsteinen und Perlen besetzt; 40. Dutzent Becher oder Schalen; 6. silberne Schiffe, groß und klein; 24. Schüsseln von Gold und Silber; 6. Einhörner, worunter zwey 3. Ellen hoch; 1. silbern Almeria, 3. Ellen hoch; 6. silberne Gelten, jede hielt 24. Maß; alles auf der Tafel war von Silber; jeder tranck aus einer silbernen Schaale, und je zwey hatten ein gulden oder silbern Wasser-Geschirr

stag nach Jacobi zwischen dem Marggraven Carl und den badischen wie auch ortenaui-

Geschirr. Der erste Gang von Speisen bestunde aus 14. Richten, vor welchen 10 Trompeter, 4. Pfeiffer, 2. Paucker, und 16. Graven in einer mit Gold und Edelsteinen gezierten Kleidung hergiengen. Der andere Gang hatte 12. und der dritte 10. Richten mit erstgemeldeter Pracht. Nach diesen 3. Gängen wurden 30. Schüsseln mit allerhand Confituren aufgesetzt, darunter die vornehmste auf sechzig tausend Gulden geschätzt wurde. Die Bedienung bestunde aus 6'0. Edelleuten, welche meistens in Gold, Silber, Sammet und kostbaren gewässerten Zeugen gekleidet waren; wie auch die 200. Trabanten, so dabey sich befanden. CRUSII *Annal. Suev.* Lib. VIII. P. III. Cap. IX. p. 436. 437. Eben derselbe beschreibt auch den Aufwand, welchen dieser burgundische Herzog A. 1468. zu Brügge in Flandern gemacht, bey seinem Beylager mit der Peinzeßin aus Engelland. Die Beschreibung ist folgende: Der Saal war mit guldenen Tüchern behängt. Er und die Braut hatten guldene Kleider an. Auf den Tischen stunden 30. köstliche Schiffe mit Menschen und Segeln, sämtlich mit Gebratens beladen; jegliches hatte 4. Nachen oder Boote, voll Zugemüß; zwischen jedem Schif ein Tabernackel oder Zelt, unter welchen Pasteten stunden. Vor den Tisch kam ein Pferd, wie ein Eichhorn bereitet; auf welchem ein Knab, in Gestalt eines Bärs saße. Nachdem kam ein Löwe, in welchem 4. Sänger sich befunden, die

aus

nauischen dem Marggraven größtentheils zugewandten Rittergeschlechten Windeck, Bach, Röder, Stauffenberg, Schauenburg, Neuenstein, Pfau und Groschweiler auf

---

aus demselben gesungen. Am andern Abend kam ein Greif, aus welchem viele Vögel beyflogen. Am dritten Abend hatte man einen großen Thurn; in dessen Fenster lagen 6. brummende Bären; so denn kamen 2. Geißböcke und Wölfe, welche gepfiffen und geflötet; darnach folgten viele Esel als Singer, und ein pfeiffender Aff, nebst andern Affen, die um den Thurn tanzeten. Auch stunden auf den Tischen 48. seidene Gezelte mit des Herzogs Panier; unter etlichen waren Pasteten, und, wie der Schriftsteller sich ausdrückt, mancherley Possen. Item ein Wallfisch 18. Schuhe lang und 16. hoch; in diesem giengen 14. Mann; da er vor die neuvermählte Herzogin kam, liefen aus seinem Munde 12. wilde Männer, die kämpften, sprangen, und jagte je einer den andern in den Fisch. Die Feyerlichkeiten dauerten acht Tage, und wurden täglich erfordert: 800. silberne Blatten. 16. Ochsen. 10. Schweine. 600. Pfund Specks. 100. Pfund Ochsenmarkt. 250. Hämmel. 250. junge Lämmer. 250. junge Ferklein. 100. Hasen. 800. Kaninchlein. 300. Soalen. (eine Art Vögel) 200. Phasanen. 200. Wasservögel. 800. Rebhüner. 400. Tauben. 200. Schwanen. 100. Pfauen. 400. Hüner. 1000. junge Hüner. 500. Kappaunen.

Bad. Gesch. II. Th.   J i

auf funfzehen Jahre errichtete Einung. y) Diese wurde hernach etlichemal verlängert. Man hält sie vor die Grundlage der Ortenauischen Ritterschaft, deren Endzweck war die öffentliche Ruhe und Sicherheit, die Einführung der Austräge, und der Landfriede. Es wurde bey dieser Verbindung ein Hauptmann gesetzt, der mit den Beysitzern die Strittigkeiten untersuchen und entscheiden sollte. z) Es wurde diese Ritterschaft in der Folge zu den Reichstägen berufen, und mit derselben wegen des gemeinen Pfennings absonderlich gehandelt. a)

1474. §. XLIV. A. 1474. erläßt die Abtißin zu Frauenalb, Margaretha von Weingarten ein demüthiges Schreiben an M. Carl, als ihren gnädigen Herrn. Sie bittet um ein Vorschreiben an den Bischof von Speyer; daß er sie sowol in der Abtey, die sie von dem Marggraven genieße, confirmiren, als auch, daß das Gotteshaus nicht mit Beschwehrden möchte beladen werden. Sie ersucht zugleich

---

y) *Cod. Dipl. Bad.* Num. 420. Dieser Verein findet sich auch in des Freyherrn von Cramers Wetzlarischen Nebenstunden, Th. 38. S. 26. folg.

z) Burgermeisters Reichs-Adel, S. 69.

a) DATT *de pace publica* p. 543. p. 583.

gleich unsern Fürsten um die Bestellung des Schultheissen zu Stein, zum Amtmann ihres Klosters. Der Marggrav willigt in ihre Bitte, und versichert sie dessen durch ein gnädiges Antwortschreiben. b)

Der Kaiser hielt in diesem Jahr abermals einen Reichstag zu Augspurg. Marggrav Carl sendet seinen Prinzen Albrecht mit seinen Bottschaftern dahin. c) Unter andern berathschlagt man sich über den Feldzug wider Herzog Carl von Burgund. Dieser hatte sich in die damalige Cölnische d) Unruhen gemischt, und zu Gunsten Churfürst Ruprechts die Belagerung der Stadt Nuß wirklich vorgenommen. Der Kaiser bote daher das ganze Reich wider

---

b) Beede stehen in der Baden-Badischen Deduction gegen Frauenalb 1722. S. 109. u. 110.

c) Lehmann Speyer. Chron. B. 7. Cap. 113. S. 901.

d) Der Erzbischof und Churfürst Ruprecht, des Churfürsten Fridrichs I. von der Pfalz Bruder, hatte sich mit seinem Domcapitul und Landständen wegen einer ausgeschriebenen Steuer dergestalt entzweyet, daß er A. 1472. von seinem Erzstift abgesetzt, und Landgrav Herman von Hessen zum Administrator bestellt wurde.

wider ihn auf, und nahm sich vor dem Feldzug in eigener Person beyzuwohnen. Unser M. Carl zieht mit seinem Prinzen Christoph dem Kaiser selbst zu Hülfe. Die Reichsarmee nimmt ihren Weg über Cöln auf Neuß zu. Kaiser Fridrich, M. Albrecht von Brandenburg, unser Marggrav Carl und Herzog Albrecht v. Sachsen, samt vielen andern Bischöffen, Fürsten, Graven und Herren befinden sich bey dem hintersten Theil des Heers, und des Reichs Hauptpanier. e) Noch ehe das Kriegsheer die Stadt Neuß erreichte, kam es durch die Vermittelung des päpstlichen Legaten und des Königs in Dännemark zum Frieden.

In diesem Jahr, und vielleicht bey der Abwesenheit M. Carls war Rudolf von Baden Commentur zu Ueberlingen St. Johannes Ordens, Regierer und Verweser der Stadt Sulzberg im Namen und an statt M. Carls.

Churfürst Fridrich von der Pfalz erläßt in diesem Jahr auf Sonntag nach dem Frohnleichnahmstag ein Circularschreiben wegen seiner Irrungen mit dem Kaiser. Es wird hierauf ein Project eines Vergleichs zwischen beeden d. d. Aug-

---

e) Fuggers Spiegel der Ehren des Erzhauses Oesterreich. B. 5. Cap. 24. S. 815.

Augspurg Freytag St. Bartholomäus Abend entworffen. In demselben stehet von unserm Marggraven folgendes: „Item Marggrave Carlen von Baden soll der Pfalzgraue an denen Stedten so er vonn Im Innhat XX. M. Rinischer gulden nachlassen, die dann siner Gemahel der K. M. (Kaiserlichen Majestät) Schwester zusteen vnnd zu gut kommen sollen." f) Der Churfürst meldet in dem Antwortschreiben an Herzog Ludwig von Baiern, daß er den entworfenen Verglich mit den Kaiser nicht eingehen könne; Er erbietet sich jedoch dem Marggraven zehen tausend Gulden nachzulassen. g)

§. XLV. M. Carl stirbt 1475. in seiner Residenz Baden an der Pest. h) Da das Jahr seiner Geburt ungewiß ist, so

Tod.

---

f) Urkundenbuch zu Churf. Fridrichs I. von der Pfalz Geschichte, Blatt. 499.

g) Müllers Reichstag 5te Vorst. S. 673. Pfälz. Urkundenbuch, S. 503. woselbst angemerkt wird, daß der KEMNATENSIS, der eben diese Antwort hat, darzu gesetzet habe: Der Kaiser hat Pfalzgraff Friderich eine Antwort geben off sein Erbietung dieser Schrift.

h) JÜNGLERUS *in narratione genealogia Mscta Domus Badensis.*

laſſen ſich auch die Jahre ſeiner Wallfahrt nicht beſtimmen.

Character. Herr Profeſſor Schöpflin ſchildert ſeinen Character alſo: i) Er war ein Fürſt, der wegen ſeiner vortreflichen Eigenſchaften in Kriegs- und Staatsverrichtungen unter den babiſchen Fürſten beſonders hervor leuchtet. Bey K. Fridrich als ſeinem Schwager ſtunde er in groſſen Gnaden; bey den Ständen des Reichs war ſein Anſehen von einen beſondern Gewicht; wegen des Ruhm ſeiner Gerechtigkeit und Billigkeit zog man ihn zu den wichtigſten Reichsgeſchäften. Aeneas Sylvius k) welcher ſeine Tapferkeit rühmt, ſetzt ihn in die Zahl der berühmteſten teutſchen Feldherren ſeiner Zeit, u. zwar dem Churf. Fridrich v. der Pfalz und M. Albrecht von Brandenburg an die Seite; als welche von Jedermann vor würdig gehalten wurden, das Kriegsheer wider die Türken anzuführen. Dieſes könnte man an ihm ausſetzen, daß er bey ſeinen Entſchlieſſungen nicht veſt und ſtandhaft geweſen; jedoch zeigte er eine wahre Beſtändigkeit in Beybehaltung der Freundſchaft des Kaiſers, der ein unbeſtändiger und ſchwacher Fürſt war; und rich-

---

i) In *Hiſtoria Zaringo-Badenſi* Tom. II. p. 186. ſq.

k) In Libello *de Germania*, Cap. 67.

richtete seine Anschläge meistentheils nach dessen Gesinnung, wobey er mehr auf die Beförderung des Kaiserlichen als seines eigenen Nutzens sein Augenmerk nahm. In einige Unruhen, bey welchen er einen Zuschauer, ohne Theil daran zu nehmen, in der Stille hätte abgeben können, mischte er sich ohne Noth, wie seine Maynzische Kriege genugsam zu Tage legen. Er nahm in beeden die Person an, in der er dem Kaiser und Papst gefallen konnte.

§. XLVI. Marggrav Carls Gemahlin ist Catharina, Herzog Ernst des Eisernen in Oesterreich zweyte Prinzeßin. l) Sie vermählt sich mit unserm Marggraven A. 1446. mit Genehmigung ihrer beeden Brüder K. Fridrichs III. m) und Herzog Albrechts VI.

Gemahlin.

Dieser fürstlichen Braut versprachen ihre Hrn. Brüder dreyßig tausend Ducaten

---

l) Das Bildniß dieses fürstlichen Ehepaares ist zu sehen in GERARDI DE ROO *Annalibus Austriae* p. 224. 225.

m) Dieser nennt ihn in einem Immunitäts-Privilegio A. 1467. seinen lieben andechtigen Schwager und Fürsten. AENEAS SYLVIUS l. c. p. 231.

Brantſchatz. n) M. Jacob, des Bräutigams Herr Vatter, verſpricht ihm eine gleiche Geldſumme, und gibt zum Unterpfand die Herrſchaften Hachberg und Höbingen, nebſt dem vierten Theil der Herrſchaften Lahr und Mahlberg.

Da Kaiſer Fridrich mit ſeinem Bruder Albrecht in großen Verdrießlichkeiten lebte, und dieſer wider jenen zu Felde lag, bemühete ſich dieſe vortrefliche Fürſtin nebſt der Kaiſerin Eleonora die Gemüther wieder zu vereinigen. An den betrübten Umſtänden ihres Herrn Gemahls in der Gefangenſchaft nahm ſie mit großer Wehmuth ſchuldigen Antheil. Sie lebte nach deſſen Tod noch achtzehen Jahre. Denn ſie ſtarb A. 1493. und wurde zu Baden begraben. o)

Kinder. Sie gebahr dem Marggraven auſſer dreyen Prinzen, Chriſtoph, Albrecht und Frid-

---

n) Fuggers Ehrenſpiegel des Erzhauſes Oeſterreich, B. 4. Cap. 6. S. 443.

o) Die Grabſchrift bezeugt ſolches:

. . . . perfuncta Badenſis
Auſtria quam genuit hic *Catharina* jacet.
Interiit pridie Septembris circiter idus,
Poſt fratrem, Caeſar, te, Friderice, ſuum.

Fugger l. c. irrt in Anſehung des Orts, und confundirt Badenweiler mit Baden.

Carl I. 1453 - 1475.

Fridrich, von welchen ich besonders handeln will, auch drey Prinzeßinnen.

1. **Catharina**, gebohren im Jahr 1449. wird an Grav Georg von Wardemberg A. 1464. vermählt.

2. **Cimburga** p) gebohren A. 1450. wird A. 1468. Grav Engelbrechts von Nassau Gemahlin. Ihres Herrn Vaters Bruder, Erzbischof Johann von Trier war der Stifter dieser Verbindung.

3. **Margaretha**, gebohren A. 1452. Sie erwählt den geistlichen Stand, und stirbt als Abtißin zu Lichtenthal. Ihre Grabschrift daselbst lautet also: „Anno „Domini 1495. uf. d. XII. Tag des Jen„ners ist die Erwürdige Hochgebohrne „Fürstin, Frau Margaretha, Aebtißin „des Gotteshauses Lichtenthal gebohrne „Marggrävin von Baden, verschieden, „deren Seele Gott genade."

Dieser Lebensbeschreibung füge ich noch ein Schreiben der Marggrävin an ihren Prinzen M. Christoph bey, davon die Urschrift noch vorhanden ist. Vielen meiner Leser wird dieses Zeugniß der Redlichkeit und mütterlichen Zärtlichkeit aus

doris

---

p) MIRAEUS *Opp. Dipl.* Tom, I. p, 219. nennt sie unrecht Lutgardis.

vorigen Zeiten nicht unangenehm zu lesen
seyn.

„ Catherina.
„ Mütterliche Trey, was Wir liebs
„ vndt guets vermögen, zuvor. Herzlie-
„ ber sohn, es were vnser rath, daß man
„ dein Bruder Albrecht auch hinab zu dem
„ Keiser ließ reiten, so wollen wir vndt
„ vnser bruder Marx Gott wil, dieweil
„ ihr vßen weren daß Landt wohl verse-
„ hen, Ist auch vnser meinung, daß du
„ wollest mitt vnserm Herren von Trier
„ auch davon reden, so haben wir ihme
„ selbs vndt vnserem Herren von Metz
„ davon geschrieben, waß dan dieselbe in
„ den Sachen ratendt, wollen wir thun,
„ auch herzlieber sohn, wir wollen dir
„ ein schöhnen schwartzen fahnen lassen
„ machen, alsobalt der gemacht ist, so wol-
„ len wir dir den schicken, hiermits befeh-
„ len wir dich dem Allmechtigen vndt sei-
„ ner lieben mutter, datum Baden vff
„ freytag nach corporis Christi.

„ Auch ist ferner vnser freundlich Be-
„ gehren an dich, du wollest vns ein rein
„ leine tuch kauffen vndt daß schicken, waß
„ denn daß kost wollen wir dir erbarli-
„ chen außrichten alsbalt du heim kom-
„ mest, so wollen wir vnseren Herrn von
„ Trier ein schöhn Hemmet vndt deinem
„ Brudern auch davon lassen machen, wir
„ dörffen dir keins mehr machen, du hast
„ nuhn

„ nuhn ein Haußfrau, dieselbe soll dich
„ versehen, vndt deine Kinder, darumb so
„ kauff ihr auch Ein stück, so wollest dei-
„ nen Edelleuten sagen, welcher Ritter
„ mitt dir werden wolle, dem wollen wier
„ iedlichem ein schöhn Hemmet lassen ma-
„ chen, vndt deß schencken in die Ritter-
„ schafft, deß ein iedtlicher Ritter wohl
„ tregt vndt insonderheit wollest du von
„ dir selbs mit Marx Röder auch Bur-
„ kard von Reischach reden, nicht in sa-
„ chen, daß wir dir darvon geschrieben,
„ wollen sie auch Ritter werden, so wollen
„ wir iedtlichem ein gulden wammes in
„ die Ritterschaft schenken, so wollen wir
„ mitt vnßeren söhnen reden, daß sie ih-
„ nen helffen, darmitt sie Ritter mögen
„ bleiben, daß wir dir vndt ihnen auch
„ wollen thun, vndt sollt nicht ansehen,
„ daß wir mitt dir kargen, wir wollen
„ dannoch treylich an dir thun, als ein
„ treye Mutter, wir hoffen, wir wollen
„ noch mit spinnen gewinnen, daß du rit-
„ ter mögest bleiben, vndt sonst auch noch
„ haben, daß du nicht icht vmb weist.
„ auch lieber sohn, wir begehren an dich,
„ du wollest thun, als einem frommen
„ firsten zugehört, vndt dich auch fest zu
„ andern firsten thun, wollest damitt
„ du von ihnen auch waß gutes lernen
„ vndt daß böse wollest vnderwegen laß-
„ sen, doch wollest du in dem allen dei-
„ nes lieben Herr Vatters, auch dein
„ nicht

„ nicht vergeßen gegen dem allmechtigen
„ vndt insonderheit du standest auff oder
„ legest dich nieder, wollest dein gebett
„ brauchen gegen dem Allmechtigen Gott
„ vndt seiner lieben Mutter, so solls
„ ohn zweiffel seyn daß dir
„ nimmer übel geht.

Marggrav Bernhard II.
der Seelige.
† A. 1458.

§. I.

Marggrav Carl I. ist der erste unter den Prinzen Marggrav Jacobs. Ich habe nun die Lebensumstände seines Herrn Bruders, des zweyten Prinzen Marggrav Jacobs, nemlich Marggrav Bernhards, mit dem Beynamen: der Seelige, vorzutragen.

Die Nachrichten selbiger Zeit schildern uns diesen Fürsten als einen Herrn von vortreflichen Gemüthsgaben, von sehr schöner Gesichtsbildung und ansehnlicher Leibsgestalt. In diesem schönen Leibe hatte eine noch schönere Seele ihre Wohnung. Er suchte sie mit Demuth, Mitleiden und Heiligkeit, als per Krone aller Tugenden zu schmücken. a) Insonderheit pflegte

Eigenschaften.

---

a) CALMET *Hist. de Lorraine* Tom. II. L. X. beschreibt ihn also: "Il fût pourvû, à l'âge de dixhuit ans, des dignités de gouverneur

pflegte er alle Abend sich in solcher Gemüthsfassung zu Bette zu legen, daß, wann er nicht wieder aufwachen sollte, er seiner ewigen Glückseligkeit könnte gewiß seyn.

§. II. Das Jahr seiner Geburt finde ich nirgends als gewiß aufgezeichnet. Einige setzen seine Geburt in das Jahr 1438. andere nehmen eine andere Jahrzahl an. Wann er, wie CALMET schreibt, schon im neunzehenden Jahre seines Lebens gestorben ist, so müßte er im Jahr 1439. angefangen haben zu leben. Es läßt sich aber aus dem Testamente, seines Herrn Vatters schliessen, daß er bey dessen Absterben bereits großjährig gewesen sey. Dann in demselben findet sich die Verordnung, daß der Prinz Georg an dem Hofe eines seiner

„ neur de la Province d'Allemagne pour
„ l'Empereur Frideric IV. et de celle de
„ Président Imperial, au grand etonnement
„ de tout le monde, a cause de son bas âge.
„ L'Empereur le combla de biens: mais
„ Bernard n'en devint plus riche; car il
„ partagea ses biens en trois portions egales.
„ La premiere etoit pour les pauvres la seconde pour les Eglises, & la troisieme
„ pour son entretien & celui de sa maison.
„ Outre les vertus morales, qui posseda en
„ un souverain degré, comme la douceur,
„ la modestie, l'humilite, la chasteté, la misericorde, la Justice, il avois encore un
„ excellent Esprit. „

seiner beeden ältern Herren Brüder Carls oder Bernhards, oder aber an dem kaiserlichen oder an einem andern Hofe, so lange erzogen werden sollte, bis er das vier und zwanzigste Jahr würde erreicht haben. Es läßt sich übrigens so wohl aus Schriftstellern, als aus den Münzen muthmassen, daß er zu einem Helden gewidmet gewesen sey. Bald nach seines Herrn Vatters Tode A. 1454. wird er mit den Maynzischen Lehen, und von Bischof Reinhard zu Speyer mit dem halben Theil der Stadt Gernspach und deren Zugehörungen b) investirt. c)

§. III. In dem Testamente waren ihm die Städte und Aemter Pforzheim, Stein, Remchingen, Liebenzell, Altensteig und Besigheim u. s. w. zugedacht. d)

Er

---

b) Gleiches geschahe hernach A. 1458. von Bischof Seyfried. Man sieht hieraus, daß M. Bernhard seine Lande nicht völlig aufgegeben habe.

c) JOHANNIS AD SERARIUM *de Rebus Mogunt.* Lib. V. p. 765. Diese Belehnungen geschahen nach der vätterlichen Disposition, als welche enthaltet, von welchem Lehenherrn jeder der weltlichen Söhne die Lehen zu empfangen habe.

d) Siehe oben S. 363. 364.

Er nannte sich Marggraven in Pforzheim, Eberstein und Besigheim. Sein Lands-Antheil wurde hernach verstärkt, da sein Hr. Bruder M. Georg die vor ihn bestimmte Länder seinen beeden Herren Brüdern Carl und Bernhard überließe.

A. 1454. verkauft Gompolt von Giltlingen, Gompolts Sohn, und Elsi von Rosemberg, seine Stiefmutter, Hansen von Helmstatt ehliche Hausfrau, unserm Marggraven die Dörfer Wulfrichingen (Wilferdingen) und Darmspach um siebenzehen hundert fünf und siebenzig Gulden rheinischer Landswährung. e)

§. IV. Marggrav Bernhard sollte ein Tochtermann König Carls des VII. in Frankreich werden. Ihm war dieses Königs Prinzeßin Margaretha f) zugedacht. Es

---

e) Zeugen waren: Margaretha von Sachsenheim, Gompolts von Giltlingen Ehfrau, Hanns von Helmstatt, Elsen von Rosenberg Ehemann, Berchtold von Sachsenheim, Gompolt Schwäher, und Wilhelm Niz von Honeneck genannt Ensberger.

f) BENOIT *supplément à l'histoire de Lorraine.* p. 105. Diese Prinzeßin sollte nachher mit den König von Ungarn und Böhmen Ladislao vermählt werden. Allein auch diesen Bräu-

Bernhard II. † 1458.

Es wurde auch wirklich das Verlöbniß geschlossen. M. Bernhard aber faßte einen andern Schluß. Er wollte lieber in der Stille leben, und als ein Eremite seine Tage zubringen. Er übergibt daher seinen Landesantheil seinem Herrn Bruder Marggrav Carl zur Regierung, g) in der Absicht, sich in eine Einsiedeley zu begeben. Man hat also, da er sich der Regierung entschlug, nicht Ursache sich zu wundern, daß so wenig Nachrichten von ihme vorhanden sind.

§. V. Kaiser Fridrich III. unterbricht das Vorhaben Marggrav Bernhards.

Reisen u. Tod.

Er

Bräutigam entzieht ihr der Tod. Sie wird endlich Gastons de Foix, Prinzens von Viçana Gemahlin. AENEAE SYLVII *Histor. Bohem.* Cap. 69.

g) Daß sich M. Bernhard sein Recht auf seine Lande vollkommen vorbehalten, erhellet unter andern Urkunden aus derjenigen vom Jahr 1457. nach welcher M. Carl dem Abt und Convent zu Hirsau das Dorf Ottenbrunn vertauscht hat. Hier stehen ausdrücklich die Worte: „Daß wir alß ein regierender Fürst, „des Hochgebornen Fürsten Unsers lieben „Bruders Marggraf Bernhards vnd vnserer „Lande, für vns vnd vnser beyder erben, „u. s. w.„

Er bestimmt ihn A. 1453. zum Gesandten an alle europäische Höfe. Ob der Kaiser ihm damals den Orden des güldenen Vliesses gegeben habe, getraue ich mir nicht zu behaupten. Daß er aber denselben wirklich getragen habe, daran läßt mich eine auf sein Angedenken geprägte goldene Münze, nicht zweifeln. Sie wird hernach beschrieben werden. Der Kaiser war gesonnen einen neuen Kreußzug zu veranstalten, und durch den Marggraven Bernhard eine allgemeine Hülfe wider den Erbfeind des christlichen Namens, welcher in eben diesem Jahre sich Meister von Konstantinopel gemacht hatte, zu erlangen. h) Marggrav Bernhard leistet dem Befehl des Kaisers, als seines nächsten Anverwandten, Gehorsam. Er begibt sich auf die Reise, und wendet sich zuerst an den Hof König Carls des VII. in Frankreich, welcher

---

h) AGOSTINA DELLA CHIESA *Corona Reale di Savora.* Dieser nennt den Marggraven des Kaisers Friderichs des III. Präsidenten. Seine Worte lauten also: „Nella quale ri-
„posa il corpo del B. Bernardo Marchese di
„Bada, il quale passando à Roma Presidente
„dell' Imperator Federico III. per solleci-
„tar la Crociata contro gl' Infedeli in quel
„luogo mancò da viventi alli 15. Luglio
„1458. lasciando sì buona fama di sua san-
„tita, che tutte quel luogo l'ha eletto per
„suo protettore in cielo.„ CALMET l. c.

welcher sein Schwiegervatter hatte werden sollen. Von da aus geht er im Anfang des Brachmonaths A. 1458. nach Turin, und stattet einen Besuch bey dem Herzog Ludwig von Savoyen ab, dessen Vatter Grav Amadäus der III. von Kaiser Sigmund zum Herzogen erhoben, und nachher von der Kirchenversammlung zu Kostanz unter dem Namen Felix der V. zum römischen Papst ernannt worden ist. An diesem Hofe nimmt man ihn mit den größten Ehrenbezeugungen auf. Man verspricht ihm ansehnliche Geldsummen und einen Vorrath von Geschütz zu dem vorhabenden Kreutzzug. Er bleibt nicht sehr lange daselbst. Er setzt seine Reise fort nach Rom zu dem Papst Calixto dem III. Allein er kommt nicht weit. Er wird zu Montcallier in Piemont, ohngefehr drey Meilen von Turin, von einer heftigen Krankheit plötzlich überfallen. Er läßt sich in das Franciscaner Kloster daselbst bringen, und gibt allda am fünfzehenden Tag des Heumonats i) 1458. seinen Geist auf. k) Man setzt ihn

---

) CALMET l. c. Die meisten Scribenten setzen den Tod dieses frommen Fürsten ins Jahr 1459. TRITHEMIUS schreibt, er seye in männlichem Alter gestorben.

k) Der ANONYMUS PALATINUS MSC. meldet, M. Bernhard seye mit zweyen von dem

ihn eben daselbst in der Collegiat- oder Hauptkirche zu St. Maria, neben dem hohen Altar bey. Er wurde nachher selig gesprochen. 1) §. IV.

dem niedern Adel, davon der eine Schellenberg genennt wird, auf der Wallfahrt oder heiligen Reise, so er über das Meer in das gelobte Land gethan habe, umgekommen. Hingegen PHILIBERTUS PINGONIUS in *Chronica Augustae Taurinorum* schreibt der Wahrheit gemäß: „A. 1458. menfis Julii „Initio Bernardus Badenfis Marchio sancti„monia vitae ac natalibus clarus Tauri„num ingreditur, qui postmodum, su„scepto ad pietatem itinere, Montiscalerii „morbo interrumpitur & morte praevenitur. „Obiit XV. Julii & ob toties repetita va„ria miracula inter divos est habitus. Conf. „AGOSTIN. l. c.„

k) Marggrav Bernhard hatte befohlen, daß man ihn in dieser Kirche ohne allen Aufwand begraben solle. Es ließ ihm aber dennoch sein Herr Bruder ein Grabmal daselbst aufrichten. PISTORIUS in *Orat. de vita & morte D. Jacobi Marchionis Badenfis*, p. 131. Da diese Reden des Pistorii rar sind, so will ich aus denselben die Beschreibung, welche er von Marggrav Bernhard macht, hieher setzen. „Annus est 137. cum in stirpe familiaque „Badenfi Marchio fimilis Princeps esset, qui „despiciendo mundo, & solo amando Deo „consecutus fuit, ut post mortem singulari „divino beneficio, miracula ad sepulcrum, „ubi

Bernhard II. † 1458.

§. IV. Die Acten von dieser Seligsprechung sind in dem Archiv zu Vic, in dem

„ ubi humatus jacebat, maxima peneque
„ incredibilia ederentur, & ipse a Sixto IV.
„ istius aetatis Pontifice Maximo in Sancto-
„ rum numerum, publicis tabulis referretur.
„ Bernhardus secundus erat: filius Jacobi
„ Primi, frater Caroli, qui adolescens adhuc
„ bellicosus & florens magna formae digni-
„ tate, cum optime valeret, cum partem
„ possideret paternae Provinciae decretam
„ in Patris testamento: cum jussus esset pul-
„ cherrimae virginis ex Regia Gallica pro-
„ creatione sperare nuptias: fratrem accedit
„ Carolum, Anno cIɔ ccccliiii. maritum
„ Catharinae Austriacae: consilium, quod
„ de discessione a Provincia, & a mundo
„ facienda coeperat, & quomodo totum se
„ ad Deum colendum conferre constituisset,
„ cum illo communicat; nec teneri blaudi-
„ mentis potuit, quin Provinciae possessio-
„ nem in manum fratri traderet: Ipse duo-
„ bus sociis comitatus secederet in Ere-
„ mum: ubi cilicio ad nudam carnem vesti-
„ tus, in maxima contemtione mundi, ar-
„ dens totus Dei amore & incensus infinito
„ pietatis studio, vitam sanctissime finivit.
„ Id Montiscalerii in Pedemontio Anno mil-
„ lesimo quadringentesimo quinquagesimo
„ nono accidit, quo casu inter peregrinan-
„ dum venerat: tamen moriens, cum spiri-
„ tum pene extremum duceret, significari
„ fratri per socios, quibus utebatur, mori-
                                                        endi

dem Bißthum Metz anzutreffen. m) Marggrav Bernhards Bruder, Bischof Georg

"endi conditionem, quam subiisset, & se in
"summo templo mandari terrae mortuum
"sine omnibus impensis jubebat; quam-
"quam monumentum postea locavit frater,
"& tumulum ipse Deus, amplificator fidei
"religionisque suae maxima dignitate coho-
"nestavit."

m) VOLZYR *Histoire de la Victoire d'Antoine de Lorraine contre les mescreans Lutherien du Pays d' Aulsays* L. I. C. 10. MEURISSE *Hist. des Eveques de Mez.* L. III. p. 569. aus welchem Schriftsteller CALMET l. c. meldet: "Le Proces de sa vie & de ses actions mi-
"raculeuses se conserve a Vic." Bernhard wurde also selig, aber noch nicht heilig gesprochen. Der Unterscheid zwischen diesen beeden Handlungen bestehet darinnen: Die Heiligsprechung oder Canonizatio ist eine Handlung, da eine verstorbene Person von dem römischen Papste unter die Zahl der Heiligen rechtlicher Art versetzt und dabey befohlen wird, daß sie von Jedermann als ein solcher verehret, und ihr jährlich auf einen gewissen Tag ein Hochamt gehalten werde. Perill. ESTOR. Anmerkungen über das Staats- und Kirchenrecht. S. 479. Man erkennt hieraus daß der Papst Innocentius XI. durch die Worte: er wolle den Kaiser Leopold bey lebendigem Leibe heilig sprechen, gegen diesen großen Monarchen seine Ehrfurcht und Hochachtung habe

bezei

Georg zu Metz ließ ihm einen Altar in der Stiftskirche zu Vic aufrichten, und sein

bezeugen wollen. Diese Heiligsprechung ist eine Sache von vieler Weitläuftigkeit, und sollen wenigstens fünfzig Jahre von dem Tode desjenigen, den man zu einem Heiligen machen will, verflossen seyn. Es werden auch viele Kosten dazu erfordert, daher man eine solche Feyerlichkeit gemeiniglich so lange anstehen lässet, bis mehrere Candidaten zusammen kommen. Dann auf einen Heiligen sind gegen hundert tausend Scudi zu verwenden. Ich erinnere mich hieben gehört zu haben, daß, als man einem unter den folgenden Herren Marggraven zugeredet hatte, er möchte den seligen Bernhard zu einem Heiligen machen lassen, er die Antwort gegeben habe: Er ist mir selig genug. Die Seligsprechung ist von der Heiligsprechung darinnen unterschieden, daß der Papst die Verehrung einer solchen seligen Person nur einem Orte, einer Provinz, oder einem Königreiche erlaubt, dahingegen die Verehrung eines Heiligen der ganzen Kirche, so fern sie unter dem Papste stehet, anbefohlen wird. Der erste, der auf diese Art heilig gesprochen wurde, war Udalrich oder Ulrich Bischof von Augsburg, welchem P. Johannes XV. im Jahr 995. diese Ehre angethan hat. Mehreres siehe hievon unter andern in BOEHMERI *Jur. Eccles. Protest.* Tom. III. Lib. 3. Tit. 45. pag. 880. sqq. und in BENEDICTI XIV. olim PROSP. CARDINALIS DE LAMBERTINIS *op. de servorum Dei beatificatione* &

ſein Bildniß von Holz, wo er mit einem Kriegshabit angethan erſcheint, daſelbſt aufſtellen. Man rief es mit vieler Ehrfurcht an. Ihm wurde zu Ehren wie andern Heiligen ein beſonderer Feſttag angeordnet. n) Auch wurde er in der Abtey St. Vanne zu Verdun o) beſonders
hoch

& beatorum Canonizatione, davon in dieſem Jahre 1766. zu Rom eine neue Auflage gemacht worden iſt, wozu REMONDINI die Supplementen in zween Folianten drucken laſſen.

n) CALMET l. c. „George de Bade Evêque
„ du Metz ſon frere, lui fit ériger un Au-
„ tel dans l' egliſe Collégiale de Vic, où
„ l'on voit encore ſa ſtatuë en bois, en ha-
„ bit de guerrier: on y a célèbré long
„ temps ſa Fête comme d'un ſaint, mais
„ depuis quelque tems M. de Coiſſin Eveque
„ de Metz a ordonné qu'on en uſât a Vic
„ de même qu'on en uſe à Mont-callier,
„ & que ſon contentat de l'invoquer pour
„ une priere publique an jour de ſa Fête.
„ On aſſûre, qu' il a fait grand nombre de
„ miracles en Lorraine, auſſi bien qu'en
„ Italie. „

o) In Hübners Geographie Th. I. S. 291. wird gemeldet, der H. Bernhardus, welcher A. 1153. geſtorben iſt, ſey in der Domkirche zu Verdun begraben. Er ſchreibt aber S. 277.
daß

hoch verehrt, und glaubte man daselbst, daß man seiner Fürbitte nicht genießen könne, wann man dem Priester, welcher die Messe ihm zu Ehren hielte, etwas anerbiete. Man hatte ebenfalls daselbst, so wie in einigen andern Gegenden in Lothringen, seine Bildnis. Man versichert es sey noch im Jahr 1530. ein Wunder auf dieses frommen Fürsten Fürbitte allda geschehen. p)

Kk 5 §. V.

daß dieser berühmte Abt in der von ihm gestifteten Abtey Clervaux, daher er auch den Beynamen führt, mit Tode abgegangen sey, und daß viele fürstliche Personen daselbst begraben liegen. Vielleicht werden diese beede Bernharde von den Schriftstellern hier und da mit einander vermengt.

p) Hievon schreibt CALMET l. c. „On l'ho-
„nore auſſi dans l' Abbaye de Saint-Vanne
„de Verdun. Le peuple de cette Ville a
„une devotion particuliere pour lui; & on
„croiroit ne pas tirer de fruit de son inter-
„ceſſion, si l'on offroit quelque chose au
„Prêtre, qui doit célébrer la Meſſe en son
„honneur. Son portrait se voit sur la mu-
„raille du Choeur de l'Abbaye en dehors,
„du coté droit en entrant. Il y avoit auſſi
„une image de ce saint Homme dans une
„Chapelle des mines d'argent du val Saint
„Dieu, & il s'y fit en 1530. un miracle
„par son interceſſion." Da man, wie bekannt

Wunder-thaten.

§. V. Das tugendhafte Leben unsers Marggraven beschreiben sowohl einheimische, als ausländische Schriftsteller mit großer Hochachtung. Mit rührungsvoller Lebhaftigkeit beschäftigen sie sich, die Wunder, so er auch nach seinem Tode verrichtet habe, der Vergessenheit zu entreissen. Ich habe vorhin einige derselben nahmhaft gemacht, und will jetzt noch etliche anführen. Unter den ausländischen gedenkt seiner der Abt Trithemius mit besondern Lobssprüchen. q) Papst Sixtus

---

kannt ist, zwey Ausgaben von dem Calmet hat, so melde ich, daß ich mich derjenigen bedienet habe, die im Jahr 1738. zu Nancy gedruckt worden ist.

q) *Chron. Hirsaug.* ad a. 1465. p. 459. „Erat „Jacobo Marchioni filius nomine Bernar„dus, qui, ut publice multorum ferebatur „testimonio, Castitatis amore virgo per„mansit usque ad mortem. Hic a pueritia „sua doctus timere Deum, in omni puritate „vitam suam custodivit; nam etsi arma „tractavit ut Princeps, neminem unquam „offendit, neminem laesit, nemini contu„meliam vel injuriam fecit. Multo tem„pore in Curia Caesaris Friderici militavit, „sed vitia Curialium non contraxit, mente „& opere Monacho semper similior, quam „militi. Amator erat pauperum, & dili„gen-

Sixtus IV. ließ auf erhaltene Nachricht von den Wundern die bey dem Grabe des Prin-

> gentissimus Advocatus egenorum. Quoties in circumeundo Imperatoris Curiam Monachum vel Clericum pauperem, sive rusticum aut quemlibet alium vidisset, qui propter humilem sui conditionem vel inopiam, desideratum ad Caesarem vel officiales ejus non poterat obtinere accessum, ipse pro Dei amore fidelis Advocati sumens officium, causam pauperis promovit & egit, nec solicitare destitit, donec pauperem justa petentem suo desiderio satiasset. Tantae miserationis & pietatis fuit in pauperes, ut quidquid habere potuit, totum in usus eorum sine discretione personarum erogaret. Frequenter etiam tempore hyemali cum pauperem vidisset algentem, interioribus se vestimentis spolians, nudum pro Dei amore, quanto potuit secretius vestivit. Ad nudam carnem cilicium, aut laneam portabat camisiam, quam tamen cultioribus vestimentis deforis indutus, ut decuit Principem, sagaciter occultabat. In Orationibus fuit assiduus, & saepe laetantibus aliis, ipse tacitis compunctionibus vi lacrymas et preces Domino secretus effundebat. Nunquam ex eo tempore, quo sanctam hanc vivendi consuetudinem assumsit, dormitum se recepit, nisi prius confessionem earum negligentiarum, quae forsitan occurrissent in die, sacerdoti Capellano, quem semper habuit

Prinzen geschehen wären, im Jahr 1468. eine Untersuchung deßwegen anstellen; und sprach ihn im folgenden Jahr selig. r) Er setzt darauf seine Bemühungen fort, recht gründlich von diesem wunderthätigen Fürsten belehrt zu werden. Er erläßt deßwegen A. 1478. eine Bulle s) an den Bischof zu Jvrea in Piemont mit dem Auftrag, daß er durch glaubwürdige und unver-

---

„buit ad manum, compuncta devotione
„fecisset. Dicebat enim: *Nihil Christiano*
„*homini fore periculosius, quam in eo dor-*
„*mire statu, in quo mori non auderet, pro-*
„*pterea quod multi suffocantur in somnis, &*
„*nemo scire possit, quo tempore, loco, aut modo*
„*carnis debitum morti solvere compellatur.*
„Quod vir Deo dilectus prudenter conside-
„rans, ne imparatus praeoccuparetur a mor-
„te, omni tempore & loco in timore Do-
„mini vigilans mortem exspectabat. Mori-
„tur tandem aetate virili, plenus operibus
„bonis, & sicuti dicit scriptura: *Placens*
„*Deo factus est Dilectus, & vivens inter*
„*peccatores translatus est. Raptus est enim,*
„*ne malitia mutaret intellectum ejus, aut ne*
„*fictio deciperet animam illius. Placita erat*
„*Deo anima illius, propter hoc properavit edu-*
„*cere illum de medio iniquitatum. Consum-*
„*matus in brevi, explevit tempora multa.*„

r) CALMET l. c.

s) Sie steht in SCHOEPFLIN. Cod. Dipl. Bad. Num. CCCCXXVI.

verwerfliche Notarien alles, was er von diesen Wundern vernehmen würde, zu Papyr bringen lassen, solches mit seinem Pettschaft versiegeln, und durch einen getreuen Gesandten ihme nach Rom senden solle. Erst gemeldeter Bischof scheint noch vorher, ehe er die Untersuchung vorgenommen, oder dem Papst Bericht abgestattet hatte, gestorben zu seyn. Denn der Papst überträgt im folgenden Jahre 1479. dem Bischof zu Aosta in einer besondern Bulle t, eben dieses Geschäft. Die Untersuchung geht endlich A. 1481. vor. In demselben Jahr beschäftigt sich Guillermius Catya, beeder Rechten Doctor und Archidiaconus zu Rom, des Apostolischen Stuhls Protonotarius und des Bischofs zu Turin Vicarius, mit Abhörung der Zeugen. Er hört dieselben ab, und beschreibt die acht und dreyßig Wunder, die nach der Zeugen Aussage in dem Turinischen Kirchensprengel verrichtet worden sind. Papst Sirtus läßt hiervon dem Marggraven von Baden eine schriftliche Nachricht zugehen, darinnen die Wunder erzählt werden, welche der selige Marggrav Bernhard an aussätzigen, stummen, lahmen, wassersüchtigen, fieberhaften, gebrochenen, verwundeten, halbtodten Menschen gethan, daß durch ihn die Pest ver-

---

t) l. c. Num. CCCCXXVII.

vertrieben, einige vom Tod auferweckt, und unfruchtbare Frauenspersonen mit der Gabe Kinder zu gebähren begnadigt worden seyen. Das Instrument, so bey dem Zeugen Verhör gemacht worden ist, wurde nebst dem sehr rauhen härinen Unterkleid, so M. Bernhard Tag und Nacht auf blosem Leibe getragen hatte, in dem fürstlichen badischen Archiv zu Basel aufbehalten. Die Stadt Montcalier hat ihn auch zu ihrem Patronen erwählt. u)

Ich kan hiebey nicht mit Stillschweigen übergehen, daß Marggrav Georg, Bischof zu Metz ebenfalls begierig gewesen sey, gründlich von dem Vorgang dieser Wunder belehrt zu werden. Die Erzählungen, welche ihm diejenige gethan hatten, die

in

---

u) Dieses wird in einem italiänischen Buche beschrieben, dessen Titel ist: *La Corte santificata dalla vita e dalle virtu del B. Bernardo Marchese di Baden, Protettore della Citta di Moncalieri.* Torino 1722. 4to. Der Verfasser desselben ist Joseph Antonius Mombello, welcher sich Prefetto der Stadt nennt. Eben derselbe hat auch ein Gedicht über den Marggrav Bernhard verfertigt, und dem badischen Helden Ludwig zugeschickt. Vor ihm hat Johannes Baptista Blancardi des M. Bernhards Leben ebenfalls in welscher Sprache herausgegeben, welches der Jesuit Johann Hornige ins Teutsche übersetzt, und A. 1686. zu Straßburg ans Licht gestellt hat.

in der Marienkirche zu Montcalier selbst gewesen, und die Wunderthätigkeit seines seeligen Bruders mit eigenen Augen gesehen zu haben versicherten, waren ihm ein hinreichender Beweggrund schon A. 1478. einige Personen mit einem Schreiben an die Stadt Montcallier abzuschicken. x) Er ersucht die Vorsteher dieser Stadt um so angelegentlicher sein Verlangen zu erfüllen und ihm von allem Nachricht zu ertheilen, weil seinem verstorbenen Bruder auch in seiner Gegend in Lothringen Wunder zugeschrieben würden, und man mit dessen Canonisation wirklich umgehe.

§. VI. Unter den innländischen Schriftstellern ist vorzüglich Franz Irenicus von Ettlingen y) anzuführen. Dieser

---

x) Man lieset es ganz im *Cod. Dipl. Bad.* num. CCCCXXV.

y) In *Exeges. Histor. German.* Lib. III. Cap. 101. p. m. 158. „In memoriam divi Bernhardi „Marchionis abripior, cujus sanctitatis exi-
„stimatio plurimum apud me valet. Hic „ab omni foeditate remotus, postquam „mundi immundi vias ingrediebatur, solum „ad imitandum sibi Christum quaesivit, „omnem antecessorum religionem supera-„vit, futuris exemplum reliquit. Hujus „vita simplex, incorrupta, ac nulla vitiorum „pravitate irretita aut offensa erat. Hic „uni-

ſer rühmt, wie Trithemius, auſſer ſeinen Wunderthaten vornemlich ſeine Gottſeligkeit, ſein von aller Weltüppigkeit entferntes Leben, und ſeine beſtändige Bemühung unſerm himmliſchen Erbarmer und einigen Erlöſer unausgeſetzt nachzufolgen. Nur darinnen irrt er, daß er glaubt, die Stadt Montcallier liege in Lothringen, und daß er ſie Mumpelier nennt.

§. VII.

„ univerſis renuntiavit voluptatibus, verae
„ religionis ſacramentum ſequebatur. Quic-
„ quid ad divinae majeſtatis cultum attine-
„ bat, ab illo nihil videmus praetermiſſum:
„ nullus ſomnus hinc in delicto mortali
„ ſurrepſit; penitus etiam ſe ſe a ſaeculari
„ negotio, divinis muneribus alioqui deſtina-
„ tus, ſubtraxit; patrimonium amore Chriſti,
„ ut nunquam ab eo oculos haberet remo-
„ tos, libere ſuis fratribus addixit, iis con-
„ tentus tantum, quae ad vitae ſuae ſuſten-
„ tationem ac tutelam neceſſaria requireban-
„ tur. Hunc inde per hujus ſaeculi tene-
„ bras raptum, vitae ſuae finis conſentaneus
„ excepit, poſtquam ſibi bonis operibus, no-
„ bis exemplo reſpondebat, ac ſatisfecit;
„ memoriam ſuam conſervavit ſempiter-
„ nam: in oppido Lotharingiae Mumpelir
„ dicto, inaeſtimandis coruſcat miraculis:
„ viſum caecis reſtituit, auditum ſurdis re-
„ parat, nulli oculos ad eum tenenti patro-
„ cinium denegat. Hunc jam vobis expeti-
„ mus, ad noſtram ſalutem ſevocamus, &
„ quicquid triſtius accidit, auſpicio ejus au-
„ ſpicatiſſimo ac omine corrigimus. „

§. VII. M. Chriſtoph von Baden Münzen. ließ zum Angedenken dieſes ſo berühmten Prinzen einige Münzen prägen. In dem hochfürſtlichen Münzcabinet ſind noch vier Stücke davon zu ſehen.

Das erſte Stück iſt viereckigt, von Silber. Auf deſſen vordern Seite iſt das Bildnis Marggrav Bernhards, geharniſcht mit einem heiligen Scheine auf dem Haupt. In der rechten Hand hält er das badiſche Panier in die Höhe; die linke legt er auf den badiſchen Wappenſchild, welcher neben ihm ſteht. Die Umſchrift iſt: BEAT. BERNARD. MARC. *Beatus Bernhardus Marchio.* Auf der andern Seite ſieht man drey neben einander geſtellte Wappenſchildlein. Eines davon zeigt oben das Baden-Sponheimiſche, das andere unten zur Rechten, das Hachberg-Uſenbergiſche, und das dritte zur Linken, das Mahlberg-Lahriſche Wappen. Man ließt dabey die Umſchrift: † TRIW VND. STET. EWIG. 1501. d. i. ewig treu und beſtändig.

Das andere Stück iſt von Gold. Es hat die Größe eines doppelten Ducatens.

Auf der ersten Seite ist das Bildnis des Marggraven in vor beschriebener Gestalt, mit eben derselben Umschrift. Die andere Seite enthält einen gevierteilten Schild, in welchem das Badische und Sponheimische Wappen gegen einander schregs gedoppelt stehen. Der Schild ist mit dem daran hangenden Orden des goldenen Vliesses umgeben, und oben von den Sponheimischen Helmzierrathen bedeckt. Die Jahrzahl ist 1513. Die Umschrift heißt: MONETA NOVA BADENSIS.

Die dritte Münze ist von Silber, und in der Größe einem Kaisergroschen gleich. Auf der einen Seite ist eben das Bildnis des Marggraven, welches auf den vorigen steht, mit eben derselben Umschrift. Die andere Seite zeigt in einem Schild das Badische Spanheimische Wappen auf die Art vorgestellt, wie in dem andern Stück. Doch ist der Schild ohne Helm. Sie hat eben die Umschrift wie die vorhergehende.

Die

Die Vierte ist ein Ducaten. Die Hauptseite enthält des Marggraven gerade stehendes Bildnis auf eben die Art, wie in den vorhergehenden mit der Umschrift: BEAT. BERNARD. MARC. Die Rückseite hat, wie die zweyte Münze, einen quadrirten Schild, in welchem das erste und dritte Feld den badischen Balken zeigt, das zweyte und dritte Feld aber ist geschacht, oder gewürffelt, welches das Spanheimische Wappen andeutet. Um diesen Schild erscheinen noch vier andere kleinere Schilde. Der obere führt den badischen rechten Schrägbalken, der zur Rechten den Rötelischen wachsenden Löwen mit den Eisenhütlein. z). Der kleine Schild zur Linken ist die Länge herab getheilt; zur Rechten dieses Schilds ist der Mahlbergische Löwe, und zur Linken der Lahrische Querbalken. Das unterste Schild-

_____

z) S. Th. I. Blatt. 508. q)

lein legt uns zwey überzwerch liegende Balken vor. Ich muß hier meine Unwissenheit bekennen, daß ich nämlich dermalen nicht erklären könne, warum dem Marggraven Bernhard dieses Wappenstück zugeeignet werde; als welches mit dem Wappen des alt-adelischen Hauses von Gemmingen so viele Aehnlichkeit hat.

Marggrav Johann II.
Erzbischof und Churfürst zu Trier.
† 1503.

§. I.

Johann II. wird vor den dritten Prinzen Marggrav Jacobs I. a) gehalten. Er steht zwar in dem Testament seines Herrn Vatters vor seinem Herrn Bruder Marggrav Bernhard. Daß er aber jünger, als derselbe gewesen sey, will man daraus schliessen, weil er sich in den geistlichen Stand begab, da M. Carl I. und M. Bernhard die Lande ihres Herrn Vatters unter sich getheilt hatten. Es kan aber solches auch deßwegen geschehen seyn, weil er von seinem Herrn Vatter dem geistlichen Stande gewidmet worden war.

Geburt.

---

a) BROWERUS *Annal. Trev.* Lib. XIX. p. 290. irrt gar sehr, wenn er dieses Fürsten Herrn Vatter M. Bernhard, und seine Frau Mutter Margaretha aus Lothringen nennt.

Wegen seines Geburtstags sind die Verfasser der Geschlechtskunde nicht einig. Insgemein wird der neunte Tag des Hornungs und das Jahr 1430. angenommen. Der Abt Trithem b) welcher zu selbiger Zeit gelebt hat, setzt den 14ten Tag des Brachmonats.

Jugend. §. II. Sein Herr Vatter widmet ihn, wie schon gemeldet worden, in seinen jungen Jahren dem geistlichen Stande. Er vermacht ihm deßwegen in dem Testament eine jährliche Pension zu seinem Unterhalt, wovon der halbe Theil sogleich wegfallen solle, wann er ein geistliches Amt bekommen würde; der andere solle ihm so lang

---

b) *Chron. Hirsaug.* ad a. 1430. p. 380. „Anno „praenotato (1430.) XIV. die mensis Junii, „hora quinta, minuto 53. post medium „noctis mane natus est Joannes, postea Tre„virorum Archiepiscopus, Patre Jacobo Mar„chione Badensium genitus, qui vixit om„nis novem & sexaginta, mensibus quoque „duobus & sex diebus.„ Der Abt begeht einen Verstoß im Rechnen. Hier sagt er, M. Johann sey A. 1430. geboren; er bestimmt den Tag, die Stunde und die Minute seiner Geburt. Hernach bey dem Jahr 1456. wo er von seiner Wahl handelt, sagt er: er sey damals nur 22. Jahr alt gewesen, und doch behauptet er, der Erzbischof habe 79. Jahr gelebt, und sey A. 1503. mit Tode abgegangen.

lang bleiben, bis er zur bischöflichen Würde gelangen würde. Alsdenn solle auch diese ihm nicht mehr von seinen Herren Brüdern ausbezahlt werden. Er leistet auch seinem Herrn Vatter Gehorsam, und begibt sich noch bey dessen Lebzeiten in diesen Stand.

In den schlüpferigen Jahren der Jugend mag er einige Fehltritte gethan haben. Dem Papst Pio II. fielen solche dergestalt in die Augen, daß er in einem Schreiben an Martin Maier in die Worte ausbrach: „Wann dieser Prinz nicht von
„ dem Glanz seiner Vorältern bestrahlt
„ würde, so würde ich gänzlich glauben, daß
„ derselbe nicht von einem solchen Stamm
„ herkomme. „ c) Uebrigens hielte er die Künste und Wissenschaften hoch; in welchen er von der zarten Kindheit an unterwiesen worden.

§. III. Schon im Jahre 1445. wird diesem Prinzen nebst seinen Herren Brüdern

---

c) „Si non majorum suorum claritate niteretur, plane convinci se posse, ex tali stirpe
„ eum non fuisse productum. „ IRENICUS *Exeg. Germ.* Lib. III. Cap. 98. p. 157. In andern Schriftstellern findet man nichts Widriges von diesem Prinzen aufgezeichnet. Vielmehr sind sie einmüthige Lobredner seiner vortreflichen Eigenschaften.

dern Georg und Marx von des damaligen Bischofs Reinhards zu Speyer General-vicario, die erste Tonsur ertheilt. Diese Feyerlichkeit wird am drey und zwanzigsten Tag des Novembris auf dem Schlosse zu Baden in der Capelle des heiligen Ulrichs vorgenommen. d)

Zwey Jahre hernach wird der Prinz Johannes zum Domherrn zu Straßburg erwählt. Pfalzgrav Stephan, erläßt deßwegen von Meisenheim aus an den Bischof und das ganze Domcapitul ein weitläuftiges Schreiben, darinnen er denenselben von dem ansehnlichen Herkommen dieses Prinzen von vätterlicher und mütterlicher Seite ein stattliches Zeugnis zuschickt. e)

A. 1448. wird ihm auch ein Canonicat zu Maynz und Trier verliehen. f)

§. IV.

---

d) *Codex Dipl. Zar.-Bad.* Num. CCCXCI.

e) Ich habe unter meinen Sammlungen eine Abschrift dieses lateinischen Schreibens. Es ist gegeben: Dominica qua in Ecclesia canitur, Esto mihi, An. a nat. Dni. nostri Jesu Christi quadringentesimo quadragesimo septimo.

f) SERARIUS *Rerum Mogunt.* Tom. II. Sect. VI. de Canonicis Eccles. Mogunt. p. 339.

§. IV. Im Jahre 1456. den 18. May stirbt der Erzbischof zu Trier, Jacob von Sirck. g) Das Domcapitel stellt hierauf die Wahl eines neuen Erzbischofs an. Der ein und zwanzigste Tag des Brachmonats eben desselben Jahrs gieng sie vor sich. h) Funfzehen Domherren oder Canonici Capitulares geben ihre Stimmen dem badischen Johanni. Der damals mächtige Herzog Philipp von Burgund, dessen Lande an die Trierische stossen, empfiehlt dagegen einen Prinzen aus dem Hause Baiern, welcher von Herrn Prof. Schöpf-

---

g) HONTHEIM. *Hist. Trevir.* Tom. II. p. 426.

h) PETRUS MERSSAEUS CRATEPOLIUS in *Catalogo Archiepiscoporum Trev.* Cap. 100. setzt diese Wahl in das Jahr 1449. Die Verfasser des Baßler Lexicons nehmen das Jahr 1451. an. Beedes ist unrichtig. Daß der Erzbischof Jacob damals noch im Leben gewesen sey, beweisen die Worte der Urkunde bey Honthelmen ganz deutlich. Ueber diß wird Johannes in dem Instrument, darinnen M. Georg A. 1454. seinen Rechten absagt, ausdrücklich noch Marggrav genennet, und dem Marggrav Albrecht von Brandenburg nachgesetzt. Und endlich sagt AENEAS SYLVIUS in *Descriptione Germaniae* Cap. 13. die Wahl Erzbischofs Johannes seye unter der Regierung P. Calixti III. vor sich gegangen. Dieser aber ist erst U. 1455. auf den Römischen Stuhl gesetzt worden. PLATINA *de vitis Pont. Rom.*

Iin i) des Herzog Stephans Sohn mit Namen Johannes genennt wird. k)

Wenige Domherren erwählen Diet, herrn von Isenburg, welcher damals Domherr zu Maynz und Trier war, und nach der Zeit das Erzbißthum Maynz bekam

---

i) *Histor. Zar. Bad.* Tom. II. p. 197.

k) Weder der ANONYMUS PALATINUS p. 185. noch TRITHEMIUS, noch der AUCTOR *Gestorum Trevir.* gedenket etwas von dem pfälzischen Johanne. Sie sagen; allein Dietrich von Isenburg habe nach dieser Würde getrachtet. Allein AENEAS SYLVIUS thut eines baierischen Prinzen, den er jedoch nicht mit Namen nennet, Meldung. Er schreibt von dieser Trierischen Wahl also:
„Sub Calixto, qui nunc divino munere sedet,
„Pontificem amisit Ecclesia Treverensis —
„postularunt Canonici ad eam ecclesiam
„JOHANNEM MARCHIONEM BADENSIM, cujus aetatis defectum singu-
„laris virtus redemit & majorum suorum
„imagines suppleverunt. Nam familia Ba-
„densis, claris illustrata titulis, nullum un-
„quam non egregie sapientem virum pro-
„duxit. Annuit votis Capituli Romanus
„Praesul, quamvis Philippus, Burgundio-
„num Princeps potentissimus ac de Romana
„Ecclesia optime meritus alium ex Domo
„Bavariae in illa ecclesia peteret, suis cir-
„cumdata dominiis, Pontificem.

bekam, zum Vorsteher der Trierischen Kirche. 1)

Unter den Churfürsten des Reichs hatte Churfürst Dietrich von Maynz dem Pfalzgraven Ruprecht, dem Bruder des Churfürsten Fridrichs des Ersten von der Pfalz, bey der Trierischen Erzbischofs-Wahl seinen Beystand versprochen, wogegen Ruprecht ihme zusagen mußte, wenn er den Erzbischöflichen Stab davon tragen würde, sich in allen Sachen, den Zug gegen die Unglaubigen, dann des heiligen römischen Reichs gemeinen Nutzen, und die Gerechtigkeit betreffend, nach den Maynzischen Grundsätzen zu richten. m) Dem allen ohgeachtet hat M. Johannes von Baden den Vorzug. Die Mehrheit der Stimmen, das Ansehen derer, die ihn zum

---

1) BROWERUS *Annal. Trev.* Tom. II. Lib. XIX. p. 290. 291.

m) Geschichte des Churfürsten Fridrichs des Ersten von der Pfalz. S. 82. GUDENI *Cod. Diplom.* Tom. IV. p. 318. JOHANNIS *Ser. Mogunt.* Tom. I. p. 767. Da der von Ruprechten ausgestellte Revers den 13. Jul. datirt ist, so erhellet daraus, daß damals die päpstliche Bestätigung vor den badischen Johannes noch nicht ausgefertigt worden war. Wie dann P. Calixtus solche sehr erschwerte. Und dieses machte der Gegenparthie Hofnung zu Erhaltung ihres Gesuchs.

zum Erzbischof postulirten, n) sein uraltes Fürstengeschlecht, sein durchbringender Verstand und angenehmes Betragen machten ihn vorzüglich beliebt. o)

§. V.

---

n) In den alten Zeiten war kein sonderlichen Unterscheid zwischen der Wahl und Postulation. Cangius in *Glossar.* voce *postulare*. Nach der Hand, da einige wider die Canones und Ordnungen erwählt worden, so die gesetzte Eigenschaften nicht hatten, welche also durch die Dispensation mußten ergänzt werden: so holete man diese besonders in solchen Fällen, wie der jetzige war, da die Wahl einen Erzbischof betraf, von dem Papst zu Rom ein. Johannes war damals erst im sechs und zwanzigsten Jahr seines Alters. Nun ist eigentlich das dreyßigste Jahr gesetzt, wenn einer zu einer solchen Würde soll erhoben werden. Man sagte daher, er sey postulirt worden, und erwarte die Genehmigung vom Römischen Stuhle. Man sehe mehrers hievon in Boehmeri *Jure Ecclef. protest.* Tom. I. Lib. I. Tit. V. §. 3. p. 252. sqq.

o) Ihn nennt der Auctor *Gestor. Trevir. optimae indolis & acuti ingenii pro sua aetate adolescentem.* Und Trithemius in *Chron. Hirsaug.* ad a. 1456. *principem mansuetissimum, liberalem, affabilem, justum & rectum, amatorem cleri, defensorem pauperum, ac magnificum conservatorem subditorum.* Browervs *Annal. Trevir.* Lib XIX. p. 291. „Erat in *Joanne* rara indoles animi, & „magna morum suavitas, tantumque con- „siliis valebat, vt de eo non nisi magna & „summa optimus quisque sibi promitte- „ret. „

§. V. So bald diese Postulation bekannt gemacht worden war: führt man den postulirten Erzbischof zu dem Hochaltar. Alle Glocken werden geläutet, und indem der ganze Chor das Te Deum laudamus anstimmt, wird er, nach Gebrauch, auf den Altar gesetzt. Diether steht nebst seinem Anhang dabey, und legt eine öffentliche Protestation dagegen ein. Den folgenden Tag begibt sich der neue Erzbischof in Begleitung seines Hn. Bruders, M. Carls, in den Erzbischöflichen Pallast, und nimmt sogleich mit Willen und auf Geheiß des Capitels von den Schlössern und Städten Pfalz, Wittlich, Lochem, Ehrenbreitstein, Engers und andern Besitz. p) Er ermangelt hiebey nicht, eine Gesandschaft an den Papst nach Rom abzuschicken, und um die Confirmation seiner neuen Würde und das Erzbischöfliche Pallium zu bitten. Der Papst Calixtus III. zeigt anfangs ein hartes Herz gegen ihn, da vorgemeldeter Diether durch die Verleumdungen seiner Anhänger einen Riegel nach dem andern demselben vorzuschieben sich bemühet. Hingegen spahrt Erzbischof Johann auch weder Mühe noch Kosten. Der Papst bestätigt ihn nach einigen

---

p) *Gesta Trevir. Msct.* apud HONTHEIM *Histor. Trevir. Diplomat.* Tom. II. pag. 426. n. a. Auch hier wird ihm ein Alter von zwey und zwanzig Jahren zugeschrieben.

gen Monathen, und übersendet ihm das Erzbischöfliche Pallium; womit er den fünf und zwanzigsten October angekleidet wird. Als man solches vernommen hatte, so fiengen viele von der Gegenparthie an, nach und nach sich eines bessern zu besinnen. q)

Einige Zeit hernach wird er von seinem Herrn Bruder, dem Bischof Georg zu Meß, in der Stadt Sarburg eingesegnet. r)

§. VI.

---

q) BROWERUS l. c. „Interea Joannes „omnem vim ingenii ad stabiliendum ho- „norem confert, & mitigatis male de se „sentientium animis Romam pro impetran- „da pallii dignitate Legatos mittit, quos ubi „Dietherus per suos calumniis exagitasset, „quod impetrari gratia & ex facili pote- „rat, magno labore & impensis obtinuit. „Fecit tamen Callistus Pontifex, ut delatis „atque decretis Joannes honoribus firmius „posthac insisteret. Die igitur Crispini & „Crispiniani, quorum XXV. Octobris me- „moria peragitur, pallio a Pontifice trans- „misso condecoratus est. Qua re in vulgus „disseminata, colligere paullatim se, ac in „viam redire ii coeperunt, qui cum Joan- „nis caussa graviter antea dissidebant.„

r) Wegen des Jahrs, da solches geschehen, stimmen die Nachrichten nicht zusammen. KYRIANDER in *Annal. Trevir.* gibt das Jahr

Johann II. † 1503.

§. VI. Im Jahr 1460. hält er, wie **Einzug.** es von Alters her üblich war, seinen feyerlichen Einzug in der Stadt Trier. Die Verzögerung dieser Feyerlichkeit rührte von denen alten Strittigkeiten her, welche die Stadt wegen ihrer Gerechtsamen in Ansehung der beeden Burgermeister und der Magistratspersonen mit den jeweiligen Erzbischöffen zu haben pflegte. Der neue Erzbischof suchte seine Rechte zu behaupten, und wollte daher seinen Einzug nicht eher halten. In diesem Jahr kamen nun die ansehnlichste Glieder des Raths als Abgeordnete zu ihrem neuen Landsherrn mit unterthänigstem Ansuchen, daß er, nach dem Exempel seines Vorfahren, die jährliche Regierung der Burgermeister gnädigst gestatten möchte. Er ertheilte ihnen ein gnädiges Gehör und willigte in ihre Bitte, doch mit dem Anfügen, daß sie mit eben der Eydsformul gegen ihn sich mußten verbindlich machen, deren sie sich gegen den verstorbenen Erzbischof bedienet hatten. Auch wurde wegen der

Aus-

Jahr 1458. an. Hingegen der AUCTOR. ANON. *Gestor. Trev.* setzt diese Einsegnung ins Jahr 1462. So viel ist gewiß, daß sie vor dem Jahre 1459. nicht geschehen ist, weil des Marggraven Bruder erst in selbigem Jahr wirklicher Bischof zu Metz worden ist, und die Einsegnung ihm in solcher Würde zugeschrieben wird.

Ausdrücke in dem Huldigungseyd der Burger in der Stadt ein Vergleich aufgesetzt. Dieses geschahe am Dienstag nach Reminiscere. Um diese Zeit hatte sich eine große Anzahl Reichsfürsten, Graven, Herren und Vasallen mit einem Gefolg von zwey tausend und fünf hundert Pferden eingefunden, bey dem feyerlichen Einzug ihre Hochachtung, Ehrfurcht und Unterthänigkeit dem Erzbischof zu bezeugen. Vorzüglich aber war ihm das Vergnügen, daß seine drey Herren Brüder Carl, Georg und Marx diesem Freudenvollen Tage durch ihre Gegenwart einen ausserordentlichen Glanz gaben.

Der Einzug selbst geht am Montag nach Cantate vor sich. Der Erzbischof erscheint in einem prächtigen Aufzug vor den offenen Thoren der Stadt mit seinem ganzen Gefolge. Die beeden Stadtburgermeister samt einigen Rathsgliedern ritten ihm entgegen und statteten ihre Glückwünsche ab. Der Erzbischof sowohl, als die Graven und Herren versichern mit aufgehabenen rechten Händen, Niemand in der Stadt zu beschweren, sondern vielmehr den Burgern auf erforderlichen Fall mit ihrem Vermögen und Leben beyzustehen. Auf der Brücke zwischen beeden Thoren schwört hierauf der Erzbischof einen feyerlichen Eyd, daß er die Stadt in ihrem alten Stand, bey ihrer Freyheit
und

und löblichen Sitten belassen, und, daß
solche gebessert, nicht aber verschlimmert
werden, sich angelegen seyn lassen wolle.
Der Stadtbediente, s) welcher indessen des
Erzbischofs Pferd gehalten, führt ihn in
die Stadt. Drey Personen, welche aus der
Stadt verwiesen waren, giengen ihm nahe
auf der rechten Seite, und machten sich, bey
der allgemeinen Freude der Stadt, Hof=
nung zur Wiederaufnahme. Der Chur=
fürst reitet durch die auf beeden Seiten
gestellte prächtige Stadt=Soldaten, wobey
Gotthard von Etsch ihm den blossen De=
gen vortrug, in den Erzbischöflichen Pal=
last. Hier wechselt er die Kleidung, und
nimmt sodann von der gesamten Geistlich=
keit die Huldigung ein; er begibt sich so fort
in die Hauptkirche, und verrichtet den
Gottesdienst. Nach dessen Endigung wird
Tafel gehalten. Hierauf erhebt er sich
auf den Platz bey der St. Marienkirche,
woselbst oben gemeldeter Zentgrav vor sich
und die allda versammlete Burgerschaft
den Huldigungseid nach einer besondern
Formul, die allein vor diesesmal verwil=
ligt worden, abschwure. t) Die Feyer=
lich=

---

s) Das lateinische Wort *Centenarius* kan so viel
heißen als ein Zentgrav.

t) *Hodie, atque ab hoc die deinceps civitatis Trevirensis populus & ego, fideles atque devoti eri-
mus*

lichkeit wird sodann mit den damals gewöhnlichen Turnier- oder Ritterspielen geendigt, und Erzbischof Johann begibt sich den folgenden Tag samt seinem ganzen Gefolge aus der Stadt Trier zurück. u) Seine Residenz hatte er auf dem vesten Bergschloß Ehrenbreitstein.

§. VII. Johann ist also der erste Churfürst zu Trier aus dem hochfürstlichen Hause Baden. Bernhard von Zech x) glaubt zwar in den sächsischen Geschichten und Acten einen badischen Jacob, der bereits A. 1436. Erzbischof zu Trier gewesen sey, gefunden zu haben. Er äussert seine Verwunderung darüber, daß Niemand vor ihm bemerkt habe, daß innerhalb siebenzig Jahren drey badische Prinzen den trierischen Churhut und Erzbischofstab getragen hätten, nämlich der von ihm erwähnte Jacob, unser Johann und Marggrav Christophs Prinz Jacob. Allein

---

mus Illustri Principi ac Domino Joanni Archiepiscopo Treviris clementi, & dilecto Domino nostro, ipsum, & ejus Ecclesiam Trevirensem sua dominatione frui sinendo, libertate, consuetudine, & inveterato statu civitatis, civitatique nostra salva, ita nobis Deus optimus Maximus opituletur & cuncti coelites.

u) BROWERUS l. c. p. 293. 294.

x) Im Europäischen Herold, Th. I. S. 502.

Allein so wenig man um selbige Zeit einen badischen Prinzen in dem Verzeichniß der Trierischen Churfürsten, oder in den bewährtesten Geschichtschreibern, Brower, Cratepol, Hontheim, antrift: so gewiß ist es hingegen, daß der Herr von Zech dasjenige einem badischen Jacob zuschreibt, was von des Erzbischof Johannes Vorfahrer in der Regierung, Jacoben von Sirck muß verstanden werden, y) Zu der Zeit, da dieser Erzbischof Jacob von Sirck regierete, war kein anderer Marggrav oder Prinz von Baden, mit Namen Jacob, als unsers Erzbischofs Johanns Vatter M. Jacob. Daß der Herzog Wilhelm von Sachsen dem Erzbischof Jacob das Prädicat Durchlauchtiger z) beyleßt, ist kein Beweiß, daß dieser Jacob ein Prinz aus dem Hause Baden müsse gewesen seyn. Indem bekannt ist, daß dieser Titul in damaligen Zeiten weder so häufig, noch in solchem Werth, wie heutiges Tags, vorkomme. a) So beweist auch der Balke in

des

---

y) PETR. MERSSÆUS CRATEPOLIUS in *Catal. Elector. Eccles.* in GUALTERI (*Gruteri*) *Chronico Chronicor. Eccles.* Tom. I. p. 1470.

z) *Serenitas.*

a) S. PFEFFINGER. *ad Vitriar.* Tom. I. p. 370. sqq. und Herrn Hofrath Hanselmanns Diplom.

des angegebenen Erzbischof Jacobs Wappen nichts anders, als daß es mit dem badischen Wappen übereinstimme. Man trift ihn bekanntlich in mehrern andern an.

Regierung. [1457.] §. VIII. Ich komme nun auf die Regierung des Erzbischofs Johanns.

Gleich im Anfang derselben bemüht er sich die Union oder Einung zu trennen, welche eine grosse Anzahl Graven, Herren und Edlen in dem Erzstift Trier mit den grösseren und kleineren Städten desselben zu Aufrechthaltung ihrer Rechte und Freyheiten lange vor Erzbischof Jacobs von Sircks Ableben geschlossen hatten. Sie hatten unter andern auch die Eydsformul entworffen, nach welcher künftig ein neuerwählter Erzbischof schwören solle. b) K. Fridrich III. hebt durch ein besonders Mandat A. 1457. den 18. April diese Einung gänzlich auf. c) Gleichen Endzweck hat das von Papst Calixto III. in eben diesem Jahr erlassene Breve. d)

---

plom. Beweiß von der Landeshoheit des Hauses Hohenlohe ꝛc. S. 295. 296.

b) HONTHEIM *Histor. Trev. Diplom.* T. II. p. 423.

c) *Ibid.* p. 423.

d) LUNIG. *Spicileg. Eccl. Cont.* I. p. 236.

Johann II. † 1503.

Daher kam es, daß sich die Städte und Herren dem Erzbischof unterthänig erwiesen. e)

In eben diesem Jahr tritt er zu Frankfurt der fünften Churfürsten-Verein bey, f) welche A. 1446. wegen der Trennung in den Kirchen und andern damit verbundenen Unruhen geschlossen worden war. g) Ein besonderer Umstand ist hier nicht zu übergeben. Der Erzbischof Johann nennt sich in dem ausgestellten schriftlichen Revers des heiligen Römischen Reichs in Welschen Landen und durch das Königreich zu Arelat Erzcanzler und Churfürst. Man findet kein Exempel, daß sich einer der vorhergehenden Erzbischöffe zu Trier des Tituls eines Erzbischofs in seiner eigenen Canzley-Ausfertigung bedient habe. Dann obwohl die Kaiser und andere Churfürsten des Reichs denselben den Erzbischöffen zu Trier beygelegt haben, auch in dem Anfang der Münzconvention A. 1444. die vier Churfürsten am Rhein, sich zusammen schrieben: alle Churfürsten des Reichs; so ist doch unser Erzbischof Johann

---

e) BROWER. l. c. p. 291.

f) Müllers Reichstags-Theatrum, Th. III. p. 539.

g) Siehe davon Herrn Etats-Raths Mosers Staatsrecht, Th. I. S. 290.

hann der erste, der ihn sich selbst in seinen Schreiben an andere gegeben hat. h)

Belehnung. 1458. §. IX. A. 1458. am Donnerstag nach dem heiligen Dritzehenden Tage schließt er mit Dietrich, Erzbischoffen zu Kölln eine Vereinung zu ihrer beederseitigen Lande Wohlfahrt. i) In eben diesem Jahr thut er in Begleitung einiger Stände und Graven eine Reise nach Wien, um die Belehnung vor dem kaiserlichen Throne zu empfangen. K. Fridrich empfängt ihn mit besonderer Hochachtung. Er belehnt ihn mit den hergebrachten Lehen und Regalien, und ertheilt ihm nicht nur die Bestätigung über die bisherige Privilegien, sondern vermehrt auch diese mit neuen. k) Z. E. daß die Unterthanen des Erzstifts von denen andern Gerichten ihres Lands, an die sie bisher gebunden gewesen, unmittelbar an den Erzbischof appelliren dörfen. u. a. m. l)

In

---

h) HONTHEIM l. c. p. 429. a)

i) Idem l. c. p. 439. Der Tag, welcher hier genennet wird, ist der sogenannte Heil. drey König Tag, als der drenzehende nach dem Fest der Geburt unsers HErrn. Man muß nämlich dieses mit zählen. Sonst heißt er auch der zwölfte Tag. HALTAUS Calend. med. aevi. p. 40.

k) BROWER. l. c. p. 293.

l) HONTHEIM l. c. p. 432. sqq.

In dem folgenden Jahr gibt Erzbischof Johann den Bürgern zu Brechen die Freyheit, daß sie innerhalb fünf Jahren nicht vor das geistliche Gericht zu Koblenz wegen weltlicher Strittigkeiten sollen geladen werden. m)

A. 1460. nimmt er eine Veränderung mit dem Frauenkloster St. Agnes in der Stadt Trier vor. Daßelbe war durch das schändliche Leben der Nonnen so weit in Verfall gerathen, daß es Jedermann zum Aergerniß gereichte. Er gibt also den ausgearteten Personen, welche Habit und Gehorsam abgelegt hatten, den Abschied, und besetzt das Kloster mit andern Frauen St. Augustiner Ordens. Die Aufsicht über daßelbe bekame der Prior in der Eberhards Clause. n)

In eben diesem Jahre belehnt der Churfürst den Graven Johann von Nassau mit seinem Theil an der Gravschaft Dietz. o)

A. 1461. werden die zwischen dem Erzbischoffe und dem Graven Gerhard zu

---

m) *Idem* l. c. p. 434.

n) *Idem* l. c. p. 440. sqq.

o) LUNIG. *Spicileg. sec.* Part. I. p. 642.

Sein obwaltende Irrungen durch den Ausspruch der von beeden Theilen erwählten Schiedsmänner, Johann Herr zu Eltz, Johann, Herr zu Pirmont und zu Eremberg, Ulrich von Meyenhausen, und Johann Schilling von Lauenstein beygelegt. Gerhard wird hernach A. 1468. von dem Erzbischof mit dem Schloß und Thale Sein, und den Dörfern Bendorf oder Bendorf, Broile, Selters und Max-Seine belehnt. p)

In eben diesem Jahr wird Henne von Diepurg (Johann von Diepurch) des Erzbischofs Vasall und Dienstmann. q) In dem folgenden legt der Erzbischof einen Accis oder Pfundzoll auf alle Waaren, die zu Coblenz verkauft werden. r)

§. X. In diese Zeit fallen die Stritigkeiten wegen des Erzbißthums Maynz, davon schon oben s) Erwähnung gethan worden ist. Unser Erzbischof war samt seinen Brüdern Carl und Georg auf der Seite des Adolfs gegen den Diethern. Adolf verpfändet A. 1462. dem Erzbischof
vor

---

p) HONTHEIM l. c. p. 442. 443. 451.

q) *Idem* l. c.

r) *Idem* l. c. p. 444.

s) Im Leben M. Carls I. S.

vor die aufgewandte Kriegskosten den vierten Theil des Zolls zu Lohnstein oder Lahnstein am Rhein, mit der Bedingung, dieses Bergschloß und Stadt zu erobern. Diether hatte es besetzt, und gab von da aus der umliegenden Gegend, besonders den Trierischen Ortschaften durch Rauben und Morden eine erbärmliche Gestalt. Adolf hatte des Erzbischofs Bruder Georg ebenfalls jährliche fünfhundert Gulden von dem Zolle dieses Orts versprochen, wann er durch diesen Krieg in Schaden sollte gesetzt werden. t) Der Erzbischof sucht seine Grenzen zu beschützen, und sich in das erlangte Zollrecht einzusetzen. Er läßt ein starkes Heer gegen Lahnstein anrücken, und das Schloß bestürmen. Die Besatzung thut aber eine so tapfere Gegenwehr, daß die Belagerer sich genöthigt finden abzuziehen. Diese Unruhen bekamen in dem folgenden Jahre ihr Ende. u)

§. XI. A. 1465, erneuert Carl von Burgund, damaliger Grav von Charleroy, der nach der Zeit den Beynamen der Kühne erhielte, das Bündnis mit dem Erzbischofe

Bündnisse.

---

t) JOANNIS AD HELWICH. de *Dissidio Mogunt.* in SERARII *Rer. Mogunt.* T. II. p. 162.

u) BROWERUS l. c. p. 295.

schoffe, welches sein Vatter Herzog Philipp von Burgund und Lothringen mit diesem A. 1462. zu Brüssel geschlossen hatte. Es hatte die Vertheidigung beederseitiger Rechte und Länder gegen Jedermann zum Endzweck. Carl nimmt durch eine besondere Declaration den König in Frankreich aus. x)

In eben diesem Jahr geht der Erzbischof in gleicher Absicht eine Verbindung ein mit Grav Philipp von Diez und Catzenellenbogen. y)

Auch wird in diesem Jahre durch sein und Bischof Georgs zu Metz, wie auch M. Marx zu Baden Vermittelung zwischen Churfürst Fridrich I. von der Pfalz und Marggrav Carl von Baden ein Vertrag z) zu Stande gebracht, und dadurch verschiedene nachbarliche Irrungen, an deren

---

x) HONTHEIM *Histor. Trev. Dipl.* Tom. II. p. 445. sqq. Carl nennt seinen Vatter *Dominum metuendissimum* und den Erzbischof *patrem in Christo reverendissimum*. Von diesem Bündnis handelt absonderlich HONTHEMIUS in *Originibus Politicis Trev. sub Germanis Prodromi* Part. I. p. 503. 509.

y) HONTHEM l. c. p. 448.

z) d. d. Heidelberg, Donnerstag nach St. Bonifaciustag.

deren Beylegung man bisher gearbeitet hatte, gänzlich gehoben.

§. XII. Die langwierige Strittigkeiten, welche zwischen den vorherigen Erzbischöffen und der Stadt Trier über der Jurisdiction obgewaltet hatten, wurden nun auch unter unserm Erzbischof wieder erneuert. Da er ein Freund von Ruhe und Frieden war, so sucht er sie durch einen Vergleich, jedoch ohne seinen Rechten zu schaden, A. 469. beyzulegen. Er behält sich die geistliche und weltliche Jurisdiction, wie auch das Recht vor, die Schöpfen des Raths und drey Zunftmeister vor die Handwercker zu bestellen. Die übrige Rechte will er mit dem Magistrat gemeinschaftlich ausüben. Zugleich befreyt er die Burger auf eine unbestimmte Zeit von dem Weggeld und Wasserzoll. a) *Vergleich mit der Stadt Trier.*

In eben diesem Jahre geht das Eheverlöbniß der Kinder seines Bruders M. Carls zu Koblenz vor sich. Der Erzbischof wendet bey bey diesem Freudenvollen Feste große Kosten an. Die badische Prinzeßen Cimburg wird mit Grav Engelbrecht von Nassau und Breda, und der badische
Prinz

---

a) Browerus l c. p. 297. Kyriander meldet: diese Convention sey nicht zur Richtigkeit gekommen.

Prinz Christoph mit Grav Philipps von Katzenellenbogen Tochter Ottilia vermählt. b)

Auch nimmt er in diesem Jahre das von dem berühmten Cardinal Nicolao Cusano, dessen Verdienste um die Wissenschaften, so wie seine eigene Gelehrsamkeit bekannt sind, gestiftete, und mit einer Bibliotheck und Einkünften reichlich begabte Spital in seinen besondern Schutz. c)

Vergleich wegen der Mosel. §. XIII. Im Jahr 1470. werden die Strittigkeiten, welche zwischen dem Erzbischof und dem Churfürsten Fridrich dem Ersten von der Pfalz, als Graven zu Sponheim über verschiedene Stücke, sonderlich wegen der Gerechtigkeiten auf der Mosel entstanden waren, beygelegt. Des Erzbischofs Bruder, Bischof Georg zu Metz besorgt die Berichtigung dieser Streitsache. Dem Erzbischoffe und Erzstifte Trier wird die Gerechtigkeit auf diesem Flusse von der Dillemerbach an unterhalb Remich bis in den Rhein zuerkannt, und, daß die pfälzische Fischer, welche sich ungehor-

---

b) BROWERUS l. c.

c) HONTHEIM l. c. p. 452.

horſam erwieſen hatten, mit Recht geſtraft worden ſeyn, ausgeſprochen. d)

In dem folgenden Jahr auf den Gu- a. 1471.
denſtag e) nechſt nach dem Sonntag Quaſimodogeniti ſchließt der Erzbiſchof eine Union oder Vereinigung mit dem Herzog Gerhard von Jülich und Bergen, und deſſen Gemahlin Sophia, auf acht Jahre, vornämlich zur Aufrechthaltung der Sicherheit ihrer Unterthanen. f)

Nicht lange hernach erhebt ſich der Erzbiſchof und ſein Herr Bruder Marr mit

---

d) Der *Extractus* dieſes *Laudi compromiſſorialis* ſteht apud HONTHEMIUM l. c. p. 453. ſqq. Hieher gehört: Kurze Nachricht von dem ſogenannten *Dominio Rheni* derer vier Churfürſten am Rhein, 1745.

e) Dieſes iſt unſere Mittwoche. Die Mitternächtige Deutſchen heißen ſie Wohndag oder Wodanstag. Man leitet den Namen von dem deutſchen Gott Wodan her, unter welchem einige den Römiſchen Merkur verſtehen. Da er aber auch Goedesdag und Gutentag genennt wird, ſo wollen ihn lieber andere von dem Wort Guodan herführen, und behaupten, daß das Wort God oder Gott nunmehrdafür üblich ſey. HALTAUS. *Calendar. medii aevi*, p. 8.

f) HONTHEIM l. c. pag. 455. Gerhard wird in der Urkunde Herzog zu Guplga genennt.

mit einem ansehnlichen Gefolge nach Regensburg. Sie wohnen dem Reichstag daselbst sieben Wochen lang bey. Es giengen damals verschiedene Reichsstände mit der Absetzung des Kaisers Friedrichs III. um, und hatte es wirklich das Ansehen, daß dieser Reichstag dem Kaiser sehr gefährlich seyn würde. Der Tod aber des Königs Georg von Böhmen, welcher eben damals erfolgte, machte in manchen Stücken eine Abänderung, welche dem Kaiser zu statten kam.

Auf diesem Reichstag entstunde ein Streit wegen des Vorsitzes und Rangs zwischen den Gesandten der abwesenden Churfürsten und den Bottschaftern des Herzog Philipps von Burgund. Diese wollten den Vorsitz vor jenen behaupten, weil die Herzoge von Burgund nicht nur aus königlichem Geblüte von König Johann abstammeten, sondern auch in Ansehung der Macht keinem Könige etwas nachgäben, und endlich in der Päpstlichen Capelle denen Venetianern, die allda sonst königliches Tractement erhielten, jenen vorgezogen worden. Die anwesende Herren Churfürsten aber von Maynz, von Trier und von Brandenburg stelleten unter andern dagegen vor, daß sie in dergleichen Umständen, wo sie um und neben kaiserlicher Majestät sich befinden, auch nicht einmal den Königen, wann sie persönlich gegengenwärtig wären, nachgehen würden. Man machte endlich die Einrichtung also, daß die burgundische Gesandte gerade dem Kaiser über unter die königliche Gesandte gesetzt wurden. g)

Da

---

g) Jo. Anton. Campanus *Epistolar.* Lib. VI. Ep. XII. in Freheri *Scriptor. Rer. Germ.* Tom. II. p. 296. it. ap. Browerum l. c. p. 298. sq. Goldast. *Rational. Constit. Imper.* p. 99. Die Herzoge von Burgund hatten schon einigemal den Rang vor den Churfürsten prätendirt, Wicquefort *de l'Ambassadeur* L. I. p. 745. und meynt von Ludewig *ad A. B.* Tit. I. p. 615. sie hätten auf der Kirchenversammlung zu Kostanz wirklich durchgedrungen, welches ich an seinen Ort gestellt seyn lasse. Auf dem Baßler Concilio wenigstens geschahe es nicht, S. J. P. von Gundlings Leben Fridrichs des Ersten Churfürsten von Brandenburg Blats. 413. Mehrere Fälle des Gegentheils führt an Burcardus in *Hist. Anecd. Alexandri VI.* p. 4. Es ist auch der Vorrang der Churfürsten vor den Königen bey öffentlichen Reichsgeschäften in der guldenen Bulle im sechsten Capitel sattsam gegründet. Bekannt ist, daß, als Ferdinand III. zu Regensburg, als König in Ungarn erschienen, und sich um die Römische Königs Krone beworben, unter andern dieses, daß er des Rangs über die Churfürsten sich anmaßete, vieles dazu beygetragen, daß er nicht durchdringen konnte. Forstneri *Epist. de Comit. Ratisb.* ad A. 1630. p. 36. Weitläuftig

Da der Reichstag auseinander gienge begleitete der Erzbischof den Kaiser nach Baden und von da nach Straßburg. h)

Universität zu Trier.
1471.

§. XIV. A. 1472. erweist sich der Erzbischof Johann als einen großen Beförderer der Gelehrsamkeit. Sein Vorfahrer im Erzbißthum hatte sich vorgenommen, die hohe Schule zu Trier, welche vor die älteste in Teutschland von einigen gehalten wird, in größeres Ansehen zu bringen, und P. Nicolaus V. hatte bereits A. 1454. die Erlaubniß schriftlich ertheilt, eine Universität daselbst, als an einem hiezu sehr bequemen Orte anzulegen. Unser Erzbischof Johann nun führt dieses Werk aus. Der Rath und Burgerschaft der Stadt Trier zahlten ihm die Summe von zwey tausend Goldgulden, die er hierauf verwendet hatte. Er übergibt ihnen dagegen die Freyheitsbriefe P. Nicolai V. nebst der Bestätigungsbulle, welche er von P. Sixto IV. erhalten hatte. Die Universität wird hierauf im folgenden Jahre den 16. Merz durch ein feyerliches Edict des Magistrats der Welt bekannt gemacht. Der Erzbischof Johannes

---

tig handelt hievon Spener in Jur. Publ. Tom. VII. p. 11. sqq.

b) GESTA TREVIOR. pag. 170.

nes behält sich bey derselben das beständige Cancellariat vor. i)

In eben diesem Jahr gestattet Papst Sixtus IV. dem Erzbischofe, daß er Weggeld, Zoll, und andere gewöhnliche Abgaben, welche bisher von andern Personen, die nicht aus dem geistlichen Stande sind, bezahlt wurden, auch von den geistlichen nehmen und fordern dörfe. k)

§. XV. A. 1473. reist Kaiser Friedrich III. von Freyburg im Breißgau über Straßburg, Maynz und Metz nach Trier, einen Reichstag daselbst zu halten. Erzbischof Johann geht ihm mit seinen Brüdern, Marggrav Carl von Baden, und Bischof Georg von Metz und einer großen Anzahl vornehmer Personen in großem Gepräng entgegen, und empfangt ihn standesmäßig. Unter der großen Menge Fremden befindet sich auch der so mächtige, als reiche Herzog Carl von Burgund. Ich habe schon oben Nachricht gegeben von der Verschwendung, mit welcher dieser ange-

Reichstag zu Trier. A. 1473.

---

i) BROWER. l. c. p. 299. HONTHEIM l. c. p. 325. sq. & 417. Erzbischof Johann und seine Nachfolger ernannten an ihre Stelle gewisse Procancellarios.

k) HONTHEIM l. c. pag. 457.

Bad. Gesch. II. Th.   N n

angesehene Fürst seine Reichthümer jedermann zur Schau darzustellen pflegte. l) Man muß aber auch sagen, daß der Kaiser selbst und andere anwesende hohe Personen in einem seltenen Pracht erschienen sind. Herzog Carl tractirt den Kaiser mit ausserordentlichem Aufwand. Erzbischof Johann hatte die Ehre an der Tafel, daß, gleichwie der Erzbischof von Maynz zu nächst an der rechten Seite des Kaisers saß, also ihm der zweyte Platz gegeben wurde. m) Herzog Carls Absicht war, die von dem Kaiser versprochene königliche Würde zu erhalten. Da er nun seine Absicht nicht erreicht, so verwandeln sich seine Ehrenbezeugungen in Haß gegen den Kaiser und in heftige Feindseligkeiten gegen den Erzbischof Johann und dessen Landschaften. n)

Um diese Zeit wird die Abtey Prümm samt allen derselben Rechten und Zugehörungen von dem Papst Sirto IV. dem Stift Trier einverleibt, so lang nämlich Erzbischof Johann am Leben seyn würde. Kaiser Fridrich genehmigt diese Einverleibung, mit der Versicherung: daß, wann der römische Stuhl dieselbe auf ewig mit dem

---

l) S. oben das Leben M. Carls I. Blatt.

m) BROWERUS l. c. pag. 300. sqq.

n) *Idem* l. c. p. 303.

dem Stift Trier vereinigen würde, er seine Einwilligung vor sich und seine Nachkommen zu ertheilen bereit seye. o)

§. XVI. Im Jahr 1474. unternimmt Herzog Carl von Burgund die Belagerung der Stadt Neuß. Erzbischof Johann begleitet den Kaiser, dem er eine ansehnliche Mannschaft zu Hülfe gibt, auf seinem Zug diese Stadt zu entsetzen; er wohnt auch in dem folgenden Jahr dem Treffen bey Neuß in eigener Person bey. p)

A. 1476. schließt er mit dem Erzbischof Diethern von Maynz und dem Churfürsten Fridrich von der Pfalz eine Convention, daß, um des bisherigen Mißbrauchs willen, in Zukunft Niemand von dem Rheinzoll in ihren Landen, der nicht besondere Privilegien hätte, frey seyn solle. q)

In dem folgenden Jahr geht er als kaiserlicher Bevollmächtigter nebst seinem Herrn Bruder, dem Bischof Georg von Metz und dem Herzog Ludwig in Baiern

___

o) HONTHEIM l. c. pag. 459.

p) BROWERUS l. c. p. 304. & 305.

q) HONTHEIM l. c. p. 461.

in die Niederlande ab, um die Vermählung des Erzherzogs Maximilians, nachmaligen Römischen Kaisers, mit der Burgundischen Prinzeßin und Erbin Maria in der Versammlung der Stände zu Gent und Löwen zu Stande zu bringen. Das Geschäft wird glücklich geendigt. Es reisen hierauf die Häupter der gesamten Niederländischen Staaten mit dem Erzbischof und seinen Herren Brüdern Georg und Carl dem Erzherzog entgegen, und führen ihn von Köln am Rhein nach Gent. Das Beylager wird zu Brügge mit recht königlichem Gepräng vollzogen. r)

Nicht lange hernach wird Erzbischof Johann nebst dem Churfürsten von Maynz und dem Bischof von Dornick an den König in Frankreich Ludwig XI. abgesendet, wegen der Burgundischen Succeßion und Herausgebung der entzogenen Lande mit ihme Unterhandlung zu pflegen. Sie
kommen

---

r) PONTUS HEUTERUS Rer. Austriac. Lib. I. Cap. 7. Juggers Ehren-Spiegel des Hauses Oesterr. B. 5. Cap. 26. Blatt. 854. BROWER. l. c. p. 306. welcher auch des badischen Prinzen Christophs Meldung thut. Und Jugger meldet, daß bey dem Einzug des durchlauchtigsten Bräutigams, gleich hinter demselben der Erzbischof von Trier und der Bischof von Metz geritten seyen.

kommen aber nicht weiter als bis Ryssel. Der König versagt ihnen das Geleit. Sie sehen sich also genöthigt, unverrichteter Sachen wieder zu dem Erzherzog zurück zu kehren. s)

§. XVII. Bey seiner Rückkunft in sein Erzstift A. 1478. findet er die Stadt Trier in einen schädlichen Krieg mit den Graven von Manderscheid verwickelt. Es gehen verschiedene Treffen vor, in welchen kein Theil sich eines sonderlichen Vortheils über den andern rühmen kan. Der sorgfältige Landesvatter befördert den Frieden unter ihnen. t) Und zwey Jahr hernach macht er mit der Stadt zu' ihrer Sicherheit ein besonderes Bündnis. u) Gleiche Absicht hatte die im Jahr 1479. zwischen dem Erzbischof und dem Landgraven Heinrich von Hessen geschlossene nachbarliche Vereinigung. x)

A. 1480.

---

s) Fugger l. c. Blatf. 877.

t) GESTA TREVIROR. in HONTHEIM. *Prodrom.* Part. II. p. 874.

u) BROWER. loc. alleg. p. 306. setzt dieses Bündnis ins Jahr 1479. Der Herr von Hontheim hingegen l. c. p. 465. beweist durch die Urkunde selbst, daß es ein Jahr später errichtet worden sey.

x) HONTHEIM *Hist. Trev. Dipl.* Tom. II. p. 463.

1480. A. 1480. erlangt er von denen von der Leyen das Oefnungsrecht in dem Schloß Hertenstein auf Lebenslang. y)

In gedachtem Jahr errichtet er mit der Stadt Trier das schon angezeigte Bündnis auf sein Lebenlang. Sie versprechen einander Hülfe und Beystand zu leisten wider alle die, von welchen ein Theil sollte angegriffen werden; zugleich solle dem Erzbischoffen der Paß in die Stadt, und den Burgern der Stadt die Schlösser und Westungen des Stifts stets offen stehen; und geloben die Burger besonders, daß sie im Fall Unruhe entweder in der Kirche oder im römischen Reiche entstehen sollte, sie dem Erzbischof, als ihrem Landsfürsten und Obristen folgen wollen. z)

§. XVIII. A. 1482. gibt ihm **Matthias Corvinus**, jener berühmte König in Ungarn, welcher mit der Tapferkeit die Liebe zur Gelehrsamkeit verknüpft hatte, schriftliche Nachricht von dem vortreflichen Sieg, den der Statthalter in Croatien **Matthias Gerebius** über die Türken an der Sau-

---

y) *Idem* l. c. p. 464.

z) *Idem* l. c. p. 465. Aus diesem Bündniß will KYRIANDER *Annal. de Augusta Treviror.* Part. XVII. pag. 263. 267. erhärten, der Erzbischof Johannes habe die Stadt Trier vor eine freye Reichsstadt gehalten.

Saufluß unter seiner Anleitung erfochten hatte. Er bedient sich in dem Schreiben welches zu Ofen den 11. Nov. gegeben ist, des Ausdrucks, daß er dem Erzbischoffe um so lieber die Freude dieses Sieges habe mittheilen wollen, weil er wisse, daß er in dem Reich der einzige Fürst sey, der den glücklichen Fortgang des Christenthums vorzüglich begünstige. a)

In diesem Jahr bemüht sich der Erzbischof die verfallene Kirchenzucht in der Stadt Trier wieder herzustellen, und durch weise Verordnungen die Geistlichen in gute Ordnung zu bringen. b)

Um diese Zeit rebellirt die Stadt Coblenz wider den Erzbischof. Das Domcapitel zu Trier bemüht sich die Aussöhnung zu bewirken. Sie geht auch im folgenden Jahr wirklich vor sich. Die Burgermeister der Stadt, und mehrere Rathsglieder werfen sich in offentlicher Kirche, vor einer sehr zahlreichen Versammlung, dem Erzbischoffen demüthigst zu

---

a) „Hujus victoriae laetitiam cum Joanne se eo communicasse libentius, quod eum in Imperio Principem unicum norit, qui prosperis rei Christianae successibus vel maxime faveat.„ Den Brief lesen wir ap. BROWER. l. c. p. 308.

b) BROWER l. c. p. 307.

zu Füssen, und bitten den begangenen Unfug ehrerbietigst ab. c)

Im Jahr 1483. belehnt der Erzbischof den Marggraven Christoph von Baden mit einem vierten Theil an dem Schloß Stadeck. d)

Im Jahr 1484. schließt der Erzbischof mit dem Churfürsten Berchtold von Maynz eine nachbarlichen Union. Die Absicht ist, die Ruhe und das Beste ihrer beederseitigen Länder und Unterthanen. Und in dem folgenden Jahr macht er eine Convention mit dem Herzoge Reinhard von Lothringen und dessen Herzogthum, wegen des Orts Nertzig, (Marcetum) und was dazu gehört. e)

N. Königs. Wahl.

§. XIX. A. 1486. schrieb Kaiser Fridrich III. einen Reichstag nach Frankfurt aus, vornämlich zu dem Ende, daß er die Wahl seines Prinzen, des Erzherzogs Mari-

---

c) HONTHEIM l. c. p. 467. 470. Unter andern gegenwärtigen Personen werden genennet: Georg Bischof (des Erzbischofs Gruber) und Friderich Prinz von Baden; Canonicus zu Trier.

d) LUNIG. *Corp. Jur. feud.*

e) HONTHEIM l. c. pag. 472. & 474.

Maximilians zum Römischen König von den Churfürsten erlangen möchte. Er begab sich derowegen mit ihme zu Köln zu Schiffe, und fuhr über Trier und Maynz nach Frankfurt. Er erreichte seinen Endzweck. Maximilian wird von den Churfürsten, unter welchen auch Erzbischof Johann in Person gegenwärtig ist, zum Römischen König erwählt, und bestätigt der Stadt Frankfurt ihre Privilegien, unterschreibt auch dieselbe mit eigener Hand, in Ermanglung seines Secret-Insigels. f) Der Kaiser erhebt sich hierauf voll Vergnügens mit seinem künftigen Reichs-Nachfolger nach Aachen, um ihn daselbst krönen zu lassen. Unser Erzbischof begleitet sie mit einem ansehnlichen Gefolge. Er setzet g) allda nebst den Erz-

---

f) Von diesen und andern Siegeln K. Maximilians I. ist des hochberühmten Staats- und Lehens-Rechts-Lehrers zu Tübingen, Herrn D. G. D. Hoffmanns Abhandlung in seinen vermischten Beobachtungen aus den deutschen Staats-Geschichten und Rechten. Th. 2. Blatf. 3. folg. nachzusehen.

g) BROWERUS l. c. p. 308. TRITHEM. *Chron. Hirsaug.* ad h. a. p. 523. ,, Electores ,, isti (Maxim.) fuerunt: Bertholdus ex Co- ,, mitibus de Hennenberg, Archiepiscopus ,, Moguntinus', *Joannes ex Marchionibus de* ,, *Baden Archiepiscopus Trevirorum*, Her- ,, man-

Erzbischöffen von Maynz und Cöln dem neuen Römischen Könige die Krone auf sein schönes und munteres Haupt. h)

§. XX. A. 1487. ruft der Kaiser die Stände zu einen ferneren Reichstag nach Nürnberg zusammen. Erzbischof Johann kommt daselbst den 30. Merz mit hundert Pferden an, in Begleitung Marggrav Fridrichs von Baden, Domherrn zu Trier und anderer. Sein Aufenthalt allda dauert bis auf den 12. Junii. Er ist unter denen in großer Anzahl versammleten Ständen in großem Ansehen, er gibt seine Hochachtung und Treue gegen den päpstlichen Stuhl kräftig zu erkennen, und bringt mit andern auf die Festhaltung des im vorigen Jahr von dem Kaiser publicirten Landfriedens in dem deutschen Vatterlande. i) Deßwegen tritt er auch in dem Jahr 1489. in den durch erstgemeldeten Landfrieden verursachten Schwäbischen Bund, auf Verlangen des Kaisers. k)

Die

„ mannus ex Landgraviis Haſſiae Archiepi-
„ ſcopus Colonienſis, &c.

h) *Acta coronationis* in *FREHERI Scriptor. Rer. Germ.* Tom. III. pag. 31.

i) Fugger l. c. B. 5. Cap. 34. Blatt. 964. BROWER. loc. alleg.

k) HONTHEIM. l. c. p. 482. DATT. *de pace publ.* p. 304. Auch hierbey wird seine Tugend
gu

Die Fridfertigkeit dieses treflichen Fürsten wird in dem Jahr 1488. gestöhrt. Die Familie der von Winneberg und andere erregte gegen den Erzbischof allerhand Unruhe, und fande bey dem Churfürsten von der Pfalz Gehör. Erzbischof Johannes befiehlt daher sie zur Ruhe mit den Waffen zu zwingen. Er läßt das Schloß Veilstein belagern. Da die Sache gefährlich zu werden scheint, so bemüht sich der Herzog Johann von Baiern, und Grav Eberhard von Würtemberg, sie gütlich beyzulegen. Der Erzbischof läßt die trierische Rechte auch wegen dieses Vorgangs der Welt schriftlich vor Augen legen. 1)

Von diesem Jahr ist auch der freundschaftliche Vergleich zu merken, welcher zwischen den Erzbischöffen zu Trier und Cöln zu Stande kam. Es hatten dieselbe Streit gehabt, welcher vorsitzen und vorsigeln solle. Der Kaiser hatte zur Beylegung dieser Irrung den Erzbischof Johann

rühmt in diesen Worten: "Archiepiscopus "etiam & Elector Trevirensis, *Johannes*, "*celebratae tunc per Germaniam virtutis* in "consortium Suevici foederis adscitus est,,

1) BROWER. l. c. pag. 309. GESTA TREVIR. Cap. 171, in HONTHEMI *Prodomo* Part. II. p. 855.

hann zu Gran u. Administrator des Erzstiftes Salzburg und Gr. Eberhard den ältern v. Wirtemb. geordnet. Letzterer setzte deßwegen ihnen beeden einen Tag nach Stuttgart. Von Trier erschien auf demselben Niemand, von Cöln aber kam ein Gesandter, der in seines Herrn Namen gegen alle Neuerung in Ansehen des Vorschreibens und Vorsiglens protestirte. m) Der Streit wurde hernach noch in selbigem Jahr also beygelegt, daß sie in den Schriften, welche die Römische Königs-Wahl betreffen, in dem Rang abwechseln, und einmal Trier, hernach Cöln seinen Namen und Sigill vorsetzen solle. Bey der Wahl Maximilians I. zwey Jahr vorher hatte der Erzbischof Johann sich zuerst unterschrieben. Nun sollte bey dem nächsten Fall solches von Cöln geschehen, und also solle die Abwechslung in Zukunft beständig statt haben, doch mit dem Bedinge, daß, wenn einer von beeden Churfürsten persönlich zugegen seyn würde, er den Vorrang vor den Gesandten des abwesenden haben solle. n)

In

---

m) Steinhofers Neue Würtembergische Chron. Th. 3. S. 477.

n) HONTHEIM *Histor. Diplom. Trev.* Tom II. pag. 475. fqq. Von der jetzigen Observanz, welche mit diesem Vertrag nicht überein kommt
stehen

In eben biefem Jahr macht er eine Einung mit Ludwig und Alexandern Pfalz-

---

stehen daselbst diese zwey Anmerkungen
„ a) Die Alternativa greift ehender nicht Platz,
„ bevor Chur-Trier in omni novo & unico
„ actu zuerst den Anfang gemacht hat; wann
„ dann actus homogenei oder von gleicher
„ Natur und Eigenschaft folgen, so kommt
„ erst der Rangwechsel an Chur-Cöln; so bald
„ aber wieder ein neuer Actus entsteht, wel-
„ cher mit dem ersteren heterogeneus und von
„ verschiedener Eigenschaft ist, so macht Chur-
„ Trier wieder den Anfang. Man hat sich
„ zwar Chur-Cölnischer Seits bey dem Wahl-
„ und Crönungs-Tag Kaisers Caroli VII.
„ von diesem althergebrachten und in der Ob-
„ servanz gegründeten Principio zu entfernen,
„ und die Alternation auf die Täge zu restrin-
„ giren gesucht, wohingegen Chur-Trierischer
„ Seits auf dem Herkommen unabbrüchig be-
„ standen, und diesem auch also nachgelebt
„ worden. In wessen Gefolg dann auch bey
„ des Kaisers und der Kaiserin Crönung
„ Chur-Trier vor Cöln den Vorgang gehabt
„ und hierunter keine Alternation (obwolen
„ Chur-Cölnischer Seits darauf angetragen
„ wurde) gestattet worden, weilen es actus
„ heterogenei waren. Ex ejusdem obser-
„ vantiae ratione ab una electione ad aliam
„ non procedit alternatio, sed contra prae-
„ sentis laudi tenorem in omnibus decretis
„ electionis primus subscribit Trevirensis.
„ b) Bey der Wahl Kaiser Caroli VII. A. 1742.
„ wollte

Pfalzgraven von Veldenz zu ihrer gemeinschaftlichen Vertheidigung wider Jedermann. Der Erzbischof nimmt in dem hierüber gegebenen Brief den Papst, Römischen Kaiser und König, die Erzbischöffe zu Maynz und Cöln, den Herzog Wilhelm zu Jülich und den Marggrav Christoph zu Baden aus. o) Die Austräge in dem folgenden Jahr zwischen dem Erzbischof und dem Churfürsten Philipp von der Pfalz haben ebenfalls die Absicht, die Ruhe zwischen ihnen beeden, und ihren

„wollte Chur-Cöln (weil Chur-Trier abwesend
„war,) das decretum electionis vor Chur-
„Trier unterschreiben und besigeln, allein die
„Chur-Trierische Gesandtschaft gabe es nicht
„zu, und drunge auch durch, und dieses um
„so rechtlicher, als gleichwie Chur-Trier
„jedesmal in allen Vorfallenheiten das Vo-
„tum vor Chur-Cöln führt, also auch die
„Vorhand im Unterschreiben und Besigeln
„ohne einige Alternation behauptet, und ist
„es bis auf die jetzige Zeiten also damit ge-
„halten, mithin der Casus alternationis nur
„auf das Vorsitzen, Vorgehen und Vorste-
„hen durch das kundbare Herkommen restrin-
„girt worden, nicht aber auf die Functiones
„als votiren, und was sonst einer jeglichen
„Chur insbesondere anklebet.„ Mehrers
siehe hievon in Herrn Mosers Churtrierischem Staats-Recht, Cap. 4. §. 3. folgg.

o) HONTHEIM loc. alleg. p. 478. sqq.

ten beederseitigen Unterthanen zu erhalten. p)

§. XXI. A. 1490. und 1492. läßt er sich in verschiedene Verträge ein mit den andern drey rheinischen Erzbischöffen, sowohl wegen gemeinschaftlicher Ausprägung goldener Münzen, als wegen des Handels und Wandels auf dem Rhein. q) In diesem Jahr (1492) hat er das Vergnügen den Röm. König Maximilian bey sich zu Coblenz zu sehen. Er hält einen Reichstag daselbst. r)

§. XXII. A. 1493. ernennt er mit Einwilligung des mehrern Theils des Domcapituls seinen Vetter, den Prinzen Jacob von Baden, einen Sohn Marggrav Christophs, zum Coadjutor und künftigen Nachfolger. s) Papst Alexander VI. ertheilt hierüber die Confirmation. Es war zwar eine gewisse Anzahl Domherren, die sich entgegen setzten. Es gab auch sonst verschiedene

Jacob Pr. v. Baden wird Coadjutor.

---

p) *Idem* l. c. p. 480.

q) *Idem* l. c. pag. 485. 491.

r) BROWER. l. c. p. 311.

s) BROWERVS l. c. p. 315. setzt diese Wahl ins Jahr 1497. Die Urkunde bey HONTHEIM l. c. p. 491. beweist aber, daß er hierinnen geirret habe.

dene Verdrießlichkeiten bis an den Tod des Erzbischofs. Allein der erwählte Coadjutor drang dem allen ohngeachtet durch. t)

A. 1495. wohnt Erzbischof Johann dem berühmten Reichstag zu Worms bey, auf welchem der beständige und allgemeine Landfriede dergestalt aufgerichtet und publicirt worden ist, daß Niemand hinführo den andern befehden, bekriegen, berauben, oder dessen Städte, Schlösser, Dörfer ꝛc. mit gewaltiger That frevent-lich einnehmen oder beschädigen soll, u.s.w. Der Kaiser Maximilian bestätigt daselbst alle Regalien, welche dem Erzstift Trier von den vorherigen Kaisern verliehen worden,

---

t) TRITHEMIUS in *Chron. Hirsaug.* ad A. 1500. Tom. II. p. 579. „Joannes Archiepi-
„scopus Trevirorum Jacobum ex Marchio-
„nibus de Baden Christophori filium in Co-
„adjutorem de consensu majoris partis cano-
„nicorum assumsit; quem Alexander sextus
„sub spe successionis in Archiepiscopatu
„confirmavit. Decanus autem majoris Ec-
„clesiae cum aliis Canonicis quatuor se
„contra Jacobum erigentes nitebatur hanc
„confirmationem Papae, quantum ad suc-
„cessionem pertinet, variis modis impedire,
„sed non potuerunt. Praevaluit enim Jaco-
„bus, & Joanne post triennium mortuo,
„Archiepiscopus factus est.„

den, insonderheit die Grafschaft Diez und Solms, die Herrschaft Schönenberg, u. a. m. betreffend. Er verordnet, daß kein Trierischer Unterthan in einem andern Lande zum Bürger, oder wie man es nennen möchte, solle aufgenommen werden. Er ertheilt insonderheit dem Erzbischof und seinen Nachkommen das Recht, den Abt zu St. Maximin mit den Reichslehen und Regalien zu belehnen. Es empfangt auch derselbe wirklich die Belehnung von dem Erzbischoffe. u)

§. XXIII. A. 1497. hat er Krieg mit seiner Stadt Boppard am Rhein. Dieselbe war vor Alters eine freye Reichsstadt gewesen. Sie war nun aber seit K. Ludwigs aus Baiern und Karls des IV. Regierung von dem Erzbißthum Trier als eine Reichspfandschaft besessen. Von Zeit zu Zeit war ihr der Verlust ihrer Freyheit empfindlich; und das um so mehr, weil viele vornehme alte Familien darinnen lebten. Sie hatte einen gedoppelten Rath. Der eine bestunde aus ansehnlichen Personen, die nicht von Adel waren. Der andere aus Edeln, welche besondere Freyheiten genossen. Diese bemühen sich, ihr Ansehen zu vergrössern, und die Hoheit sowohl

Krieg mit Poppard.

---

u) HONTHEIM. l. c. p. 493 - 500. BROWERUS l. c. p. 312.

sowohl als Einkünfte des Erzbischofs zu mindern. Sie erschleichen durch ihre Abgeordnete, die sie ohne des Erzbischofs Wissen nach Worms geschickt hatten, große Freyheiten. Die Bürger suchen deßwegen ihren Anhang durch Verbindungen mit den Landleuten zu vermehren. Hierauf bemeistern sie sich des Schlosses zu Boppard, welches Emerich von Nassau mit einer geringen Garnison innen hatte; sie stossen die ehrenrührigste Reden gegen ihren Landsherrn aus; bemächtigen sich des Zolls, u. d. gl. Der gütige Erzbischoff hatte sie mit liebreichen Vorstellungen auf bessere Gedanken bringen wollen. Ja einige melden, er habe mit Thränen zu erkennen gegeben, wie wehe es ihm thue, daß, da er fast seine ganze Regierung in Ruhe zugebracht hätte, ihm sein zunehmendes Alter von solchen Leuten beschwehrlich gemacht werde, die er jederzeit unter seine getreueste Unterthanen gezählt hätte. Ihre Gemüther aber waren voll Trotz. Es wurde daher tauben Ohren geprediget. Man mußte also Gewalt wider sie gebrauchen. Zuvörderst läßt sie der Erzbischof mit päpstlicher Genehmigung durch den Dechant zu Koblenz in den Kirchenbann thun. Auch dieses machte in ihren Gemüthern keine Veränderung. Ein kaiserlicher Officier von der Cavallerie kam um diese Zeit in die Stadt, als eine Mittelsperson. Allein

alles

alles war vergebens. Sie fuhren in ihren Kriegszurüstungen fort, und wollten das Aeusserste abwarten. Dieses Bezeugen, als eine Sache, die auch andere Unterthanen zu schlimmer Nachfolge reitzen konnte, machte die benachbarte Fürsten aufmerksam. Der Erzbischof hatte also gar geschwind eine Armee von zwölf tausend Mann beysammen. Unter seinen Helfern waren Churfürst Philipp von der Pfalz, Landgrav Wilhelm von Hessen, und Marggrav Christoph von Baden. Der Erzbischof Hermann hatte auch bereits eine Anzahl Leute nach Andernach aufbrechen lassen, deren sich unser Erzbischof im Nothfall bedienen sollte. Johann rückt also mit seinem Heer und einem ansehnlichen Geschütz vor die Stadt Boppard. Aus grosser Liebe zu ihrem Wohl macht er sie zuvorderst des Bannes los, damit nicht etwa einer in demselben sein Leben verlieren möchte. Hierauf nimmt die Belagerung ihren Anfang. Die Stadt wehrt sich tapfer, kann sich aber nicht länger als eilf Tage halten. Am zwölften flehet sie um Gnade. Pfalzgrav Johann von Simmern entwirft die Accords-Puncten. Der Churfürst zeigt auch hiebey sein gnädiges Fürsten Herz. Er straft keinen dieser Rebellen am Leben; er läßt sie sämmtlich in ihren Ehren, ja er redet sie nicht einmal mit einem harten Worte an. Die Stadt ergibt sich also an ihn

ihn mit aller Jurisdiction und Herrschaft. Die Kriegskosten hatten in dieser kurzen Zeit starke Geldsummen erfordert, welche denen Fürsten, die ihm zu Hülfe gekommen waren, mußten ersetzt werden. Man sahe daher der Casse weit auf den Boden, und das Stift wurde mit Schulden beschwehrt. x) Er nimmt A. 1500. um die Unkosten vor den erwählten Coadjutor an dem päpstlichen Hofe zu bestreiten, von Marggrav Christoph von Baden zwanzig tausend Gulden auf, und versetzt ihm dagegen das Amt und Schloß Schönberg samt allem, was dazu gehört. y)

Tod.

§. XXIV. Erzbischof Johann geht aus der Welt im Jahr 1503. den 9ten Februar. z) Er hatte drey und siebenzig Jahre gelebt, und den Erzbischöflichen Stab sieben und vierzig Jahre geführt. a)

Er

---

x) TRITHEMIUS l. c. p. 564. BROWER. l. c. pag. 314. sq. HONTHEIM, *Histor. Diplom. Trev.* Tom. II. p. 501-524. GESTA TREVIR. in HONTHEIM, *Prodromo Histor. Trev.* Part. II. p. 854.

y) HONTHEIM. *Histor. Dipl. Trev.* Tom. II. pag. 525. sqq.

z) BROWER. l. c. p. 318. TRITHEM. ad a. 1303. setzt seinen Todestag auf den 19ten Februar.

a) TRITHEM. l. c. legt ihm 57. Regierungs- und 79. Lebensjahre bey. BROWER. l. c. meldet,

Er befande sich schon A. 1499. auf dem Schloß Cochheim in großer Lebensgefahr. Unter dem Zimmer, darinnen er sich aufhielte, war Pulver. Daſſelbe gieng plötzlich an, und ſprengte das Zimmer des Erzbiſchofs nebſt dem Vorgemach in die Luft. Man hielte es vor ein Wunder, daß dem ehrwürdigen Greiſen kein Schaden zugefügt worden. b) Der Leichnam des Erzbiſchofs wurde von Koblenz nach Trier gebracht, und daſelbſt in der Gruft, die er bey ſeinen Lebzeiten erbauet hatte, beygeſetzt. Man findet keine Grabſchrift allda. c)

§. XXV. Er hat den Ruhm eines gerechten, gütigen und freygebigen Fürſten. Wie er ſelbſt in den Wiſſenſchaften wohl unterwieſen war: alſo achtete er

---

meldet, er habe nicht einmal das ſiebenzigſte Lebensjahr erreicht. Und PETRUS MERSSAEUS CRATEPOLIUS in *Catalogo Archiepiſcopor. Trevirens.* §. 100. ſchreibt, er ſey im 79ſten Jahr ſeines Alters, und im 53ſten ſeiner Regierung geſtorben. Man vergleiche mit dieſem, was ich im Anfange dieſer Lebensbeſchreibung angemerkt habe.

b) BROWER. l. c. p. 315. berichtet: das Pulver ſeye unverſehens angegangen. Andere ſchreiben es nicht ohne Wahrſcheinlichkeit, den Anſtalten der Malcontenten zu.

c) BROWER. l. c. p. 318.

er die, so damit umgiengen, seiner Gunst und Liebe vorzüglich werth. Seine große Erkenntniß in der Rechtsgelahrtheit gibt sein Commentarius Juris Treverici, den er im Jahr 1488. ans Licht treten lassen, zu erkennen. d) · Man tadelt an ihm, daß er so viele Schulden hinterlassen habe. Die Ursachen sind, wie zum Theil aus seinen Leben erhellet, der Boppardische Krieg, der ihn mehr als hundert tausend Gulden gekostet; seine große Freygebigkeit gegen Frembe, und auch gegen solche, die sich nicht sonderlich um ihn verdient gemacht hatten. Es that ihm daher auch sehr wehe, daß viele, die er aus dem Staube, oder, wie er selbst sagte, aus dem Kothe erhöhet, und sehr reich und groß gemacht hatte, ihm nachher mit dem allerschändlichsten Undank seine Wohlthaten vergolten haben. Einige melden, die Betrügerey der Goldmacher habe ihn viel Geld gekostet. e) Man lobt an ihm, daß er
die

---

d) BROWERUS l. c. p. 309.

e) Von allem diesem gibt folgende Nachricht TRITHEMIUS ad A. 1503. pag. 595.
„ Reliquit Ecclesiam satis tenuem, & aere
„ non parum gravatam alieno, cujus inopiae
„ causam nonnulli triplicem assignarunt.
„ Prima fuit bellum, quod cum Boppardien-
„ sibus habuit, in quo plus quam centum
„ florenorum millia expendit. Secunda fuit
„ nimis

die ansehnlichen Grafschaften seines Erzstiftes, welche seine Vorfahren versetzt hatten, wieder eingelöset, daß er andere an dasselbe gebracht; f) daß er prächtige

"nimia ejus in alienos clementia, quippe
"qui multis multa contulit ingratis, & qui
"nihil tale vel ab eo, vel ab Ecclesia Tre-
"virensi meruerunt. Ex cujus ore paucis
"ante obitum mensibus audivi: *Nihil*, in-
"quiebat, *magis cruciat animum meum, quam*
"*eorum ingratitudo, quibus non merentibus*
"*benefeci: quoniam ecce, quos exaltavi de*
"*stercore secique magnos & divites, jam con-*
"*temnunt me & partes contra me sequuntur*
"*mihi adversas.* Causam deficientiae ter-
"tiam suorum quidam Alchimistarum de-
"ceptionibus adscribentes, cum plusquam
"triginta millia florenorum in ea vanitate
"referunt expendisse. Quam ipse de se opi-
"nionem suorum & novit & redarguit esse
"falsam, asserens, me aliquando praesente,
"sub jurejurando, quod in Alchimistarum
"Schola, nec dicam Sophistria quingentos
"& non plures magistris errorum discipulus
"instituendus exposuisset auri florenos. Sit
"ita vel non sit, tribus calamitatibus pres-
"sum constat, quarum occasione pauper
"evasit."

f) KYRIANDER in *Annal. Augusta Trevir.* Part. XV. p. 207. & 206. BROWERUS l. c. p. 306. & 318. welcher schreibt: "Nec mi-
"randum profecto, quod Baselius magnum,
                                            "ait

Gebäude in seine Diöces aufgeführt, viele Schlösser, die dem Umsturz nahe waren, wieder hergestellt, andere von neuem aufgebaut; die Erzbischöfliche Palläste zu Trier und zu Frankfurt, und die Canzley zu Koblenz ansehnlich ausgebessert hat. g) Besonders merkwürdig ist der vortrefliche Brunnen, welchen er mit erstaunender Arbeit und Kosten in der bisher unüberwindlichen Bergvestung Ehrenbreistein, oder Hermanstein, welche gegen Koblenz über liegt, und durch eine fliegende Brücke mit dieser Stadt verbunden ist, zwey hundert und achtzig Schuh tief durch die Felsen hindurch innerhalb vier Jahren zu Stande gebracht. An diesem bewundernswürdigen Werk liest man noch in unsern Tagen diese Inschrift: ANNO DOMINI MCCCCLXXXI. VIII. MARTII JOHANNES EX ILLUSTRIBVS JACOBO MARCHIONE BADENSI ET CATHARINA LOTHARINGIÆ DVCISSA NATVS TREVIRORVM ARCHIEPISCOPVS INTER PLVRIMA IN HOC ET CAETERIS ECCLESIÆ CASTRIS EXIMIE A SE COMPLETA EDIFICIA HOC IN LOCO SCISSIS PETRIS AQVAM

„ ait, aes Joannem in nominibus reliquisse,
„ vt qui plura majoraque Dioecesi suae com-
„ moda detulit, quam possint ab aere alieno
„ proficisci damna.„

g) BROWERVS l. c. p. 306. & 307. GISTA TREVIR. pag. 171.

Johann II. † 1503.

AQVAM PRIMVS EXQVIRERE COEPIT DEMVM POST LABORES ET SVMTVS IMMENSOS AQVA ABVNDE INVENTA TALITER ET FONTIS ET CIRCVMPOSITAE TVRRIS OPVS CONSVMMAVIT ANNO DOMINI MCCCCLXXXIIII. MENSE SEPTEMBRI PONTIFICATVS SVI XXIX. EST FONTIS PROFVNDITAS CCLXXX. PEDVM. h) Wie sehr er sich übrigens die Verbesserung der Kirchenzucht und der ausgearteten Klöster habe angelegen seyn lassen, davon zeuget sein Leben. Er war selbst ein frommer Fürst, er richtete sein Gemüth fleißig auf das Ewige, und suchte seine gottselige Uebungen durch Gebet und Fasten zu befördern. i)

§. XXVI. Von Churfürst und Erzbischof Johann haben wir vier Münzen.

Münzen.

---

h) Diese Inscription steht in BROWERI *Annal. Trevir.* p. 306. mit etwas veränderten Worten. Sonderlich findet man darinnen den Fehler, daß die Mutter des Erzbischofs Margaretha genennt wird.

i) BROWERVS l. c. pag. 319. „Pietatem &
„ religionis studium magno ardore comple-
„ xus est; eaque re privatim tanquam quo-
„ dam secessu mentis otio praeparato, fre-
„ quenter iis se dare solitus erat agitationi-
„ bus animi, quibus ab hac terrestri labe
„ mens abducta ad divinarum rerum studium
„ ardentius inflammatur. Porro hanc lau-
„ dabilem commentationem frequenti prece
„ Joannes & inedia condiebat.„

Die erste k) von Silber gehört unter diejenige, welche man Groschen und Turnos l) nennet. Auf der vordern Seite sitzt der H. Apostel Petrus, als der Patron des Erzstifts, auf seinem Stuhl, in der linken Hand den Schlüssel, in der Rechten das Creutz haltend; unten ist der badische Schild mit dem Querbalken. Die Umschrift ist:

JOH.annes ELEC.tus ET CONF.irmatus T.revirensis.

Auf der andern Seite sieht man einen quadrirten Schild, darinnen das Trierische und Badische Wappen creutzweis gegen einander über steht. Auf der rechten Seite des Schilds sieht man das Maynsche, m) auf der linken das Cölnische, und unten

---

k) Man sieht sie in SCHOEPFLINI *Histor. Zar. Bad.* Tom. III. pag. 311. In HONTHEMII *Histor. Dipl. Trev.* Tom. II. p. 885. und in Herrn J. F. Joachims Groschen-Cabinet. Th. 4. S. 259. stehen nur die drey ersten.

l) Sie heissen auch weisse Groschen und Albus, im Gegensatz gegen die Schwarze, welche viel Erz hatten. Am Gewicht hatten sie ein Drachma, oder den sechzehenden Theil eines Loths. Die Maynzische nennt der gemeine Mann, der ein Rath darauf steht: Räder-Albus.

m) Dieses Maynzische Schildlein zeigt das gewöhnliche Maynzische Rad; welches in den Münzen eher vorkömmt, als in den Sigillen. In diesen findet mans nach GUDENI *Sylloge Dipl.*

unten an dem Fuß das Pfälzische Wappen. Die Umschrift ist: MONEta NOVA COVElensis. Diese Münze ist also zu Koblenz geprägt, welches eben sowol als Trier eine Münzstatt der Churfürsten zu Trier war. Daß man aber aller vier Rheinischen Churfürsten Wappen darauf sieht, kommt von dem Münzverein her, welchen sie mit einander geschlossen hatten. n)

Die andere ist ein Trierischer Pfenning mit einem in zwey Theile getheilten Schilde, auf welchem das Trierische und Badische Wappen zu sehen. Oben zwischen beeden ist der Buchstabe I. worunter einige den Namen des Erzbischofs verstehen.

Die dritte ist ein Koblenzer Groschen. Auf der Hauptseite steht Petrus; er hält

Ba-

Dipl. p. 325. erst zu Ende des dreyzehenden Jahrhunderts unter der Regierung Erzbischofs Gerhards II. auf den Münzen; hingegen schon vorher zur Zeit Sigfrids III. der im Jahr 1230. erwählt worden ist. Es wird aber in C. F. AYRMANNI *Commentat. de rota Moguntin. Archiep. insigni* mit Exempeln erwiesen, daß schon Erzbischof Heinrich vor Gerharden eines solchen Sigills bey dem Thüringischen Friedensgeschäfte sich bedient habe. Er zeigt zugleich mit vielen Gründen, daß das Maynzische Wappen eigentlich ein Creutz gewesen, und, da man solches mit einem Ring umgeben, nach und nach das Rad heraus kommen sey.

n) THOMANI *Acta Monetalia.*

mit der rechten den Schlüssel, mit der linken Hand das Creutz; zur rechten hat er das Trierische, wie zur linken Seite das Badische Wappen. Die Umschrift ist: JOHANNES ARCH:EPiscopus TREVERensis. Auf der Ruckseite steht ein Creutz, und in dessen vier Winkel ein Stern. Ueber dem Creutz ist der badische Schild. Die Umschrift ließt man in zweyen Circuln: in dem größern sieht man die Worte: AVXILIVM. MEVM. A. DOMINO. d. i. Meine Hülfe kommt von dem Herrn; in dem kleinern: GROSSVS COVELEnsis.

Die vierte ist eine silberne Blech- oder Hohle Münze. o) Der Schild auf derselben ist geviertheilt, und enthält das Wappen der vier Rheinischen Churfürsten. Oben ist der Buchstabe J. p)

---

o) Sie werden auch Pfaffen-Pfennige genennt. STRUVE *Jur. Publ. C.* 12. §. 34. p. 608. Desgleichen *Panningi*, *Pfanningi*, Ludwigs Einleitung in das Münzwesen mittler Zeiten, Cap. 4. S. 27. Mehrers liest man von denselben in J. G. Leuckfelds *Antiquit. Nummar.*

p) Die Entdeckung dieser Münze hat man dem Hn. Neller zu danken in dem Kurzen Bericht von den Gemein-Rheinländischen Pfenningen und Hellern. Da der Buchstabe J. auch den Erzbischof Jacob, aus dem badischen Hause, anzeigen könnte: so hat man wargenommen, daß auf den Münzen des letztern die drey Anfangsbuchstaben seines Namens vorkommen.

Marg-

Marggrav Georg
Bischof zu Metz.
† 1448.

§. I.

Georg, der vierte Prinz des Marggraven Jacobs I. kam auf die Welt um das Jahr 1433. a) Von seiner zartesten Kindheit an war er dem geistlichen Stande gewidmet, und bekam bereits im Jahr 1445. auf dem Schloß Baden mit seinen Herren Brüdern Johann und Marx von dem Speyerischen Generalvicario die erste Tonsur. b) Von seinem Herrn Vatter wird ihm, vermög dessen Disposition, das Schloß und Amt Mühlberg; *Georg dem geistlichen Stand gewidmet.*

---

a) MEURISSE *Histoire des Eveques de Metz,* L. III. p. 568. meldet: Georg seye Anno 1457. da er Coadjutor worden, ein Prinz von vier und zwanzig Jahren gewesen. Diesemnach wäre er ums Jahr 1433. geboren. Es ist auch dieses dem Testament des M. Jacobs nicht entgegen, darinnen gemeldet wird: Georg könne bis ins 24ste Jahr an seiner Brüder- oder an einem andern Hofe erzogen werden.

b) *Cod. Dipl. Zar. Bad.* Num. CCCXCI.

berg; die Stadt Durlach, die Stadt Ettlingen, die Burg Graben, und das Schloß Staffurt zugedacht. c) Er tritt aber nachher im Jahr 1454. Samstag vor St. Laurentien seine Landsportion zu Pforzheim an seine Herrn Brüder Carl und Bernhard aus einem rühmlichen Triebe vor die Aufnahme des hochfürstlichen Hauses ab, und begnügt sich mit einer Summe von jährlichen tausend Gulden.

Wird Coadjutor. §. II. Im Jahr 1457. da er in das vier und zwanzigste Lebensjahr getreten war, wird er von dem Bischof Konrad zu Metz, mit Einwilligung des dasigen Domcapituls, zum Coadjutor und Nachfolger erwählt. Papst Calixtus III. ertheilt hierüber noch in selbigem Jahre die Bestätigung mit diesem besondern Privilegio, daß er dem Stift Metz bis in sein sieben und zwanzigstes Jahr als Administrator vorstehen, nachher aber als würklicher Bischof, ohne ein neues Diploma nöthig zu haben, die Regierung führen solle. Da aber Bischof Konrad A. 1459. das Zeitliche mit dem Ewigen verwechselt, so erwählen einige Domcapitularen aus ihrem Mittel Ulrich Grafen von Blamont. Papst Pius II. sieht solches Verfahren nicht mit gleichgültigem Gemüthe an. Er unterdrückt die Faction und steht dem

---

*) Siehe das Leben M. Jacobs.

Georg † 1448.

em bisherigen Coadjutor bey. Georg ritt also noch in selbigem Jahr als würklicher Bischof die Regierung an. d)

und Bischof.

§. III. Im Jahr 1460. entstehen Strittigkeiten zwischen dem Marggrav Carl I. von Baden, des Bischofs Herrn Bruder, und denen von Schauenburg wegen der Schlösser Schauenburg und Vernbach. Sie brechen in wirkliche Befehdungen aus. Der erwählte und bestätigte Bischof e) welcher nebst dem andern Bruder Marx, dem Marggraven Hülfe leistet, wird von den Schauenburgischen Gebrüdern Georg, Reinhard und Fridrich im Elsaß mit seinem Bruder gefangen. Beede werden in dem Elsaßischen Schloß Isenheim, oberhalb Rufach, gefänglich verwahrt. Marggrav Carl eilt noch in selbigem Jahr seinen Brüdern zu Hülfe. Der österreichische Landvogt Peter von Mörsberg, und die meisten Edelleute aus dem Bißthum Metz ziehen mit ihm. Isenheim wird sogleich berennt. Allein Götz von Adelsheim, der Unterlandvogt, wird vom Churfürsten Fridrich von der Pfalz, als kaiserlichen Landvogt im Elsaß dahin abgeord-

wird gefangen.

---

d) MEURISSE l. c. p. 568. sq.

e) Also wird er in der Urkunde genennet, weil er damals noch nicht als Bischof eingesegnet war.

geordnet. Er ist so glücklich, daß er einen gütlichen Vergleich bewirket. Bischof Georg und Marx werden ohne einige Ranzion auf freyen Fuß gestellt; f) und die zwischen Baden und Schauenburg obwaltende Stittigkeiten auf den Ausspruch des Churfürsten von der Pfalz ausgesetzt. g)

Um eben diese Zeit übergibt Friderich von Schauenburg einen Theil des Schlosses Isenburg nebst einigen Ländern im Sundgau, die er oder seine Gemahlin

---

f) Herr Professor Schöpflin schreibt davon: in *Alsat. Illustr.* Tom. II p 69. „Schauen-
„burgici tres fratres Marchiones Badenses,
„Carolum, Georgium & Marcum, quos
„inter Georgius erat Episcopus Metensis in
„hac arce (Isenhemii) A MCCCCLX. cap-
„tivos detinuerunt, ita quidem, ut nulla vi
„ex captivitate liberari potuerint. Subse-
„cuta pax jussit, ut Nobiles isti castrum
„Isenheim Episcopo Metensi pro octo mille
„& quadringentis florenis venderent. At
„venditio injusta absque Domini directi con-
„sensu facta, locum non habuit. „

g) Von den Schauenburgischen Strittigkeiten ist oben im Leben Marggrav Carls I. gehandelt worden. Man sehe noch davon die Sentenz des Manngerichts vom Jahr 1461. in SCHOEPFLIN. *Cod. Dipl. Hist. Zar. Bad.* Num. CCCXVI.

lin und deren Sohn, welchen sie mit ihrem ersten Gemahl, einen Herrn von Schauenburg erzeugt hatte, vor acht tausend und vier hundert Gulden an den Bischof Georg.

§. IV. Im Jahre 1461. hält Bischof Georg seinen öffentlichen Einzug in der Stadt Metz. Sein Vergnügen bey diesem feyerlichen Vorgang erlangt dadurch einen großen Zuwachs, daß seine drey Herren Brüder, Marggrav Carl von Baden, Erzbischof Johann von Trier, und Marx, Domcapitular zu Köln sich nebst dem Graven von Nassau und andern Standespersonen mit einem Gefolge von siebenhundert Pferden persönlich einfinden. Der Bischof belehnt sodenn die Vasallen des Stifts Metz, die Graven von Nassau, von Blamont, die Herren von Blamont, h) von Lichtenberg und andere. Die Stadt Sarburg in dem Herzogthum Bar gibt er dem Herrn von Vinstringen. i)

§. V.

---

h) Diese kleine Stadt in Lothringen, welche den Titul einer Grafschaft führt, und ehedessen befestiget war, wird im Deutschen Blankenberg genennet.

i) MEURISSE *Histoire des Eveques de Metz*, pag. 568. sqq.

§. V. In dem Krieg, der nach dem Absterben des Erzbischofs Theodorici zu Maynz, im Jahr 1459, bey Gelegenheit der zwistigen Wahl Dietherns Graven von Isenburg und Adolfs, Graven von Nassau sich erhoben, ergreift Bischof Georg, wie seine Herren Brüder, Marggrav Carl von Baden und Erzbischof Johann von Trier die Parthie des Leßtern. Grav Adolf verspricht dem Bischof zur Ersetzung des Schadens, der denselben durch die ihme zu leistende Hülfe möchte zugefügt werden, alle Jahre fünf hundert Gulden von dem Zoll zu Lohnstein zu bezahlen, so bald er diesen Ort würde erobert haben. k) Nicht lange hernach fällt das unglückliche Treffen bey Seckenheim vor. Bischof Georg wird in demselben nebst seinem Herrn Bruder Marggrav Carl von Baden verwundet und gefangen. Er wird nach Mannheim gebracht, und in dem Zimmer verwahrt, welches dem Papst Johanni dem XXIII. ehebessen zum stillen Aufenthalt angewiesen worden war. Der Chur-

---

k) HILWICH, *de Dissidio Moguntino* in *Serarii rer. Mogunt.* Tom. II. p. 162. „Metensis „de damnis, si qua faceret, cavit, Veneris „diem ascendenti in coelos servatori sa„crum; pollicitus, Lohnsteinio expugnato, „se ei quotannis feriarum natalitiarum tem„pore quingentos florenos de portorio loci „depensurum.„

Churfürst stattet ihm mehrmalen Besuche ab, die ihm zur Ermunterung bey dem Mangel der Freyheit dienen sollten. l) Die Loslassung erfolgt endlich A. 1463. den 22. Jenner. m) Der Lothringische Marschall Johann von Vinstingen hatte sich vor ihn besonders bemüht. n) Der Bischof mußte versprechen, sechzig tausend Gulden an Churpfalz zu bezahlen. Hievon sollten auf der Stelle zehen tausend baar erlegt, die andern aber nach und nach in jährlichen Terminen, jedesmal zu fünf tausend, samt den verfallenen Zinsen abgetragen werden. Nach der Loslassung wurden zehen tausend Gulden abgethan. Vor den Rest mußte der Bischof eine hin-

---

l) POETA WEINSPERGENSIS pag. 444. & 466.

m) CONTIN. ANDREÆ PRESBYTERI RATISB. ap. SCHILTER. rer. German. p. 63. Man liest desselben Beschreibung von der Ranzion der gefangenen Fürsten auch in TOLNERI Histor. Palat. p. 71. sq. wo jedoch in der Jahrzahl ein Fehler ist, indem nicht 1468. sondern 1463. hätte gedruckt werden sollen.

n) ANONYM. SPIRENS. in Cod. Palat. ad h. a. p. 590. „Herr Schan von Vinstingen „der kam gein Heidelberg vnn halff dem Bi-„schoff vnd sin Graffen Rittern vnn Knech-„ten balde vß."

hinreichende Sicherheit stellen. Ueber dieses mußte er bey einer Strafe von zehen tausend Gulden versprechen, sich alle Mühe zu geben, daß der Papst sich gegen den Churfürsten in Zeit eines Jahrs als einen ausgesöhnten Vatter erzeige, und ihn von dem Bann befreye. Er selbst gelobte dabey: sich nimmermehr in eine Freundschaft oder Bündnis wider den Churfürsten und die Pfalz zu begeben. Der Bischof tritt hierauf zur Versicherung ab das so genannte Badische Land von Voge, nemlich St. Theobald, Bergart und das Leberthal. Weil aber dieses Lothringische Lehen waren, so wurden sie von dem Herzogen von Lothringen wieder eingelößt. o) Der Erzbischof Adolf von Maynz verschreibt in dem folgenden Jahre dem

---

o) In dem Leben M. Carls I. ist dieser Krieg mit seinen Ursachen und Folgen umständlicher vorgetragen worden. TRITHEMIUS in *Chron. Hirsaug.* Tom. II. p. 451. schreibt: „Georgius „Metensis Episcopus Jacobi Marchionis de „Baden quondam filius & Caroli frater Germanus, pro liberatione sua de captivitate „Palatino Comiti Friderico 45000 florenorum dare compulsus fuit. Denique se „cum omni militia sua & tribus in Lotha„ringia castellis Bergard, sancti Theobaldi „& S. Crucis Palatino perpetuo scripsit „obnoxium. „ Add. HELWICHIUS l. c. p. 180. & 181. HACHENBERGII *Histor. Frid. I. Palat.* p. 149.

dem Bischof zur Schadloshaltung eine Summe von dreyßig tausend Gulden. p)

§. VI. In diesem Krieg lenken sich die Einwohner der Stadt Metz auf die Seite des Grafen Diethern von Isenburg. Sie gehen in ihrer Gesinnung vor denselben so weit, daß sie die Domcapitularen des Stifts, welche sich vor den Adolf erklärt hatten, im Jahre 1462. aus der Stadt jagen wollen. Papst Pius II. bekommt von diesem ihm verdrießlichen Vorgang Nachricht. Er spricht sogleich den Bann wider die Metzer aus. Die Domcapitularen waren unterdessen ihrer Güter und Einkünfte beraubt. Sie müssen sich anfangs zu Pont à Mousson und hernach zu Vic gedulten. Nach einem fünfjährigen Aufenthalt erlangen sie endlich die Erlaubniß wieder in die Stadt Metz zurück zu kommen. Der Bischof hatte A. 1467. die Aussöhnung zwischen den Domherren und der Stadt, so wie zwischen dieser und dem Papst glücklich zuwegen gebracht. Der Papst hatte ihn selbst hiezu bevollmächtiget. In dieser Zeit erhub er sich mehr-

---

p) IOANNIS ad SERARIUM Rer. Mogunt. Tom. I. Libr. V. p. 780. „Carolo Badensi „ & Georgio Episcopo Metensi, fratribus, „ qui sua captivitate in maximam inciderant „ jacturam, sexaginta florenorum millia „ transcripsit, ex his utrique triginta,

mehrmalen in die Stadt, und legte auch die Strittigkeiten, die mit derselben wegen Bezahlung einiger Abgaben vorwalteten, durch gütliche Unterhandlung bey. q)

Im Jahr 1470. besorgt er auch die Beendigung der Streitsache zwischen seinem Herrn Bruder Erzbischof Johann von Trier und Churfürsten Fridrich I. von der Pfalz wegen der Mosel. r)

1473. §. VII. Im Jahr 1473. hat Bischof Georg das Vergnügen, den Kaiser Fridrich III. nebst dessen Prinzen Erzherzog Maximilian bey sich zu Metz zu sehen. Er empfangt dieses höchste Reichsoberhaupt mit großer Pracht. s) Der Kaiser erhebt sich von da nach Trier. Der Bischof begleitet ihn dahin mit seinem Herrn Bruder Marggrav Carl zu Baden. t) Herzog Carl von Burgund hoffete, daselbst mit der königlichen Würde beehrt zu werben. Der Kaiser, welcher ihm Anlaß dazu gegeben hatte, dachte dem Bischof von Metz die Ehre zu, bey der Crönung die-

---

q) MEURISSE l. c. L. III. p. 570. sq.

r) Siehe oben im Leben Erzbischof Johann II. Blatf.

s) MEURISSE l. cit. L. III. p. 588.

t) Man sehe davon dessen Leben. Blatf.

dieser neuen Majestät die Einsegnung und Salbung zu verrichten. Es unterblieb aber die Ertheilung der königlichen Würde, wozu der Herzog schon alle Anstalten gemacht hatte, und der Kaiser reisete zu großem Mißvergnügen des Herzogs schnell hinweg. u)

In dem folgenden Jahre (1474.) hatte die Stadt Metz ein großes Unglück zu förchten durch den plötzlichen Ueberfall des Herzogs von Lothringen. Bischof Georg wendet durch seine weise Anstalten dieselbe ab, und befördert den Frieden zwischen ihnen. x)

1474.

Zu besonderer Ehre gereichte ihm die feyerliche Gesandschaft an die Niederländische Stände im Jahr 1477. Der Kaiser Fridrich III. sandte ihn nach Gent, daß er nebst seinem Bruder Erzbischof Johann von Trier und Herzog Ludwig von Baiern die Vermählung der Burgundischen Prinzeßin und Erbin, Maria, mit seinem Prinzen Erzherzog Maximilian zu Stande bringen möchte. Der 21. April war zu diesem wichtigen Geschäfte anberaumt.

---

u) COMINIS *Memoires* L. II. Ch. 8. BROWERI *Annal. Trevir.* Tom. II. Lib. XIX. p. 300. & 302.

x) MEURISSE loc. alleg.

An demselben hält der Bischof in der Versammlung der Stände, wo die Prinzeßin selbst zugegen war, eine nachdrückliche Rede in französischer Sprache, und bekommt daselbst öffentlich der Prinzeßin Erklärung. y) Die Stände geben bald darauf

---

y) **Fugger** im österreichischen Ehrenspiegel, B. 5. Cap. 25. Blatt. 854. sagt, der Bischof habe den Vertrag also gemacht: „Wasmaßen „zwischen der Prinzeßin Maria und Erzherzog „Maximilian von Oesterreich durch beyder„seits Hh. Eltern eine Gemählschaft abgere„det, auch von der Prinzeßin durch ein mit „eigener Hand geschriebenes Ehrengrußbrief, „auch Uebersendung eines köstlichen Demant„Rings bestätiget worden. Der Erzherzog „versehe sich zu der Prinzeßin, sie werde in sel„biger Affection und Wohlneigung gegen ihn „seither verharret, und nun, gleich ihme nit „abgeneigt seyn, solches Ehegelübde durch „priesterliche Trauung und einfolgendes Bey„lager vollziehen zu lassen. Nach diesen und „mehr dergleichen Reden, schreibt Fugger „weiter, zog er den Brief samt den Ring her„vor, und fragte die Prinzeßin: Ob sie sich „hierzu bekenne? Die Prinzeßin antwortete „mit frölichem Angesicht: Sie erinnere sich „gar wohl, daß sie auf Befehl ihres Herrn „Vatters, diesen Brief, dessen Urschrift sie „auch noch bey sich habe, samt dem Ring von „sich gegeben. Was sie nun einmahl, und „zwar auf vätterlichen Befehl, versprochen, „deme sey sie auch, jedoch mit Bewißigung der „Stände

darauf ihre Einwilligung zu dieser Vermählung, und die Prinzeßin wird wirklich an den kaiserlichen Gesandten, Herzog Ludwig aus Baiern, als Stellverweser, getraut. z) Kaiser Fridrich begibt sich, auf erhaltene Nachricht von dieser ihm so erwünschten Begebenheit, auf die Reise in die Niederlande. Er nimmt den Weg über Cölln; Bischof Georg und sein Bruder Erzbischof Johann von Trier begleiten ihn nach Gent. Bey dem prächtigen Einzug reiten sie unmittelbar hinter dem hohen Bräutigam. a)

Indessen hatte des Bischofs Herr Bruder, M. Bernhard II. das Zeitliche mit dem Ewigen verwechselt. Die Nachrichten von den Wundern, welche dieser

„Stände, nachzukommen, beständig gesonnen. Add. PONTUS HEUTERUS Rer. Austriac. Lib. I. Cap. 7. MEURISSE l. c. erzählt: der Bischof sey damals in einer großen Lebensgefahr gewesen, indem ihme die Niederländer den Tod gedrohet hätten, wo er diese Vermählung nicht würde zu Stande bringen.

z) Die Durchleuchtigste Braut sandte ihrem Herrn Bräutigam hundert tausend Gulden entgegen, damit es ihm bey vorseyendem Einzug nicht an dem zum Pracht nöthigen Geld mangeln möchte, weil sein Herr Vatter auch hierinnen große Sparsamkeit ausübte.

a) Fugger, l. c.

gottselige Fürst nach seinem Tode verrichte, kamen vor die Ohren unsers Bischofs. Er sucht sich davon genauer zu überzeugen, und erläßt A. 1478. ein besonders Schreiben an die Vorsteher der Stadt Montcallier, wo er begraben lag. b)

§. VIII. Im Jahre 1480. bemüht sich der Bischof Georg bey den Eydgenossen vor den Erzherzog Maximilian ein Bündnis und Verein zuwegen zu bringen, wegen der durch seine Gemahlin erhaltene burgundische Lande.

Der Erzherzog Maximilian machte sichs zu einer Schuldigkeit sein Dankvolles Gemüth dem Bischof Georg vor die ihm erwiesene Gewogenheit in der That zu zeigen. Er suchte zu dem Ende ihme das Bißthum Utrecht zuzuwenden. Ehe aber die päpstliche Bulle hierüber ausgefertiget wurde, verwechselt der Bischof das Zeitliche mit dem Ewigen. Er starb den eilften October, des Jahrs 1484. zu Moyenvic, nachdem er fünf und zwanzig Jahre dem Bißthum Metz vorgestanden war. Sein Leichnamm wurde in der Cathedralkirche zu Metz beygesetzt. c)

Tob.

b) *La Corte Santificata dalla vita et dalle virtu del B. Bernardo Marchese di Baden &c.* Aus diesem Buche ist das Schreiben abgedruckt im *Cod. Dipl. Zarringo - Bad.* Num. CCCCXXV.

c) MRUZISSE l. c. p. 590. & 502.

Marcus.

Postulirter Bischof zu Lüttich.
† A. 1478.

§. I.

Der jüngste Prinz des Marggraven Jacobs ist Marcus. a) Er scheint um das Jahr 1434. gebohren zu seyn. Sein Herr Vatter widmet ihn schon in der Kindheit dem geistlichen Stande. Er bekommt auch bereits im Jahre 1445. da er kaum das zehende Jahr zurück gelegt hatte, die erste Tonsur. b)

Jugendjahre.

Im Jahre 1459. nimmt er im Namen seines Herrn Bruders Georgs von dem Bißthum Metz Besitz. Kurz vorher war er Domcapitular zu Cöln worden. c)

Im

---

a) Diese ganze Lebensbeschreibung ist eine Uebersetzung aus dem prächtigen Schöpflinischen Werke; bis auf etliche Anmerkungen.

b) *Cod. Dipl. Zar. Bad.* Num. 391.

c) MEURISSE *Hist. des Eveques de Metz.* p. 569.

Im Jahre 1460. wird er nebst seinem Herrn Bruder Georg von denen von Schauenburg gefangen, und muß sich zu Isenheim aufhalten lassen. d)

Die Jahre 1460. und 1461. waren ihm sehr erfreulich. In dem ersten wohnt er dem feyerlichen Einzug seines ältern Herrn Bruders, Johannis, als Erzbischofs zu Trier, bey, in dem andern ist er bey gleicher Begebenheit, da sein jüngerer Herr Bruder Georg als Bischof zu Metz von der Stadt Besitz nimmt.

A. 1463. wird er wegen Beylegung der Strittigkeiten zwischen Adolf von Nassau und Diethern von Isenburg, nebst einigen andern an den Papst Pium II. nach Trier gesendet, um dessen Einwilligung zu bewirken. e)

Wird Protector zu Lüttich. §. II. Im Jahr 1465. kommt eine wichtige Veränderung zu Lüttich vor, in welche das fürstliche Haus Baden verwickelt wird; da die Domherren und Bürger zu Lüttich, Ludwigen von Bourbon, der bereits zehen Jahr Bischof daselbst gewesen war, nicht mehr haben wollten, und

---

d) Siehe das Leben Bischof Georgs, §. 3.

e) HELWICHIUS *de dissidio Moguntino* Sect. XIII. pag. 191. ap SERAR. *rer. Mogunt,* Tom. II.

und unsern Marx zu ihrem Mainburn, f) Protector oder Beschützer ernenneten. g)

Lud-

---

f) Des Worts *Mainburni* bedient sich ein Schriftsteller selbiger Zeit, nämlich der Mönch in dem Kloster des Heil. Lorenzen zu Lüttich ADRIANUS DE VETERI BUSCO in *Diario rerum Leodiensium sub Johanne Heinsbergio & Ludovico Borbonio Episcopis*, ap MARTENE *Collect. Veter. Scriptor.* Tom. IV. p. 1267. sq. Das Wort Mainburn ist wohl aus dem in der mittlern Zeit üblichen Wort Mundiburd entstanden. Es zeigt einen Beschützer an. Daher steht auch oft Mundibordium und Defensio beysammen. Es hat ohne Zweifel seinen Ursprung von dem Wort *Mundium*, welches so viel als Gewalt oder Schutz anzeigt. Schilter in Königshoven Chron. S. 637. 676. Daher kommen die Mundmänner und Mundleute, d. i. solche, die sich in eines andern Schutz begeben. Conf. DU FRESNE voc. *Mundeburdis*, *Mundeburdum*. SPELMAN voc. *Mund*. BESOLD. in *thes. pract.* verb. Mundbar.

g) TRITHEMIUS in *Chron. Hirsaug.* Tom. II. p. 459. „Canonici & Cives Leodienses post „ multas contentiones & lites in Curia Ro-„ mana habitas, & extra, contra Joannem „ de Bourbon electum & confirmatum suum „ Antistetem innata rabie & feritate uten-„ tes, adhuc illo vivente & nec deposito, ne-„ que resignante Marcum Jacobi Marchionis „ quondam filium, Fratrem autem Caroli „ Marchionis, Joannis quoque Archiepiscopi
„ Tre-

Ludwig war ein Sohn Carls von Bourbon und Agnes einer Schwester Herzogs Philipps des Guten von Burgund. h) Grav Johann von Heinsberg, ein tugendhafter und Verdienstvoller Herr, trat ihm im Jahre 1456. da er kaum zwanzig Jahre alt war, das Bißthum Lüttich ab; und zwar auf Empfehlung seiner Mutter Bruder, dessen Staaten nahe bey Lüttich sind, und der ihn an seinem Hofe erzogen hatte. i) Papst Calixtus III. ertheilte seine Einwilligung

---

„ Trevirorum & Georgii Metensis Episcopi,
„ propria auctoritate, ne dicam temeritate
„ in Dominum & Defensorum suum contra
„ Joannem advocarunt. Hunc Joannes &
„ Carolus memorati Fratres navigio Coloniam
„ & inde cum 200. Equitibus Leodium
„ perduxerunt, quem Leodienses cum gaudio
„ & honore magno susceperunt. „ Der Abt irrt hier in dem Namen des Bischofs. Johannes hatte bereits im Jahr 1455. das Bißthum Lüttich dem Ludwig von Bourbon übergeben, wie aus MERSSAEI CRATEPOLII *Electorum Ecclesiasticorum Catalogo* apud GUALTHERIUM (*Gruterium*) *Chronico Chronicorum* Tom. I. p. 1518. zu ersehen ist.

h) SAINCTE MARTHE *Hist. Genealogique de la Maison de France* Tom. II. p. 45.

i) SUFFRIDUS PETRI in *vita Ludovici Borbonii* Cap. XX. *Gestorum Pontific. Leod. a* CHAPEAUVILLE *edit.* Tom. III. p. 130.

ligung hierzu nicht eher, als bis der Herzog von Burgund sein Wort von sich gegeben, er wolle den Feldzug wider die Türken mit machen. Er zog selbiges hernach zurück. Der junge Bischof selbst war in seiner Lebensart nicht vorsichtig, er hatte keine Neigung zum geistlichen Stande, sondern mehr Lust zur Würde eines weltlichen Fürsten, und erfüllete also die Hofnung, welche sich die Lütticher von ihm gemacht hatten, nicht; wollte auch durchaus sich nicht zum Bischof weyhen lassen. Die Lütticher kamen auf den Argwohn, Ludwig suche nichts anders, als sie nach und nach an eine weltliche Regierung einzuführen, und von der bischöflichen abzugewöhnen. Sie sorgten, man möchte ihren Staat in ein Herzogthum verwandeln, und sie dem burgundischen Scepter unterwerfen. k) Sie versagen daher ihme und seinen Beamten den Gehorsam in vielen Stücken. Herzog Philipp sucht die Rechte seines Enkels zu unterstützen. Er wendet sich an den Papst und bittet, er möchte die

---

k) Dieses berichtet der berühmte Cardinal zu Pavia JACOB PICCOLOMINI in Commentariis Lib. III. p. 396. Sie sind zu Mayland A. 1506. herausgekommen. Die Ursachen der Lüttichischen Uneinigkeit untersuchen umständlich die AUCTORES GALLIAE CHRISTIANAE Tom. III. p. 903. & 904. Sie gedenken jedoch des badischen Prinzen Marx mit keinem Worte.

die Lütticher zum Gehorsam durch scharfe Befehle anweisen. Der Papst Calixtus III. fordert sie A. 1462. zur Verantwortung, und drohet mit Strafen. 1) Der Streit währete etliche Jahre an dem Römischen Hofe fort, und wurde erst im Jenner des Jahrs 1465. von Papst Paul II. zu Ludwigs Vortheil gesprochen. m)

Unterdessen begeben sich einige der Lüttichischen Häupter, Raso von Heer und Barius Surleh zum Marggraven Carl von Baden. Sie ersuchen ihn um Hülfe wider ihren Bischof und den Herzog Philipp; Sie übertragen zugleich die Beschützung ihres Bißthums des Marggraven Bruder Marx. n) Sie machen auch letzterem Hofnung zum Bißthum. o) Die Badische Prinzen halten die Sache vor nicht so schwer, weil König Ludwig XI. von Frankreich kein Freund des Ludwigs von Bourbon und Herzogs Philipps in Burgund war, und deßwegen den Lüttichern

---

1) SUFFRIDUS PETRI Cap. 22. & 23.

m) Die Bulle steht bey CHAPEAUVILLE in *Annotat.* ad SUFFRIDUM PETRI loc. all. pag. 143.

n) SUFFRIDUS irrt, wann er den Marx des Marggraven Sohn nennt.

o) SUFFRIDUS l. c. cap. 24.

chern seinen Beystand versprochen hatte. Raso kommt nach Lüttich zurück, er beruft die Stände zusammen und ruft im Jahre 1465. am Sonntag Lätare den badischen Prinzen Marx zum Mainburn oder Beschü-ßer der Lütticher aus. Die nahe Ver-wandtschaft mit Kaiser Fridrich III. und das Ansehen seiner dreyer Herren Brüder, Marggrav Carls von Baden, Erzbischofs Johannis von Trier und Georgs Bischofs zu Metz, machten seine eigene Vorzüge um so erhabener. Dem Raso widersetzten sich Johann und Eberhard, Vatter und Sohn aus der Arembergischen Familie, die wegen der Nachbarschaft sich die Be-schützung der Herrschaft Lüttich, als einen angeerbten Vorzug zueignen wollen; sie waren ohnehin mit den badischen Fürsten in Kriegen und andern Strittigkeiten ver-wickelt. Raso dringt dem ohngeachtet durch, und Marx wird einmüthig zum Procurator oder Beschützer erwählt. Marx war auf den Ausgang der Sache aufmerk-sam, und hielte sich damals mit seinen dreyen Herren Brüdern zu Metz auf. p)

Die

---

p) Diese Herren Brüder begaben sich sodenn von Metz nach Köln, wohin die Lüttichische Ge-sandte gekommen waren, und sie mit gewafneter Hand nach Lüttich führeten. WERNERUS TITIANUS *Annal. Novesiensium* in MAR-TENE *Collect. Veter. Scriptor.* p. 608.

Die Lüttichische Gesandte ersuchten den Prinzen Marx, daß er gegen dem Osterfest sich nach Lüttich begeben und sich daselbst feyerlichst einsegnen lassen möchte.

König Ludwig XI. von Frankreich, welcher mit seinen eigenen Reichs-Angelegenheiten beschäftigt war, wollte denen von Lüttich den Herzog Carl von Nivernois schriftlich empfehlen. Da er aber Nachricht von der Wahl des Badischen Prinzen erhielte, stimmte er derselben selbst bey. q)

Einweyhung zu Lüttich.

§. III. Marcus begibt sich zur bestimmten Zeit wirklich auf den Weg. Die Lütticher empfangen ihn prächtig. Er hält seinen Einzug in die Stadt, seine Herren Brüder begleiten ihn, einer zur rechten, der andere zur linken Seite; r) Er verrichtet in Bischöflichem Ornate den Gottesdienst, und nimmt von dem Pallast Besitz. Er macht sich daselbst durch einen Eyd anheischig mit allen Kräften daran

zu

---

q) ADRIANUS DE VETERI BVSCO pag. 1267. fqq.

r) WERNERUS TITIANUS l. c. und TRITHEMIUS in *Chron. Hirsaug.* loc. alleg. bemerken, Erzbischof Johann von Trier habe dieser Feyerlichkeit beygewohnt. ADRIANUS DE VETERI BVSCO aber und SUFFRIDUS PETRI gedenken nichts von ihm.

zu arbeiten, daß er aus einem Beschützer wirklicher Bischof werde. Ueberdiß wolle er nichts an Ausländer verpfänden, sondern alle Freyheiten und Rechte der Burger aufrecht erhalten. Dagegen geloben ihm die Bürger zu Lüttich ewige Treue. Von dieser Zeit an legt man ihm in öffentlichen Schriften den Titul bey: Regent und Gouverneur und Administrator des Landes Lüttich, des Herzogthums Bouillion und der Gravschaft Loß. s) Hierauf leisten ihm die Burgermeistere und andere Vorsteher den Eyd der Treue.

Der bestätigte Regent begibt sich mit einer Mannschaft und unter Vortretung des Raso mit einem weisen Stabe, nach Dinant, und nimmt sowohl diese als die übrige Städte des Bißthums Lüttich und der Gravschaft Loß in Augenschein, läßt sich auch aller Orten huldigen. Bey seiner Wiederkunft nach Lüttich gibt er den Gesandten von Löwen, von Brüssel, von Antwerpen und von Herzogenbusch Audienz. Das Domcapitul zu Lüttich, wel-

---

s) *Regens ac Gubernator, ac Administrator Patriae Leodiensis, Ducatus Boullionii & Comitis Lossensis.* Die Hauptstadt dieser Gravschaft Loß oder Loz an der Maas, welche insgemein eben so heißt, wird sonst auch Borgloen genennet.

welches ihn anfänglich nicht vor seinen Beschützer erkennen wollen, unterwirft sich ihm den 17. May ebenfalls.

Bündnis mit Frankreich.
§. IV. An dem nächstfolgenden Himmelfahrts-Tage kommt der Gesandte Königs Ludwigs XI. von Frankreich, Herr von Chatillon mit seinem prächtigen Gefolge zu Lüttich an. Die Absicht ist, ein Bündnis mit dem Protector und der Stadt Lüttich wider den Herzog von Burgund, Ludwig von Bourbon, und Grav Carl, Herzog Philipps Sohn, zu errichten. Raso war bey allem die Triebfeder. Die Sache kommt endlich am 17ten Junii zu Stande. Das Schutz- und Trutzbündnis wird geschlossen. Man verspricht einander Hülfe. Die Franzosen sollen einen Einfall ins Hennegau, und die von Lüttich in Brabant thun. Die von Lüttich sollen zwey hundert Gleven oder Lanzen und zu jeder drey Reuter stellen; der König verspricht ihnen dafür alle Monate fünfzehn Pfund Turnos, der König solle über dis seine Dienste bey dem Papst verwenden, daß Marx von demselben die Bestätigung erhalte; und ehe solche erfolgt, ihme keinen Gehorsam leisten. t)

Marg-

---

t) *Traité d'Alliance offensive & defensive entre Louis XI. Roi de France d'une part, & le Marquis de Bade (Marcus) comme Gouverneur*

Marggrav Carl von Baden begibt sich, nach geschlossenem Bündnis, nach Hause, vor den König in Frankreich Truppen zu werben. Marx nöthigt die Vasallen des Bißthums Lüttich zu Empfahung der Lehen. Die Güter des Bißthums eignet er sich zu; und das Vermögen der Abwesenden sowohl, als derer, die ihm nicht huldigen wollen, fallen seiner Cammer anheim.

§. V. Es verstriche eine Zeit von vier Monathen, in welcher der Papst das Interdict gegen die Lütticher aufgeschoben hatte. Unter diesen ist unterdessen eine große Gährung. Die Geistlichkeit ersucht den Protector, wegen Beobachtung des Interdicts mit dem Volke zu reden. Er verspricht es. Allein der Herr von Bare, der Raso und andere Häupter zu Lüttich, entkräften die Anschläge der Geistlichkeit. Sie rufen das Volk in den Pallast zusammen, und geben ihm zu erkennen, daß die Bulle des Papsts untergeschoben und das Interdict nichtig sey. Hierauf werden

---

neur & Regent du Pais de Liege, Duché de Bouillon &c. d'autre part, contre les Ducs de Bourgogne, de Bourbon & Comte de Chalorois. act. Liege 17. Juin. 1465. ap. LEONARD Recueil Tom. I. p. 60. & DU MONT Corps Diplomat. Tom. III. p. 328. Add. ADRIAN. DE VETERI BVSCO l. all. p. 1274.

den die Häuser der Domcapitularen, die
sich flüchtig gemacht, oder den Gottesdienst
nicht ferner besorgt hatten, ausgeplün-
dert, und ihre Güter in öffentlicher Ver-
steigerung an den Meistbietenden verkauft.
Der Protector samt den Burgermeistern
und Vorstehern der Stadt erwählen andere Beamte, die von ihrer Parthie sind,
und eignen sich beede Jurisdiction zu.
Ludwig wird aus Huy oder Hoye vertrieben, die Stadt von den Lüttichern eingenommen, und Marx daselbst zum Protector eingeweyhet.

Bey diesem glücklichen Fortgang der
Sachen des Badischen Marx wird ein
Schreiben an den Papst erlassen, darinnen Marx im Namen der drey Stände
zum Bischof postulirt wird. Dieselbe
legen dreyßig Beweggründe vor, warum
sie Ludwig von Bourbon nicht mehr vor
einen Bischof erkennen können. König Ludwig XI. legt diesem Schreiben einen eigenen Brief bey, und erfüllt also damit sein
Versprechen, den Papst zu dieser Absicht
zu bewegen. Die Behändigung dieser
Schreiben wird dem Schatzmeister des Bißthums Lüttich Hugo Benefactus, den der
postulirte Bischof samt seinem Bruder in
der Stadt zurück gelassen, übertragen,
mit dem Aufügen: alles ersinnliche anzu-
wenden, daß der Papst den Badischen
Prinzen bestätigen möchte.

§. VI.

§. VI. Indem dieses zu Lüttich vorgeht, so läßt sich Marggrav Carl zu Baden die Zurüstung zum Burgundischen Krieg mit allem Ernst angelegen seyn. Er bringt zu Haus eine Anzahl v. vierhundert Lanzenträger und sechzig Mann zu Fuße zusammen. Er führt diese nebst allen Kriegserfordernissen gegen Anfang des Augustmonats nach Lüttich. Zu gleicher Zeit kommt eine ansehnliche Geldsumme aus Frankreich als Subsidien. Die Lütticher kündigen hierauf dem Herzog Philipp von Burgund den Krieg an. Der Protector schickt in gleicher Absicht einen Gesandten nach Brüssel, den aber der gütige Herzog sehr wohl tractirt, und wie mit kostbaren Kleidern also auch mit Geld reichlich beschenkt.

Burgundischer Krieg.

Endlich muß man sich wegen des Kriegs selbst berathschlagen. Einige halten davor, man solle nach dem mit Frankreich geschlossenen Bündnis in Brabant einfallen, andere ziehen Limburg vor. Die letztere Meynung findet den größten Beyfall, um der Badischen Völker willen, welche auf ihren Rückzug bedacht waren und nicht allzuweit vorrücken wollen. Die Lüttticher setzen sich also unter Anführung ihres Protectors und des Marggraven Carls mit ihren Leuten in Bewegung, sie bringen ins Limburgische ein; sie verheeren sehr viele Ortschaften auf eine schrecкliche Weise, und machen am vierten September den Anfang mit Belagerung des festen Bergschlosses Falkenberg. Die Nachricht kommt sogleich, Ludwig von Burgund rücke mit einem großen Burgundischen Heer an, und seye würklich in der Nähe, die Festung zu entsetzen. Marx und sein Herr Bruder halten nicht vor rathsam, selbige zu erwarten. Sie verlassen mit dem Badischen Heer in der Nacht u) das Lüttichische Lager, und Marggrav Carl eilt mit starken Schritten seinen angebornen Landen zu.

Ursachen des Rückzugs. Die Ursachen dieses Rückzugs sind vornämlich in dem grausamen Verhalten der Lüttischer zu suchen. Marggrav Carl und sein Bruder Marx verabscheueten ihren Leichtsinn und Unmenschlichkeit. Hierzu kamen die häufige Briefe ihrer beeden andern Brüder des Erzbischofs zu Trier und des Bischofs zu Mieß, welche sie ersucht, von diesem aufrührischen Volke abzustehen, gegen welches der Papst bereits einen so harten Ausspruch gethan hätte. Ueberdis hatte sich König Ludwig in Frankreich um eben diese Zeit mit des Herzogs Philipps des Guten Prinzen Carl

---

u) Daß solches den 5ten September 1465. geschehen sey, berichten ADRIANUS DE VETERI BUSCO, SUFFRIDUS PETRI loc. all. CHRONICON MAGNUM BELGICUM p. 420.

Carl dem Kühnen gesetzt, und richtete also sein Augenmerk nicht mehr auf die Lütticher. Carl selbst war nun, da er wegen Frankreich freye Hände hatte, an dem, daß er seine ganze Kriegsmacht wider Lüttich gebrauchen wollte. x)

§. VII. Die Herren Marggraven senden hierauf einige Gesandte nach Lüttich, um der Stadt die Ursachen ihres Rückzugs bekannt zu machen, und einen Ueberschlag wegen ihrer zurückgelassenen Güter y) zu verfertigen. Die Lütticher geben ihnen schlechtes Gehör, und reisen sie also unverrichteter Sachen wieder ab. Die Lütticher söhnen sich sodenn mit Ludwig von Bourbon und dem Herzog von Burgund aus. Allein in dem nächstfolgenden Jahre 1466. rebelliren sie aufs neue wider sie, und wollen den Badischen Prinzen zurück rufen. Die Theilhaber dieser Faction riefen, zur Beschimpfung Ludwigs von Burgund, in allen Gassen den Namen des Prinzen Marx mit allen Feyerlichkeiten aus, rissen das Bourbonische Wappen allenthalben ab, und steckten dafür das Badische auf. Auch so gar das Bildnis des Prinzen Marx, den

sie

---

x) SUFFRIDUS PETRI loc. alleg. COMIN. Memoires Liv. I. C. XIV.

y) Der Schatz soll beträchtlich gewesen seyn. CHAPEAVILLE Scriptor. Leod. RAUSINUS rer. Leod. Lib. II.

sie in einem geistl. Habit vorstelleten, wobey einige Engel den Bischofshut über seinem Haupte hielten, wurde auf allen Thoren der Stadt gesetzt. Sie sandten Abgeordnete an ihn, um ihn zur Rückkunft zu vermögen. Er gab ihnen aber zur Antwort: daß er die Sache mit seinen Herren Brüdern in Ueberlegung ziehen wolle, und bediente sich in dem an die Stadt erlassenen Schreiben, darinnen er sie von seiner Geneigtheit gegen sie versichert, noch immer des obengemeldeten Tituls. Er bleibt ihnen aber zu lange aus. Sie werden unwillig auf ihn, und reissen überall sein Bildnis und das Badische Wappen wieder herunter. z) Sie fahren hiebey in ihrem unartigen Bezeugen gegen Herzog Carl von Burgund, der A. 1467. seinem Vatter in der Regierung gefolgt war, fort, bis er über sie dergestalt in Zorn geriethe, daß er die Stadt A. 1468. im Angesicht des Königs in Frankreich in Brand steckte. a)

Prinz

---

a) ADRIANUS DE VETERI BVSCO l. c. p. 1290. MEYER. *Annal. Flandr.* p. 396.

b) COMIN. *Memoires* Liv. II. Chap. I. sqq. Die Lütticher hatten schon A. 1467. da Herzog Carl zum drittenmale vor die Stadt kam, ohngeachtet Frankreich sehr dagegen war, unter andern versprechen müssen, daß sie ihme alle ihre Privilegien und alles Gewehr ausliefern, und

Prinz Marx legt alſo die Beſchü-
tzung des Stifts Lüttich gänzlich nieder,
und nimmt noch in dieſem Jahr ein Canonicat zu Straßburg an. Hiervon iſt der
Irrthum dererjenigen entſtanden, welche
ihn unter die Biſchöffe zu Straßburg
zählen. b)

Im

und nichts als ihre Brodmeſſer, jedoch auch
dieſe ohne Spitzen behalten, übrigens dem Bi-
ſchofe aufs neue huldigen, allen Schaden er-
ſtatten, auch alle ihre Mauern und Thürme
niederreiſſen wollten. Es reuete aber viele dieſes Verſprechen. K. in Frankreich zerfiel mit
dem Herzog. Sie hoffeten daher Hülfe; jag-
ten alſo die Burgundiſche Beſatzung fort, bau-
éten die Mauren wieder, und ſetzten ſich in neue
neue Verfaſſung. Der Herzog machte ſchnell und
in ſtille Friede mit Frankreich, behielte aber den
König, weil er beſchuldigt worden, er hetze die
Stadt auf bey ſich, und ſchwur bey dem H. Andreas, keinen Stein von der Stadt auf dem andern
zu laſſen; daher auch Ludwigs von Bourbon
Vorbitte fruchtlos war. Der König mußte
mit ihm vor die Stadt; er beſtürmt und erobert ſie. Den Soldaten wird eine ſechstägige
Plünderung geſtattet, die Häuſer, ausgenommen die Wohnungen der Geiſtlichen und Kirchen, werden angezündet, die Einwohner, ſo ſich
nicht mit der Flucht geholfen, niedergehauen;
und eine große Anzahl derer, die ſich auf Gnade
und Ungnade ergeben hatten, auf Schiffen
nach Maſtricht geſchickt; dieſe Schiffe aber
waren mit Fleiß durchlöchert, daß ſie alle elend
in dem Waſſer umkommen mußten.

b) REUSNERUS in *Opere Genealogico* pag. 551.
berich-

Im Jahr 1471. wohnete er nebst seinem Herrn Bruder Erzbischofs Johann dem Reichstag zu Regensburg, der, wie in dessen Leben angemerkt worden, dem Kaiser Fridrich III. so gefährlich war, persönlich bey.

§. VIII. Er beschließt sein Leben im Jahr 1478. den 19ten August, c) ohngefehr in dem vier und vierzigsten Jahre seines Alters.

---

berichtet, ohne den Grund seiner Nachricht zu melden, Marx seye im Jahre 1478. gleich im Antritt seines Amts gestorben. In selbigem Jahre war das Bißthum nach dem Tode Ruprechts aus Baiern erledigt worden; es folgte ihm aber gleich, nach Verfluß kaum eines einzigen Monats Albrecht aus eben selbigem Hause. GALLIA CHRISTIANA Tom. V. pag. 815.

c) Oder, wie andere wollen, den ersten September.

M. Albrecht

Marggrav Carls I. zweyter Prinz.

† A. 1488.

§. I.

Daß die göttliche Vorsicht dem Marggraven Carl I. drey Prinzen geschenkt habe, ist oben in seinem Leben angezeigt worden. Der älteste derselben war M. Christoph. Weil seine Lebensumstände sehr beträchtlich, und die Badische Lande, nach seinem Absterben in zwey Hauptlinien getheilt worden sind; so muß ich sein und seiner Prinzen Leben dem nächstfolgenden Theile vorbehalten. Ich handele also jetzt von M. Carls I. zweyen jüngern Herren Söhnen, dem Marggraven Albrecht und Fridrich.

§. II. Marggrav Albrecht erblickte die Welt im Jahre 1455. den 25. Jenner. Bey zunehmenden Jahren war er seinem ältesten Herrn Bruder, M. Christoph fast immer an der Seite.

M. Albrechts Geburt.

Also wohnete er mit ihm A. 1473. dem Reichstag zu Trier bey, auf welchem

Kaiser

Kaiser Fridrich III. und Herzog Carl der Kühne von Burgund in großer Pracht erschienen. a) In dem folgenden Jahre reisete er mit demselben auf den Reichstag nach Augsburg, b) und A. 1475. errichteten diese beede Herren Brüder zu Leonberg eine Convention auf zehen Jahre mit den Graven von Würtemberg wegen einer gemeinschaftlichen Münzstätte. c)

§. III. Nach dem Absterben des Herrn Vatters überläßt M. Albrecht die Regierung der gesamten Marggrävlichen Lande auf sechs Jahre seinem Herrn Bruder M. Christoph alleine. M. Christoph empfangt daher noch in selbigem Jahre vor sich und in dem Namen seines Bruders Albrechts die Belehnung von Kaiser Fridrich III. d) A. 1482. gieng unter der Aufsicht M. Rudolfs von Hochberg-Sausenberg die Landestheilung vor sich. e) In derselben bekam M. Albrecht die Marg-

---

a) Siehe oben das Leben M. Carls I.

b) Lehmann Speyer. Chron. B. 7. Cap. II. Blatt. 901.

c) In dem Leben M. Christophs wird §. 3. mehrers hievon vorkommen.

d) *Histor. Diplom. Zar. Bad.* Num. 421.

e) *Idem* Num. 428.

gravschaft Hachberg = Hachberg. Auch diese überträgt er nachhero seinem Bruder M. Christoph, und behält sich nicht mehr als jährliche tausend Gulden vor. f)

§. IV. Nach dieser Zeit begab er sich zu seinem Herrn Vettern, Erzherzog Sigmund von Oesterreich, welcher damals Tyrol regierte. Der Badische Prinz schoß diesem nachher eine Summe von zehen tausend Gulden vor. Der Erzherzog übergab ihm dagegen die Hauptmannschaft der Obern- und Niedern Gravschaft Hohenberg, gegen jährliche achtzehen hundert Gulden Sold und Zins, samt den Gärten, Holz, Heu und Stroh, so vorher andere Hauptleute gehabt, deßgleichen die Hut des Schlosses Rotemburg. g)

A. 1486. wohnt er zu Frankfurt der Wahl Erzherzogs Maximilian zum Römischen König bey. Er begleitet hierauf den

---

f) M. Albrecht hatte in eben diesem Jahre von Konrad Snewlin von Kranzenau acht Saum Weingelds von seinem Lehn zu Bischoffingen erkauft. Eben dieser Snewlin verkauft A. 1488. dem Marggraven 4. Saum zu Lehen getragenen Weingelds an erstgemeldetem Orte.

g) Dieses geschahe A. 1488. wie die Reversales M. Albrechts d. d. Insprug an Fritag Reminiscere, A. 1488. bezeugen.

ben Kaiser und dessen Prinzen nach Aachen, wo dieser sollte gecrönt werden. Unter die vielen Feyerlichkeiten, die bey dieser Crönung vorgiengen, ist auch diese zu zählen, daß der neue Römische König zwey hundert Personen zu Ritter geschlagen hat. Unter diesen war auch M. Albrecht. h)

In dem folgenden Jahre wohnt er dem Reichstag zu Nürnberg bey. i) In eben diesem Jahr erhält er ein sehr verbindliches Danksagungsschreiben von Ludwig von Gonzaga, Bischoffen zu Mantua wegen der seiner Beförderung halben an den Papst und das Cardinalscollegium erlassenen Empfehlungsschreiben. k)

Rob.

§. V. In denen beschwehrlichen Unruhen, welche dem K. Maximilian von den rebellischen Ständen in Flandern erregt worden, zog M. Albrecht mit seinen Herrn Bruder dem Römischen Könige zu Hülfe. Dieser übertrug dem herzhaften Badischen Prinzen die Bestürmung der Stadt Damm. Der Prinz machte alle kluge Anstalten, hatte

---

h) Herzogs Elsaß. Chron. B. 2. S. 136. Fugger Ehrensp. B. 5. C. 33. S. 9. 54.

i) Fugger l. c. C. 37. S. 975.

k) Cod. Dipl. Bnd. Num. 430.

Albrecht † 1488.

hatte aber den 23. Jul. das Unglück, daß er von einer Kugel getroffen wurde, und seinen Heldengeist aufgeben mußte. 1) Es verloren zugleich viele von Adel ihr Leben in dieser Bestürmung.

Der erblaßte Leichnam wurde nach Grave in dem Herzogthum Brabant, und von da in des Prinzen Vatterland gebracht. Man stellte ihn in das fürstliche Begräbnis zu Baden. Seine Grabschrift ist diese:

„Anno Domini 1488. X. Cal. Aug.
„Illuſtris Princeps Dominus ALBERTUS,
„Marchio Bad. in expeditione contra Bru-
„genſes liberandi Rom. Regis gratia in op-
„pugnatione oppidi Damm jactu lethiferi
„teli mortem obiit.„

§. VI. Als ein Prinz von dreyzehen Jahren wurde er A. 1469. verlobt, mit Johanna, Grav Johannis II. zu Saarbrücken, Walramischer Linie, zweyten Tochter. Der Braut wurden zur Morgen-

Braut.

---

1) Fugger l. c. S. 1002. Er meldet, der Prinz ſeye den 18. Jul. umgekommen. Die Grabſchrift aber ſetzt den 23. Tag dieſes Monaths. PONTUS HEIDERUS Rer. Auſtr. Lib. III. Cap. XI. ſchreibt unrecht, M. Chriſtoph ſey in dieſer Belagerung erſchoſſen worden.

gengabe zehen tauſend rheiniſche Gulden verſprochen. Der Durchleuchtigſte Bräutigam gieng vor dem Beylager mit Tode ab. Sie vermählte ſich nachher an Pfalzgrav Johann zu Simmern. m)

m) Dieſe Braut M. Albrechts wird von einigen Suſanna genannt. Es belehrt uns aber der Fürſtlich Naſſau-Saarbrück. Uſingiſche Archivrath, Herr J. G. Hagelgans in der Naſſauiſchen Geſchlechtstafel Blatt. 51. daß ſie Johanna geheiſſen habe. Er gibt aus der Heuraths-Verſchreibung dieſen Auszug: „Wir „ Karle von G. G. Marggraue zu Baden ꝛc. „ an einen, vnd wir Johann Graue zu Naſ„ ſauwe vnd zu Saarbrücken, Herr zu Heyns„ berg ꝛc. an dem andern Teil, bekennen —— „ das wir beide —— vns vereynet haben —— für „ vnſern lieben Sone Marggraue Albrechten „ vnd für —— Johanna jonggrauynne zu „ Naſſauwe vnſer lieber Dochter, alſo das „ dieſelbe —— einander zu der heiligen ee ne„ men ſollend, ſo die benannte Johanna zu „ iren Dagen kommen, vnd manubar worden „ iſt ꝛc. vnd iſt dieſer Brief gegeben off den „ Dorſtag nach ſant Johannsdag Decollatio „ zu Latin genannt, Anno Dni. MCCCCLXIX „

Marggrav Fridrich
Bischof zu Utrecht,
M. Carls I. dritter Prinz.
† 1517.

§. I.

Der dritte Prinz a) des Marggraven Carls I. ist M. Fridrich. b) Er erblickte die Welt im Jahr 1458. den 8. Julii. Von zarter Kindheit an widmete man ihn den Künsten und Wissenschaften. Nichts wurde unterlassen, was zur Erhaltung dieses Endzwecks nöthig war. Er mußte daher A. 147?. in seiner Jugend eine Reise nach Paris thun. Der vortrefliche Reuchlin wurde ihm, als ein Jüngling auf die Reise zum Gefährten mit gegeben. c) Der Prinz bediente sich zu Paris der Unterweisung des berühmten Heinlins von Stein. Dieser war ein Teutscher, und damals Doctor der Sorbonne.

Geburt.

§. II.

---

a) Es ist ein Irrthum, wenn er in Maji *vita Reuchlini* pag. 151. vor den ältesten Sohn M. Carls angegeben wird. Die Geburtsjahre der drey Prinzen widerlegen dieses Vorgeben zur Genüge.

b) P. Cornelissonius Bockenbergius Goudanus in *Histor. Pontificum Vitrajest.* Num. 66. nennt diesen Prinzen aus Unwissenheit der teutschen Verfassung, einen Sohn eines Reguli von Baden.

c) Maji *vita Reuchlini* p. II. 151.

§. II. Er war dem geistlichen Stande gewidmet. Seine vortrefliche Eigenschaften machten auch, daß ihm schon in jungen Jahren von vielen Domstiftern Ehrenstellen angetragen wurden. Das Capitul zu Cöln ernannte ihm zum Schatzmeister ihrer Kirche. Und von denen zu Maynz, Trier, Straßburg und Utrecht wurde er zum Domherrn erwählt. d) Er hielte sich gar viel auf an dem Hofe seines nächsten Anverwandten, des Erzbischoffen Johannis zu Trier. Er wohnete A. 1483. dem Convent zu Coblenz bey, wo die rebellischen Einwohner besagter Stadt von ihrem Landsherrn wieder zu Gnaden aufgenommen worden sind. e) Er begleitet hernach A. 1487. den Erzbischoff auf den Reichstag nach Nürnberg. f) In eben diesem Jahr wurde zu Rotenburg an der Tauber ein Reichsconvent wegen des Weins, und wie

man

---

d) SERARIUS *Rer. Mogunt.* Tom. II. p. 339. schreibt ad a. 1479. „FRIDERICUS *Marchio de Baden, Moguntinae, Argentoratensis & Ultrajectensis* Ecclesiarum Canonicus. Anno 1496. Canonicatum Moguntinum, teste tabula in loco capitulari, dimisit Sedit an. 20. ac Episcopatu a. 1516. Philippo de Burgundia tradito, eodem Lirae, Brabantiae oppido, diem obiit. Er beruft sich auf CRATEPOLIUM in *Annalib. Episcopor. Vltrajeсt.* p. 380. Daß er auch Domherr zu Trier gewesen sey, beweist Fugger im Ehrensp. des Hauses Oesterr. B. 5. Cap. 34. Blats. 964.

e) HONTHEIM. *Histor. Diplom. Trev.* T. II. pag. 467. & 470.

f) Fugger l. c.

man mit demselben sonderlich in Ansehung des Schwefels umgehen solle, gehalten. M. Fridrich sandte dahin an seine Statt Alexander Behrn und Andreas Hower. g) Kaiser Fridrichs III. Freundschaft genosse er, wie seine beede Herren Brüder beständig. Er folgte auch mit diesen dem Kaiser auf seinem Zuge wider die Flandrer. h)

§. III. A. 1496. gieng der löbliche Bischof zu Utrecht, David, ein natürlicher Sohn Herzog Philipps des Guten von Burgund mit Tode ab. Unser Fridrich i) wurde den 13. May zu Breda zum Nachfolger erwählt. k) Kaiser Maximilian hatte

---

g) Datt *de Pace publ.* p. 636. Reichs-Abschied Th. I. S. 248.

h) Pontus Heuterus *Rer. Austr.* L. III. p. 91. Fugger l. c Blatf. 999.

i) Wilhelmus Heda in *Histor. Episcop. Vltraject.* p. 315. meldet, Philipp, des Herzogs von Cleve Bruder, sey ihme von einigen entgegen gesetzt worden. Andere Schriftsteller schreiben nichts hievon. Hingegen bezeugt Pontanus in *Historiae Gelricae* Libr. XI. p. 608. daß der Herzog von Geldern selbst unserm Fridrich die Stimme gegeben habe.

k) Suffridus Petri in *Append. ad Chron. Johannis de Beka* p. 165. Mappii *Annal. Juliae & Montium* Tom. II. p. 72. Petrus Merssaeus Cratepol. in *Catal. Episcopor. Vltraject.* §. 75. Had. Barlandus in *catal. Episc. Trajectens.* pag. 105. sq. Fridericus paternam originem ab Illustrissimis Marchionibus Badensibus ducens, maternum vero genus ex Austriis principibus cum tot Augustis conjunctum habens post optimi Praesulis David

hatte ihn zu dieser Würde bestens empfohlen. Er führt in dem Verzeichnisse der Bischöffe zu Utrecht den Namen Fridrich der IV.

An dem achten Tage nach seiner Erwählung hielte er seinen feyerlichen Einzug zu Utrecht. Er hatte ein Gefolg von fünf hundert zu Pferd, und sehr vielen vornehmen Stands-Personen. Seines Herrn Vatters Bruder, der Erzbischof Johann von Trier, wie auch sein eigener ältester Bruder Marggrav Christoph, damaliger Statthalter des Herzogthums Luxemburg, wohneten dieser Feyerlichkeit bey. Der neue Bischof ritte zwischen ihnen in der Mitte. Da er wegen seiner Leutseligkeit und friedliebenden Gemüths bekannt war, so wurde er von den Einwohnern der Stadt mit höchstem Vergnügen und freudenvollen Ehrenbezeugungen aufgenommen. Drey Monathe hernach langte die Bestätigung vom Papst ein; worauf er im Herbstmonath mit den gewöhn-

---

David mortem concordibus Trajectinorum Canonicorum Suffragiis Episcopus electus, summa omnium exspectatione suscipitur. Hic variis bellorum tumultibus factionibusque fatigatus quum viginti duobus annis ditionem suam gubernasset, morbis senioque confectus, & sibi & Ecclesiae suae consulens Clarissimo principi Philippo à Burgundia Episcopatum cessit. Lyrac Brabantiae oppido, diem extremum clausit, sepultus Badis in patris sepulchro. Vid. quoque Fr. Isenicus in *Exeg.* Lib. 3. Cap. 101.

gewöhnlichen Solennitäten eingesegnet wurde.

Seine Regierung war voll Unruhe und Krieg. Bald machten ihm die unbändigen Friäländer; bald der tolle Herzog Carl von Geldern; bald die angrenzende Herren Verdruß.

§. IV. Den Anfang finden wir in Ober-Yssel. Bischof Fridrich hatte den Bischofsstab kaum zwey Jahre geführt, so gab Heinrich Herr von Wisch oder Wie, 1) zu einem Krieg Anlaß. Er wollte sich wegen des Unrechts, so ihm und seinen Vorfahren in der Gravschaft Zütphen von den Einwohnern der Landschaft Ober-Yssel angethan worden, an diesen rächen. Er brachte also A. 1498. vier tausend Mann zusammen, welche unter Herzog Albrecht zu Sachsen, als Statthalter von Friesland gedient hatten. Er kündigte hierauf den Städten Deventer, Zwoll und Kampen den Krieg an; und verheerte die Provinz mit Feuer und Schwerdt, Rauben und andern feindlichen Unternehmungen. Bischof Fridrich wollte den geängstigten Einwohnern zu Hülfe kommen, und machte deßwegen einen Bund mit Herzog Carl von Geldern. In diesen begaben sich auch die Städte Nimwegen, Zütphen, Arnheim und andere in Ober-Yssel. m)

Unruhen.

Wischische.

---

1) Schlichtenhorst Geldersche Geschichtnisse. B. 11. S. 310.

m) Revii *Histor. vrbis Daventr.* Lib. II. pag. 154. sqq.

Das Kriegsheer dieser Verbundenen versammlete sich. Es kam zum Treffen, deme der Bischof nebst dem Herzog Carl in eigener Person beygewohnet. Heinrich von Wisch wurde geschlagen. Seine Leute ergriffen die Flucht, und zerstreueten sich in die benachbarte Landschaften. Der Bischof verfolgte sie auf der Flucht bis an die Thore der Stadt Cleve. Er begab sich hierauf wieder zurück nach Deventer, und ließ die Gefangene hinrichten. n)

Clevische. §. V. Kaum war dieses Gewitter vorbey, so stieg ein anders auf. Herzog Johann von Cleve hatte der Stadt Utrecht, welche mit ihrem Bischoffe David Krieg führete, eine große Geldsumme vorgestreckt. Die Stadt wollte aus mancherley Ursachen die Zahlung nicht leisten. Der Herzog that daher, ohne ihr den Krieg, wie gewöhnlich, anzukündigen, einen feindlichen Einfall in die Herrschaft Utrecht, und machte sich von der Stadt Rhenen Meister. Er rückte von da vor die Hauptstadt Utrecht, legte die Vorstädte derselben in die Asche, und begab sich nach Rhene zurück. Bischof Friderich zog die Soldaten des Herzogs an sich, überfiel das Herzogthum Cleve, nahm viele Schlösser hinweg, und verwüstete alles mit Feuer und Schwerdt. Marggrav Christoph von Baden und Herzog Wilhelm von Jülich und Bergen wendeten alle Mühe an, diese Kriegs-

---

n) REVIUS l. c. p. 160.

Kriegsflamme, ehe sie noch weiter um sich griffe, zu löschen. Sie brachten es auch dahin, daß zwischen dem Bischof und dem Herzog ein Stillstand zu Stande kam. Die Friedenshandlungen nahmen hierauf zu Herzogenbusch ihren Anfang, und wurden zu Cöln fortgesetzt. An diesem letztern Orte erschienen am 11. May A. 1500. außer den zweyen Friedensstiftern, dem Marggraven von Baden und dem Herzog von Jülich, auch der Bischof und der Herzog von Cleve selbsten. Die Hauptsachen wurden allda abgethan, das übrige aber nicht lange hernach in Richtigkeit gebracht. o)

§. VI. Ich komme nun auf die Gröningischen Unruhen. Kaiser Maximilian hatte A. 1498. auf dem Reichstag zu Freyburg im Breißgau den Herzogen Albrecht von Sachsen zum Erbstatthalter in Friesland ernannt. p) Die Friesländer hielten

Gröningische.

fest

---

o) PONTANUS *Histor. Geldr.* Lib. XI. REVIUS l. c. Lib. II. p. 161.

p) VBBO EMMIVS in *Histor. Rer. Frisicar.* Lib. XXVIII. p. 562. Es geschahe mit der Bedingung, daß das Haus Oesterreich das Auslösungsrecht vor eine Summe von drey hundert und funfzig tausend Goldgulden haben solle. Es hat auch Herzog Albrechts Sohn Georg A. 1515. dieses Land gegen Erlegung hundert tausend rheinischer Gulden an Erzherzog Carl von Oesterreich, oder nachmaligen Kaiser Carl V. überlassen, und blieb es bey diesem Hause, bis es sich unter der Regierung Königs

feſt an ihrer alten Freyheit, und wollten ſich kein frembdes Joch auf den Hals legen laſſen. Die Stadt Gröningen war gleichſam das Haupt unter den Städten derſelben; Bündniſſe und Handel hatte ihre Feſtungswerker noch anſehnlicher gemacht; ſie wollte alſo lieber das Aeuſſerſte abwarten, als dem Herzog von Sachſen die Huldigung leiſten. Hiebey iſt zu bemerken, daß dieſe Stadt von alten Zeiten her einen Theil der Utrechtiſchen Diöces ausgemacht hatte. Die Biſchöffe hatten auſſer den geiſtlichen Rechten auch andere in der Stadt und in den Vorſtädten ausgeübt; welches gar oft Anlaß zu Unruhen gegeben hatte. q)

Der Biſchof Fridrich ließ ſich durch das Anſehen des Kaiſers Maximilians, welcher den Herzog von Sachſen unterſtützte, bewegen, einen gütlichen Vergleich vor ſich und die Gröninger einzugehen. Allein Grav Edzard von Friesland rückte A. 1499. mit einen Kriegsheer gegen die Stadt Gröningen an, um ſolche mit Gewalt zu zwingen, ſich dem Herzog von Sachſen zu unterwerfen. Unſer Biſchof beſprach ſich mehrmals mit dem Herzogen; allein alle Friedensbemühungen waren

nigs Philipps II. in Spanien zu der Freyheit geſchwungen, worinnen es ſich noch befindet. Conf. VBBO EMMIUS Lib. XLVIII. p. 742.

q) VBBO EMMIUS in *Hiſtor. urbis Chroningae* p. 18. ſqq.

ren vergebens. Dieses brachte dem Herz. Albrecht den Tod. Dann da er A. 1500. die Stadt belagerte, und sich um ihre Lage genau erkundigen wollen, traf ihn eine Musquetenkugel aus derselben so hart, daß er an der Wunde sterben mußte. Sein Sohn Georg folgete ihm in der Regierung. Da wurde der Krieg noch mit mehrerer Heftigkeit fortgesetzt. Bischof Fridrich brachte es zwar A. 1501. dahin, daß der Herzog Georg, und Grav Edzard einen Stillstand auf drey Jahre mit der Stadt eingiengen. Man arbeitete auch bey dem Erzherzog Philipp zu Gent am Frieden. Aber auch diese Arbeit hatte keinen Fortgang. Vielmehr erklärete der Kaiser A. 1505. die Stadt in die Acht, und zeigte damit seine besondere Gewogenheit gegen den Herzog; Ja er erließ im September von Straßburg aus ein Schreiben an den Bischof, und befahl ihm, daß er sich mit der geistlichen Jurisdiction begnügen, übrigens aber an die Gröninger keine weitere Anforderung machen solle. r)

§. VII. Der Bischof reisete hierauf nach Brüssel zu dem Erzherzog Philipp. Es wurde in eben demselben Jahre ein Convent zu Hattem angestellt, auf welchem sich die Gesandte des Kaisers, des Königs in Castilien und der Gröninger einfanden. Der kaiserliche Gesandte redete

Convent zu Hattem.

---

r) Man liest dieses Schreiben bey PONT. HEULER. l. c. pag. 146.

bete die letztere sehr hart an, und drang
mit allerhand Drohungen darauf, sie sollten ſich in den Schutz des Herzogs von
Sachſen begeben. Der Biſchof legte dagegen mit nicht weniger Ernſthaftigkeit
als Sanftmuth die Rechte des Bißthums
Utrecht und die alte Schenkungen der Kaiſer, in Anſehung der Stadt Gröningen,
vor; mit dem weitern Anfügen: er lebe
der Hofnung, Kaiſer Maximilian werde
dasjenige nicht nieder werfen, was ſeine
Regiments-Vorfahren aufgeſtellt hätten,
noch auch den fürſtlichen und andern an-
ſehnlichen Familien das Jhrige entziehen,
damit er den Herzog von Sachſen dadurch
bereichern möchte; ſollte jedoch der Kaiſer
auf ſeinem Vorſatze durchaus beharren,
ſo werde er, nach dem Exempel ſeiner
Voreltern, deren Geblüt er nicht verläug-
nen würde, das Unrecht, ſo man dem Bißthum anthue, nicht mit gelaſſenen Gemüthe anſehen. Zugleich redete er den
Gröningern zu, daß ſie Ommeland, welches einen Theil ihres Landes ausmacht,
dem Herzogen überlaſſen möchten, weil der
Kaiſer und das Reich eine Anſprache an
daſſelbige machten. Auch hierzu konnten
die Gröninger nicht bewegt werden. Der
Biſchof mußte ſie alſo ihrem Schickſale
überlaſſen. Hunger und Blutvergieſſen
nöthigten ſie endlich zu andern Geſinnun-
gen, und A. 1506. nahmen ſie den Graven Edzard mit gewiſſen Bedingungen in
die Stadt.

§. VIII.

Fridrich † 1517.

§. VIII. Da also Bischof Fridrich bey dem Kaiser nichts ausrichten konnte: so wendete er sich an den Papst. Dieser ernannte drey Schiedsmänner zu Löwen. Sie untersuchten die Sache, und thaten den Ausspruch vor den Bischof, gegen die Stadt Gröningen und Grav Edzard. Edzard appellirt hierauf selbst an den Römischen Stuhl. Zu Rom wurde die Sache verzögert. Die Gröninger verliessen also den Graven, sie kamen unter die Herrschaft Herzogs Carl von Geldern, und endlich A. 1536. unter Kaiser Carl V. s)

§. IX. Unter den Gröningischen Unruhen brach der Geldrische Krieg aus. Erzherzog Philipp von Oesterreich und Herzog Carl von Geldern hatten wegen des Schlosses Dye und anderer Dingen Zwistigkeiten. Sie ersuchten unsern Bischof, das Schloß bis zu Austrag der Sache zu besetzen, und ernannten ihn zum Schiedsmanne. Der Bischof ersuchte sie mehrmalen, sie möchten ihm die Kosten, welche er auf die Besatzung angewendet, ersetzen. A. 1503. überfiel Cornelius, Commendant zu Sevenberg

Erster Geldrischer Krieg.

---

s) Umständlich wird hievon gehandelt in VBBON. EMMII *Histor. Rer. Frisicar.* & *Histor. Vrb. Groning.* PONTANI *Histor. Gelrica.* REVII *Histor. Daventr.* WILHELMI HEDAE *Histor. Episcopor. Vltraject.* HARAEI *Annal. Duc. Brabant.*

venberg, t) das Schloß unvermuthet, eroberte es, und übergab es in die Hände des Erzherzogs Philipps. Dieses gab zu einem Krieg Anlaß zwischen dem Bischof und dem Herzog von Geldern. Der Bischof eroberte in demselben die Städte Cuteren, Aldensal und Diedenheim, welche ihm von den Geldrischen Herren entrissen worden waren. Er that ferner einen Einfall in Zütphen und Velau, zerstörete viele Schlösser, verwüstete die ganze Gegend, und kam mit großer Beute nach Deventer zurück. Die Utrechter hielten sich in diesem ganzen Kriege ruhig; legten ihn auch endlich bey. u)

Der Bischof ersuchte die Holländische, Seeländische und Friesländische Geistlichkeit um einen Beytrag die Kriegsunkosten zu bestreiten. Die Clerisey weigert sich, und appellirt an den Papst Alexander VI. x) Dieser versucht einen andern Weg die Kosten zu bezahlen. Er ließ einen Ablaß in ganz Niederland und in dem Bißthum Utrecht verkündigen, starb aber bald darauf. Das Geld, welches hieraus in dem Bißthum Utrecht gesammlet wurde, bekam

---

t) Einige nennen diesen Cornelium praefectum Graviae, andere praefectum Sevenbergae.

u) PONTANUS & HEDA l. c. PETIT. *Chronique de Hollande* Tom. I. p. 622.

x) SUFFRIDUS PETRI in *appendice ad Johannem de Becka*, p. 165.

bekam der Bischof; das andere behielte K. Maximilian vor sich. y)

§. X. Unterdessen rüstete sich Erzherzog Philipp zum Krieg wider den Herzog Carl von Geldern. Der Kaiser Maximilian hatte diesen Herzog A. 1504. in die Acht erklärt, und dem Bischof durch ein Schreiben vom 14. September untersagt, diesem hartnäckigen Feinde einige Hülfe zu leisten. Der Erzherzog brache nun mit einem großen Kriegsheere gegen den Herzog auf, und Bischof Fridrich führete, den Kaiserlichen Befehl zu befolgen, ihm eine ansehnliche Hülfe zu Pferd und zu Fuß nach Arnheim ins Lager. Herzog Carl sahe sein Unvermögen, sich einer so starken Macht zu widersetzen. Er bate um Frieden, den er auch durch Bischof Fridrichs Vermittelung erlangte. z)

Kaum war der Friede geschlossen, so erhielte Erzherzog Philipp die Nachricht, daß seine Schwiegermutter Isabella, Königin von Castilien Todes verfahren sey. Er begab sich sogleich auf die Reise, um den Castilianischen Thron zu besteigen. Der Herzog von Geldern wollte sich die Abwesenheit desselben zu Nutzen machen, und fieng neue Unruhen an. Auch diese wurden nach vier Jahren zu Cammerich

oder

---

y) REVIUS l. c. Lib. II. p. 168.
z) PONTANUS l. c. pag. 625. 629. sqq. LE PETIT l. c. pag. 646.

oder Cambray A. 1500. beygelegt; und Bischof Fridrich ausdrücklich in den Frieden mit eingeschlossen. a)

Zweyter Gelderischer Krieg.

§. II. Herzog Carl hatte sich vorgesetzt, den Bischof seinen Unwillen, weil er dem Erzherzog beygestanden war, empfinden zu lassen. Er bemeistert sich also gleich nach geschlossenem Frieden des Schlosses Cuneren in Ober-Yssel, welches der Bischof nicht gar lange zuvor gekauft hatte. Er versprach jedoch den Ober-Yssellischen Ständen schriftlich, dieses Schloß wieder zu verlassen, so bald ihm das Schloß Oye wurde eingeräumt seyn. Der Bischof brachte in höchster Eil einige Mannschaft zusammen, vertrieb damit die Geldrische Besatzung, und nahm sein Schloß wieder ein.

Indem man auf den Ausschlag der Waffen es mußte ankommen lassen, kamen zwey tausend Mann, welche dem König in Dännemark wider Lübeck gedient hatten, nach Geldern. Der Herzog nahm sie alsobald in Diensten, ließ sie zu seinen Fahnen schwören, und schickte sie unter Anführung Heinrichs von Groote nach Ober-Yssel. Groote kündigte A. 1509. dem Bischof den Krieg an, nicht in des Herzogs, sondern in seinem eigenen Namen. Der Herzog stieß aber in dem folgenden Jahre mit allen seinen Leuten zu ihm, verbreitete sich in ganz Ober-Yssel, ließ überall

alles

---

a) PONTANUS l. c. pag. 639.

alles ausplündern, und nahm die Städte Aldensal, Diepenheim, Gore und andere Oerter weg. Deventer wurde gleichfalls berennet, die Studirende vereinigten aber ihre Kräften mit den Bürgern, und trieben den Feind glücklich ab.

A. 1510. eroberte Bischof Fridrich die ihm entrissene Städte und Plätze wieder; er drang so fort in Velau und Zütphen ein, und ließ gleichfalls überall sengen und brennen. Endlich wurde gegen Martini ein Stillstand errichtet, worauf im Anfang des folgenden Jahres der Friede erfolgte. b)

§. XII. Noch ehe der Friede geschlossen worden, wendeten sich die Utrechter, die schon geraume Zeit widrige Gesinnungen gegen den Bischof gefaßt hatten, an den Herzog von Geldern, und übertrugen ihm freywillig die Beschützung ihrer Stadt. Dieser Antrag war ihm höchst angenehm. Er nimmt die Stadt ein, legt Besatzung hinein, schlägt Münzen, und übt alle sonst dem Bischof zuständige Rechte aus. Nicht weniger bemächtigten sich die Utrechter des Schlosses Iselstein; dessen Eigenthumsherr Florentius von Egmont, in dem vorigen Krieg dem Bischof Hülfe geleistet hatte. Diese Strittigkeiten zwischen dem Bischof und der Stadt Utrecht dauerten

Utrechter Unruhen.

---

b) PONTANUS l. c. p. 641. REVIUS Lib. II. p. 177. sqq.

Bat. Gesch. II. Th. S s

dauerten bis ins Jahr 1512. Margaretha, Kaiser Maximilians Tochter, beförderte die Aussöhnung. Der Kaiser hatte dieser sehr klugen Prinzeßin die Vorsorge vor die gesamte Niederlande im Namen seines Enkels Carls übertragen. c)

Also brachte dieser badische Prinz, Bischof Fridrich von Utrecht, die ganze Zeit seiner bischöflichen Regierung in Unruhe und Kriegsbeschäftigungen zu. d)

Legt die Regierung nieder.

§. XIII. Die unaufhörliche Verdrießlichkeiten und ununterbrochene Lasten, welche das Gemüth dieses Bischofs bisher ge-

---

c) HEDA in *Histor. Episcop. Vltrajeſt.* pag. 317. PONTAN. *Hist. Gelr.* pag. 624.

d) REVIUS pag. 187. sqq. erzählt die innerlichen Unruhen weitläuftig, welche den Bischof bis ins Jahr 1512. beschäftigt haben. HEDA l. c. p. 317. gibt dieses als die Ursache derselben an, daß der Bischof alles vor sich, ohne daß er zuvor mit seinen Collegien zu Rathe gegangen, vorgenommen habe, hingegen allein Fremden und Ausländern Gehör gegeben, und sich von denselben leiten und die Regierungssachen besorgen lassen; überdiß auch der geistlichen Dinge sich gar wenig angenommen habe. Daß aber die Urquelle vielmehr in den einheimischen Factionen zu suchen seyen, welche schon vor Bischof Fridrichs Regierung gewesen, zeigt umständlich LAMBERTUS HORTENSIUS *Rer. Vltrajeſt.* Lib. I.

gedruckt, erweckten in ihm ein Verlangen nach Ruhe. Er suchte also mit Hülfe Königs Franz I. von Frankreich sein bisheriges Bißthum mit dem Bißthum Metz zu verwechseln. Er ließ dem Könige hievon Nachricht ertheilen, welcher auch dem Gesandten ein sehr gnädiges Gehör gab. Fridrich unternahm selbst, unter dem Vorwand seinem Herrn Bruder Marggrav Christoph zu Baden einen Besuch abzustatten, eine Reise nach Teutschland. Seine Absicht aber war, alles in Person mit dem Könige wohl zu überlegen. Zu Metz war damals Bischof Johannes, ein Sohn Renati II. Herzogs von Lothringen und Philippinen, des letzten Herzogs von Geldern Schwester. Man machte sich Hofnung, daß es vor Frankreich in den Niederlanden sehr vortheilhaft seyn möchte, wann dieser den Utrechtischen Bischofsstab bekommen würde. Denn der Herzog von Geldern war damals ein Alliirter von Frankreich.

Der Kaiser und der Erzherzog Carl bekamen kaum Nachricht von der Absicht unsers Bischofs, so suchten sie ihn durch Bitten und Drohungen davon abwendig zu machen, und ihn dahin zu bringen, daß er sich mit einem jährlichen ansehnlichen Gehalt begnügen, übrigens aber die bischöfliche Würde einer Person zuwenden möchte, welche vor das Haus Oesterreich wohl gesinnet wäre. Der Bischof bezeugte auch bey dieser Gelegenheit seine Ehr-

furcht

furcht gegen dieses Allerdurchleuchtigste Haus, und ernannte seines Vorfahren Bruder, Herzog Philipp des Guten von Lothringen Prinzen, zu seinem Nachfolger. Dieser war dem Hause Oesterreich sehr ergeben. e) Die Sache kam A. 1515. in Bewegung, konnte aber nicht eher als nach zwey Jahren, um des Herzogs von Geldern, und der Utrechtischen Kirche willen, welche ganz anderst gesinnet waren, zur Richtigkeit kommen. f)

Tod. §. XIV. Nachdem er also die Regierung niedergelegt, und sich von Duerstatt

---

e) ROBERTI *Gallia Christiana* p. 186.

f) PONTANUS p. 676. schreibt: Fridrich habe die Regierung A. 1517. den 15. May niedergelegt. Weitläuftig handelt von dieser Sache REVIUS in *Histor. Deventr.* Lib. II. p. 198. LAMBERTUS HORTENSIUS l. c. pag. 5. faßt sie in diesen Worten ins Kurze: Marggrav Fridrich von Baden wurde nach diesem (David) Bischof, wurde aber eben sowol eine Zeitlang durch heimliche Factionen beunruhiget; das Glück war ihm nicht günstiger, als seinem Vorfahren. Als er sahe, daß er in grosser Gefahr stehe, erschröckte ihn das Beyspiel des vorhergehenden Bischofs Davids, er wollte zugleich die Ruhe des Landes befördern, und übertrug also, als ein Herr von stillem und bescheidenem Gemüthe, und großer Freund des Friedens und der gemeinen Ruhe, die bischöfliche Würde Davids Bruder, Phillipp.

statt g) nach Lire, als seinem künftigen Wohnplatz, begeben hatte; so starb er daselbst nach wenigen Monaten A. 1517. den 24. September. Er hatte als Bischof zwanzig Jahre regiert.

Sein Leichnam wurde nach Baden gebracht, und in dem Chor der Stiftskirche bey seinen Voreltern beygesetzt. Sein Grabmal worauf sein Bildniß zu sehen, ist noch jetzo daselbst mit dieser Aufschrift: „Fridericus Episcopus Trajecti ex „ Marchionibus Badensibus hic jacet. Vixit „ ann. 59. mens. 2. d. 16. † 24. Sept. „ A. D. 1517. Mortem cum vita mutare. „ plerosque vidi, secutus eosdem, ecce „ jaceo.„ h)

§. XV. **Wilhelm Heda,** i) Domherr zu Utrecht, welcher damals gelebt hat, beschreibt seinen Character lateinisch. Ich will seine Worte in unserer Sprache anführen:

Der

---

g) Dieser Ort heißt bey den Alten Batavodurum, in der mittlern Zeit Dorestatt, nun Wyck te Duerstatt. Die Bischöffe von Utrecht hatten ihre Residenz daselbst. Unter den Carolingischen Kaisern wurden viele Münzen allda geschlagen.

h) MAJI *vita Reuchlini*. p. 151.

i) In *Histor. Episcopor. Vltraject.* pag. 315.

„ Der Bischof Fridrich, welcher vom Vat-
„ ter aus dem Badischen, von der Mutter
„ aber aus dem Oesterreichischen Hause,
„ das ist von Kaiser Fridrichs Schwester
„ herstammt, war mit allen Tugenden
„ geschmückt, ausser daß er sich selten in
„ geistliche Sachen gemischet; er ließ gerne
„ mit sich sprechen; war gütig und
„ freundlich; sein Kriegsstaat war präch-
„ tig, und seine Tafel ansehnlich. „

An einem andern Orte k) schreibt er:
„ Er war in der That ein herzhafter
„ Fürst, dem man das hohe Geblüte an-
„ sehen konnte, aus welchem er herstam-
„ mete. Dann wann man ihn zum Krieg
„ heraus forderte, so war er unerschro-
„ cken, ohngeachtet er seinem Feinde nicht
„ gleich war, und weigerte sich nicht die
„ Waffen zu ergreiffen; gegen die Rebel-
„ len erzeigte er sich scharf, gegen die
„ Ueberwundene gnädig; er war von Na-
„ tur ein Menschenfreund, ließ gerne mit
„ sich sprechen, seine Hofleute und Be-
„ diente, auch den Niedrigsten, kleidete er
„ seinem Stande gemäß, und reichete
„ ihnen nach teutschem Gebrauch eine reich-
„ liche und niebliche Kost. u. s. w. Die
„ Gesandten und Prälaten bewirthete er
„ prächtig, die Geistlichkeit hielte er hoch;
„ er liebte den Frieden, welcher ihn gleich-
„ sam hassete; und seine Kirche schmückte
„ er

---

k) l. c. p. 319.

„ er mit nicht geringen Zierraten zur Ver-
„ richtung der heiligen Handlungen u. s. w.

Und so viel von Marggrav Albrecht und Bischof Fridrich, M. Carls I. jüngern Herren Söhnen. In dem dritten Theile habe ich von ihrem ältesten Herrn Bruder M. Christoph, und dessen Prinzen zu handeln. Zwey derselben sind die Stammhalter der beeden Durchleuchtigsten Linien.

Ende des zweyten Theils.